北京市朝阳区朝外街道志

BEIJING SHI CHAOYANG QU CHAOWAI JIEDAO ZHI

《北京市朝阳区朝外街道志》编纂委员会 编

方志出版社
Publishing House of Local Records

图书在版编目（CIP）数据

北京市朝阳区朝外街道志 /《北京市朝阳区朝外街道志》编纂委员会编 .—北京：方志出版社，2023.6
ISBN 978-7-5144-5209-9

Ⅰ. ①北… Ⅱ. ①北… Ⅲ. ①朝阳区—地方志 Ⅳ. ① K291.3

中国国家版本馆 CIP 数据核字（2023）第 068537 号

责任编辑：丛珺
责任校对：刘玉霞
责任印制：梅中英
出 版 者：方志出版社
地　　址：北京市朝阳区潘家园东里 9 号（国家方志馆 4 层）
邮　　编：100021
网　　址：http://www.zgfzcb.cn
发　　行：方志出版社图书营销中心（010-67110500）
印　　刷：北京中科印刷有限公司
开　　本：787 毫米 ×1092 毫米　1/16
印　　张：31.25
字　　数：828 千字
版　　次：2023 年 6 月第 1 版
印　　次：2023 年 6 月第 1 次印刷
定　　价：268.00 元

《北京市朝阳区朝外街道志》编纂委员会

《北京市朝阳区朝外街道志》编辑部

凡 例

一、指导思想

本志以马克思列宁主义、毛泽东思想、邓小平理论、“三个代表”重要思想、科学发展观、习近平新时代中国特色社会主义思想为指导，坚持辩证唯物主义和历史唯物主义的立场、观点、方法，存真求实，全面、客观、系统地记述朝外街道辖域内自然、政治、经济、文化和社会的历史与现状。

二、体裁

述、记、志、传、图、表、录诸体并用，以志为主。

三、文体

采用规范的现代语体文，记述体。行文力求准确、简洁、通顺。

四、结构

按朝外街道所涉及行业及社会分工设置篇目，力求突出朝外地区的时代特征、地域特色和工作特色。篇目设章、节、目三个层级，部分内容目下设子目，目列序号。志书设前插彩页，各类以时间排序，正文中的图照、表格全书统一编号。

五、时限

本志记述时间上限追溯至事物发端；下限为 2015 年 12 月 31 日。为体现事物的完整性，个别内容延至 2022 年。

六、纪年

中华民国成立前的纪年，使用朝代年号纪年，括注公元年份；中华民国成立后的纪年，均使用公元纪年。志中所称“解放前（后）”，以北平解放日为界；“新中国成立前（后）”，以中华人民共和国成立日 1949 年 10 月 1 日为界；“改革开放前（后）”，以 1978 年 12 月中共十一届三中全会召开为界。本志“×× 年代”，凡未加世纪者，均指 20 世纪。

七、人物

坚持“生不立传”原则，立传人物以卒年为序。在世人物对历史有重要影响和贡献者采用以事系人方式入志。

八、区划及机构名称

本志中机构名称凡未冠有行政区划专名的“市”“区”，分别指代“北京市”“朝阳区”。

机构名称首次出现写全称，同时括注简称，再次出现写简称。中华人民共和国简称为新中国。中国共产党北京市朝阳区委、北京市朝阳区人民政府、中国共产党朝阳区委朝外街道工作委员会、朝外街道办事处等，分别缩写为区委、区政府、街道工委、街道等。

九、数字、标点、计量单位

数字用法、标点符号用法分别采用国家标准《出版物上数字用法》（GB / T15835—2011）、《标点符号用法》（GB/T 15834—2011），计量单位采用国家技术监督局1993年12月发布的《量和单位》系列国家标准。历史上使用的计量单位，如斗、石、里、尺、磅、华氏度等，在引文时可照录。考虑到社会使用习惯，全书中亩不统一换算。

十、统计数据

经济数据以朝阳区统计局、朝阳区农村经济管理站提供的数据为准，其他数据以相应权威部门提供的数据为准。人民币单独出现时不标注币种，人民币与其他币种同时出现时标注币种。

十一、资料来源

资料源自各类年度总结、年鉴、工作报告、工作汇报、专题调研报告、市区街道历史档案、历史古籍、文物考古资料、公开出版物（报刊）、相关志书及座谈、专访、问卷调查等口碑资料，文中不再一一注明资料原始出处。

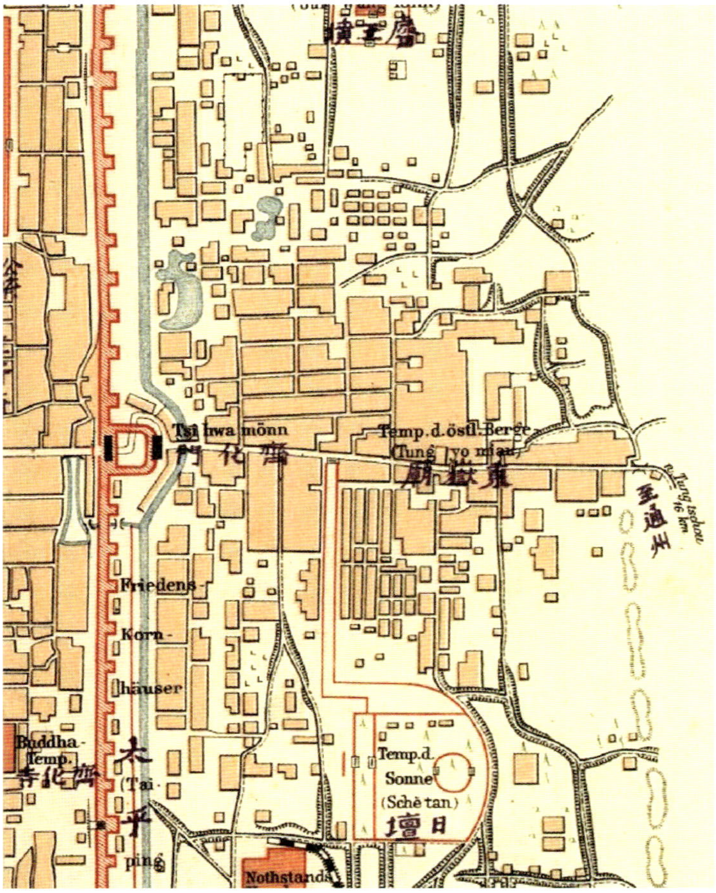

1900年朝外地区示意图(图片来源:《北京全图》)

1956年朝外地区局部航拍图

朝外街道位置示意图

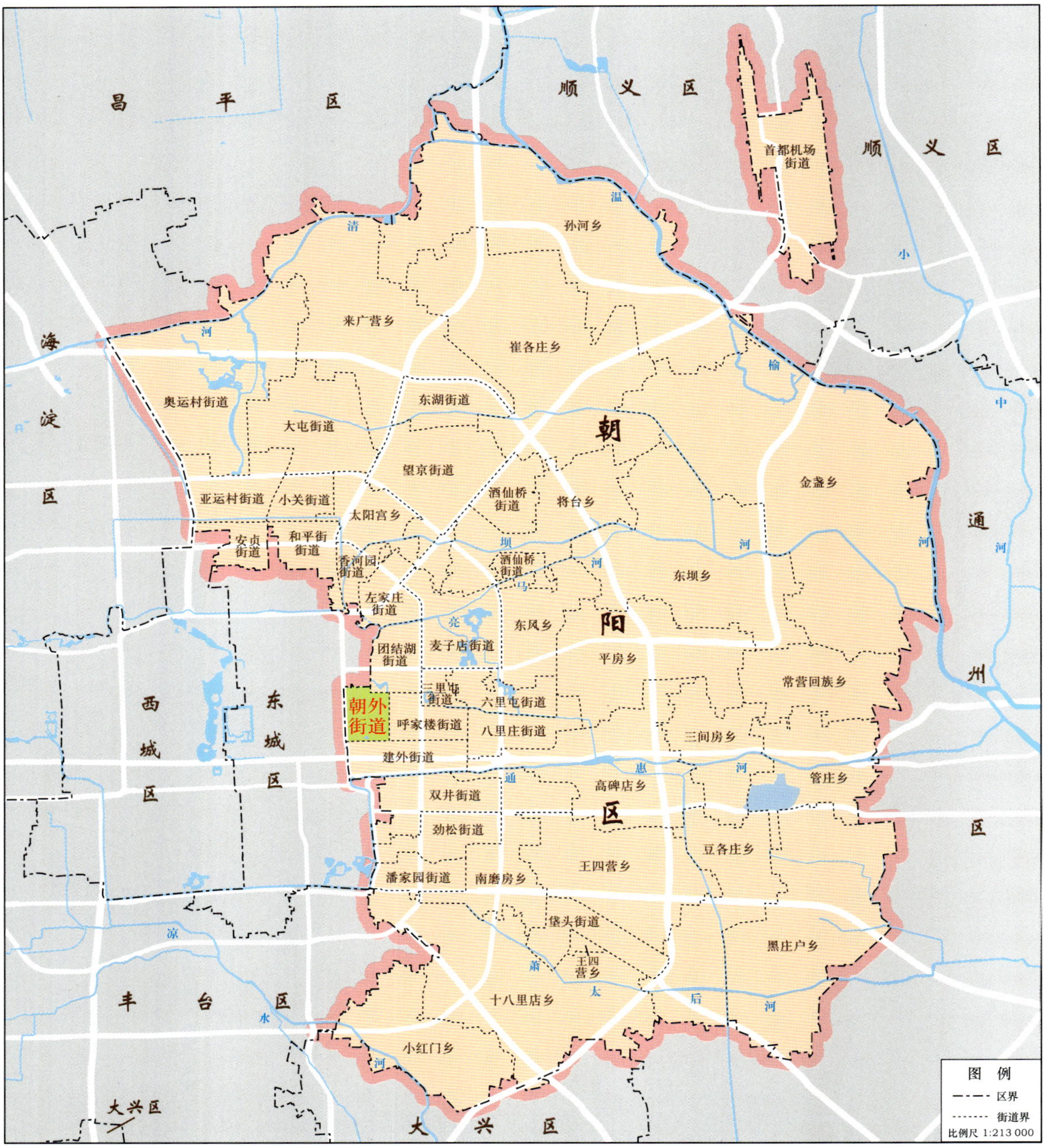

审图号：京S（2022）020号

朝外街道行政区划地图

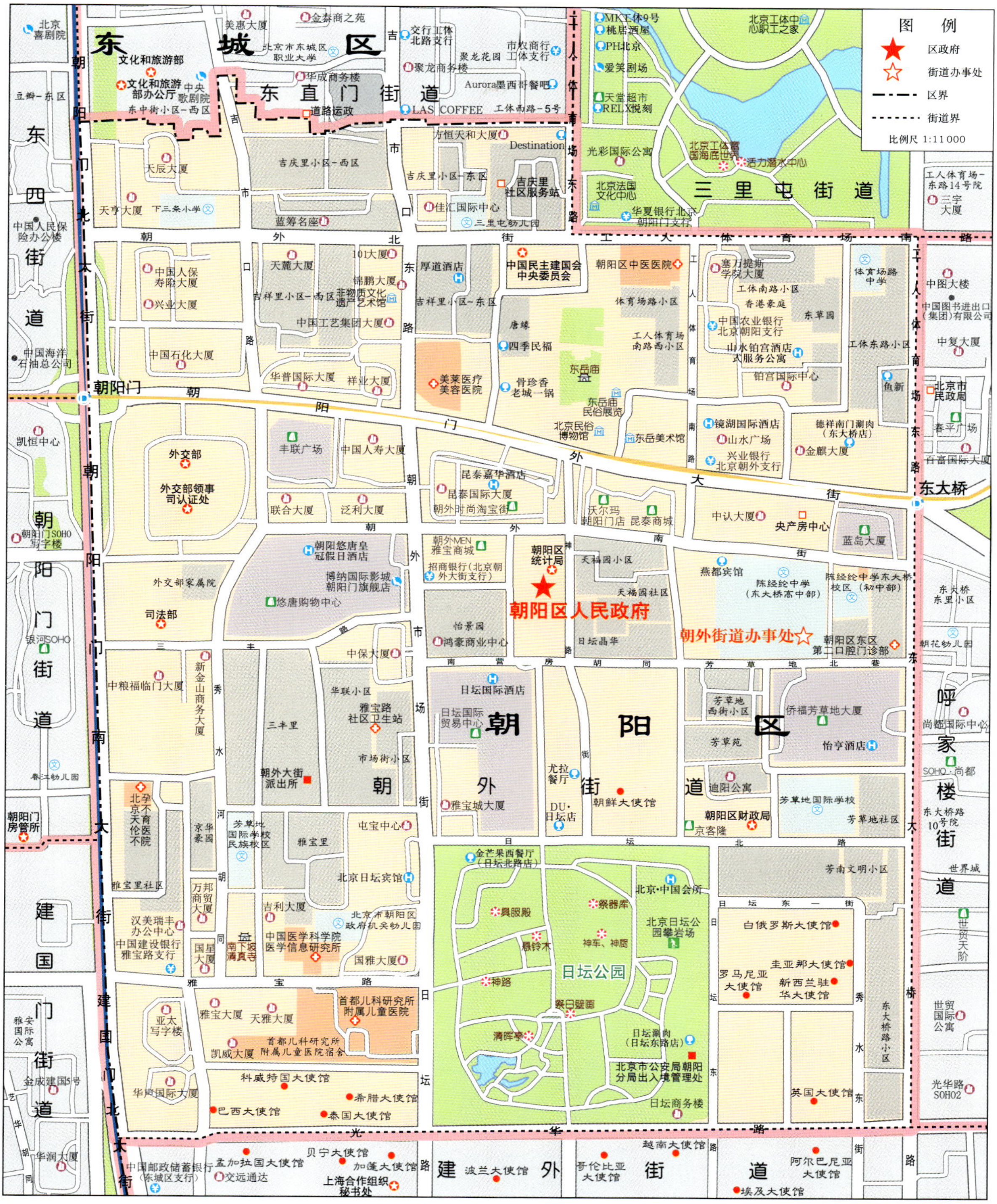

审图号：京S（2022）020号

朝外街道卫星影像地图

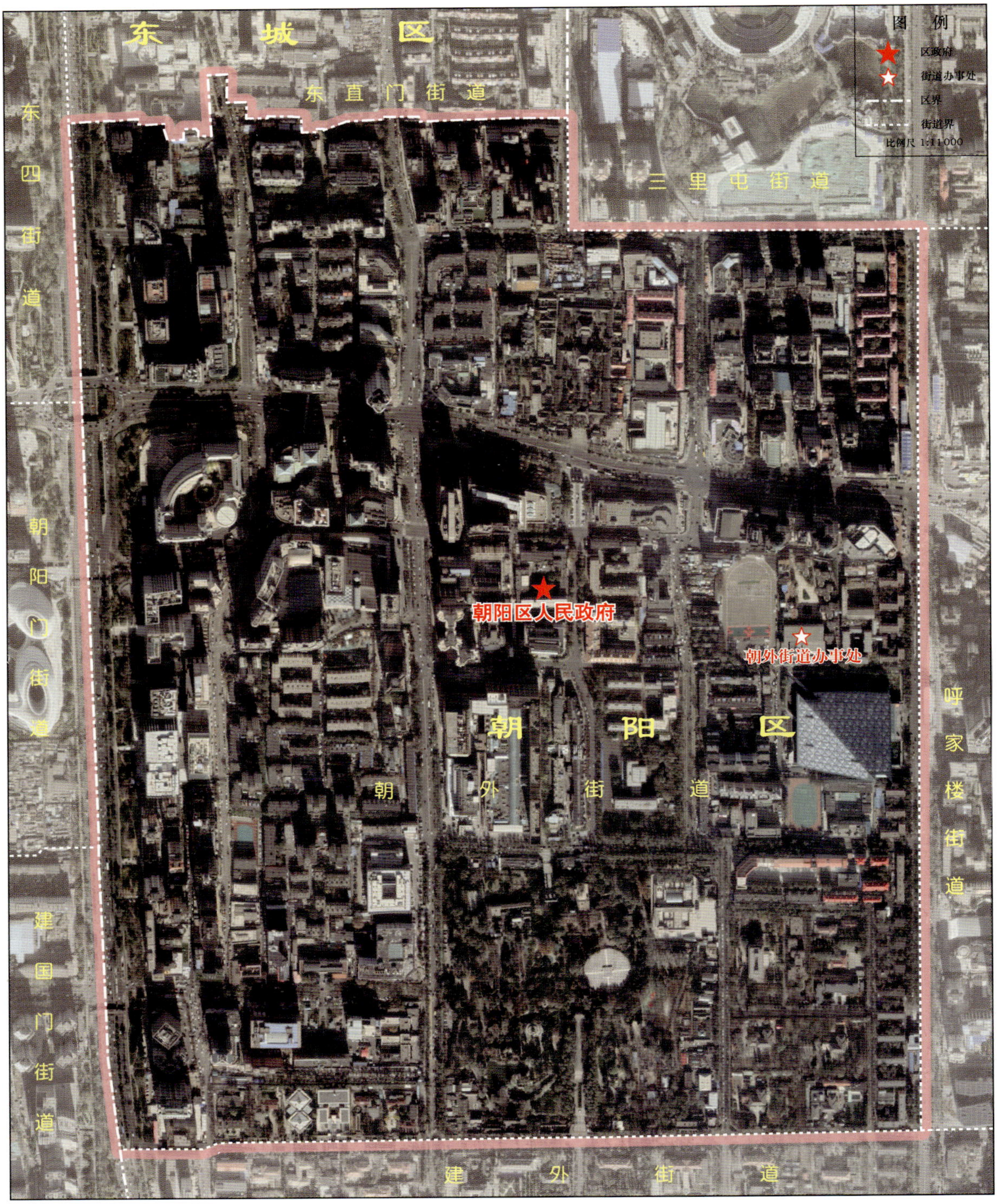

审图号：京S（2022）020号

日坛附近护城河上的船（摄于 1924—1927 年间）

日坛棂星门（西德尼·戴维·甘博摄于 1924—1927 年间）

日坛壝墙与拜台（西德尼·戴维·甘博摄于 1924—1927 年间）

日坛拜台（摄于 2015 年）

朝外大街的店铺（摄于 1928 年）

朝外大街街景（摄于 1931 年）

从神路街拍摄的琉璃牌坊南侧（摄于 1901 年）

东岳庙棂星门（摄于 2014 年）

南下坡清真寺（摄于中华人民共和国成立初期）

南下坡清真寺新建中式门楼（摄于 2009 年）

马骏烈士墓（摄于 2015 年）

日坛公园全景（摄于 2015 年）

北京市私立崇贞中学（摄于20世纪30年代）

关厢医院（摄于20世纪80年代）

朝外大街景观（摄于 2010 年）

朝外大街夜景（摄于 2014 年）

中华人民共和国外交部（摄于 2014 年）

中华人民共和国司法部（摄于 2015 年）

中国民主建国会中央委员会（摄于 2009 年）

北京市朝阳区委、区政府（摄于2015年）

中国石油化工集团公司（摄于2015年）

中国粮油食品进出口（集团）有限公司（摄于2015年）

悠唐购物中心（摄于 2009 年）

侨福芳草地（摄于 2013 年）

蓝岛大厦（摄于 2015 年）

1949 年 1 月 31 日，中国人民解放军由朝外大街进入朝阳门，朝外地区百姓列队欢迎

1954 年 4 月 4 日，北京市东郊区市场西选区第一选举站全体合影

1954 年 5 月 1 日，朝外地区公私合营大有粮店开业纪念

1985 年 6 月，朝外街道召开光荣扶养孤寡老人座谈会，街道党委书记温清海（前排中）向孤老户颁证

20 世纪 80 年代，朝阳门外白坟秧歌会在朝外地区表演

1987年7月，朝外地区选举第三届妇女联合会大会召开

1988 年 3 月 17 日，朝外街道首届居民代表会议代表合影

1990 年 9 月 19 日，亚运火炬传递到朝外站，街道工委书记孙玉振（火炬右侧）手持火炬参与活动

1992 年 7 月 1 日，朝外街道工委召开庆祝中国共产党建党 71 周年表彰大会

1994 年夏天，北京市人大常委会主任张建民（前排中）考察雅宝路市场，朝外街道工委书记任强（前排右一）和朝外街道副主任尹秀峰（前排左一）陪同

1996 年 1 月 20 日，朝外街道 1996 年工作会议暨目标责任签字仪式举行，街道工委书记韩子荣（左五），街道工委副书记、办事处主任田锦秈（右五）参加

1997 年 1 月 15 日，朝阳区委书记蒋效愚（右三）参加朝外地区“双拥共建”活动，街道工委书记韩子荣（右四）陪同参加活动

1999 年 12 月，朝外街道举行侨联成立大会暨侨友之家揭牌仪式，街道侨联主席田景廉（中）、市侨联副主席邱国武（右六）、市侨办副主任林少麦（左六）、街道工委书记王玉英（右五）参加

2001 年，朝外街道召开社区党建工作会，街道工委书记王玉英（左二）和办事处主任郭德宏（右二）参加

2002 年，北京民俗博物馆在东岳庙举办首届北京民俗文化节活动

2002年12月29日，朝外街道工委副书记、办事处主任王少峰（右二）参与铲冰扫雪

2003年4月，芳草地社区保洁社会化启动仪式上，办事处主任郑金路（右三）讲话

2003年11月20日，朝外街道工委召开党员代表大会，街道工委书记武清林（主席台左二）主持会议

2007年6月28日，芳草地和吉庆里社区的党员、积极分子、残疾人代表用86朵花组成的党旗庆祝党的86岁生日，办事处主任吕岚（左七）参加活动

2008 年 3 月，朝外街道举办春分朝阳第二届民俗文化节，北京市文史研究馆馆员、“春分朝阳”活动发起策划人赵书先生讲话

2008 年 7 月，街道居民群众参加街道举办的迎奥运活动

2009年6月，朝外街道召开探索雅宝路市场发展新思路工作会议，街道工委副书记、办事处主任田志刚（左二）主持会议

2011年2月12日，市委书记刘淇（左四）、市长郭金龙（左三）等市领导到朝外街道芳草地社区调研“一刻钟社区服务圈”建设情况，朝阳区区长程连元（右一）、街道工委书记武清林（左一）等陪同调研

2011 年 12 月 15 日，朝外街道举办社会建设与文化繁荣研讨会，街道工委副书记、办事处主任聂宏伟（右排发言人）主持会议

2012 年，朝外街道工委组织非公组织党总支支部书记参观中共一大会址（左一为非公组织党总支书记王晓辉）

2013 年 12 月，朝外街道橙房子志愿服务队活动留影

2015 年 12 月 4 日，朝外街道举办“宪法日”宣传活动，朝阳区副区长杨树旗（左一）、办事处主任孟凡森（左二）到现场参与活动

MULU
目录
北京市朝阳区朝外街道志

第九章　城市建设

第十章　法治建设

第十一章　民生保障

第十二章　社区服务

第十三章　教育事业

第十四章　文化体育

第十五章　医疗卫生

第十六章　民风习俗

第十七章　人物传录

概述

GAISHU

秦至隋唐，朝外地区（又称朝阳门关厢）先隶于广阳郡，后属于幽州所辖的蓟县，辽时归属南京（即燕京）道析津府，金时属中都路大兴府，元代将中都路大兴府改为大都路大兴县。明清时属京师（又称直隶）顺天府，仍为大兴县治。民国初，改顺天府为京兆地方后，仍归大兴县辖。1925 年，北京市东郊区初设，1928 年改称北平市东郊区。1945 年将东郊区划分为两个区：以朝阳路为界，以北地区为郊一区，以南地区为郊二区，同年分别更名为第十三区和第十四区。1949 年 6 月，两区合并，统称第十三区。1950 年 8 月易名第十区。1952 年恢复东郊区名。1955 年 6 月将朝阳门关厢划归东单区。1958 年，东郊区更名为朝阳区，朝阳门关厢由东单区划出，归属朝阳区至今。2015 年，辖区面积 2.2 平方公里，辖 7 个社区，人口 57826 人。

朝阳门元代称齐化门，明正统四年（1439）改齐化门为朝阳门。朝阳门是北京内城九门中唯一一个以自然地理及天象命名的城门。朝外街道始建于 1954 年，街道因位于朝阳门外得名。朝外街道是朝阳区委、区政府办公所在地，是朝阳区最早成立的街道，是朝阳区 43 个街乡中唯一一个带“朝”字的街乡，与朝阳区祖脉相连。辖区位于北京市朝阳区西侧，东起工体东路、东大桥路，与呼家楼街道接壤；西至东二环路，以东城区的朝阳门街道为界；北达工体南路、吉市口八条，与东城区的东直门街道和朝阳区的三里屯街道为邻；南抵光华路，与建外街道相接。街道办公地距离市中心天安门广场 5.5 公里。

朝外地区是一个富有革命传统的老街区。早在二十世纪三四十年代，北平女四中、南河沿化工厂、大有粮油盐店、鼎茂恒粮油盐店就有了中共地下党员的活动和影响。中共北京临时市委负责人马骏烈士的遗体安葬在辖区日坛公园内，马骏烈士纪念馆是北京市爱国主义教育基地。1945 年 9 月，文兴煤场成立了朝阳区第一个地下党支部。1946 年 6 月，朝外大车行也相继成立了地下党支部，同属晋察冀中央局城工部北平外一区委领导。当时，地下党组织和党员在极其困难的条件下，采取多种形式，宣传和组织群众有效开展了反饥饿、反内战、护厂护校、迎接北平解放的斗争。北平解放之初，朝外大街建立街道党支部，开启了党组织领导街道工作的新局面。在此后66 年的历史进程中，朝外街道各级党组织坚持立党为公，执政为民，通过加强和改进党的建设，不断增强自身凝聚力、战斗力、创造力、社会动员力，为引领街道各项事业发展，圆满完成办事处各个历史时期的工作任务，特别是进入 20 世纪 90 年代以来，为迎亚运、迎世妇会、迎香港和澳门回归、反邪教、抗“非典”、迎奥运、保国庆、创文明城区、疏解非首都功能等多项重要任务，提供了坚强的组织保障。

朝外街道也是朝阳区唯一一个民族街道。300 多年前，清朝定都北京后，曾在南营房、吉市口长期驻扎满族和蒙古族清兵，大量旗人后裔在此地繁衍。街道辖区内分布着回族、满族、蒙古族、藏族等 13 个少数民族的群众，总数近 3000 户；1995 年辖区少数民族人口最多时有 10241 人，占总人口的 17.3%。

首都北京是对外交往中心，朝外街道是首都重要的涉外窗口，中华人民共和国外交部、中国第一使馆区 13 个国家［朝鲜民主主义人民共和国（简称朝鲜）、科威特、巴西联邦共和国（简称巴西）、布隆迪共和国（简称布隆迪）、希腊共和国（简称希腊）、白俄罗斯共和国（简称白俄罗斯）、圭亚那合作共和国（简称圭亚那）、罗马尼亚社会主义共和国（简称罗马尼亚）、印度共和国（简称印度）、大不列颠及北爱尔兰联合王国（简称英国）、泰王国（简称泰国）、新西兰、美利坚合众国（简称美国）］的驻华使馆驻扎在朝外。

北平刚解放时，朝阳门外大街两侧多是棚房，沿街店铺破旧，古建筑多为残垣断壁。中华人民共和国成立初期，由于经济困难，城市居民住宅更新进展较慢，主要是翻建部分危旧平房和修建少量简易楼房。改革开放后，随着国家经济实力的增强，朝外地区被北京市列入重点商业开发区和老城危房改造重点区。经过三十多年的集中开发，朝外地区老旧街区面貌发生了巨大变化，成为北京市重要的商业区和人居环境优良区。朝外街道是 CBD（中央商务区）的重要门户区域，一批国际国内的知名商厦和众多的外商驻华机构汇聚于此。司法部、中国民主建国会中央委员会（简称民建中央）和中国香港特区驻京办事处等机构也驻扎在朝外。

优越的地理位置，承载着富有特色的历史重任，朝外经过历史的积淀，方显魅力。

一、厚重的历史文化

朝外在元代地处元大都的齐化门外，有 700 多年都城的关厢史，是明、清两代帝王祭祀太阳的地方，是朝阳区文物古迹最集中最厚重的地区，保存完整的有东岳庙、日坛、南下坡清真寺、神路街牌坊等。东岳庙兴建于元延祐六年（1319），1957 年北京市人民委员会公布其为北京市第一批古建文物保护单位，1996 年国务院公布其为第四批全国重点文物保护单位之一。日坛修建于明嘉靖九年（1530），1984 年 5 月被列入北京市第三批文物保护单位。南下坡清真寺始建于清朝康熙初年，距今已经有 300 多年的历史。神路街跨街琉璃牌坊建于明万历三十五年（1607），是北京现存唯一的过街式琉璃牌坊。

北京是元、明、清三朝古都，朝阳门是北京九门最繁华的城门之一，由此催生了朝外关厢地区文化、体育等事业的长期繁荣与发展。

东岳庙庙会是北京记载最早的庙会，历元、明、清三代及民国时期，与城市经济生活联系紧密。20 世纪 90 年代至今，每年春节北京东岳庙以“东岳庙春节文化庙会”为主题，恢复举办庙会活动，一些传统的庙会习俗得以传承。朝阳区文化馆、图书馆的前身可以追溯到 1913 年京师学务局在朝阳门外设立的“劝学所”，1951 年改为“第六文化馆”，1952 年 9 月改名为“北京市东郊区关厢文化馆”。1953 年始建区工人文化宫，时称东郊区工人俱乐部，为全市首家区级工人俱乐部。中华人民共和国成立前后，坛口市场街有“义和轩”“杨家”“马家”“胡家”等书茶馆。朝外地区至今还有民间摔跤场，使朝外地区摔跤运动得以继续传承。五十多年前，在朝外南下坡地区活跃着“山鹰”“海燕”等几支少年足球队，相互进行友谊比赛。

朝外南下坡、秀水河、南中街、南河沿、观音寺等胡同是回族的聚居区，高跷会的群众基础十分广泛，有百年历史，经历四代人传承。北平解放初期，北京市朝阳门外白坟秧歌圣会重新活动起来，在寓教于乐中宣传党的路线、方针、政策。1988 年在朝阳区文化委员会的支持下，白坟秧歌圣会参加了妙峰山庙会。能在妙峰山演出，是当时京城对高跷队伍的最高认可。

2007 年 3 月，朝外街道为挖掘地区文化资源，提升地区文化活动水平，依托社会管理中心及所属地区文化协会，在北京文史馆馆员赵书的指导和各界人士的精心策划下，于 3 月 21 日在日坛公园举办了“春日照大地，和谐送人间——春分”首届民俗文化节。至 2015 年共举办了九届“春分朝阳”活动。这一活动已成为朝阳区的文化品牌项目。

与此同时，在朝外地区还长期活跃着诸多的文化队伍，如游本昌工作室、李玉芙工作室、朝外街道舞蹈队、侨友书画社、老年模特表演队、交谊舞队、吉祥里京剧队、吉庆里传统秧歌队、三丰里社区舞蹈队、天福园书画小组、体东社区京剧队等。他们为丰富朝外群众文化生活，提高居民文明素质和健康水平做出了积极贡献。

二、发达的区域交通

朝阳门是古代都城的重要城门，车马由此进城出城，逐渐形成一条土路，是元大都东去喜峰口通达蒙古高原和东北地区的驿路。这条路两侧多是野地，只有零星几个驿站，非常荒凉。明正统年间重修齐化门，改名为“朝阳门”。朝阳门外的土路也由驿路逐渐变成运粮通道：人们经京杭大运河（通惠河）把粮食运到通州，再从这条路运进朝阳门内的粮仓。原本荒凉的小道逐渐热闹了起来。但是，因为年久失修，土路越来越破旧，路况也越来越糟。清朝，根据雍正《御制通州石道碑文》记载：该路“轮蹄经涉，岁月滋久，地势渐洼。又时雨既降，积雪初融之候，停驻泥淖中，有一车之蹶，需数十人之力，以资牵挽者矣”，路况令人无法忍受。雍正七年（1729）八月，清朝廷斥“帑金三十四万三千四百八十四两有奇”修建朝阳门至通州的石道，至雍正八年（1730）五月告竣。乾隆二十二年（1757）至二十五年（1760），历时近四年，朝廷花费巨资对此路进行二次修整。

1942 年，日军为修从通州到北京的公路，准备将石道改为水泥道，后因战败投降，工程停工，至 1949 年时路面为一半石道一半水泥道。中华人民共和国成立后，朝阳路作为北京市通往河北省通州的重要道路，经过数次拓展改造，使之成为 60 米宽的通衢大道。朝外大街两侧先后建成了中石化、丰联、华普、昆泰国际、旺市百利、百脑汇、铂宫、蓝岛大厦等高层商厦，以及中国人寿大厦、中国银行朝阳支行、中国建设银行朝阳支行、中国工商银行朝阳支行、中国农业银行朝阳支行等金融机构，一度成为朝阳区的商业服务业中心。

1979 年，原朝阳门南大街（亦称南河沿）、朝阳门北大街（亦称北河沿）拓宽改建成长 1400 米、宽 65 米的京城东部全封闭快速路——东二环路。现外交部、司法部、中粮集团总部、北京外企服务公司等坐落于此路东侧。

工人体育场东路（朝外段）北起工体南路，南至东大桥，1981 年升级改造后，成为国家迎宾线路段。东大桥路（朝外段）位于辖区东南部，南北走向，北起东大桥，南至光华路，1958 年随使馆区建设修建成路，1981 年升级改造后，曾为国家迎宾线路段。

辖区内还有光华路（朝外段）、神路街、朝外市场街、朝外南街、朝外北街、吉市口东路、工人体育场南路、工人体育场西路（朝外段）等次干道，以及雅宝路、外交部南街、雅宝北路、吉市口路等支线道路，现存 30 余条胡同。

1915 年，西直门至东便门环城铁路支线通车，经过朝阳门并在此设站，直至 20 世纪 60 年代末废弃。70 年代，中国第一条环形地铁线路——北京地铁 2 号线开工建设，于 1984 年开通运营，途经西直门、阜成门、复兴门、宣武门、和平门、前门、崇文门、建国门、朝阳门、东直门、安定门等地，并在朝外辖区设朝阳门站；北京地铁 6 号线于 2012 年 12 月开通运营一期工程，于 2018 年 12 月全部开通运营，该线路起于金安桥站，途经石景山区、海淀区、西城区、东城区、朝阳区、通州区，止于潞城站，是连接北京城市副中心、运河商务区、定福庄集团、CBD、金融街、内城商业旅游区和石景山地区的重要交通干线，经过朝外辖区并设有朝阳门站。

三、繁荣的商业经济

朝阳门是漕运出入的城门，朝外大街自古以来就是京城的主粮道，受此带动和影响，古时的朝外大街两侧店铺林立，粮店、饭馆、酒肆、油盐店、饽饽铺、茶叶店、杂货铺、香蜡铺、药店、大车店、掌铺、麻绳店等，应有尽有。

中华人民共和国成立前，朝外地区有门牌号码记录的商业店铺有409家。其中粮油店铺有55家，影响较大的有大有油盐粮店、元顺永油盐粮店、永星斋饽饽铺、汪正大茶庄等；茶馆、酒饭铺有62家，规模或影响较大的有永生羊肉铺、肉铺徐、荣盛轩茶饭馆等；百货店铺69家，规模或影响较大的有聚祥益布店、梧村楼绸缎洋货庄、元发日杂店；药店诊所14家，规模或影响较大的是一元堂药店；建材仓储、手工加工、理发等其他行业店铺有209家。

中华人民共和国成立后，辖区经济发展为工作组形式，下设产业、手工业、店员和搬运4个工作组，开展生产恢复和生活自救。在对资本主义工商业进行社会主义改造时，朝外地区的商铺、老字号都实行了公私合营。

在金融业领域，最具影响力的是银行业。1950年6月，中国人民银行北京市分行东四办事处设朝阳门外分理处。1973年，朝阳区财政金融局撤销，恢复为中国人民银行北京市分行朝阳区办事处，位于朝外地区。1984年，中国工商银行朝外大街储蓄所成立。1990年，中国银行北京分行入驻朝外雅宝路地区。交通银行朝阳支行、中国民生银行朝阳支行也先后进入朝外地区。2000年，中国农业银行朝阳支行迁入朝外大街，连续5年存款余额名列中国农业银行北京市分行各支行第一位。此时，朝外街道已经有中国工商银行朝阳支行、中国建设银行朝阳支行、上海浦东发展银行、福建兴业银行、华夏银行等多家银行的分支机构进驻。截至2015年，朝外地区共有31家银行营业网点，以及证券、保险、担保、典当等各类金融公司19家。

马路市场、集市贸易是中国民间商品交易的最主要方式。改革开放后，国家调整有关政策，逐步放开市场经营。朝外地区经济进入快速发展期。马路市场遍地开花，其中最具影响力并形成品牌的是雅宝路市场。1988年，街道投资1200万元对市场进行了大规模改扩建，修路腾地，新建摊位，成立雅宝路市场办公室，激活了市场发展的各方力量。使雅宝路市场进入快速发展期，并成为北京市最大的民间涉外服装贸易市场，创造了北京“外商最多、交易最快、房租最贵”的特色市场，为中国服装走向世界做出了重要贡献。

商业大厦、商务楼宇是推动朝外经济发展的重要产业。起步早、效益好、影响大的是蓝岛大厦。1993年，北京市政府、朝阳区政府为繁荣首都商业，缓解市中心商业网点压力，实现顾客分流，在朝外东大桥建设了蓝岛大厦。蓝岛大厦出生在市场竞争的起步阶段。蓝岛人以“商业未动，文化先行”的超前意识，外请专家、内挖潜能，探讨出“商品以质取胜、经营以特取胜、服务以情取胜、购物以便取胜、环境以雅取胜、功能以全取胜”的企业文化。“能退不换、能换不修、能修不拖”的售后服务举措，在顾客中产生了强烈反响，改变了长期以来服务行业脸难看、事难办、售后服务没人管的不良风气，为北京商业服务树立了新榜样。

四、优质的教育资源

朝外地区是朝阳区优质教育资源聚集区。截至 2015 年 12 月，辖区有幼儿园 3 所、小学 3 所、中学 2 所。

中华人民共和国成立前，朝外地区没有学前教育机构。中华人民共和国成立后，朝外地区儿童人数增长迅速。20 世纪 50 年代，街道整合资源开办幼儿园 18 所。1958 年，为进一步拓展学前教育，街道因地制宜建立了 800 多个家庭托儿所。截至 2015 年 12 月，辖区有幼儿园 3 所，其中三里屯幼儿园是北京市体委确定的体育特色“示范幼儿园”、北京市一级一类幼儿园。

朝外地区的小学教育起源于元老胡同、南北营房等处的几家私塾。1910 年前后，一些开明人士募资在神路街 67 号创办一所新式学堂。截至 2015 年 12 月，辖区有 3 所小学，分别是北京市朝阳区芳草地国际学校日坛校区、北京市朝阳区芳草地国际学校民族校区、下三条小学。其中，芳草地国际学校日坛校区是北京市重点小学，招收外国学生，实行双语教学。1936 年 3 月，北京市私立崇贞中学是辖区第一所中学。1989 年 1 月，北京市政府接受香港著名实业家陈经纶赠款，用以改扩建朝阳中学，1991 年校名更改为北京市陈经纶中学。截至 2015 年 12 月，辖区有 2 所中学，分别是北京市陈经纶中学、体育场路中学。

五、优秀的“朝外好人”

朝外地区历史悠久，人才辈出。在历史的各个时期都出现过为民谋福祉的好人，尤其是在精神文明创建活动中曾涌现出大批的模范人物先进典型。2010 年，为了广泛动员群众参与朝阳区开展的“创建全国文明城区活动”，街道陆续推出了以田景廉、赵淑华、游本昌、王晓辉、王文忠等为代表的 48 名助人为乐、见义勇为、诚实守信、敬业奉献、孝老爱亲的“朝外好人”。他们身份多样，有退休后志愿全身心为民服务的老干部；也有把慈善当作一生追求的成功企业家；还有把艺术和快乐带给民众的老艺术家；更有社区平凡居民，关爱他人、关爱老人，关爱一切有困难需要帮助的人。他们是朝外的榜样标杆，更是朝外的道德品牌。

六、特色的创新实践

特殊的地理位置，必然有特殊的工作标准和要求。几十年来，一代又一代朝外人以此为荣誉，以此为动力，在城市管理、社会治理、为民服务等工作中，高标准、严要求，敢为人先、勇争第一，探索创新出许多新的工作模式和经验，使群众从中受益。

改革开放初期的雅宝路市场培育成功就是典型的案例。它不仅使中国的服装走向了世界，为国家创造了大量的外汇，而且为朝外地区乃至多地解决了大量人员就业问题，培育了一大批经营人才。

2007 年，朝外街道率先推出“一刻钟社区服务圈”概念。通过完善社区公共服务设施，整合地区社会资源，创新服务模式，不断提高社区综合服务功能，给老百姓带来实惠。

从 2012 年开始，针对老旧小区基础设施薄弱、物业管理不到位、居民自治度低等问题，街道统筹居民自治及准物业管理工作，提出了“家园计划”。通过居民自治的手段解决老旧小区的物业管理难题，逐步培养居民的家园意识，探索自治服务模式。2013 年，吉祥里社区探索形成了“分类治理小区、分层推进自治、分级解决问题”的“三分”社区治理模式，积极发挥居民主体作用开展自治。通过整合辖区单位资源，撬动产权单位资源，协调政府主管部门解决了 4 栋居民楼多年下水道堵塞的问题，受到地区居民的普遍称赞，也引起了社会和各级领导的高度关注。

在新的历史时期，朝外地区面临完善社会治理体系现代化、人民对美好生活的更高期待要求等问题，街道工委、街道办事处任重道远。在各级党组织的领导下，一个办实事的机构会更加努力地创造新的辉煌，一个让人民满意的朝外地区会成为所在地人民的骄傲！

大事记

DASHIJI

元 代

元世祖至元四年（1267）

修建齐化门（现朝阳门）。

延祐六年（1319）

始建东岳仁圣宫（现东岳庙）。

明 代

正统四年（1439）

齐化门改称朝阳门。

正统十二年（1447）

五月，开始首次修缮东岳庙。

嘉靖九年（1530）

五月，建朝日坛，建垣墙。

嘉靖十年（1531）

三月，朝日坛工程竣工。

隆庆元年（1567）

春分，隆庆皇帝首次在日坛祭祀大明光神（太阳神），并规定每逢甲、丙、戊、庚、壬年由皇帝亲自祭祀太阳。

清 代

康熙三十六年（1697）

疏浚护城河，使运粮漕船由大通桥直达朝阳门。

康熙三十七年（1698）

东岳庙因居民不慎引发火灾，大部分建筑付之一炬。

康熙三十九年（1700）

三月，开始重建东岳庙。

康熙四十一年（1702）

六月，东岳庙重建竣工。

雍正七年（1729）

八月，清政府投资用石条修建一条朝阳门至通州的石道（现朝外大街和朝阳路前身）。

道光二十三年（1843）

春分，皇帝最后一次祭日。此后祭日礼仪渐渐荒废。

道光年间

东岳庙住持马宜麟扩建东岳庙的东西廊办义学，名为“同善堂”义学。

同治十二年（1873）

在今朝阳门外大街马公庵设坎济水局。

光绪三年（1877）

十月，绅士王廷佐在神路街南海慧寺设继德堂粥厂。

光绪三十四年（1908）

电线架入朝外关厢一带。

宣统三年（1911）

辖域主要大街架设路灯，并在朝外关厢建低压供电所。

中华民国

1913 年

京师学务局在朝阳门外 248 号设立阅书处，名为“劝学所”。

1915 年

12 月 24 日，北京环城铁路竣工，朝阳门外设朝阳门车站。

1917 年

位于朝阳门外的大有油盐店开业。

1921 年

日本教育家清水安三夫妇在朝阳门外牌楼胡同开办崇贞工读女学校。1949 年中华人民共和国成立后，改称北京市第四女子中学。1967 年改为北京市朝阳中学，实行男女合校。1989 年由香港实业家陈经纶捐资扩建了学校并与东大桥中学合并。1991 年该校更名为北京市陈经纶中学至今。

1925 年

1 月，北平设立东、西、南、北四个郊区，并设四郊警察署，东郊警察署设在芳草地。

1929 年

东岳庙道士郑吉年在元老胡同下三条 2 号创办东岳庙民众学校。

1930 年

在朝外南中街清真寺建东郊区私立清真第一小学。

1945 年

以朝外大街为界，朝外街道辖区路北侧属北平第十三区，路南侧属第十四区管辖。

北平解放至中华人民共和国

1949 年

2 月 2 日，中共第十三区工委、第十三区政府由东坝移至东岳庙西院。中共第十四区工委由高碑店移至神路街海慧寺院内，第十四区政府由高碑店移至芳草地。

3 月，朝外辖区分别成立朝阳门关厢街人民政府、市场街人民政府和神路街人民政府。

6 月 21 日，第十三区、第十四区合并，称北平市第十三区。区委、区政府设在神路街海慧寺院内。朝外街道辖区属合并后的第十三区管辖。

是年，朝阳门关厢街党支部成立，隶属第十三区工委。

1950 年

6 月 14 日，辅华合记矿药厂发生爆炸，伤 406 人，死亡 39 人，塌房 497 间，受灾 943 户 4056 人。

8 月 1 日，第十三区改称第十区。朝外街道辖区改属第十区管辖。

1951 年

1 月，市场街、神路街党支部成立。

5 月，政府组建关厢地区消费合作社。

7 月，在朝外大街建立东郊联合诊所。

8 月，朝阳门关厢街、市场街、神路街 3 个街政府合并，重新组建为朝阳门关厢街人民政府，办公地址在朝外大街 290 号天仙宫。

同月，朝阳门关厢街、市场街和神路街党支部合并为朝阳门关厢街党支部。

9 月 10 日，在日坛西北修建马骏烈士墓。

1952 年

9 月 1 日，第十区改称东郊区。朝外街道改属东郊区管辖。

1953 年

7 月，开始建东郊区工人俱乐部，位于朝阳门外大街路南，为全市首家区级工人俱乐部。

是年，北京市人民政府决定将日坛建为公园。

1954 年

5 月 1 日，大有油盐粮店公私合营。

5 月，朝阳门关厢街政府改建为朝阳门关厢街街道办事处。

11 月，神路街街道办事处成立。

1955 年

2 月，市场街街道办事处成立。

6 月 23 日，朝阳门关厢划归东单区，朝外街道辖区划入东单区（东城区）管辖。

是年，朝外市场街办事处首次建立居委会，共有 8 个居委会、93 个居民小组。

是年，在日坛一带开始建大使馆区。

1956 年

10 月，朝阳门城楼拆除。

是年，朝阳区芳草地外交部子弟小学成立。

是年，北京市朝阳帽厂成立，位于朝外二条 67 号。

1957 年

东岳庙被列为北京市第一批古建文物保护单位。

1958 年

5 月 3 日，东郊区改称朝阳区。

5 月，朝阳门关厢街党支部扩建为党总支。

7 月，属东单区管辖的朝外大街、朝阳市场街、神路街划入朝阳区。朝外街道辖区划属朝阳区管辖，至 2015 年没有发生变化。

是年，市新华书店在朝外大街 210 号设立门市部。

是年，朝阳门箭楼被拆除。

1959 年

6 月，朝阳门关厢街、神路街、市场街、东便门、幸福村 5 个街道办事处合并为朝外大街街道办事处（简称“五街”合并）。办公地址在朝外大街 290 号。

同月，朝外大街街道召开第一次党员代表大会，成立朝外大街街道党委。

是年，街道妇女联合会成立。

是年，街道共青团委成立。

是年，街道人民武装部成立。

是年，朝阳门火车站被拆除，东便门至朝阳门站间铁道也被拆除。

是年底，朝外大街成立人民公社，主管街道企业和服务业。

1960 年

2 月 20 日，中共朝外街道人民公社委员会朝外街道办事处成立。

12 月 15 日，朝外大街街道召开第二次党员代表大会，将街道党委改建为朝外大街街道人民公社党委。

是年，街道实行“政社合一”，办事处职能并入公社，统称朝外大街街道人民公社。

1961 年

菱角坑被填平，建木箱厂和起重机械设备厂。

1962 年

芳草地小学分校建立。

1963 年

芳草地小学分校改为日坛小学。

1966 年

5 月，恢复朝外大街街道办事处。

1968 年

1 月，朝外大街电器厂、朝外大街仪表螺钉厂改为区直属集体所有制企业。

9 月 21 日，朝外医疗器械厂等 21 个工厂综合组、居委会成立革命委员会。

1969 年

8 月，北京市朝阳区朝阳门外大街街道革命委员会（简称朝外大街街道革委会）成立，取代街道党委和办事处，办公地址迁至朝外二条 46 号。

1970年

4月，街道党委恢复。

11月，街道召开第一次共青团员代表大会，成立朝外大街街道新团委。

是年，朝阳门被拆除。

1973年

3月7日，朝外大街街道召开第一次妇女代表大会。

1974年

4月7日，玉器厂、体育用品厂、金属结构厂等18个工厂以及修建队移交给北京市工业局。

是年，朝阳建筑公司幼儿园成立，隶属朝阳建筑公司，位于东大桥路13号院。

1975年

9月7日，朝外大街街道党委批准吉市口等17个居委会成立党支部。

1976年

10月18日，南三里屯、神路街、元老胡同3个居民管理委员会组建党委。

12月13日，原朝外大街公社分出建外街道革委会和三里屯街道革委会。

1978年

在朝阳门旧址上修建立交桥。

1979年

9月，朝外大街街道革委会撤销，恢复朝外大街街道办事处，办公地址未变。

是年，南河沿和北河沿拓宽改建为东二环路。

1980年

4月2日，生产服务合作联社成立。

5月7日，东大桥南路以西和光华路以南地区划归建外街道办事处管辖。

8月6日，25个居民管理委员会改称为居民委员会。

8月，朝外街道劳动服务公司成立。

是年，神路街幼儿园成立，隶属朝外街道办事处。

1982年

是年，光华路建成。

是年，东大桥百货商场开业。

1983 年

12 月 30 日，区政府办公楼破土动工。

是年，体育场路建筑工程队、南营房水暖锅炉安装队、朝外建筑水暖安装队、起重建筑工程队合并成立朝外劳动服务公司建筑工程队。

1984 年

5 月，中共北京市朝阳区朝外街道纪律检查委员会成立。

是年，紫光电影院竣工。

是年，首都儿科研究所附属儿童医院成立。

1985 年

6 月至 9 月，朝外街道分两批在机关和居民、企业党员中开展整党工作。

是年，朝外街道残疾人联合会成立，每个居委会成立残疾人工作分会。

1986 年

5 月 31 日，街道第一届残疾人代表大会召开。

是年，南下坡清真寺被列为朝阳区文物保护单位。

1988 年

2 月 14 日，中共北京市委、北京市政府在日坛公园马骏烈士墓前举办纪念烈士牺牲 60 周年活动。

3 月 17 日，朝外街道首届居民代表会召开。

5 月 21 日，朝外地区举行首届“五月鲜花”文艺会演。

7 月，朝外街道召开首次工会会员代表大会。

8 月 9 日，朝外街道工会成立。

8 月，街道将雅宝路马路市场正式定名为“雅宝路市场”。

10 月 21 日，朝外街道成立法律服务所。

11 月，朝外大街拓宽第一期工程启动。1990 年 5 月竣工。

1989 年

9 月，封闭式大型市场——朝外市场建成。

是年，地区红十字会成立，建立地区卫生中心站。

1990 年

6 月 4 日，中共北京市朝阳区朝外街道委员会改建为中共北京市朝阳区委朝外街道工作委员会。中共北京市朝阳区朝外街道纪律检查委员会改建为中共北京市朝阳区纪律检查委员会朝外街道工作委员会。

8 月 14 日，朝阳区区长宋维良到朝外吉市口头条至五条检查了解居民住房情况。

10 月，北京市朝阳区朝外大街街道办事处改为北京市朝阳区人民政府朝外街道办事处。此后未变。

12 月，雅宝路危房改造工程开工。

1991 年

5 月，吉市口危房改造工程开工。

1992 年

8 月 25 日，朝外街道机关工会和联社工会合并为街道工会。

10 月，北京市朝阳区关厢医院更名为北京市朝阳中医医院。

11 月 5 日，上海、长春、北京等六省市友好街道首届联谊会在朝外街道举行。

12 月，芳南居委会被评为首都文明居民区。

1993 年

1 月 20 日，蓝岛大厦开业。

是年，南营房危房改造动迁。

1995 年

6 月 20 日，朝阳区委书记蒋效愚到朝外街道调研。

9 月 11 日，中共北京市委、市政府在日坛公园召开马骏烈士诞辰 100 周年纪念会，举行马骏烈士铜像揭幕仪式。

11 月 12 日，德国总理科尔参观蓝岛大厦。

1996 年

4 月，芳南居委会被评为首都文明标兵单位。

6 月，街道企业发展中心成立。

7 月 27 日，中央政治局委员、北京市委书记尉健行考察蓝岛大厦西区。

10 月，朝外街道工委确定“团结拼搏、真抓实干、内改外拓、超前争先”的朝外精神内涵。

12 月 19 日，北京市委组织部部长于均波，朝阳区委书记蒋效愚、区长索连生等赴爱慕制衣厂调研。

1997 年

4 月 5 日，北京市委常委、市政协、市人大，朝阳区委、区人大、区政府、区纪委等部门领导赴朝外大街参加植树活动。

6 月 20 日，外交部办公楼竣工。

1999 年

2 月 13 日，东岳庙修复后举办首届春节文化庙会，东岳庙全面向游人开放。

3 月 31 日，朝外街道企业发展中心移交区政府统一管理。

6 月，朝外街道离休干部党支部被中组部评为全国先进基层党组织。

8 月，街道办公地址迁至雅宝里 15 号楼。

11 月 15 日，联合国秘书长安南和夫人一行 14 人参观游览东岳庙。

2000 年

3 月 11 日，市委副书记于均波赴朝外考察社区党建工作，区委书记蒋效愚等陪同。

11 月 8 日，中组部副部长虞云耀与全国街道、社区党建研讨会代表 80 余人赴朝外参观新落成试运营的社区服务中心。市委副书记于均波、市委组织部副部长孟秀勤、区委书记刘晓晨、区委副书记刘伟、区委组织部部长王力军等参加。

2001 年

3 月 15 日，三丰里、吉祥里、雅宝里建立社区，并分别召开社区代表大会，选举产生社区居委会委员。

3 月 28 日，芳草地、体东、天福园建立社区，并分别召开社区代表大会，选举产生社区居委会委员。

4 月 28 日，北京市首届民族式摔跤邀请赛在日坛公园举行，全市 8 个区（县）9 支代表队 60 余名选手参加比赛。

6 月 18 日，北京市第一家社区残疾人协会在朝外街道吉祥里成立。

7 月 9 日，朝外地区第一家民营企业团支部在吉利大厦成立。

2002 年

1 月 11 日，中央统战部、市委统战部、区委统战部领导赴朝外调研社区统战工作。

10 月 20 日，朝外“昆泰杯”首届社区运动会在陈经纶中学操场举行。

10 月 26 日，市委书记刘淇，副书记强卫、杜德印赴朝外街道考察吉祥里西区休闲园和社区活动站。区委书记、区长等参加考察。

是年，民建中央办公楼开建。

2003 年

4 月 8 日，街道成立“非典”防控工作领导小组。

4 月 16 日，《朝外时讯》创刊。

9 月 25 日，街道举办第一届消防安全运动会，辖区内 100 余家社会单位 300 余名选手参加比赛。

2004 年

6 月，区人大朝外街道工作委员会成立。

2005 年

1 月 1 日，国家统计局副局长林贤郁、副市长张茅、区长陈刚赴朝外街道经济普查工作大厅，慰问和看望工作在一线的经济普查员。

2006 年

10 月 12 日，朝外街道举行人民内部矛盾排查调处中心揭牌仪式。

2007 年

1 月 20 日，朝外街道地区社会管理中心成立大会在昆泰嘉华酒店召开。

3 月 21 日，朝外街道在日坛公园举行“春分朝阳”首届民俗文化节。

9 月，朝外地区社会工作党委成立。

2008 年

6 月 12 日，区委书记陈刚考察雅宝路国际特色商业街建设工程完成情况。

10 月 25 日，在日坛国际贸易中心举行首届北京雅宝路国际服装节开幕式暨雅宝路优秀服装自主品牌发布晚会。

2009 年

9 月 3 日，吉庆里社区联合 59 家“六小门店”建立“六小门店”自律协作组。

2010 年

6 月 2 日，朝外街道建立北京市首家街道层面社会建设协调委员会。

9 月 28 日，市委社会工委、市社会办、区社会办一行赴吉祥里社区调研“一刻钟社区服务圈”建设工作。

2011 年

2 月 12 日，市委书记刘淇、市长郭金龙等市领导到朝外街道芳草地社区调研“一刻钟社区服务圈”建设情况。

3月29日，全市首家基层党建研究机构——朝阳区党建研究会朝外地区分会成立。

4月，街道办公地址迁至芳草地北巷5号。

11月1日，朝外街道召开党员代表大会，选举贾彦翎、田志刚、郭根亮、景虹4人出席中国共产党北京市朝阳区第十一次代表大会代表。

2012年

3月4日，全国两会代表、委员一行约90人赴侨福芳草地调研。

5月4日，民进中央调研组赴芳草地社区调研社会管理创新工作。

8月3日，街道厚德暖心工程系列活动——“扶危济困，爱心涌动”雅宝路捐款活动在万邦大厦门前启动。雅宝路商户王文忠现场捐款10万元。

8月8日，街道在悠唐生活广场中厅启动“朝外街道‘心朝阳光、外化雨露’志愿者活动季”，发布朝外地区志愿者视觉形象识别系统。

11月28日，游本昌工作室为朝外举办专场话剧《弘一法师——最后之胜利》演出。

2013年

2月13日，吉庆里社区成立交通安全自治组织，成为全区第一个试点社区。

4月2日，街道每周二“律师义务咨询日”正式开启。

5月21日，街道成立居家养老送餐服务队，在东岳饭庄举办朝外居家养老送餐服务队授车仪式。

7月3日，朝外地区社会组织服务基地启动仪式在朝外文化中心举行。

7月，街道道德讲堂开讲。

10月，街道协调朝阳区有关职能部门打通光华路西口断头路，实现东西双向通车。

2014年

1月2日，北京首个由社会力量参与管理的街道图书馆在朝外街道运营。

2月25日，“朝外好人”宣讲团成立。

5月9日，街道成立社会组织服务基地党支部。

6月5日，古巴共产主义青年联盟第一书记尤妮亚斯琦·克雷斯波·巴克罗、国际联络部部长何塞·毛里及古巴驻华使馆人员等组成的代表团赴朝外街道潮外·社区青年汇交流访问。

9月24日，孟加拉国市长代表团一行7人到朝外地区社会组织服务基地，参观中国社区建设及社会组织发展展览。

11 月 27 日，共青团湖北省委员会、共青团北京市委员会、共青团北京市朝阳区委员会等一行 40 余人赴朝外街道潮外 · 社区青年汇调研。

2015 年

5 月 30 日，朝外地区企业公益联盟成立。

7 月 6 日，街道联合陈经纶中学举行朝外小记者团成立仪式。

9 月 10 日，团中央带领美国、英国、法国、德国、意大利等国的青年朋友赴朝外街道潮外 · 社区青年汇交流学习。

12 月 17 日，街道举办“邻里话感恩　情满天福园”——朝外街道社会治理模式“居民自管会”展示活动。

第一章

基本街情

JIBEN JIEQING

朝外街道为北京市朝阳区所辖，具有历史悠久、商街繁华、文化丰蕴、民族融合、和谐宜居等鲜明特色的行政区域。其因位于朝阳门外而得名，是外交部、司法部、民建中央及朝阳区委、区政府等重要机关所在地，是北京中央商务区西部门户，驻有多个外国驻华使馆。

第一节　地理位置

朝外街道位于北京市东部朝阳门（元代称齐化门）外，是朝阳区（原东郊区）核心地带。其地理方位为北纬 39°、东经 116°，距离市中心天安门广场 5.5 公里。

历史上，朝外街道辖域范围几经变化。中华人民共和国成立初期，仅限朝阳门关厢周边区域，西起朝阳门箭楼，东到二道河、皇姑庵河沟，南自兴隆街，北到菱角坑，面积约 1.5 平方公里。随着北京城市发展和区划变动，1959 年辖域曾南扩至东便门，北直抵东直门外大街，东西跨度未变，面积增至 10 平方公里。

随着 1976 年将原属朝外街道辖域的幸福村、东便门划出分别成立两个新街道，1980 年将东大桥南路以西、光华路大街南侧所有单位及其以南地区（不含七圣庙）划归建外街道办事处管辖，朝外街道辖域缩为现今规模：西起东二环路，与朝阳门街道隔街相望；东至工体东路、东大桥路，与呼家楼街道接壤；南自光华路，与建外街道相依；北抵吉市口八条、朝外北街、工体西路、工体南路，与东直门街道、三里屯街道南端为邻，辖域总面积 2.2 平方公里。

第二节　地质地貌

朝外街道辖域地势平坦开阔，海拔 40 米，地表属洪积冲积扇的轻壤至中壤土质层。辖域轮廓呈南北稍长、东西略窄、东北角缺一块的不规则矩形。

北平解放前，朝外辖域曾有多处低洼地带。西部有明朝挖筑的城墙外沿的护城河，由北向南一直到东便门，与通惠河相连，曾经是运河的末端部分，漕船可以沿护城河将粮食运达朝阳门内的官仓。清朝末年，由于水源不济，淤塞失修，其漕运能力渐废（1980 年变为暗河）。中西部三丰（三佛寺）胡同北部曾有一片莲花池，后被填埋。秀水河胡同处原有一条由北向南，又折向东北的排水沟，旧称臭水河（1969 年变为暗河）。西北部有自然形成的洼泊，冠以“菱角坑”之名，三面环水，西依护城河，坑里生长着菱角、莲藕、芡实等水产品（1961 年前后被填埋，陆续建起重机厂、木箱厂）。元老胡同下五条原址曾是芦苇塘和窑坑（1950 年后，逐渐被填埋，建起居民区）。东部有二道河由北斜插东南，经东大桥分岔向南，为皇姑庵的河道（1958 年加盖修路，并陆续建起居民住宅楼）。南部杜家楼以南，曾有多处窑坑（1958 年被填埋，陆续建起使馆区、首都儿科研究所）。

现朝外辖域仅有一处高地和两处洼地，即日坛公园的一座假山和“荷花池”“曲池胜春”两处湖泊景观，其余所有地段均为平地。除建筑物、绿化占地外，多数空地都得到了硬化处理。

第三节　气候植被

朝外街道辖域处于暖温带与中温过渡带，属暖亚湿润温带季风型大陆性气候，四季分明，日照充足，冬冷夏热，年平均气温 11.6℃，年平均降水量 600.7 毫米。

北平解放前，辖域少有绿地树木。仅在护城河沿岸、菱角坑、莲花池散见杨、柳等绿植。菱角坑北侧有 1 处占地数十亩的葡萄园；东岳庙、日坛有些参天古树，日坛墙院外有片“黑松林”。少量民居院落自种自养些槐、枣等树。北平解放前夕，国民党守城部队为了扩大防护视野，曾将北平城边树木全部砍光，使朝外地区一片荒寂惨淡。

中华人民共和国成立初期，辖域绿地植被主要集中在交通干线两侧和日坛公园、东岳庙、使馆区。自 1957 年北京掀起社会主义建设热潮以来，朝外地区人民积极响应政府号召，坚持开展“义务植树，美化城市”运动，在道路旁、庭院内、公园里、空阔地，广泛种植杨、柳、槐、榆、松、柏、枫、白蜡、梧桐、银杏等树及绿篱灌木、草坪，以及迎春花、月季、牡丹、玫瑰、秋菊、串红等花卉。日坛公园还种有在国务院总理周恩来倡议下，日本友人赠送的大山樱花树。辖域现存古树 55 棵，树种为国槐、柏树、构树、楸树、桑树，多为 500 年以上树龄，主要分布在东岳庙、日坛公园。

经过半个多世纪的努力，辖区到处绿树成荫，百花吐艳，基本实现了“黄土不露天”“四季常青，三季有花”。截至 2015 年，辖区绿化总面积 27 万平方米。

第四节 街巷道桥

一、主干道路

朝阳门外大街 朝阳门外大街（朝外街道段）简称朝外大街，位于辖区中部，是朝外街道辖区的主轴线路。明、清两代曾被称为国门东孔道、朝阳门关外石道、朝阳门外大街，是陆运皇粮进京入仓的交通干道，亦是京城通往京东各县的咽喉路段。沿街有众多的店铺、车马店及客、货栈，被称为朝阳门外关厢商业街。清雍正七年（1729）将大街改筑为石铺路面，乾隆二十二年（1757）重修。民国期间称朝阳街，1942 年改筑为混凝土路面。中华人民共和国成立后对大街和两侧商店进行多次拓宽和翻建，1951 年 8 月改称朝阳门关厢街，1956 年恢复今名。1953 年 9 月拓宽路面铺装沥青，1988 年 7 月再次拓宽改筑，建成一条繁华的商业街。1990 年由北京市朝阳区人民政府发文定为今名。朝阳门外大街原东起东大桥，西至朝阳门立交桥。1990 年 5 月调整该大街的起始段落，将起点向东延伸至东三环中路与东三环北路相接处，总长延至 2.4 公里。朝外街道辖区的朝阳门外大街段东起东大桥，西至朝阳门立交桥。1996—2005 年，朝外大

朝外大街（摄于 1993 年）

街又先后进行三次升级改造。2015 年，此街已发展为长 1300 米、宽 60 米，街面整洁、亮丽，两侧建有中国石化大厦、丰联广场、中国人寿、昆泰大厦、百脑汇、蓝岛大厦等高层商厦，现代化、国际化的京城第三商业大道。

东二环路　东二环路（朝外街道段）位于辖区西部边界线。南北走向，南起光华路西口，北至文化部南侧。是 1979 年由清末民国初成路的原朝阳门南大街（亦称南河沿）、朝阳门北大街（亦称北河沿）拓宽改建而成的长 1800 米、宽 65 米的京城东部现代化全封闭快速路。外交部、司法部坐落于此路东侧。

工人体育场东路　工人体育场东路（朝外街道段）位于辖区东北部，体东社区东端。南北走向，北起工体南路，南至东大桥，长 450 米，宽 30 米。1958 年随工人体育场建设，由旧时储运垃圾的土路改建为沥青道路，1981 年升级改造。20 世纪 80 年代前，曾为国家迎宾线路段。

东大桥路　东大桥路（朝外街道段）位于辖区东南部，芳草地社区东端。南北走向，北起东大桥，南至光华路，长 800 米，宽 30 米。旧时原址为农田排水沟，1958 年随使馆区建设，修建成路。1965 年曾更名东光路，1977 年恢复今名，1981 年升级改造。20 世纪 80 年代前，曾为国家迎宾线。

光华路　光华路（朝外街道段）位于辖区南部边界线，芳草地、天福园、雅宝里社区南端。东西走向，东起东大桥路，西至东二环路，长 1300 米，宽 20 米。始建于 1958 年，1982 年改建。至 2015 年，该路段为第一使馆区重要道路，路北侧驻有 13 个国家的驻华使馆。

二、次干道路

神路街　神路街位于辖区中部，南北走向，北起朝外大街琉璃牌坊，南至日坛北路（元、明时期，曾南至通惠河畔东岳庙山门，由于清代建起日坛，此路南端缩至日坛北墙）。成路于元代，因旧时相传此路是东岳庙内主神东岳大帝出巡之道，故名神路

神路街南口（摄于 1993 年）

街。1966年曾更名雄文路，1975年易名日坛北街，1981年恢复原名。2003年拓宽改造，其南段向东移，与明代成路的原神路后街相接，共长630米，宽18米。该街西侧为朝阳区委、区政府所在地。

朝外南街　朝外南街位于辖区中南部，区委、区政府、陈经纶中学北侧，东西走向，东起东大桥路，西至外交部南街，长710米，宽20米，建于1995年。

朝外北街　朝外北街位于辖区西北部，吉祥里社区北端。东西走向，东起工体西路，西至东二环路，长550米，宽20米，建于2003年。民建中央位于此路南侧。

吉市口东路　吉市口东路原称新开路，位于辖区西北部，吉祥里西区、蓝筹名座小区东侧。1997年，由原吉市口东巷拓宽改造成路。南北走向，南起朝外大街，北至吉市口八条，长550米，宽24米。

工人体育场南路　工人体育场南路位于辖区东北部，工人体育场南侧，呈“丁”字形。南北走向路段，长360米，宽15米，南起朝外大街，北至工体南门。东西走向路段，长600米，宽15米，东起工体东路，西至工体西路建于1959年。

工体南路路口（摄于1993年）

工人体育场西路　工人体育场西路（朝外街道段）位于辖区西北部，工人体育场西侧。南北走向，南起朝外北街，北至吉市口八条，长140米，宽24米。旧时原址为衡星窑坑，1958年随工人体育场建设成路，2006年拓宽改造。

朝外市场街　朝外市场街位于辖区中西部，朝外大街南侧，三丰里社区与天福园社区分界线。南北走向，南起日坛北路，北至朝外大街。始建于明代，旧称礼神街，原为皇家赴日坛祭祀御道，清代改称景升街。民国后，由于道路两侧日坛外墙坍塌，日渐成为民间集贸、娱乐的繁华地段，曾易名朝阳市场（俗称“二天桥”）、景升东街，1981年正式定名为朝外市场街。2001年拓宽升级改造，现长760米，宽30米。路两侧建有泛海国际、悠唐大厦、朝外门、老番街、中保大厦、日坛国贸、雅宝城等商厦。

三、支线道路

雅宝路　雅宝路位于辖区西南部，首都儿科研究所北侧。东西走向，东起日坛路，

雅宝路（牛荣摄于 2010 年）

西至东二环路，长 498 米，宽 12 米，建于 1958 年。因其与东二环路西侧大雅宝胡同相对，故取雅宝路为名。20 世纪 80—90 年代，此路曾是驰名中外的雅宝路集贸市场发祥地。

外交部南街　外交部南街位于辖区西南部，外交部东侧。南北走向，南起京华豪园，北至朝外大街，长 300 米，宽 16 米。1998 年由秀水河胡同北段向东倾斜拓宽至原朝外二条、三条改造成路。

吉市口路　吉市口路位于辖区西北部，吉祥里西区西侧。南北走向，南起朝外大街，北至新中街，长 550 米，宽 18 米。2013 年由始建于明代的吉市口胡同拓宽改造成路，并更名为吉市口路。

南营房胡同　南营房胡同位于辖区中部。由原南营房胡同和日坛北巷合并更名为现南营房胡同。东西走向，东起芳草地西街，西至市场街，长约 400 米，宽约 10 米。

原南营房胡同东起神路街，西至市场街，东西走向，长约 220 米，宽约 4 米。因旧时该路曾为清朝兵营主路，故亦称南营房横街。始建于清代，1995 年 9 月，拓宽改造更名为怡景园中街。路北侧有朝阳区委、区政府、怡景园小区。

日坛北巷位于辖区中部日坛晶华小区、中央实验话剧院宿舍南侧。东西走向，东起芳西街，西至神路街，长 150 米，宽 10 米。此路前身为始建于清代，东西走向的硝厂大院胡同、南北走向的神路后身（街）合并而成的丁字形巷。因其位于日坛之北，1976年统称日坛北巷。2002年神路街拓宽改造，该巷原南北走向段拆除扩为神路街面，东西走向段拓宽成路，仍称日坛北巷。

三丰路　三丰路位于辖区中西部，悠唐大厦南侧。东西走向，东起市场街，西至东二环路，长360米，宽12米。2010年由始建于清代的三丰胡同拓宽改造成路，并更名为三丰路。

秀水河胡同　秀水河胡同位于辖区中西部，三丰里、雅宝里小区西侧。南北走向，北起三丰路，南至雅宝路，长550米，宽18米。1998年，南段扩宽道路，建起京华豪园等高层建筑。2002年，北段拓宽成外交部南街，南段自京华豪园向南至雅宝路段保留。路西侧建有万邦大厦、京华豪园、新金山等高层建筑。

秀水河胡同北口（吴震珊摄于1995年）

芳草地西街　芳草地西街位于辖区东南部，东都工贸、中央实验话剧院宿舍东侧。南北走向，南起日坛北路，北至朝外大街，长610米，宽18米。旧时原址为黑松林，清代伐树成荒。1955年修建成路，当时称金光街，1975年与路北端敕孤堂胡同合并，更名为芳草地西街。

日坛路　日坛路（朝外行政道）位于辖区西南部，日坛公园西侧。南北走向，南起光华路，北至市场街，长350米，宽26米，建于1958年。至2015年，为第一使馆区重要道路。

日坛北路　日坛北路位于辖区中南部，日坛公园北侧。东西走向，东起东大桥路，西至日坛路，长650米，宽12米。建于1958年，1966年升级改造。至2015年，为第一使馆区重要道路。

日坛路（摄于2010年）

日坛东路　日坛东路位于辖区东南部日坛公园东侧。南北走向，南起光华路，北至日坛北路，长 350 米，宽 18 米，建于 1958 年。至 2015 年，为第一使馆区重要道路。

秀水东街　秀水东街位于辖区东南部，与日坛东路平行。南北走向，南起光华路，北至日坛东一街，长 280 米，宽 10 米。建于 1958 年，1984 年拓宽改造。至 2015 年，为第一使馆区重要道路。

日坛东一街　日坛东一街位于辖区东南部，芳南小区南侧。东西走向，东起秀水东街，西至日坛东路，长 248 米，宽 8 米，建于 1958 年。至 2015 年，为第一使馆区重要道路。

日坛东二街　日坛东二街位于辖区东南部，与日坛东一街平行。东西走向，东起秀水东街，西至日坛东路，长248米，宽8米，建于1958年。至2015年，为第一使馆区重要道路。

秀水西街　秀水西街位于辖区西南部，雅宝路西端。南北走向，南起光华路，北至雅宝路，长 200 米，宽 12 米，建于 1958 年。至 2015 年，为第一使馆区重要道路。

四、现存胡同

元老胡同　元老胡同位于辖区中北部，东岳庙西侧。因旧时胡同住有袁姓告老京城高官，故取其谐音为名。始建于明代，南北走向，原南起朝外大街，北至吉市口八条，

元老胡同（摄于 20 世纪 90 年代）

长约500米。历史悠久、享有盛名的“黄计钱庄”曾开在胡同南段。1985年胡同北段拆除，建起工体西里小区。胡同南段民宅、店铺也逐渐拆除，路面保留。2015年，胡同北起朝外北街，南至朝外大街，长300米，宽4米，西侧为吉祥里东区，东侧为民建中央、御东花园小区、唐缘饭庄。

朝外头条　朝外头条旧称南中街，位于辖区中西部，朝外大街南侧。南北走向，原北起朝外大街，南至雅宝路，长700米，始建于清代。因原胡同有清康熙初年建的南上坡清真礼拜寺而成为回族聚居地，回民曾占居民总数的40%。1993年，北段拆除，新建为外交部、司法部办公楼群；南段保留，北起三丰路，南至雅宝路，长570米，宽6米。2015年，胡同西侧为雅宝里社区。

朝外头条中段北向南拍摄（摄于1995年）

化家胡同　化家胡同位于辖区中东部，朝外大街南侧。因旧时胡同住户多为花姓，故取其谐音为名。南北走向，原南起芳草地北巷，北至朝外大街，长280米，始建于清代。胡同北口东侧有明成化年间修建的广济庵，庵内的古树仍存。20世纪70年代路面改建。1990年，胡同北段拆除，新建为蓝岛大厦西区；南段保留，北起朝外南街，南至芳草地北巷，长150米，宽5米。2015年，胡同西侧为陈经纶中学，东侧为原朝阳区教育局仓库楼。

朝外二条东巷　朝外二条东巷旧称观音寺东巷胡同。位于辖区西南部，杜家楼北侧。东西走向，东起市场街，西至朝外二条，长约340米，宽约3米。始建于清代，1995年拓宽改造，并向西延长至秀水胡同。

芳草地西巷　芳草地西巷位于辖区中东部。南北走向，南起日坛北路，北至芳草地北巷，长400米，宽6米。始建于1950年，原为拆迁周转居民区土路，1960年改建沥青路。2015年，胡同东侧为侨福芳草地大厦、芳草地国际学校日坛校区，西侧为芳西小区。

芳草地北巷　芳草地北巷位于辖区中东部，东西走向，东起东大桥路，西至芳草地西街，长360米，宽6米。始建于1950年，1960年改建。2015年，胡同北侧为陈经纶中学、朝外街道办事处，南侧为侨福芳草地大厦、芳西小区。

五、现存小巷

芳草西一巷　芳草西一巷位于辖区东南部，由芳草地西巷派生。东西走向，东起芳草地西巷，西至芳草地西街，长150米，宽4米。2015年，小巷南侧为芳草苑小区、北侧为芳西小区。

芳草西二巷　芳草西二巷位于辖区东南部，由芳草地西巷派生。东西走向，与芳草西一巷平行，东起芳草地西巷，西至芳草地西街，长150米，宽4米。2015年，小巷南侧为迪阳公寓，北侧为芳草苑小区。

吉市口八条　吉市口八条位于辖区西北部边界线，由原吉市口胡同派生。东西走向，原东起工体西路，西至吉市口胡同。建于清代，20世纪70年代改建。1992年，西段拆除，新建为蓝筹名座小区；东段保留，东起工体西路，西至吉市口东路，长180米，宽6米。2015年，小巷南侧为吉庆里小区、朝外地区社会管理中心。

六、已消失的胡同

杨家胡同（摄于20世纪90年代）

杨家胡同　杨家胡同位于辖区西北部。因旧时胡同居民多为杨姓，故取此名。东西走向，东起吉市口胡同，向西转南，再向西转南至朝外大街，长约380米，宽约4米。始建于清代，原为土路，1960年改建，2003年拆除，建为天辰大厦、下三条小学。

太平巷　太平巷位于辖区西北部，朝外大街北侧。东西走向，东起吉市口胡同，西至太平北巷第二拐弯处，长约140米，宽约1米。始建于清末民国初，原为土路，20世纪70年代改建，2003年拆除，建为中石化集团楼区。

太平北巷（摄于1989年）

太平北巷　太平北巷位于辖区西北部，与太平巷平行。东西走向，东起吉市口胡同，中段向南，再向西转至东二环路，长约 114 米，宽约 2 米。因临近护城河、菱角坑，旧时胡同内曾有不少鱼饵摊商，故亦称香饵胡同。始建于清代，原为土路，20 世纪 70 年代改建。2003 年拆除，建为中石化集团楼区。

筛子胡同　筛子胡同位于辖区西北部，朝外大街北侧。因旧时胡同内曾有不少筛子作坊，故取此名。东起元老胡同向西，再向南转至朝外大街，长约 140 米，宽约 2 米。始建于清代，原是土路，20 世纪 70 年代改建，1988 年拆除，扩为朝外大街北侧路面。

吉市口胡同　吉市口胡同位于辖区西北部，朝外大街北侧。旧时，因胡同南口曾为鸡鸭市场，故亦称鸡市口。南北走向，北起吉市口八条，南至朝外北大街，长约 460 米，宽约 4 米。始建于明代，20 世纪 70 年代改建，1992 年拆除，2011 年拓宽改造为吉市口路。

吉市口胡同（摄于 1992 年）

西草园胡同　西草园胡同亦称草厂。位于辖区中北部，朝外大街南侧，东岳庙东侧。东起工体南路，西至东岳庙，再向南转至朝外大街，长约 200 米，宽约 3 米。始建于明代，因旧址原为皇家御马草料场而得名。1967 年，东西走向路段拆除，建起住宅楼。2003 年，南北走向路段拆除，建为百脑汇旗舰店。

东草园胡同　东草园胡同位于辖区东北部，朝外大街北侧。东西走向，东起工体东路，西至工体南路，长约 400 米，宽约 3 米。始建于 1958 年，旧称幸福巷，1965 年易名东草园胡同。1993 年后陆续拆除，新建为铂宫、神路园酒店、中国工商银行、中国农业银行。

水门关胡同　水门关胡同位于辖区中西部，朝外大街南侧。因清康熙年间，为控制护城河水流量，便于疏浚，曾在该处设置水闸，故取此名。东西走向，东起朝外二条，西至朝外头条，长约 120 米，宽约 2 米。始建于清末，20 世纪 70 年代改建。1993 年拆除，建为外交部楼区。

盛管胡同　盛管胡同位于辖区中西部。该胡同原为白家大院及笔管胡同的一部分，故曾名白家大院。20 世纪 50 年代与笔管胡同南段合并后称盛管胡同。亦有因旧时胡同内曾住有盛姓官人，故取谐音之名一说。南北走向，北起水门关胡同，南至三丰胡同，长约300米，宽约3米。胡同成路于清代，原为土路，20世纪70年代筑沥青路面。1993年拆除，建为外交部楼区。

盛管北巷　盛管北巷位于辖区中西部。因胡同狭窄细长形似笔管，故曾名笔管胡同。东西走向，东起朝外二条，西至朝外头条，长约110米，宽约2米。20世纪50年代将其南段划归盛管胡同，因尚存部分位于盛管胡同以北，并与盛管南巷相对应，遂更名为盛管北巷。始建于清末，20世纪70年代改建，1993年拆除，建为外交部楼区。

盛管南巷　盛管南巷位于辖区中西部。东西走向，东起朝外二条，西至朝外头条，长约110米，宽约4米。因其位于盛管胡同以南，并与盛管北巷相对应，故名盛管南巷。始建于清末，20世纪70年代改建，1993年拆除，拓展为朝外南街。

三丰胡同　三丰胡同位于辖区中西部。因旧时胡同内曾有三佛寺古刹，故旧称三佛寺胡同。1966年取“三佛”的谐音更改为三丰胡同。东西走向，东起市场街，西至朝外头条，长约360米，宽约3米。始建于清代，20世纪70年代改建，2010年拓宽为三丰路。

三丰胡同（摄于2000年）

三丰南巷　三丰南巷位于辖区中西部。因旧时地处三佛寺南侧，故亦称三佛寺后身。该巷为“丁”字巷，东西走向路段，东起市场街，西至朝外二条；南北走向路段，北起三丰胡同，南至朝外二条东巷，长约520米，宽约2米。始建于清代，20世纪60年代改建，1989年拆除，建为三丰里小区。

朝外二条　朝外二条位于辖区中西部，朝外大街南侧。因旧时胡同内曾有观音寺庙，故亦称观音寺胡同。南北走

朝外二条南向北中部（吴震珊摄于1995年）

向，原北起朝外大街，南至雅宝北路。1977 年曾与其南端的南下坡胡同合并，统称朝外二条胡同，长约 740 米，宽约 4 米。始建于清代，1989 年中段拆除，建为三丰里小区。1999 年，北段拆除，扩建为外交部南街；南段保留，名称恢复为南下坡胡同。

朝外三条　朝外三条位于辖区中西部，朝外大街南侧。因旧时胡同内曾有喇嘛寺庙，故亦称喇嘛寺胡同。南北走向，北起朝外大街，南至盛管南巷，长约 200 米，宽约 3 米。始建于清代，1995 年拆除，建为丰联大厦、联合大厦。

朝外四条　朝外四条位于辖区中西部，朝外大街南侧。“丁”字走向，东起景升西街，西至朝外三条，长约 80 米，宽约 2 米；南至净住胡同，长约 70 米，宽约 2 米。始建于清代，原东西走向路段称细米胡同，南北走向路段称黄庙胡同。1966 年细米胡同和黄庙胡同合并，统称朝外四条。1995 年拆除，建为泛利大厦。

景升西街　景升西街位于辖区中西部，朝外大街南侧。因地处旧时皇家赴日坛祭“太阳神”的御道（景升街）坛墙西侧，故亦称坛西夹道。南北走向，北起朝外大街，南至三丰胡同，长约 320 米，宽约 3 米。始建于清代，1999 年拆除，建为人寿大厦、泛利大厦、悠唐大厦。

净住胡同　净住胡同位于辖区中西部。因旧时胡同内曾有建于明代的净住寺庙，故取此名。东西走向，东起景升西街，西至朝外二条，中间有 6 处转角，是全区转角最多的胡同。长约 310 米，宽约 3 米。始建于清代，1993 年拆除，建为悠唐购物中心。

净住胡同（摄于 1993 年）

天福巷　天福巷位于辖区中部，朝外大街南侧。东西走向，西起神路街，东至芳草地西街，长约 160 米，宽约 2 米。始建于清代，取名源于“天官赐福”典故。原胡同西段旧称碑楼胡同，1950 年辅华合记矿药厂爆炸重建后，与其东端原天福巷合并，统称天福巷胡同。此巷 20 世纪 70 年代改建，1998 年拆除，建为天福园小区。

椿树大院　椿树大院位于辖区中部。因原胡同有一处元代东岳庙产，后转为居民院落，院内曾种有一棵巨大椿树，故取此名。东西走向，东起夏家胡同，西至神路街，长约 180 米，宽约 2 米。始建于清代，20 世纪 60 年代改建，1998 年拆除，建为日坛晶华楼宇。

夏家胡同　夏家胡同位于辖区中部。因旧时胡同住户曾多为夏姓，故取此名。基本是东西走向，中间有一段南北走向，东起芳草地西街，西至神路街，长约 230 米，宽约 2 米。始建于元代，属朝外地区最早形成的胡同。1998 年拆除，建为日坛晶华楼宇。

荣盛胡同　荣盛胡同旧称荣盛夹道。位于辖区中部，朝外大街南侧。因旧时荣盛轩饭庄开在胡同北口，故取此名。北起朝外大街，向南拐西至市场街，长约 350 米，宽约 5 米。始建于民国初年，1965 年改建，1996 年拆除，建为昆泰国际中心。

芳草地东巷　芳草地东巷位于辖区中东部。南北走向，北起芳草地北巷，南至日坛北路，长约 380 米，宽约 3 米。始建于 1950 年，原为拆迁周转居民区土路，1960 年改建，1995 年拆除，建为侨福芳草地大厦。

七、已消失的小巷

朝外街道原有位于辖区东北部，由原吉市口胡同派生，东西走向，均长约 200 米、宽约 2 米的吉市口头条、二条、三条、四条、五条、六条、七条；南北走向，均长约 400 米、宽约 2 米的吉市口中巷、东巷。1992 年后，随主胡同拆除而陆续消失，建为吉祥里小区、蓝筹名座小区。

原有位于辖区中北部，由元老胡同派生，东西走向斜坡，均长约 300 米、宽约 3 米的元老下三条、四条、五条。1950 年，元老下五条拆除，始建平房居民区，1985 年后，建为工体西里、吉庆里小区。1992 年，元老下四条拓宽改造为朝外北街东段。2002 年，元老下三条拆除，建为便民早市、民建中央办公楼。

原有位于辖区东北部，由原东草园胡同派生，南北走向，均长约 100 米、宽约 2 米的东草园一巷、二巷、三巷、四巷、五巷、六巷、七巷及东草园南巷；东西走向，均长约 100 米、宽约 2 米的东草园北巷。1993 年后，随主胡同拆除而陆续消失，建为铂宫、神路园酒店、中国工商银行、中国农业银行。

原有位于辖区中南部，由原南营房胡同派生，南北走向，均长约 300 米、宽约 2 米的南营房头条、二条、三条、四条、五条、六条、七条、八条，旧称南营房一至七甲和七甲东胡同。1993 年后，随主胡同拆除而陆续消失，建为怡景园小区、区政府南院、日坛国际酒店、日坛国际贸易中心、雅宝城商厦。

元老下三条（摄于 1993 年）

八、桥梁通道

朝阳门立交桥　朝阳门立交桥是 1978 年开工、1980 年 9 月建成的一座环岛形分离式现代化立交桥，位于原“朝阳门”旧址处，1988 年正式命名为朝阳门桥。该桥由两座相距 58 米平行布置的梁式桥和桥头路将两桥连通形成环岛。桥上东接朝阳门外大街，西连朝阳门内大街，供快慢车和行人直行或转弯行驶。桥下为东二环路，中 2 孔为快车道，两边孔为慢车道。两桥结构相同，都是 4 孔，每座桥长 45.76 米、宽 21.5 米，其中车道宽 16.5 米，内侧人行道宽（含栏杆）1.5 米，外侧人行道宽（含栏杆）3.5 米。

雅宝路人行过街天桥　雅宝路人行过街天桥位于东二环路（朝外街道段）南部，1992 年 9 月建成。东西走向，横穿二环东路，东起雅宝路西口，西至大雅宝胡同东口，长 50 米，宽 3 米。

朝外大街人行过街天桥　朝外大街人行过街天桥（亦称华普过街天桥）位于朝外大街西段。2001 年建成，是北京首座自动滚梯行人过街天桥，桥身采用抗腐蚀材料制作拱架罩棚。南北走向，横穿朝外大街，北起华普大厦，南连丰联大厦，长 60 米，宽 3 米。

九、地下人行通道

雅宝路西口地下人行通道　雅宝路西口地下人行通道位于二环东路（朝外街道段）南部。建于 1992 年，东西走向，西起于大雅宝胡同东口，东至雅宝路西口。主通

朝外大街过街天桥（陈德生摄于2000年）

道长51米，净宽5米，净高2.55米，面积255平方米，有2座梯道。主体结构为现浇钢筋混凝土箱型断面，有10盏照明用的格栅灯，2个门厅。

朝外大街西口地下人行通道　朝外大街西口地下人行通道建于1988年，坐落于朝阳门立交桥以东。南北走向，横越朝外大街，主通道长31.5米，净宽5米，净高2.6米，面积157.5平方米，有4个出入口，主体结构为现浇钢筋混凝土闭合框架结构。总长55.4米，2个门厅。

市场街北口地下人行通道　建于1988年，位于朝外大街西部。南北走向，横穿朝外大街，长35米，宽8米，高3米。

工体南路南口地下人行通道　建于1988年，位于朝外大街东部。南北走向，横穿朝外大街，长35米，宽8米，高3米。

第五节 居住人口

一、人口总量

历史上，朝阳门关厢地区曾是京城郊外天南海北人口最为集中且数量最多的地区。中华人民共和国成立前，朝外辖区居住人口最多时近 2 万人。中华人民共和国成立初期，朝外辖区人口为 26141 人；随着城区建设规模不断向近郊拓展，大量社会单位、职工、家属陆续落户朝外，造成辖区市民逐年增多。1951 年为 30063 人，1954 年为 48210 人。

1959 年“五街”合并，朝外辖区人口增至 12 万人，1966 年减为 93270 人。1976 年从辖区划出 2 个新街道，1977 年人口降为 75515 人。

1982 年后，随着计划生育国策深入人心，街道计生工作效果显著，独生子女家庭大量增加，辖区人口呈多年下降之势。1982 年，辖区人口降为 61437 人，与 1977 年相比，下降 18.6%。1990 年辖区人口曾回升至 77200 人。1992 年地区危房改造大规模展开后，不少家庭人口较多的拆迁户未回迁朝外，致使 1995 年辖区人口降为 58911 人，与 1990 年相比，下降 23.7%。2000 年辖区人口继续降到 45650 人，与 1995 年相比，下降 22.5%。2000 年，辖区外来流动人口为 8570 人。

2005 年朝外大街升级改造全面完成后，大量高素质人才和外来打工者涌入，辖区总人口虽继续下降，但流动人口却逐年大幅增加。2010 年，辖区人口为 39999 人，流动人口达 16515 人。与 2000 年相比，辖区人口总量减少 14.1%，流动人口却增加 92.7%。

截至 2015 年，朝外街道辖区总人口为 57826 人。其中，户籍人口 40048 人、人户分离 5201 人、暂住人口 11612 人、港澳台同胞及外籍人口 965 人。

二、人口结构

中华人民共和国成立前，朝外辖区人口构成主要包括三部分：一是长年定居于此的固定居民，多是贫苦百姓；二是寓居于此的商人、手工业者；三是临时性游民、难民。中华人民共和国成立后，随着社会秩序安定和人民生活改善，朝外街道人口的文化水平、平均寿命及民族融合度均在不断提高。

性别构成　朝外街道辖区人口中，男性人数一直多于女性。据统计，1949 年，男

14779 人，女 11362 人，性别比（女 =100）为 130.7；1982 年男 31539 人，女 29898 人，性别比为 105.5；性别比最大为 1990 年，男 46655 人，女 30545 人，性别比为 152.7；性别比相对平衡为 1995 年，男 29590 人，女 29321 人，性别比为 100.9；2010 年男 20386 人，女 19613 人，性别比为 103.9。

年龄构成　朝外街道辖区人口中，常以青壮年居多，15 ～ 59 岁人口占绝大比例。据统计，2000 年 0 ～ 14 岁 4702 人、15 ～ 59 岁 33433 人、60 岁以上 7515 人，青壮年占总人口 73.2%；2010 年 0 ～ 14 岁 2307 人、15 ～ 59 岁 31554 人、60 岁以上 6138 人，青壮年占总人口 78.9%。随着人民生活的逐步改善，辖区百姓平均寿命不断增长，老年人日益增多。据统计，辖区 60 岁以上老人，1991 年为 9244 人，1995 年增至 9655 人。2010 年辖区人口虽然下降，但 60 岁以上老人占总人口比例却上升为 15.3%，已步入老龄化社会。

学历构成　中华人民共和国成立前，朝外辖区人口中，穷困百姓居多，多是文盲、半文盲；识文断字者只限于职员、教师、商人、算命先生等少数人群。中华人民共和国成立后，随着扫盲运动开展和九年义务教育普及，特别是改革开放后，文化教育事业的快速发展，朝外街道人口的文化水平逐年提高。据统计，在辖区 6 岁以上人口中，1982 年大专以上学历 1849 人、高中学历 16062 人、初中学历 19488 人、小学学历 12552 人，文盲、半文盲 7041 人；1990 年大专以上学历 7461 人、高中学历 20417 人、初中学历 2445 人、小学学历 12192 人；2000 年研究生学历 459 人、大本学历 4562 人、大专学历 4923 人、中专学历 3350 人、高中学历 1009 人、初中学历 14106 人、小学学历 5493 人；2010 年研究生学历 1264 人、大本学历 6871 人、大专学历 5918 人、高中学历 11085 人、初中学历 10564 人、小学学历 2800 人，文盲下降为 452 人。

民族构成　朝外街道是北京市少数民族工作重点区域之一，民族成份复杂。300 多年前，清朝定都北京后，曾在南营房、吉市口建立军营，长期驻扎满族、蒙古族清兵，大量旗人后裔在此地繁衍。邻近朝阳门的关厢闹市，南下坡清真寺至今保存完好，由此吸引不少回族、蒙古族等少数民族人口在朝外关厢周边聚居。据统计，1982 年辖区有少数民族 8422 人，占总人口 12%。涉及 10 个民族，其中回族 6114 人、满族 2080 人、蒙古族 184 人、朝鲜族 27 人、壮族 6 人、维吾尔族 4 人、纳西族 3 人、苗族 2 人、藏族 1 人、塔塔尔族 1 人。1995 年辖区少数民族人口最多，达到 10241 人，占总人口 17.4%。涉及 14 个民族，其中回族 6282 人、满族 3567 人、蒙古族 279 人、朝鲜族 45 人、壮族 27 人、维吾尔族 12 人、苗族 9 人、锡伯族 6 人、布依族 6 人、土家族 3 人、水族

2 人、土族 1 人、藏族 1 人、达斡尔族 1 人。20 世纪 90 年代后期，由于地区开发建设，部分少数民族居民开始逐年外迁。2010 年辖区少数民族降为 3353 人，占总人口 8.4%。涉及民族增至 30 个，其中回族 2536 人、满族 453 人、蒙古族 108 人、维吾尔族 29 人、朝鲜族 81 人、壮族 37 人、土家族 19 人、彝族 15 人、苗族 11 人、白族 10 人、达斡尔族 9 人、锡伯族 6 人、东乡族 5 人、撒拉族 5 人、布依族 3 人、侗族 3 人、哈尼族 3 人、畲族 3 人、瑶族 2 人、柯尔克孜族 2 人、羌族 2 人、赫哲族 2 人、俄罗斯族 2 人、傈僳族 1 人、纳西族 1 人、布朗族 1 人、仡佬族 1 人、乌孜别克族 1 人、鄂温克族 1 人、裕固族 1 人。

三、人口分布

中华人民共和国成立前，朝外辖区居住人口主要集中在朝阳门关厢街两侧和西部狭窄地带。其中，回族人口主要聚居在南中街、观音胡同、南下坡，满族人口主要聚居在南营房，蒙古族人口主要聚居在吉市口胡同一带。中华人民共和国成立后，随着城市建设发展和人口不断增加，辖区居住人口聚集型向分布均衡型发展。

据统计，1982 年朝外大街沿街 2 个居民区住有 1254 户、4566 人；辖区中部 4 个居民区住有 2242 户、11616 人；辖区东南部 4 个居民区住有 2547 户、9344 人；辖区西南部 6 个居民区住有 3745 户、13322 人；辖区西北部 5 个居民区住有 3303 户、11707 人；辖区东北部 4 个居民区住有 2779 户、10882 人。

2015 年，位于辖区中南部的天福园社区居住 1551 户、3479 人；位于辖区西南部的雅宝里社区居住 2333 户、12334 人；位于辖区中西部的三丰里社区居住 3648 户、11233 人；位于辖区东南部的芳草地社区居住 2300 户、11360 人；位于辖区西北部的吉祥里社区居住 2622 户、7666 人；位于辖区西北部的吉庆里社区居住 1799 户、5945 人；位于辖区东北部的体东社区居住 1800 户、5809 人。

四、人口调控

朝外街道的人口调控，主要采取落实计划生育政策和疏解非首都功能调减人口措施。具体人口调控工作经历四个阶段。

第一阶段为 20 世纪 60—70 年代，工作重点是宣传倡导计划生育。街道计划生育工作最早始于 1963 年，主要由妇联宣传晚婚、晚育；1964 年计生宣传即收到初步成效，当年新生婴儿比上年减少 1416 人，降低 36.8%；1972 年街道专门成立宣传小分队，走街串巷宣传计划生育奖励政策，送避孕药上门；1975 年开始倡导生育“晚、稀、少”，提出“两种生产一起抓，两个指标一同下”口号，并对地区孕情建卡登记；1979 年开始发放独生子女证，并实行独生子女奖励政策。

第二阶段为20世纪80—90年代，工作重点是严控计划外生育。1980年9月25日，中共中央发表了《关于控制我国人口增长问题致全体共产党员、共青团员的公开信》，街道党员、团员带头宣传和落实“夫妇只生一个好”政策；1984年街道成立计划生育办公室，配备专职人员；1986年成立地区计生协会，各居委会和主要社会单位均建立计生分会；1987—1988年，与关厢医院配合，坚持每季度举办孕妇培训班；1990年成立街道主管领导牵头，多部门参与的计生综合治理小组，街道被评为北京市计生先进单位；1991年建立街道党政一把手、主管领导、计生干部层层计生工作责任制，建立规范计生档案；1995年街道计生工作开始实行标准化管理，当年独生子女领证率达100%；1996年街道社区分别与驻地中央、市属单位签订计生工作责任书；1998年广泛开展“朝外是我家，计生靠大家”活动；1999年建立外来人口育龄妇女现住址和原籍双向管理责任制。

第三阶段为21世纪初，工作重点是做好计划生育服务。2000年先后开展“婚育新风进万家”“生育文化节”活动；2001年连续举办5期计生保健培训班，先后免费为670名育龄妇女进行孕情和防癌检查；2003年建立“依法管理、居民自治、优质服务、政策推动、综合治理”计生工作机制，实现计生工作合格单位100%；2004年开始对计生工作进行网络管理，并展开为独生子女父母发放1000元奖励工作；2005年组织社区普遍走访慰问孕妇、独女家庭、失独贫困家庭；2006年将计生工作列入地区精神文明建设之中，广泛宣传《中华人民共和国人口与计划生育法》《北京市人口与计划生育条例》，开展“婚育文明，和谐朝外”活动。

计划生育进社区宣传活动（摄于2001年）

第四阶段为2007—2015年，工作重点主要是加强流动人口管理。2007年开始宣传贯彻中央、国务院《关于全面加强人口和计划生育工作统筹解决人口问题的决定》精神。当年，辖区流动人口为13991人；2008年各社区建立外来人口工作站，配备外来人口协管员 10 人，全面开展流动人口和出租房调查，建立流动人口和出租房数据库，实施“以房管人”；2009 年街道建立“属地管理、分片负责、居民自治、强化服务”工作机制，对辖区流动人口进行属地化、市民化管理和服务；2010 年建立流动人口计生协会，加强人户分离流动人口生育管理；2015 年开始疏解非首都功能，街道通过对流动人口严查细管，整治市场业态环境，控制辖区人口无序增长。2015 年辖区流动人口降为 11612 人，与 2007 年相比，减少 17%。

1982—2015 年朝外街道辖区人口情况统计表

表 1-1

年度	户数（户）	人口数（人）	出生人口（人）	死亡人口（人）	自然增长率（‰）
1982	16570	61473	1031	—	—
1983	17044	59199	1117	—	—
1984	17372	59389	949	305	10.84
1985	18145	71186	971	294	9.51
1986	18569	62235	925	383	8.71
1987	19182	64436	990	358	9.81
1988	20607	62482	931	375	8.90
1989	20613	62608	841	404	6.98
1990	18861	77200	744	319	5.51
1991	20171	61294	344	336	0.13
1992	20043	60946	420	409	0.18
1993	20187	61149	321	333	−0.20
1994	20064	60291	302	386	−1.39
1995	19824	58911	255	448	−3.28
1996	19504	57748	213	374	−2.32
1997	19332	56625	237	362	−2.21
1998	18696	54112	192	404	−3.88
1999	18052	51404	166	376	−4.28
2000	14931	45650	214	336	−2.67
2001	17140	49995	184	238	−1.08
2002	16892	49979	196	214	−0.36
2003	16374	49793	127	224	−4.67

续表 1-1

年度	户数（户）	人口数（人）	出生人口（人）	死亡人口（人）	自然增长率（‰）
2004	14343	45713	180	241	−1.33
2005	13254	44591	188	221	−0.86
2006	12956	44220	157	160	−0.07
2007	12816	45002	190	145	1.00
2008	12690	46205	250	156	2.03
2009	12530	45791	398	171	4.96
2010	15400	39999	305	225	2.00
2011	12327	43938	263	312	−1.11
2012	12254	43987	596	508	0.20
2013	12195	43162	676	270	9.40
2014	12169	42883	862	266	13.90
2015	16053	57826	464	244	3.80

第二章

文物古迹

WENWU GUJI

拥有八百多年历史的朝阳门外大街，得名于朝阳门，朝阳门关厢是通惠河、朝阳门石道的汇聚之地，朝阳门城门洞内壁上雕刻的谷穗足以说明这是关系京城生存的粮道。元代东岳庙、明代日坛和九天普化宫、清代南下坡清真寺等众多文物古迹享誉中外。此外，据《北京寺庙历史资料》记载，朝外大街还有众多寺观，有广济庵、头道行宫、土地庙、十八地狱庙、天仙护国佑圣延寿宫（俗称天仙宫）、真武庙、普济寺、水月庵、九天宫、地亩庙、灵瑞寺、关帝庙、天仙庵、月河寺、观音寺、清真礼拜寺、黄庙，以数十计。芳草地、吉市口、景升街、水门关胡同、盛管胡同、天福巷等老街旧巷，东岳庙庙会、日坛祭日、清真寺开斋节等传统节俗，可谓北京南北中轴线之外保存历史信息最多的一条古街。但随着历史的变迁，这些古迹大多已荡然无存。文化是民族的魂，历史是国家的根。我们有责任记录好这些宝贵的文化遗产。

第一节　朝阳门

蒙古至元四年（1267），忽必烈下令在中都筑新城，元至元九年（1272）将中都改名为大都。元大都共有十一座城门，其中的“齐化门”即今天的朝阳门。“齐化门”的称谓，出自《易经》中“天地感而万物化生”，即“齐全化生”之义。门东向，与面朝正西的阜成门遥遥相对，有“粮门”之称。齐化门建成之初仅有城楼，筑楼材质仅为夯土。《马可·波罗游记》中称“（大都）环以土墙”，并进一步描述了与城门相连的城墙的形状，“城根厚十步，然愈高愈削，城头仅厚三步”，当时城墙的形状是比较明显的梯形。元至正十九年（1359），京师十一门皆筑瓮城、造吊桥，齐化门才和其他十门一起，开始由单体建筑向复合的建筑群方向发展。

明朝建立伊始，齐化门仍沿袭旧名。明洪武元年（1368）八月，徐达进军取元大都，兵至齐化门，将士填壕登城而入。明正统初年观象台未建时，曾在此门上进行天文观测。明洪武元年（1368）、洪武四年（1371）、永乐十七年（1419），对齐化门多次加以修葺。最大规模的一次是在明正统年间。工程从正统元年（1436）开始，至正统四年（1439）四月竣工，修建了北京内城九门的城楼、箭楼、瓮城、闸楼等。“齐化门”改称“朝阳门”，但由于齐化门的称呼在北京人的生活中影响深远，直至 1949 年北平解放后，朝阳门之名才被老百姓正式承认。城门位于城东南，含有“迎宾日出”之意。

朝阳门在清代曾多次被修缮，但城门形制未有大的改变。城门建有一座关帝庙，当时的人们在关城或关门上供奉关帝、文昌等以祈求庇佑，使关城或关门更为巩固。北京内城九门中各建有一座庙，其中正阳门内建有两座。朝阳门的关帝庙里只有神牌没有神像，故有“九门十座庙，一庙无神道”的说法。

明代的京杭漕运至通州后，“舍舟遵路”改用车辆运粮，朝阳门成为京城重要的“粮门”。从东直门南小街到朝阳门南小街，沿街东侧直至东城垣，由北向南分布着从北新仓到禄米仓，号称“九仓”的皇家仓廪。九仓之粮皆从此门运至。朝阳门城门洞内壁曾刻有谷穗图案，逢京都填仓之日，往来粮车络绎不绝，“朝阳谷穗”为南粮北运的终点见证。根据城门的用途和特征，朝阳门也被称为“杜门”，意为休憩之门。清顺治帝及之后的八个皇帝的灵柩均由朝阳门运出。

1915 年，北洋政府为修建西直门至东便门的环城铁路，拆除了朝阳门、东直门、安定门和德胜门的瓮城及闸楼，在朝阳门城楼东面南侧修建朝阳门火车站，铁路从城楼与箭楼之间穿过。1955 年 3 月，在城市交通改善工程中，政府在距朝阳门城台北侧 30 米处开辟了 20 米宽的豁口，修建豁口内外道路，增设铁路道口。1956 年 10 月，朝阳门城楼被拆除。刻有“朝阳门”的汉白玉石匾存放于太平湖材料库。1970 年，因修地铁，朝阳门被拆除，朝阳门建筑无存。1978 年，在朝阳门旧址上建成朝阳门立交桥，朝阳门地名留存至今。

朝阳门南面瓮城外护城河（摄于 1906 年）

一、朝阳门城楼

明正统元年（1436）至正统四年（1439），朝廷修建了包括齐化门在内的九门城楼、箭楼、瓮城、闸楼等。朝阳门城楼面阔五间，进深三间，重檐歇山顶，上铺灰筒瓦，绿琉璃剪边。城门台基宽 41.10 米，基厚 27.35 米，城台顶宽 33.75 米，顶进深 20.60 米，高 11.70 米。内侧券门高 8 米、宽 6.4 米，外侧券门高 6 米、宽 3.10 米。城台内侧左右马道宽 5 米。连廊通宽 31.35 米，连廊通进深 19.25 米，城楼连城台通高 32 米。

1924 年瑞典艺术史学者奥斯伍尔德·喜仁龙的《北京的城墙与城门》中记载，朝阳门城楼，形制与阜成门相同，并与之相对应，但其宽度等各部位尺寸要略大于阜成门城楼，在细节存在些差异。面阔七间，楼宽 27.5 米，通宽 32 米，进深三间，楼深 13 米，通进深 17 米，楼连台通高 32 米。三滴水重檐歇山顶，灰筒瓦绿琉璃剪边，戗脊走兽 7 个。一、二层廊柱均为 20 根，二层平座四角另有戗柱 4 根，支撑着二层重檐的四角。清光绪二十六年（1900），日军炸毁了朝阳门箭楼上部；光绪二十九年（1903），清政府对朝阳门进行了全面修缮，城楼损毁的全部内外构件都得以更换。

1951 年的《城楼等古代建筑状况调查报告》对朝阳门城楼的建筑规制有详尽的测绘数据。城楼建在城台上中央部位的一个长方形台座上，台座四周有青石台明，台座南北长 33.75 米，东西宽 19.10 米，高 0.32 米。建筑形式为两层歇山顶重檐三滴水楼阁式，楼室面宽七间，楼室内有 12 根明柱。城台的东面与城墙取齐，西面凸出于城墙。凸出部分的两侧各有一条阶梯式登上城台的马道，马道宽 4 米，城台凸出于马道 1.05 米。城台的顶面南北长 36.05 米，宇墙内净长 35.05 米；东西宽 21.95 米，宇墙内净宽 21 米。城台的底部南北长 40.25 米，东西宽（门洞深）25.15 米。城台高 12 米，城台的上顶高于城墙约 75 厘米，两侧有坡道连通。城门洞的上部结构是半圆形五甃五伏城砖拱碹，门洞内有门掩，门掩处上顶有门头过木，下面有青石门礅石，两扇木板门完整。门掩以东的门洞宽 5.45 米，门洞高约 5.65 米。门掩及其以西的门洞宽 6.15 米，门洞高 8.85 米。东门脸上有一块青石匾，镌刻“朝阳门”三个凹形大字。城门内两侧各有五间值班房，均系圆脊硬山顶，中间三间前面有廊，两端各是一间屋，东西长 18.15 米，南北宽 6.90 米。

1956 年 10 月 9 日，朝阳门城楼拆除完毕。

二、朝阳门箭楼

朝阳门箭楼于明正统年间始建，朝廷对九门城楼扩建，在原瓮城门的位置增筑箭楼，但箭楼城台下不设门洞。依据 1924 年奥斯伍尔德・喜仁龙测量的数据，箭楼形制略与宣武门同，楼修筑于凸出瓮城的城台之上，正面俯瞰着护城河桥。箭楼自基部向上有较明显的收分，城台之上的基部宽 35 米，顶部宽度略小于 32 米，楼高 17 米，楼连台通高 30 米。箭楼主体进深 21 米，背面接后抱厦进深 6.8 米，楼连后抱厦通进深 27.8 米，后抱厦宽 25 米，楼与后抱厦的侧墙相连，在箭楼两侧各形成一宽 3.5 米的拐角。箭楼正面辟箭窗 4 排，每排 12 个；两侧面各辟箭窗 4 排，每排 4 个；后抱厦两侧面各辟 1 个箭窗，总共为 82 个箭窗。

据 1951 年《城楼等古代建筑状况调查报告》实测，箭台的西面与瓮城的城墙取齐，东面凸出于瓮城城墙，底部凸出 12.40 米，顶面凸出 11.80 米（包括外出檐）。箭台的底面南北长 38.95 米，东西宽 26.60 米。箭台的顶面南北长 34.75 米（包括外出檐），东西宽 23.40 米（包括外出檐）。箭台高 11.50 米，箭台的顶面和瓮城城墙顶面高程相等。

箭楼建在箭台上面的东边，主楼的南、北、东三面与箭台的墙面取齐（箭台上顶有四层城砖外出檐，出檐宽 30 厘米）。

箭楼为一座大型带抱厦城堡式建筑，主楼楼顶是歇山式，南、北、西三面是两层檐，两层檐之间有一层箭窗，西面有 12 窗，南北两山各 4 窗。楼体的外墙面自下而上有收分，内墙面是垂直墙面，墙壁底面厚 2 米。南、北、东三面墙上有 3 层箭窗，东面每层 12 窗，两山每层 4 窗，全楼共有 80 个箭窗。主楼的外墙底部南北长 34.15 米，东西宽 11.50 米。抱厦在主楼的西面，楼顶是歇山式单檐，大脊在主楼上层檐的下面，抱厦的楼顶檐和主楼的二层檐相连接。抱厦的外墙底部南北长 27.15 米，东西宽 6.65 米，墙壁底面厚 2 米。南北两侧的墙面上部各有一个通风瞭望两用窗。西面有三樘大木板门。箭楼内（主楼与抱厦之间）有一排 6 根明柱，柱径 76 厘米。箭楼全宽 17.8 米。箭楼特别之处在于，其横向轴线不与城楼平行呈南北向，而是偏向西南—东北向 20° 左右，即箭楼是斜的。

1900 年庚子事变，朝阳门箭楼被日军炸毁。1903 年清政府对朝阳门复修，1906 年竣工。1915 年修建环城铁路，拆除朝阳门瓮城及闸楼，箭楼成为单体建筑。箭楼两边保留了一小段城墙，将瓮城残存部分加以修饰，建成“之”字形马道，俗称箭楼“耳朵”。1958 年朝阳门箭楼被彻底拆除。

三、朝阳门瓮城

朝阳门瓮城于明正统年间始建。瓮城的平面形状同阜成门，西端连接城墙部分为直角，瓮城东端弧形转角连接箭楼。

依据 1924 年奥斯伍尔德·喜仁龙测量数据，朝阳门瓮城坐北朝南，宽 74 米，深 65 米。朝阳门瓮城铭记：瓮城东西长 62 米，南北宽 68 米，瓮城北侧开辟券门，券门上建有闸楼，瓮城内东（西）北角建有关帝庙。

据 1951 年《城楼等古代建筑状况调查报告》实测，朝阳门只有城楼和箭楼。根据箭楼两侧的瓮城城墙（箭楼耳朵）和瓮城与城墙连接处留下的痕迹，瓮城的平面图形是

1900 年，庚子事变中被日军炮火轰毁的朝阳门箭楼及瓮城东北

大圆角（东北角和东南角是圆角）长方形，实测数据为内侧东西长 68.55 米，南北宽 63.25 米。瓮城城墙的顶面外侧有垛口墙，内侧有宇墙。1953 年，朝阳门瓮城被彻底拆除。

四、闸楼

朝阳门闸楼于明正统年间始建，朝廷对九门城楼扩建，在瓮城月墙开辟门洞修建闸楼，加装千斤闸。都城内城的箭楼除正阳门箭楼外均不设门，出入城门须经瓮城门，朝阳门瓮城门设在北侧月墙，墙上修筑闸楼，与东直门闸楼遥遥相对。

闸楼为硬山式灰筒瓦顶，外侧设箭窗 2 排 12 个，内设千斤闸，下面辟瓮城闸楼门洞。1915 年，北洋政府为修建西直门至东便门环城铁路，闸楼被拆除。

朝阳门北面瓮城闸楼（摄于 1901 年）

五、朝阳门窎桥

朝阳门窎桥位于朝阳门箭楼外护城河上，始建于元至正十九年（1359），是一座东西走向、单孔石台木梁石面桥。该桥始建时为木桥，明正统四年（1439），朝廷对九门城楼扩建，在瓮城月墙开辟门洞修建闸楼，加装千斤闸，将所有护城河上的木制窎桥均改建为石桥。据《朝阳门窎桥结构考察报告》记载，桥头路、桥堍以及桥面上铺墁花岗岩石板，石板厚约 30 厘米。桥头路和桥堍石板下面是 45 厘米的石灰土。桥面石板的下面是平铺的两层城砖垫层，砖材系清代城砖，砖垫层外边各有一层青石板，石板厚 25 厘米、宽 75 厘米。砖垫层下面是密排松木方形纵梁，共计 27 根，南部 19 根梁的断面高 50 厘米、宽 44 ～ 50 厘米，北部 8 根梁的断面为圆角方形，高 48 厘米、宽 48 厘米，梁长均为 5.05 米。桥台用花岗岩条形石板砌筑。桥区以外上下游的海墁，均为单层花岗岩石板。

1914 年，国民政府维修桥面及宇墙式砖栏杆；1926 年翻修桥面加宽桥面。中华人民共和国成立后，1953 年拆除城砖（清代）栏杆，桥面两侧添建木结构人行步道，外侧安装木栏杆，桥面加宽后达 15.2 米。1955 年在朝阳门北城墙开辟的豁口外护城河上新建一座木桥，原朝阳门窎桥和北侧的新桥形成上下行交通。同时维修了窎桥的燕翅墙和桥栏杆。1958 年新成立的市政工程局实施护城河疏浚工程，将朝阳门外护城河裁弯取直，拆除朝阳门箭楼和朝阳门窎桥，新建混凝土梁式桥，工程于当年 10 月 25 日竣工。

窎桥（摄于 1900 年）

第二节　北京东岳庙

北京东岳庙坐落于今北京市朝阳区朝阳门外大街 141 号，是道教正一派在华北地区最大的宫观。该庙始建于元延祐六年（1319），由玄教大宗师张留孙倡议募资兴建，至治年间（1321—1323）经其徒吴全节督造竣工，元廷赐名“东岳仁圣宫”。明洪武三年（1370）诏定岳镇海渎神号、去前代所封诸岳封号，并依古定制，东岳称东岳泰山之神，“东岳仁圣宫”遂改称东岳庙。

从元代至民国时期，以及 2008 年重新恢复为宗教活动场所以来，北京东岳庙先后经历了玄教、清微、茅山诸派道士传教，但道传法系均源于东汉以来的天师道及元代三山福禄整合后形成的正一道派。

北京东岳庙经元、明、清三代不断增扩、重建与修缮，最终形成了由中路正院和东、西路廊院三部分组成的宏大建筑格局，现在占地面积约 47000 平方米，殿堂廊庑近 400 间，现存建筑多为清代时所建。1957 年北京市人民委员会公布其为北京市第一批古建文物保护单位，1996 年国务院公布其为第四批全国重点文物保护单位。2008 年北京东岳庙获准恢复为宗教活动场所，有关部门礼聘时任中国道教协会副秘书长、教务处主任的袁志鸿道长担任住持，道教团体入住东岳庙，中断60余年的宗教活动得以恢复。

一、宫观兴衰

北京东岳庙有近700年的悠久历史，自元代创立以来始终是京城道教活动的中心。

元代东岳庙的兴建　根据现存碑刻资料显示，北京东岳庙由玄教大宗师张留孙于元延祐六年（1319）倡议兴建，筹建中途张氏羽化，工程暂停，其后由玄教嗣宗师吴全节督造完工。有关东岳庙创建的历史背景、营造过程及经费来源等问题，现存三通元代碑刻有明确记载，分别是元天历元年（1328）赵世延撰写的《东岳庙昭德殿碑》、虞集撰写的《东岳仁圣宫碑》及元天历二年（1329）吴澄撰写的《大都东岳仁圣宫碑》。

明代时期的东岳庙　元朝覆灭后，明政权不再承认玄教的特殊地位。北京东岳庙的宗教活动也因此受到冲击。进入明朝中叶，北京东岳庙再次进入皇室朝廷的视野，其地位也随之发生重要变化，由以前的民间庙宇升格为官方庙宇，一跃成为国家礼制性建筑。庙宇的修缮和扩建等纳入朝廷管辖，有了较为充裕的资金保障。

据现存史料，北京东岳庙分别于正统年间、嘉靖年间与万历年间进行过三次大的修缮和扩建。

正统十二年（1447），东岳庙进行了自明朝建立以来的首次修缮。这次修缮不仅得到朝廷的资金支持，而且明英宗亲自撰文表达对东岳大帝及东岳庙的礼遇和尊崇。东岳庙重建修缮的过程，现存碑刻予以详细记载。譬如，明正统十二年（1447）《御制东岳庙碑》记载：乃诏有司治故地于朝阳门外，规以为庙，中作二殿，前名岱岳以奉东岳泰山之神，后名育德俾作神寝，其前为门，环以廊庑，分置如官司者八十有一，各有职掌。

岱岳殿外景（摄于2014年）

其间东西左右，特起如殿者四，以居其辅神之贵者，皆肖像如其生。又前为门者二，傍各有祠，以享其翊。庙之神有馆以舍，其奉神之上。庙之广深凡若干亩，为屋总若干楹，壮伟宏丽，称其神之所栖。盖经始于正统十二年五月十八日，而落成于八月十五日。材出于公之素备，工用役之常赋，而民无有知者，岁时致以香币，冀神运其生生之机于无穷，亦顺民所欲之一也。

清代时期的东岳庙　清代以来，北京东岳庙仍在祀典之列，并且得到朝廷的特别重视，朝廷设庙户以供扫除拂拭之役。另外，民间香会组织也异常活跃，积极参与东岳庙的宗教活动。一些民间信仰的“俗神”也不断涌入东岳庙，成为民间善士信仰的主体，西院的俗神宫殿就是在这个背景下兴建起来的。

康熙年间，国家社会政治稳定，经济文化繁荣，东岳庙的香火也因此而兴盛，逐渐走向鼎盛。康熙三十七年（1698），东岳庙附近民居发生大火，东岳庙遇到了自创建以来的最大劫难。这次火灾焚毁东岳庙许多庙宇房屋，其中包括元代著名塑像圣手刘元塑造的神像。康熙三十九年（1700），皇帝发广善库金对东岳庙进行重建，于康熙四十一年（1702）六月竣工。康熙四十三年（1704）刻立的康熙皇帝御笔亲撰《东岳庙碑文》也记录了此事，碑文曰：京师朝阳门外向有东岳庙。自元明迄今，历有年所。康熙三十七年，居民不戒而毁于火。其明年，朕发广善库金，鸠工庀材，命和硕裕亲王董其事，不劳一民，不兴一役，经始于三十九年三月，讫工于四十一年六月，不三岁而落成，殿阁廊庑，视旧加饬焉。

乾隆年间，东岳庙依然得到统治者的重视，不断对其进行重修。

道光年间，北京东岳庙殿堂建筑达到鼎盛，奠定了现在的规模格局。与此同时，东岳庙还扮演了重要的社会角色，承担起一定的社会公益职能。道光十六年（1836），东岳庙清微派第十七代道士马宜麟出资，扩建西道院。将东廊的春秋殿与中院连通，同时重修西廊的斗姥殿、火祖殿，新建海神殿、仓神殿，还在东岳庙内创办义学，收容贫寒子弟入学。据2005年出土的一块道光二十九年（1849）刻立的石碑记载，道光年间东岳庙住持马宜麟，在东岳庙后购地筑屋数十间，兴建“同善堂”义学，聘请老师教授邻近贫寒子弟。撰文者为前吏部尚书、协办大学士萧山汤金钊。

东岳庙（西德尼·戴维·甘博摄于1927年）

清末民国时期的东岳庙 清朝末年，北京东岳庙伴随时局的动荡和国运的凋敝，不可避免地走向衰落。1860 年英法联军入侵北京，1900 年八国联军入侵北京，北京东岳庙遭到破坏。民国初年，军阀混战，东岳庙也屡遭庙内驻军破坏，境况进一步恶化。1937 年日军占领北京，东岳庙内的法物与文物几乎被洗劫一空，损失惨重。

1948 年冬，庙内临时驻有从东北、山西流亡来的学生和国民党政府军队散兵，神像被捣毁，大部分石碑被推倒，所剩无几的文物及供器被盗卖、砸烂。

东岳庙办花会（西德尼·戴维·甘博摄于 1927 年）

中华人民共和国成立后的东岳庙 中华人民共和国成立后，北京东岳庙一度成为北京市政府有关部门及警察的办公场所。

1985 年以后，全国政协、北京市人大、北京市政协多次呼吁尽快解决东岳庙保护问题。1986 年，朝阳区委、区政府专门成立了“东岳庙腾退修复领导小组”，为腾退修复做了大量的前期筹备工作。

1987 年年底，东岳庙被北京市划定为 120 项文物保护单位的保护范围及建设控制地带。朝阳区政府从 1988—1995 年先后投资 50 余万元对东岳庙古迹进行修复。

1995 年，北京市政府确定了“挖掘文物、基本修复、旅游取胜、促进经营、科学利用、依法保护”修复东岳庙的 24 字方针。是年底，收回外单位使用的中路正院并进行修缮。1996 年 11 月 20 日，北京东岳庙被国务院公布为全国重点文物保护单位。1999 年，修缮工程竣工，共花费 3000 余万元。

2002 年春天，朝阳区公安分局迁出了东岳庙，单位人员腾退工作基本完成。2002 年 11 月 7 日，东岳庙二期修缮工程——西路修缮工程正式开工。该工程是该年北京市政府用 3.3 亿元文物修缮经费修缮的最后一处古建。

2008 年 3 月 12 日，东岳庙依法登记为道教活动场所，并礼聘时任中国道教协会副秘书长、教务处主任的袁志鸿道长担任东岳庙住持。5 月 3 日，北京东岳庙举行了盛大的神像开光及宗教活动场所颁证仪式。至此中断了近六十年的宗教活动得到恢复。

2015 年 5 月 16 日，按照国家宗教事务局统一部署和要求，北京东岳庙举行宗教

御碑亭（摄于 2002 年）

活动场所标识牌挂牌仪式。全国政协民族和宗教委员会主任朱维群等领导为东岳庙揭牌。

二、殿堂布局

北京东岳庙坐北朝南，由中路正院和东、西路廊院三部分组成，现在占地面积 47000 余平方米，殿堂达 400 余间，是道教正一派在华北地区最大的宫观。东岳庙中路正院殿堂建筑，仿照皇家庙宇的规格，采用子午对称的格局，将牌坊、山门、鼓楼、岱岳殿、育德殿以及七十六司（原为七十二司）回廊等依次排列，布局整齐，规制宏大。

东岳庙七十二司（判官）（西德尼·戴维·甘博摄于 1927 年）

中路　位于中轴线上的山门、牌坊、宫殿等设施布局，是东岳庙最重要的建筑，构成了北京东岳庙建筑群的主体部分。从北至南，最南端为琉璃牌楼，最北端为后罩楼。

北京东岳庙琉璃牌坊　建于明万历三十五年(1607)，是东岳庙建筑群的附属建筑。为三间四柱七楼的黄绿彩琉璃牌坊，是北京市最大的琉璃牌坊。高约13米，宽20.2米，占地125平方米。

跨街彩绘牌楼　东岳庙琉璃牌坊与东岳庙山门（已拆除）之间原有道路，在该琉璃牌坊的东西两侧，曾跨街各建有一座三间木制彩绘过街牌楼（1950年拆除），是明万历二十年（1592）由明神宗的母亲慈圣皇太后下令修建的。

山门　为三洞式，分别象征天神、地祇与人鬼“三界”。山门具有深刻的象征意义，平时进香的香客进入山门，就象征着跳出“三界”。

钟鼓楼　原山门内、现大门外东西两侧有钟鼓二楼，一般而言，晨钟暮鼓，鼓楼在东，钟楼在西，而东岳庙恰好相反，鼓楼在西，钟楼在东，表达道家“顺则成人，逆则成仙”的思想。鼓楼立额上题“鼍音”，钟楼立额上题“鲸音”。钟鼓楼建于明万历四年（1576），砖木结构。

棂星门　原为东岳庙的三道门。山门被拆除以后，棂星门就成为东岳庙的大门，原来悬挂在山门的康熙御书“东岳庙”横匾也移到了这里。

瞻岱门　穿过棂星门，便是瞻岱门，是一座五间庑殿顶的过厅式殿堂，又称龙虎门、瞻岱殿。瞻岱门悬挂一副楹联：“阳世奸雄，违天害理皆由己；阴司报应，古往今来放过谁。”东旁门楹联为：“阳是阴非，在尔心还想欺饰；假善真恶，到此地难讨便宜。”西旁门则是：“倚势欺人，人或容神明不恕；瞒天昧己，己未觉造物先知。”

福路　是连接庙内外中轴线上的道路，原向南通向庙外至通惠河畔，向内由瞻岱门向北，直通岱岳殿，被称为“御道”，又称“福路”。

岱岳殿　是东岳庙的主殿，始建于元至治二年（1322），清康熙、乾隆年间重修，现存建筑为清代遗构。殿内奉祀东岳大帝及其侍臣像。正中为泥塑贴金的金身东岳大帝，像高4.46米。

育德殿　由元朝鲁国大长公主捐资修建。明正统十二年（1447）重修，英宗将“昭德殿”改名为“育德殿”。

东路　东岳庙东廊的殿宇较少，主要有江东殿、玄坛宝殿、伏魔大帝殿与丫鬟山九位娘娘殿等。

西路　东岳庙的西路院殿宇比较杂乱，大部分殿宇为民间善会（香会）修建，里面供奉的更多的是各个行业的保护神。

三、神祇供奉

北京东岳庙供奉的是以东岳大帝为首的各路神祇，神像分别陈设在中路正院的配殿育德殿、三茅殿、炳灵殿、阜财殿、广嗣殿，东路院的伏魔大帝殿、江东殿、丫鬟山九位娘娘殿等。西路院大部分殿宇为历史上的民间善会所修建的行业神庙，主要有东岳庙祠堂、玉皇阁、三皇殿、药王药圣殿、显化殿、马王殿、妙峰山娘娘殿、鲁班殿、三官殿、瘟神殿、阎罗殿和判官殿等。正院回廊供奉东岳庙七十六司诸冥神，神像最多。庙内供奉的神像在全盛时多达三千余尊。

东岳大帝是东岳庙供奉的主神，供奉于岱岳殿内，东岳大帝又称泰山神，尊称“东岳泰山天齐大生仁圣大帝”，俗称“仁圣大帝”“天齐帝”“岳帝”“岳帝爷”，古称“泰山府君”“东岳帝君”，是幽冥界的最高主宰。

四、碑刻

北京东岳庙素以碑刻众多而享誉京城。石碑安放在正院、东西廊、北院各处，特别是岱岳殿东西两侧最多。这些碑刻真实记录了东岳庙的发展轨迹，弥足珍贵。

北京东岳庙共有各类碑文 160 篇，其中元代碑文 20 篇、明代碑文 32 篇、清代碑文 103 篇、民国碑文 5 篇，内容涉及东岳庙建造的历史沿革、宗派人物、香会功德、墓志铭等诸多主题。

有关东岳庙碑铭的搜集、整理和研究，早在 20 世纪 20 年代就开始了。刘澄圆 1936 年重印《七十六司考证》时，文末附有东岳庙碑文目录，据其统计，当时东岳庙存有碑刻 108 通，包括元碑 1 通、明碑 29 通、清碑 76 通、民国碑 2 通。1936 年，刘厚滋所撰《北平东岳庙碑刻目录》刊发在《国立北平研究院院务汇报》第七卷第六期上，对东岳庙碑刻做了更为翔实的调查和统计，依照年代的顺序加以排列，并对每通碑刻的尺寸、形制、撰书人、碑额及碑侧的题记等情况做了详细记录和说明，据其统计，当时东岳庙的碑刻数量是 138 通，其中元碑 1 通、明碑 32 通、清碑 100 通、民国碑 5 通。

20 世纪 50 年代，中国社会科学院考古研究所对东岳庙碑进行拓制，拓片分别保存在北京图书馆、首都图书馆、中国社会科学院考古所、北京大学图书馆，以及台北傅斯年图书馆等机构。1959 年、1963 年，北京市文物工作队也分别对东岳庙碑刻进行调查，制作文物调查表，详细标注了 101 块石碑所在的具体方位。

由于历史原因，东岳庙内的碑刻遭受重创，碑石被砸倒、敲碎，碑座、纹饰多被凿毁，部分碑刻则被黑墨涂上口号。大部分碑刻被推倒后作为台基使用，掩埋在泥土中得以保存下来。据统计，1995 年东岳庙存有完好碑刻仅 18 通，其余均被掩埋在院内的泥土中。有关部门组织人力将这些石碑清理出来后，于 1997 年启动碑刻修复工作，耗时一年得

东岳庙碑林（摄于 2008 年）

以完工。

五、碑文选录

中国历来有制碑的文化传统。据《北京东岳庙志》记载，元代至民国时期的东岳庙有碑文 160 篇，根据内容而划分为四类，分别是宫殿修建及神祇供奉、宗师谱系、庙会香会、墓志铭。本志仅选录一通东岳仁圣宫碑碑文。

东岳仁圣宫碑[①]

（元）天历元年（1328）

虞集

延祐中，故开府仪同三司上卿玄教大宗师张留孙买地于大都齐化门外，规以为宫，奉祠东岳天齐仁圣帝。仁宗皇帝闻之，给以大农之财，辞不拜，第降诏书护作。方鸠工，而留孙殁。后□年，今特进上卿玄教大宗师吴全节，大发累朝赐金，以成其先师之志。至治壬戌，作大殿、作大门，殿以祀大生帝，前作露台以设乐，门有卫神。明年，作东

① 出自《道园学古录》，商务印书馆，1937 年。

西庑。东西庑之间特起如殿者四，以奉其佐神之尊贵者。列庑如官舍，各有职掌，皆肖人而位之。筑馆于东，以居奉祠之士，总名之曰东岳仁圣宫。泰定乙丑，鲁国大长公主自京师归其食邑之全宁，道出东门，有祷于大生帝，出私钱钜万，俾作神寝，象帝与其妃夫人媟寺之容。天历建元，今上皇帝即大位，遣使迎大长公主于全宁，还及国门，皇后迎母于郊，主礼神拜贶，而后即其邸，天子乃赐神寝名曰“昭德殿”云。宫广深若干亩，为屋若干楹，高大弘丽，足以久远。岁时内廷出香币致祭，都人有祷祈，咸得至焉。有敕命臣集撰文，勒诸丽牲之碑。其辞曰：

帝奠九土，辨方秩祀。封岳维五，咸在天子。有岩岱宗，望之东郊。雨云来敷，曾不崇朝。有坛有宫，神师攸作。苍龙青旗，百祗祗若。天子神圣，惠于民人。睠言度思，昭德维新。丹楹朱户，纳陛登陟。青青五组，兼币加璧。礼有举之，祗益以因。即祠不违，天子之仁。徂徕有原，新甫有隰。乐具在廷，远者来辑。庖盈大享，寝陈燕诗。神具乐康，以惠我私。春日载阳，帝藉于耜。以先农人，祈我穑事。我观我稼，视迩知远。尔煦尔泽，自我畿甸。相彼柔桑，被于沃饶。相彼玄鸟，亦集其条。濊濊流水，驾言来祓。受弓载韣，思皇朱芾。出其阛阓，士女车徒。来尸来宗，寿夭在予。佑我民庶，克修孝弟。以养以赋，以受多祉。兵祲弗惊，灾疠弗婴。熙熙有生，以乐治平。天子万年，成功则告，刻文登封，则有贞玉。

六、古树名木

在洞门牌楼（现为庙门）与瞻岱门之间的院内原对称植有四棵槐树，其树龄均在300年以上。现余下三棵古槐（右侧一棵已被伐掉），一到夏天，古树浓荫匝地，一片清凉，为东岳庙增添了几分神秘的色彩和幽邃的古意。

瞻岱门内西侧有槐树一棵，主干粗壮，枝丫纤细，传说有800年的历史，人称“寿槐”，常有人对此树朝拜，祈寿延年。

瞻岱门北接的是一条直通岱岳殿的被称为福路的御道，福路两侧是碑林并植有柏树和槐树20余棵，树龄均在100年以上。

岱岳殿与育德殿的穿廊以西为西跨院，以东为东跨院。西跨院为东岳庙的另一祭祀区域，院内有7棵柏树构成天上“北斗七星”的图形，树龄两棵在300年以上、5棵在200年以上。东跨院为东岳庙的主要居住区，现有古柏树5棵（应为6棵，被伐掉1棵），所排列构成的图形，传说是象征天上的“南斗”。东西跨院斗形植树的寓意，反映了道教“朝斗”膜拜的精神信仰。

育德殿与后罩楼之间形成的院落，西侧有古槐3棵，东侧有古槐2棵。其中最东边的一棵歪脖子古槐，人们称其为“状元槐”。传说明清赶考的举子常来朝拜此树，祈祷能够金榜题名。

后罩楼后，现今东岳庙道士居住的平房前巍然矗立着一棵参天古槐，枝干如苍虬般盘曲。

东岳庙历代宗师及住持一览表

表 2-1

代次	宗师及住持
第一代	张留孙
第二代	吴全节
第三代	夏文泳
第四代	张德隆
第五代	于成兴
第六代	禹贵黉
第七代	刘守谊
第八代	都全祐、李全安、朱全祐
第九代	屈真伟、谢真祐、石真节、谭真佩、张真高、张真宾
第十代	李道泽、东道祥、王道乾、张道春、刘道清、侯道滋、徐道兰、段道溪
第十一代	张正宽、高正起、兰正馨、梁正才、黄正中、王正然、王正爵、俞正耀、高正耀
第十二代	刘正廉、马德龙、高德茂、幸德修、石德圣、陆德亮、闫德仁
第十三代	马存鑵、李存极、吴存睿、白存鎰、张存息、蔡存钰
第十四代	张诚绪
第十五代	张传梁、韩传文、徐传秀、陈传俊
第十六代	张尚龄、韩尚智、陈尚仁、关尚任
第十七代	李贤明、相贤德、刘贤名、汤贤舜、袁贤义、蒋贤英、马贤良、高贤德、表贤仁、朱贤祥、肃贤贵、徐贤辅
第十八代	庞源本、庞源通、吴源宏、刘源灏、孟源灏、祁源泰、郭源润、陈源运、宋源成、王源澄、马源盈、赵源宁
第十九代	安洁规、郭洁壁、李洁珍
第二十代	张宜鸿、马宜麟、马宜端
第二十一代	王良桂、商良孟、孙良栋、赵良柱、杨良蕙
第二十二代	刘明鉴、李明语、刘明善、华明馨、魏明益
第二十三代	张化鹤、王化熙、李华通、刘华廉
第二十四代	郑吉年
第二十五代	马化图
第二十六代	邓化平
第二十七代	张吉荫
第二十八代	袁志鸿

第三节　日　坛

日坛，又名朝日坛，位于北京市朝阳区日坛东路，是明清两代帝王祭大明之神的地方，是明清北京五大祭坛之一。始建于明代嘉靖九年（1530）。是明清两朝皇帝祭祀大明之神的祭坛。2006 年 5 月被国务院公布为全国重点文物保护单位。

一、演变

祭日礼仪源于上古时期，《国语・周语上》："古者，先王既有天下，又崇立于上帝明神而敬事之，于是乎有朝日、夕月，以教民事君。"韦昭注："礼，天子搢大圭、执镇圭，缫藉五采五就，以春分朝日，秋分夕月，拜日于东门之外，然则夕月在西门之外也。"

中国古代各个朝代均有祭日之礼，北京在金中都时期曾在施仁门外东南建朝日坛祭祀大明之神。明朝初期祭日仪合并于大祀殿，于每年春正月举礼。明朝迁都北京之后，并没有立刻开始修建日坛。据孙承泽《春明梦余录》记载，明中期以前城里建有太庙和社稷坛，一个在宫城以东，一个在宫城以西，即今天北京的劳动人民文化宫和中山公园。在城的南郊，东建有天地坛，合祭天地于此；西建有山川坛，祭祀风云雪雨、五岳等神祇。一庙三坛的格局，简洁而规范。这一格局维持了百余年，到嘉靖年间（1522—1566）发生了很大变化，核心变化就是改天地合祀为四郊分祀。从嘉靖九年（1530）十月到次年五月，在北京城的南、北、东、西四郊分别建成圜丘坛、方丘坛、朝日坛、夕月坛。三年后，又钦定圜丘、方丘为天坛、地坛。祭祀天地日月的时间分别为"冬至""夏至""春分""秋分"四大节气之日。择朝阳门外锦衣卫萧瑛的圈地为址建朝日坛，五月兴工营建，次年工成。

日坛坐东向西，祭坛为方形，仅有一层，坛面墁以红色琉璃砖。环坛有绿瓦红墙。西向有三座棂星门，东、南、北向各有一座棂星门。北棂星门外以东建有神库、神厨等建筑，并围以红墙。此外还有宰牲亭、祭器库、乐器库等辅助用房。祭坛东北建有钟楼和具服殿，建筑庄严肃穆。

最后一次皇帝祭日是清道光二十三年（1843）。自此之后，皇帝祭日之礼逐渐废弃，护坛官员随之撤销。清末祭日废弃，祭祀器具、文物被盗。后来又因失火，三间棕荐库被烧毁两间，钟楼也被烧掉一层。清末，日坛内外已是一片荒凉。辛亥革命推翻帝制，日坛在民国时期无人管理，坛内房舍多被军队占用，祭台上的方砖丢失大半，西天门与

日坛公园北门（摄于 2014 年）

北天门外的照壁被毁，西北边成了荒坟地。民国时期，文物大部分损毁失窃。

日坛内外原有古松柏数百株，森沉蔽日，京城人谓黑松林。1931 年 9 月，树木被从东北退到北平的杂散军人砍伐变卖甚多。1937 年北平沦陷，日伪在日坛北天门外设木场，残余松柏再次被殃及。解放战争期间，部分房舍被国民党军队占用，有部分被北平天然博物馆附属日坛苗圃占用。1948 年国民党军队构筑城防工事，将坛外的苍松古柏砍伐，日坛墙垣坍塌多处，殿堂破损无修，几成废墟。

中华人民共和国成立以后，1951 年，北京市政府决定在日坛原有的基础上，扩建为日坛公园，在日坛西北 1928 年马骏烈士掩埋处建墓立碑。1956—1968 年，日坛公园先后由园林四工区、市园林局第三保养站、区革委会公交组、朝阳区绿化队、朝阳区计划组、朝阳区房建局园林科管理。日坛公园管理处于 1962 年 9 月正式成立，现隶属于朝阳区园林绿化局。1969 年修建日坛公园南门，建成 80 平方米新闻橱窗，修复具服殿，修饰神库、神厨作为外宾餐厅。1978 年，日坛公园建成牡丹喷水池、曲池胜春两处景观。1983 年，日坛公园始建占地 7000 平方米的西南景区。改革开放后，日坛公园逐渐又重修了部分原有建筑，增建了假山、牡丹园、清晖亭、曲池胜春园、祭日壁画、羲和雅居等景观，成立了日坛博物馆和马骏烈士纪念馆，修建了游乐中心、老年活动区、儿童乐园。修复后的日坛公园占地面积 206200 平方米，其中古建筑面积 10357 平方米。1984 年，日坛公园修复了祭日拜台与坛壝，1988 年又对具服殿、神厨、神库、钟楼等进行了修缮。2002 年被评为北京市首批精品公园，2006 年 5 月被国务院公布为全国重点文物保护单位。2010 年 9 月 9 日，北京市政府与朝阳区政府投资 1500 万元，对祭日古建筑进行大规模修缮，工程范围包括具服殿、宰牲亭、拜台、棂星门、北天门、西天门等。

二、建筑

全坛分内外两道坛墙，中心为拜神坛，白石砌筑，明代面砌红琉璃砖，清代改为方砖，四边各一出陛。拜神坛四面为内坛墙（壝墙），四面开棂星师门，西面三座，其余三面各一座。壝墙北为神厨，再北为神库，神库东南为宰牲亭。神库西为钟楼，再西为日坛外坛北门，北门西为帝王、官吏更衣休憩的具服殿。外坛墙方形，全坛占地约 60 亩。

拜台是全坛最主要的建筑，坐东朝西，四周有圆形壝墙，墙西面正中为汉白玉六柱三门棂星门一座，东、南、北各有汉白玉两柱一门棂星门一座。墙内正中为方形的拜台，边长五丈（16.67 米），高五尺九寸（1.97 米），四出陛，各有白石台阶九级。台面用方砖细墁。壝墙西门外原有一座燎炉和一座瘗坎，分别用于祭祀典礼焚烧燔柴和瘗埋牺牲毛血，现已无存。

拜台北门外东北侧为神库和宰牲亭。神库、神厨各三间，是存放日神神位和祭祀时置办祭品的建筑。宰牲亭是古代帝王祭日时制作供品、宰牲畜的地方，亭中原有漂牲池，现已填平。北有祭器库、乐器库、棕荐库各三间，连檐通脊，坐北朝南，是存放祭祀器物、演奏乐器和棕荐的地方。清道光年间失火烧去两间，剩下现存的七间空房被称为“七间殿”。西门外北侧有钟楼一座。钟楼原有二层，南向，内有一口大钟。清道光年间曾失火一次，钟楼被烧掉一层，大钟现不存。

日坛神库（摄于 2001 年）

日坛西北为具服殿，绿琉璃瓦屋面，是明清两代皇帝祭祀时更换服装和休憩之所。正殿三间，南向。东西配殿各三间，四周围以宫墙，宫门南向。明朝时为奉祀衙署所在，具服殿原建在坛西棂星门外南侧。清乾隆帝认为：日坛具服殿旧址建于坛南，临祭时必经过神路始至殿所，似与诚敬之仪未协。乾隆七年（1742）将具服殿移建至坛西北角。

日坛正门向西，有白石甬道直达西天门，是帝王祭日时出入的道路，称为神路。

三、祭日

日坛为明、清两代帝王于春分之日卯时祭祀大明神（太阳神）的地方，故日坛建于都城东，向西。明清时期“春分”时，逢农历甲、丙、戊、庚、壬年时皇帝会亲自到朝日坛祭祀太阳神，其他年份则派遣官员到朝日坛祭祀。

祭日是中国古代重要的祭礼之一，承载了博大精深的中华礼乐文化。据《礼记》记载，早在周代春分已有祭日仪式。日坛落成后，作为明清两代祭祀“大明神”的处所，每年春分日出行祭祀。祭日仪式是一个非常庄重的仪式，在祭祀前数月，就要准备祭祀的牲畜，祭前一个月演习礼仪，在祭祀前还有书写、审阅祝版（书写祝词的木板）、备齐祭物用器、布置祭台等烦琐的工作。此外，为了表示虔诚庄重，由皇帝亲自主持，文武百官陪祀，甚至在祭祀日的前两天，皇帝与参加祭祀的官员，要到指定的地方斋戒，破除一切私心杂念，并且要沐浴更衣，以诚惶诚恐之心，参加对大明神的祭祀。稍有懈怠，便被值祀官警告，有人被罚俸禄，有人甚至因此被罢官。斋戒期间，凡要判处死刑及有触犯刑法的奏章，都不得送呈皇帝阅示，可见一年一度的祭祀大明神仪式之重要。

明代日坛建成之后，隆庆元年（1567），祭祀大明神定为中祀。礼部议定，东郊朝日，每逢甲、丙、戊、庚、壬年由皇帝亲祭，余年则遣官代帝祭祀，并定举祭时辰为每年春分日出之时。又定，日坛祝版用红色，上写粉红色字。玉用红色，绸用红色，乐用七奏，乐章用曦，舞用八佾。皇帝祭服为红色。清朝祭日沿袭明朝制度，乾隆七年（1742），曾正式颁文将祭日之礼定为中祀。乾隆二十三年（1758），乾隆朝日礼成之后，曾作诗以志：

朝日东门外，春分阳德雍。躬亲应戊岁，祭礼溯天宗。

在俎陈骍角，承筐奠赤踪。无端复惟盛，大采意弥躬。

三献酌清斋，旋宫奏夹钟。朝瞻坛璇焕，瑞拥旭光浓。

皇家祭日，按规定皇帝亲祭与遣官代祭相间，每年一次。但也有增祭之例。如乾隆十一年（1746），春分后的第二天出现日食。在过去，出现日食是不吉祥的表征。皇帝心中甚感不安，当即决定增祭，并且不用仪仗，步行至日坛行礼。皇帝最后一次亲祭日坛是道光二十三年（1843）。此后，随着王朝法度松弛，祭日活动逐渐消亡。但据记载，光绪二十九年（1903）八月，大权旁落，身遭幽禁的光绪皇帝曾着红袍到日坛祈祷。

在清朝，祭日前一日有候时官在太常寺守晚，预备启奏时辰。祀日五鼓时，太堂寺堂官一员、赞礼郎二员、候时官二员由东西长安门、天安门、端门、午门、昭德门、中左门、后左门至乾清门启奏时辰，太常寺官员于日出前六刻告时转奏，皇帝穿上祭服乘礼舆出宫至北天门外下车。赞礼官、对引官恭敬地引导皇帝入北天门中门，然后转到西棂星门外盥洗处洗手，之后从棂星左门升坛至行礼幄次诣拜褥前立。安拜牌官跪着将安拜牌于拜褥上放好。典仪官唱，乐舞生就位，执事官各司其事，祭祀礼仪开始。祭祀礼仪分为：迎神、奠玉帛、初献、亚献、终献、答福胙、撤馔、送神、送燎九个程序。

与祭祀乐章相伴的是祭祀舞蹈，祭祀舞蹈既有文舞，又有武舞。为了表示以武功取天下，而以文德治天下之意，故而在祭祀活动中舞蹈一般是先武后文，行初献礼时用武功舞，行亚献、终献礼时用文德舞。舞为八佾，武舞生、文舞生各 64 人。武舞执干戚，文舞执羽旄，舞于乐悬之次。引舞时用旌节四，以乐舞生 4 人分司之。祭日初献乐作，司乐执旌节，引武舞生执干戚进，奏《武功之乐》，舞毕乐止，武舞生退。亚献乐作，司乐执旌节，引文舞生执羽旄进，奏《文德之乐》。终献乐作，再奏《文德之乐》，舞毕乐止，文舞生退。

一百多年后，在 2011 年春分，朝阳区首次成功复原了中断 160 余年的清代日坛祭日典礼。祭日典礼依托于“春分·朝阳文化节”，通过百姓共同参与的太阳祭礼，使中华传统礼乐文化得以普及和传承。

当代复原的祭日仪式在最大复原历史细节的基础上,结合现有环境条件和观众心理，做了适当的调整。祭祀大明神的仪式，于春分上午 10 点 20 分正式开始（历史祭祀为该日卯时），全部仪式由五部分组成（以清乾隆三十九年祭祀为准，并做了部分删减）。

在日坛的神坛上供奉着大明神的位牌、位座、笾豆案、接桌、祝桌、尊桌、怀桌、祝版架、祝版、赤璧、帛、戋、爵、铏、登、簠、簋、豆、篚、尊、笾、幂、酒提、俎、牺牲、香炉、甗灯、香盒、托盘、拜褥、拜垫等一系列的祭祀礼器。

在坛的西面正门内摆放着各种祭祀时的乐器，如麾、镈钟、编钟、编磬、柷、敔、建鼓、搏拊、琴、瑟、笛、箫、篪、排箫、笙、埙等。祭祀舞蹈也在拜台的西面与西棂星门之间举行。

祭祀舆卫（或称卤簿）持兵器、旗子、卧瓜、立瓜、钺、星、入跸旗、出警旗、萃华旗、门旗、日月旗、五色云旗、五色金龙纛、黄麾、金节、纳言旌，以及各种扇、伞、盖等，五彩纷呈，鲜艳夺目。

古代祭祀卤簿是不进坛壝的，此次为了增加祭祀氛围，特将卤簿进入坛壝，列在拜台与东棂星门之间，以造成华丽氛围。

“赞仪官”高声宣布：“祭日典仪开始，奏中和韶乐。”皇帝在百官的簇拥下来到坛壝，登上拜台，祭祀大明神仪式正式开始。

第一部分：迎神、奠玉帛

“皇帝”及“陪祀官”在大明神位前行三跪九叩大礼，“皇帝”向大明神上香并献玉帛。参加大典群众行“太阳礼”（右手握拳，左手放在拳上，双手放在胸前），共同迎接太阳神。

第二部分：初献

武舞生跳起了武功舞。“皇帝”向太阳神献爵。读祝官恭读祝文。

第三部分：亚献

文舞生展示文德舞。“皇帝”第二次向太阳神献爵。

第四部分：终献

文舞生再次跳起文德舞。“皇帝”第三次向太阳神献爵。

第五部分：撤馔、送神

祭坛上，“皇帝”行三跪九叩礼。“捧玉官”及祝、香、馔撤出坛外。参加大典群众行“太阳礼”，共同恭送太阳神。

导迎乐起，“皇帝”回銮，典仪结束。

2014年3月21日，在日坛圆坛举办“春分朝阳”复原祭日典仪

从2007年开始，由北京市朝阳区朝外街道办事处发起，朝阳区文化委员会、朝阳区园林绿化局等联合主办的“春分朝阳”民俗文化节在日坛公园开始举办，至2015年底已经举办了9届。“春分朝阳”文化节的活动日期集中在每年的春分节气。除了在日坛进行清代日坛祭日典礼展演外，还策划了丰富多彩的民俗文化活动，集中了浓郁的民俗展卖、美食荟萃、文艺会演、趣味游戏等活动，使老百姓在短短几天的时间内，将“好吃、好玩、好看”尽收眼底。享受春意的同时，从活动中的点点滴滴感受“春分朝阳”所倡导的“春阳共享　温暖社区”的内涵。在几年来的活动中，街道社区群众表演了自编节目《龙飞凤舞》、顶缸、花棍、花毽、太极柔力球等民俗表演，展示了朝外人的精神风貌。居住在朝外

社区的艺术家游本昌、石维坚、姜嘉锵也多次为文化节登台献艺。

祭日并不仅仅是皇家的专利，在传统社会民间也有许多祭日习俗。不过与皇家春分祭日的时间不同，老北京人民间祭祀太阳是在农历二月初一中和节。古人认为“致中和，天地位焉，万物育焉”。中和节起源于唐时，唐相李泌上书请立二月初一日为中和节，百官进农书，以示务本。

又因为民间相传二月初一这天是太阳星君生日，因此民间有祭祀太阳星君之举。这也反映了古代农业社会中，人们祈求年丰岁稔的愿望。

第四节　南下坡清真寺

南下坡清真寺又称为下坡清真寺，位于北京市朝阳区朝外街道朝外二条 129 号。地处繁华的商业区，比邻使馆区，交通十分便利。由于下坡清真寺所处的地势比较低洼，故称为“下坡”或“南下坡”。旧称“小礼拜寺”，是相对于在北面的上坡清真寺（旧称“大礼拜寺”）而言的。1986 年被朝阳区人民政府公布为朝阳区文物保护单位。

一、演变

据《朝华夕拾》（文物出版社，2020 年）记载，该寺始建于清朝康熙初年，距今已经有 300 多年的历史，由当地的回民集资建成。该寺是朝外唯一一座留存至今的清真寺，现存山门、礼拜大殿、南北配殿，并附有南北配房。

1984 年，南下坡清真寺大门落成时阿訇与众乡佬合影

20 世纪 60 年代在该寺设立北京市回民殡葬管理处。“文化大革命”期间，南下坡清真寺的大门原来三个独立的门楼被毁。坐西朝东的礼拜大殿前，只有一米多高的矮院墙和两个砖垛的大门。穆斯林宗教活动中断。

党的十一届三中全会以后，清真寺重新开放。1983 年秋，寺门因年久失修损毁，朝阳区古建公司协助南下坡清真寺重建了清真寺大门。门前是四步宽大的台阶，两侧是高 3 米左右的围墙，双开红漆大门，上方书写“清真礼拜寺”五个大字，两侧外墙上装有白色壁灯。

20 世纪 80—90 年代，寺院中有南讲堂 3 间；西面 8 间房屋为埋体房（穆斯林去世后的停尸房）、库房、卫生间等；北讲堂也有 3 间，为阿訇居室和讲经处所。西侧通向北院有一座 2 层小楼，16 间房屋，一层为男、女水房，二层为阿訇休息室、会议室等。清真寺前院有 17 间房，为传达室、办公室及穆斯林用品售货部。总面积达 636 平方米。寺内供水、供暖、扩音及照明等设施齐备。

2009 年，因雨水浸毁，重修门楼、南北讲堂、埋体房，恢复与大殿相对称的中式古建庭院。同时对水、电、气、暖设施进行更新，并在前院修筑防洪蓄水池。2010 年对南北配殿、山门进行修复。2013 年 6 月礼拜大殿部分垮塌，经寺管会延请各级领导及专家勘查认定危房后，决定落架重建。工程于 2013 年 11 月动工，2016 年斋月竣工。礼拜大殿分卷棚、前殿、中殿、后殿四部分，各有起脊的屋顶。卷棚三间，矗立在全殿最前方，是典型的中国传统建筑“勾连搭”式结构。大殿平面呈十字形，后殿再起亭。

修缮后的礼拜大殿（摄于 2016 年）

二、文物

大殿悬挂的匾额中曾有一块是清肃亲王善耆亲笔所书的“括囊大典”，已佚。现存庆亲王奕劻于光绪二十八年（1902）所书“纲维二五”匾额，上款有“壬寅年桃月”，下款题“庆亲王书”。

“纲维二五”匾额（摄于 2014 年）

大殿南面原有一块“盛德感戴”牌匾，是京东八县回民劫后余生赠挂的。1939 年潮白河水泛滥，山洪暴发，耕地被毁，房屋倒塌，京东八县一片汪洋，百姓无家可归。广大回民流离失所，纷纷扶老携幼逃荒要饭。避难在下坡清真寺的难民有一二百人。洪水无情人有情，广大下坡回民群众，有钱的出钱，有力的出力，送衣、送药、送食，嘘寒问暖，给予他们无微不至的关怀和照顾。一两个月后，直到灾情好转，才送他们重返家园。“盛德感戴”即表示感恩戴德永志不忘之意。

“教隆宇宙”匾额（摄于2014年）

镶在东大门上的大理石刻“清真礼拜寺”五个金字和嵌在西窑殿上的砖雕阿拉伯文字“太思迷”，都是清真寺初建时的原物。

清真寺内还曾有一块匾为“仁声远播”，“文化大革命”期间被毁，后换为“教隆宇宙”。

三、安葬马骏烈士

时任中共北京临时市委负责人的马骏（回族）不幸于1928年2月14日被反动军阀杀害。噩耗传到南下坡清真寺，胡文志伊玛目立刻组织众乡老冒着风险把烈士遗体运回寺内。胡文志伊玛目、胡子臣海推布按照回民传统为马骏举行了葬礼，然后抬到马家坟地安葬（现日坛公园内）。原中共北京临时市委地下组织刻制一方石碑，上面刻有烈士姓名、籍贯、牺牲年月日。该墓碑还存放在南下坡清真寺内。在胡文志伊玛目的指引下立碑于烈士墓前。从此，每到忌日，南下坡清真寺阿訇乡老为其开经、游坟，以寄托哀思。

马骏墓旧碑（摄于2014年）

第五节　牌　楼

一、朝阳门牌楼

朝阳门牌楼位于朝阳门箭楼外，护城河穹桥东侧，修建于明代。据清乾隆三十九年（1774）编纂的《日下旧闻考》载，明正统四年“修造京师门楼城濠桥闸完。正阳门正楼一，月城中左右楼各一，崇文、宣武、朝阳、阜成、东直、西直、安定、德胜八门各正楼一，月城楼一。各门外立牌楼”。此书还提到约为清顺治年间，朝阳门牌楼与正阳门、阜成门牌楼都尚存。之后无见于资料记载。此牌楼现已无存。

二、礼神坊

礼神坊即景升街牌楼，位于朝阳门外大街路南的景升街北口，始建于明朝嘉靖九年（1530），是一座四柱三门七楼彩色木质牌楼，与京城西部夕月坛礼神街（后称光恒街）北口的牌楼制式相同。牌楼下有朱红色栅栏，是皇家禁地。每年春分皇帝到日坛祭日，要在礼神坊处下轿，步行进入朝日坛祭拜。

礼神坊（摄于1926年）

民国时期，景升东街两边的高墙逐渐被破拆除掉，景升街礼神坊附近逐渐形成了商业街，即今天的朝外市场街。街口的礼神坊牌楼由于年久失修，自然损坏，最后被拆除。

三、东岳庙跨街彩绘木牌楼

东岳庙跨街彩绘木牌楼位于东岳庙山门外两侧，始建于元延祐六年（1319），原为四柱三门三楼牌楼，后被大火焚毁。明万历二十年（1592），明神宗母亲慈圣皇太后懿旨重建彩绘过街木牌楼两座，一东一西横跨朝阳门

朝外大街西侧牌楼灵岳崇祠（摄于1916年）

木牌楼蓬莱胜境（摄于 1920 年）

木牌楼泰虚洞天（摄于 1916—1920 年间）

外大街，东侧牌楼额书“泰虚洞天”“宏仁锡福”；西侧牌楼额书“灵岳崇祠”“蓬莱胜境”。这两座三间四柱七楼庑殿顶式木结构彩绘过街牌楼精美绝伦，是明清时期木结构彩绘牌楼中的精品。1950 年，因附近火药厂爆炸，两座木牌楼被震毁，随后拆除。

四、神路街跨街琉璃牌坊

神路街琉璃牌坊位于东岳庙山门正对面，往南通往日坛。牌坊建于明万历三十五年（1607），为三间四柱七楼歇山顶式砖石琉璃牌坊，灰筒瓦，绿琉璃瓦剪边，绿琉璃脊兽。由皇宫里的太监们捐资添建，是北京现存唯一的过街式琉璃牌坊。牌坊属东岳庙建筑群的附属建筑，每间各辟一券洞，雀替以上枋、柱、楼、斗拱满以黄绿相间琉璃饰件镶砌，气势庄严恢宏。正脊两端饰螭吻，正中饰火焰宝珠。正间南北两面各有一石匾，宽 2.8 米，高 0.9 米。碑楼面北额书“永延帝祚”，面南额书“秩祀岱宗”，南面石匾的上款为“万历丁未孟秋吉日”，下署“内官监总理太监马谦、陈水寿、卢升立”。

琉璃牌坊南面（摄于 2009 年）

第六节　遗迹掌故

一、东大桥

东大桥，位于朝阳门外关厢东口，距朝阳门瓮桥 1.5 公里，始建于明朝。明正统十一年（1446）重建，系五孔石板桥，宽二丈，长三丈八尺，桥洞阔十尺二寸。清乾隆二十二年（1757）重修。

明朝时期，东大桥即为运粮要道。东大桥距城门三里，连接起朝外关厢和东边的农田，是当地的标志性建筑之一。明清时期，每天上千辆运粮车过东大桥西行，浩浩荡荡，蔚为壮观，进城后把粮食运往朝内大街南北两侧的禄米仓、海运仓等五大粮仓。书画名家王大观先生曾作《旧京环顾图》，起点描绘的就是当时东大桥两侧繁华的景象。因为此地是进京要道，所以东大桥一带有不少车马店供赶车人休息、吃饭。旧时东大桥是北京有名的粮市，每逢月之双日，城内粮店和外地行商都集中在东大桥附近的栈店，听候行情，进行粮食交易，店主在粮商成交后，还代为送货，从中收取一定费用。较之其他地方，东大桥一带的业主、店主收入颇丰。元《析津志》云："江南直沽海道来自通州者，多于城外居止，趋之者如归。又漕运岁储，多所交易，居民殷实。"民国时期，东大桥南边、芳草地北边的空地曾为刑场。

1919 年东大桥改建，改五孔桥为三孔石板梁桥，桥梁两侧添配罗汉板式石护栏，桥面宽 8 米，桥梁全长 23 米。1951 年 4 月，实施朝阳门至关东店道路整修工程，同期，整修朝阳门瓮桥、东大桥。根据 1951 年实测，东大桥为三孔石板梁桥，桥堍上铺砌花岗岩石板，桥面是花岗岩石板梁，每孔有 13 块石板梁。两侧有罗汉板式青石栏杆，下面有青石地伏，每侧有栏板 5 块、抱鼓石 2 块。桥面宽 8.60 米，净宽 7.95 米，桥梁全长 23.00 米。

1953 年 3 月下旬至 5 月中旬，实施东大桥加宽工程。1956 年 5 月，实施东大桥大修工程，将旧桥面全部拆除，更换为预制混凝土板梁，外侧安装预制混凝土桥栏杆，栏杆内侧设人行步道，车行道上铺筑沥青混凝土面层。

1958 年初实施二道河上游段（呼家楼以西河段及其南北支流）改暗沟工程，东大桥被拆除，拆除过程中发现桥台石墙后有明代城砖。至此东大桥无存，其地名沿用至今。

二、芳草地

芳草地，位于东大桥南侧至日坛之间。明代此地称黑松林，《日下旧闻考》载："原东岳庙南数百武即朝日坛，坛外古松万株，森沉蔽日，都人所谓黑松林也。"清代，大片的松树被砍伐殆尽，形成草地和麦田。左营参将衙门设在朝阳门外芳草地处。

民国时期，该地已被称为"芳草地"。1933年出版的《北平地名典》中已有芳草地之名。据该书记载，芳草地约在今东大桥路与芳草地西街之间，其南为麦地。芳草名出自《燕都游览志》中，明孙茂芝所作《蝶恋花·三月晦日游东郊松林》"落尽棠梨春已暮，芳草多情，才过濛松雨"之句，取意芳草茂盛。1954年，在这一带的街巷分别被称为芳草地东巷、芳草地西巷、芳草地北巷和芳草地西街。20世纪50年代，中国文学艺术界联合会所属的几个文艺协会将宿舍区建在芳草地。赵树理、屠岸、唐湜、艾青和王世襄等文化名人都曾在芳草地居住。

三、东岳庙杏花园

东岳庙杏花园也称"董氏园"，为东岳庙的附园，因第一任园主为东岳庙创始人张留孙的嫡传弟子董宇定，因此得名。此园后传于张留孙另一嫡传弟子王用亨。元代，每逢春季，齐化门外"董氏园"中杏花怒放，花香四溢，民间俗称其为"杏花园"。不仅道士和周围百姓惯于到此休闲赏景，不少文人雅士也喜相聚于此赋诗赏花，时为大都胜景之一。元代文人廼贤《次韵赵祭酒城东宴集四首其三》："上东门外杏花开，千树红云绕石台。最忆奎章虞阁老，白头骑马看花来。"上东门即齐化门，是时人对朝阳门的代称。奎章虞阁老指的是"元儒四大家"之一、元中期的文坛盟主——虞集，曾官至奎章阁侍书学士，学识渊博，对文坛影响深远，因此后世对此事记载颇丰。

明代陈继儒《太平清话》载："至顺辛未二月，王用亨携酒邀集。与华阴杨庭镇、高安张质夫、莆阳陈众仲，观杏花于上东门外岱宗之祠宫。其花之主人董君宇定所植也，其多至千株矣。是日风气清美，飞英时至。巾袖杯碗之上皆有诗，虞集为之记，和诗者周伯琦、揭傒斯、欧阳玄。余于石刻见之。"清代徐釚《词苑丛谈》载："元东岳庙有石坛，绕坛皆杏花。道士董宇定、王用亨先后居之，张留孙弟子三十八人之二也，虞道园城东观杏花诗：'明日城东看杏花，丁宁儿子早将车。路从丹凤楼前过，酒向金鱼馆里赊。绿水满沟生杜若，暖云将雨少尘沙。绝胜羊傅襄阳道，归骑西风杂鼓笳。'当时同游者，欧阳元功、陈众仲、揭曼硕诸公。葛逻禄易之诗'最忆奎章虞阁老，白头骑马看花来'是也。"葛逻禄易之即是文人廼贤。

明代时，杏花园的美景仍享有盛名。孙承泽《春明梦余录》载，"上东门外"杏花园，"植杏千余株"。清代朱彝尊《日下旧闻考》所云，杏花园在东岳庙附近石坛，"绕坛皆杏花”，每逢春季，赏花雅集，为当时一景。明万历年后，杏花园盛景不再，地位逐渐被阜成门外摩诃庵所取代。至后逐渐衰败，至清乾隆时期，杏花园已无存。

四、漱芳亭

漱芳亭位于朝阳门外，为元道士吴全节所建。漱芳亭为燕地梅花始兴之地，并因此得名。明代陶宗仪《南村辍耕录》卷九《漱芳亭》载：“初，燕地未有梅花，吴闲闲宗师（全节），时为嗣师，新从江南移至，护以穹庐，匾曰‘漱芳亭’。”吴全节，元代著名道士，字成季，号闲闲、看云道人，饶州（今江西鄱阳）人，师从北京东岳庙创始人张留孙，出资并主持兴建了北京东岳庙。因钟爱梅花，有“梅花道士”之称。元至大三年（1310），吴全节赴江南祀茅山（今江苏省句容市），回京时移植梅花数十株于大都，种于齐化门（今朝阳门）外漱芳亭。因大都冬季寒冷，为保护梅花越冬，吴全节设穹庐（毡帐），并将梅花植于其中，开燕地种梅之先河。吴全节雅好艺事，常以诗会友。成功将“南梅北移”后，他多次邀友人至漱芳亭雅集赏梅，赋诗唱和。“元诗四大家”之一范椁所作《次韵赋吴尊师漱芳亭白、红梅花二首》中，有“冰雪肌肤绰约人，铁石心肠软媚语”“人尝误作杏花看，我亦戏作莲花语”“偷服丹砂抹玉唇，赭颜谪向春风舞”等描述，可见当时所移植的梅花至少已有红、白两色。元马祖常《次吴真人梅花韵》云：“罗浮庾岭大荒滨，燕蓟冰姿好寄身。地胜不招金谷客，赋成重写洛川神。碧窗逗日留私煦，丹井呼泉渍古春。草木有知应自喜，白衣如我是山人。”《南村辍耕录》卷九《漱芳亭》又载，当时吴全节的好友，来自杭州的诗人张雨“偶造其所，恍若与西湖故人遇，徘徊既久，不觉熟寝于中”，并赋诗：“风沙不惮五千里，将身跳入仙人壶。”昔日漱芳亭让人沉醉之盛景由此可见一斑。后因年久失修，漱芳亭日渐衰败，现已无存。

五、南营房

南营房位于朝外大街南侧，神路街与景升街之间。清代内城九门除正阳门外，其余八门分别由满蒙八旗看守。其中朝阳门为镶白旗守卫，因其营房在朝阳门关厢大街以南，得名“南营房”。朝外大街南面是驻军的营房，东为神路街，西为南营房西道，南为日坛北侧空旷之地，北为容盛夹道、北大院一线。南营房由南北向的八条胡同和一条贯穿营区的东西横街组成。八条胡同从西往东旧称南营房一至七甲和七甲东胡同，其中四甲至七甲是半条胡同。“文化大革命”时期改名为南营房一至八条。胡同宽不足三米，只有三甲胡同较宽，大约有四五米，胡同里均为土路。甲与甲之间，有一条东西走向较宽的大胡同，称为横街。南营房驻军主营内为清代镶白旗兵丁及其眷属，营房房舍排列整齐，建筑结构相同，均为两间一套，每间建筑面积大约 7 平方米，每五套为一个院落。每个院落中均种有枣树。因房间窄小，俗称“鸽子房”。营房四周环有高大院墙，横街东西两端建有门楼，设有门岗。辛亥革命后，此营房逐渐演变为民宅。居民中满族和八旗兵后裔居多。2004 年南营房拆迁。

六、崇贞工读女学校

崇贞工读女学校为北京市陈经纶中学前身。1921 年，基督教日本牧师清水安三从灾童收容所得到 300 日元酬金，自己又出资 200 日元，在朝阳门外灾民集中的碑楼胡同 8 号租了两间平房，于 5 月 28 日创办起“崇贞工读女学校”，专门招收贫苦人家的女孩子。

崇贞学园操场（摄于 1936 年）

校名寓意崇高的贞操、贞洁之意，鼓励女性走保护自身、独立生活之路。女校的精神之意是工且读，奉行“3H”主义，即“Heart”（心）、“Head”（脑）、“Hand”（手），通过动手来培养爱心，通过劳动开发智力，产生新的智慧。经费主要来自募捐和自创，以学生们织袜子、刺绣等劳动获得的费用作为补充。

学校开办之初仅有小学。1931 年，学校购得现芳草地约 30 亩地，建有西瓦房 3 间和北瓦房 9 间。校名改为“私立崇贞女学校（小学部）”。到 1936 年，学校扩充为六年制“私立崇祯贞小学”和三年制“私立崇祯贞中学”，两者合在一起统称“崇贞学园”。在办学宗旨上，崇贞学园坚持“学而事人”精神，教育面向实际，让学生走上社会后能够自食其力。1945 年，学校改称“北平市立第四女子中学”。1949 年 9 月，改称“北京市第四女子中学”。1967 年改为“北京市朝阳中学”，实行男女合校。1989 年，由香港企业家陈经纶捐资扩建了学校并与东大桥中学合并。1991 年，该校更名为“北京市陈经纶中学”至今。

第七节　寺庙道观

一、九天普化宫

九天普化宫（简称九天宫）位于朝外大街227号，始建于明代万历年间，顺治四年（1647）敕建，与东岳庙相邻，主祀道教雷部诸神中的最高天神九天应元雷声普化天尊。九天普化宫在鼎盛时期，占地十八亩二分七厘，殿宇五十二间半。有《九天应元雷声普化天尊玉枢宝经》流传于世。

历史上庙内古树荫翳，环境优美。据史料载，山门匾书“敕建九天宫”，宫内有北海天王殿、雷祖殿等大小殿宇50多间，供奉真武、雷公、电母等神像72尊。其中木雕像11尊、铜质雷祖像1尊，其余均为泥塑像。雷祖像铸造精湛，神态逼真。正殿雷祖殿雕像为悬山塑，悬山正中为九天应元雷声普化天尊。悬山塑分上下两层，依墙而上，气势宏伟。殿内神像奇异，相传皆仿照唐代雕塑家杨惠之的雕塑法，堪称京城一绝。殿中供奉的真武像为明代铜铸，体量高大，法相庄严。

清代，东岳庙、九天普化宫和十八狱庙是朝阳门外三座香火最旺盛的道观。九天宫的香火仅次于东岳庙。每逢农历六月二十四日雷祖诞辰，朝廷都会派官员到此进行祭祀。民国时期，九天宫香火逐渐衰败，大部分房屋租给劳工、小贩。20世纪40年代，九天宫年久失修，残破不堪，许多无家可归的贫民滞留于此。1952年，九天宫被东郊区人民政府用作粮食仓库。1955年，东四区合作社为完成购铜任务，将重达5吨的铜像砸碎运往永定门仓库熔化。后经文物部门及时出面，铜像残片没有被熔，但残片从此散失。1958年，房产归属朝阳区民政局。同年7月，房产移交朝阳区房地产管理局，后被北京市交电公司用作仓库。1986年，九天普化宫被列为朝阳区级文物保护单位。2002年扩宽朝外大街，在朝阳区委、区政府的协调下，北京市交电公司腾退九天宫，北京市文物局拨款进行修缮。

2002年，修缮后的九天宫

九天普化宫现仅存正殿，面阔五间，七架梁，大式硬山筒瓦脊，七步台阶。朝阳区文化委员会恢复了殿前牌匾，制作了说明牌，将清顺治四年（1647）《敕建九天普化宫碑记》碑和清顺治五年（1648）《御制玉枢宝经》碑两通石碑重立于殿前东西两侧。

二、天仙护国佑圣延寿宫

天仙护国佑圣延寿宫，位于朝阳门外朝外大街北侧290号，原名天仙真武庙。明朝天启年间由当时担任乾清宫管事、御马监太监、司礼监秉笔太监等职的魏学颜策划扩建，经明熹宗朱由校批准，将原“天仙真武庙”改为“敕建天仙护国佑圣延寿宫”，后世简称天仙宫或延寿宫，主祀天仙娘娘和真武大帝。

明代天仙宫由全真道华山派住持管理，规模较大，庙产丰厚，道士众多。有钟鼓楼、真庆门、前后正殿、默然堂、藏经殿、厨库等建筑。其时有三进院落。第一进院落正门为“真庆门”，院内东西分别为钟楼、鼓楼。正殿供奉催生娘娘、送子娘娘、眼光娘娘三尊木雕神像。东、西配殿各供两尊木雕女神像。第二进院落，正殿供奉真武大帝，东、西配殿分别供奉灵官和财神。第三进院落，主殿为二层楼殿座，传说供奉的是真武大帝父母，院内东西配殿分别为藏经殿和默然殿。

清至民国时期，天仙宫成为北京东岳庙的下院，天仙宫的住持和道士均来自东岳庙。天仙宫的殿房除少量自用外，其余全部出租，其出租房屋的收入用于补助东岳庙各项需用。根据1936年档案记载，天仙宫占地面积三亩三分，殿房共55间。庙内有娘娘、真武、圣父、圣母、配像等神像共43尊，除一位木质外，其余均系泥质。根据《北京寺庙历史资料》中1939年寺庙登记资料记载，天仙宫东郊二分署朝阳门外大街路北290号，建于明天启年间，募建，面积3.24亩，房55间，神像42尊，铁钟、铁鼎、瓷花瓶各一，铁五供2份，木五供3份，铁磬5个，树8棵。

根据北平市《1947年第二次寺庙总登记表》记载，当时，天仙宫位于朝外大街290号，东岳庙住持张吉荫兼任住持，占地三亩二分四，殿房55间，泥胎神像42尊，石碑2座，殿房外余房租赁补助东岳庙需用。

20世纪80年代，天仙宫成为民居，建筑仅存大门、前后大殿、东西配殿及两座石碑。20世纪80年代末，在扩建朝外大街时，天仙宫建筑被拆除，原有明代石匾、石碑等移存他处。其中，明代天启癸亥年（1623）所立的《增修敕赐天仙护国佑圣延寿宫碑记》《增修延寿宫记》两通石碑于2003年迁至元大都城垣遗址公园内存放。“敕建天仙护国佑圣延寿宫”石匾现存放于北顶娘娘庙。

三、慈尊寺

慈尊寺，俗称十八狱庙，位于北京市朝阳区朝阳门外大街南侧130号、芳草地西街北口东侧，是朝外大街三座道教庙宇中最晚修建的一座，现已无存。寺庙共两进院落，供有地藏王、阎罗王和十八层地狱。殿座内描述了神话里地狱的各种场景，各狱设有鬼卒，形神狰狞；各殿设置特别制造的“刑法”机关，目的在于警醒世人，弃恶从善。

十八狱庙斜对面西北方为九天普化宫，与十八狱庙（慈尊寺）正好形成天堂与地狱的对比。历史上两庙均有庙会，与东岳庙庙会相呼应。《北京寺庙历史资料》中1928年寺庙登记资料载，“十八狱”庙为“慈尊十八狱”庙，位于东郊二分署朝阳门外大街路南130号，建于清雍正年间，属私建，即香客信众筹资而建。十八庙面积四亩四分余，殿房79间半，附属土地（香火田）二亩九分余，灰瓦土房共38间。庙内法物有观世音菩萨等像86尊，配像等312尊，均泥胎，大小铁香炉共69个，铁鼎炉3个，铁香池1个，大小铁磬9口，铜海灯6盏，铁蜡扦10对，小铁钟1口，砖燎炉2座。

1935年出版的《北平旅行指南》记载：“九天宫对面有庙曰十八狱，内有阎罗殿，神像威严可畏，十八狱塑像亦均惊惨动人。此外尚有孟婆舍汤、目连救母、转轮城等塑像。悉已毁坏，不能成形，良可惜也。”“南侧正殿上悬挂‘森罗宝殿’的匾额，殿内放有阎罗王塑像，东西两侧廊房是刀山、油锅、剑林、火焙、拔舌、锯解等惨刑的塑像，都是劝善惩恶之意，一眼望去，惨不忍睹。”

根据《北京寺庙历史资料》中1936年寺庙登记资料记载，十八狱庙不动产土地八亩七分六厘，房屋116间半。庙内有神像398尊，礼器95件，法器12件，供桌3张，另有石碑19座，松槐树8棵，砖燎炉2座，水井1口。1947年寺庙登记资料只载庙中主持为张吉泉。1950年6月14日，位于朝阳门外大街的辅华合记矿药厂发生爆炸，慈尊寺也在此次爆炸中受到严重损毁。1955年，该寺被拆除，改建为朝阳区工人俱乐部。改革开放以后，工人俱乐部迁往朝阳区十里堡，此处成为“百脑汇”商场，后改为商业大厦。

四、海会寺

海会寺，也称海会禅林，位于朝阳门外大街以南神路街中部南营房东门4号（今为朝阳区人民政府所在地），是一座汉传佛教寺院，现已无存。该寺坐北朝南，正门开在南营房中横街，东侧门开在神路街。《北京寺庙历史资料》记载，海会寺创建于明朝永乐年间，清朝乾隆年间重修，占地16亩，房屋77间，另外还有塔院坟地1亩，海会寺内有佛像16尊，铜钟、铁钟、铜磬、木鱼各1个，铁磬2个，宝鼎3件，日晷1座，石碑1座。清末四大疑案之一的杨乃武与小白菜案中葛品连的尸棺运至北京，在朝阳门外海会寺开棺验尸，使三年多的冤案真相大白。1946年时，该寺东配殿内设有一所学堂，不久该学堂关闭。1947年寺庙登记资料载，该寺的住持是福修大师。中华人民共和国成立后，北京市第十区人民政府设在此处，后改为朝阳区人民政府所在地，原有建筑全部拆除。

五、吉香庵

吉香庵（西德尼·戴维·甘博摄于 1927 年）

吉香庵，俗称皇姑庵，位于朝阳门外日坛公园内东部围墙位置，过去称为南菜园子。始建年代不详，清光绪二十三年（1897）重建。《北京寺庙历史资料》中 1928 年寺庙登记资料载，吉香庵位于东郊二分署皇姑庵二号，清光绪二十三年重修。院落坐北朝南，为两进院落，面积 1.399 亩，瓦房 6 间，灰房 2 间，有山门殿，正殿泥像 3 尊，东西配殿泥像 9 位，庵内有尼姑居住直至解放。院后有塔，20 世纪 40 年代末还耸立有 3 座宝塔，全为实心灰砖砌成，眼光门朝南呈三角形排列。中间塔的塔基和塔身呈方形，3 米见方，塔身上方有 13 层方形出檐，出檐往上逐渐缩小，塔顶有圆形塔刹；两侧塔为覆钵式藏塔，塔基约有 2.5 米见方，塔身为圆形白塔。相传中间的方塔为清朝孝庄文皇后的侍女苏麻喇姑的衣冠冢，因此吉香庵也被称为皇姑庵。1951 年修建日坛公园时，庙塔全部被拆除，皇姑庵无存。

六、黄庙

黄庙（摄于 20 世纪 90 年代）

黄庙，又叫三宝寺，朝阳区级文物保护单位，位于朝阳门外大街南侧的喇嘛寺胡同内（今朝外四条），为喇嘛教寺庙，始建于清代，现已无存。

1980 年前后，朝阳区文物普查时，黄庙仍有迹可循。据记载，寺庙坐北朝南，为三进院落。前院山门 3 间，东西配房各 2 间，正殿 3 间，主殿是天王殿；二进院大殿 3 间，主殿是大宝殿，设东西配殿，均为大式硬山筒瓦顶；三进院主殿供奉威德金刚，原有藏经楼 5 间，后改为新式平房。一进院、二进院、三进院设东西配殿。庙内有喇嘛居住。中华人民共和国成立前寺庙保存完好。中华人民共和国成立后被南中街二小分校占用。20 世纪 70 年代喇嘛寺胡同改名为朝外四条。20 世纪 90 年代，寺庙建筑被彻底拆除。

七、净住寺

净住寺位于朝阳门外净住寺胡同 5 号，为喇嘛教寺庙，现已无存。该庙始建于清顺治二年（1645），康熙六十年（1721）赐名净住寺。乾隆三十二年（1767）对此庙进行修缮。《北京市志稿（八）》中记载："净住寺在朝阳门东郭迤南。清顺治二年因明故刹别加缮葺而创构。康熙六十年外藩蒙古王、公、台吉等范无量寿佛像供奉后殿，恭祝圣母鸿厘，特赐御书寺额。日久颓圮。乾隆时，章嘉国师重牒里藩院以闻，命出内帑金斥而新之。自乾隆丁亥一月即工，其年十有一月毕工。寺有碑一，为乾隆三十二年岁在丁亥仲冬月御笔。寺宇各处现多圮坏，额定喇嘛二十五人。"寺庙坐东朝西，有喇嘛居住。民国时期庙宇已破败不堪，变为民宅。后废弃拆除，庙宇和石碑均无存。

八、三佛寺

三佛寺位于朝阳门外观音寺胡同南口，净住寺之南面，现已无存。该寺始建于清代，具体年代不详。庙宇坐东朝西，寺内有喇嘛。《北京市志稿（八）》中记载："三佛寺朝阳门外观音寺胡同南口路东之东森里。寺旧共四进。年久失修，多已颓废。三进圮为平地，二进仅余殿柱，惟山门及四进尚存。寺内喇嘛额定十二名。"民国时期庙宇破败废弃，改为茶馆。20 世纪 90 年代庙宇建筑彻底被拆除。

九、三圣祠

朝外地区有三座三圣祠，一座位于朝阳门外吉市口胡同 50 号，建于清咸丰年间；一座位于朝阳门外吉市口内路东 25 号，建于清同治三年（1864）；一座位于朝阳门外草场 27 号，建于清光绪元年（1875）。民国时期，三座庙宇破败废弃，现已无存。

十、地藏庵

地藏庵位于朝阳门外景升街四眼井下坡 3 号（今雅宝城附近），与瑞应寺相邻，坐南朝北，有山门殿 3 间，正殿 3 间，东西配殿各 3 间，全部都是硬山顶。《北京寺庙历史资料》中 1928 年寺庙登记资料载，地藏庵位于东郊区一分署四眼井下坡三号，建于明万历年，清光绪年合村公修，属公建。本庙面积一亩余，庙房 18 间，庙后灰房 8 间，共 26 间。管理及使用状况为合村公管，现住增顺粉房。庙内法物有地藏菩萨 1 尊，坐像、站像 12 尊，十殿阎君鉴察司 3 位，广生司 3 位，铁磬 1 口，供桌 1 张，铁钟 1 口，铁炉 1 个，另有槐树 1 棵。民国时期寺院已败落，改为民居。20 世纪 80 年代危房改造时拆除。

十一、水月庵

水月庵，又名万禄寺，位于朝外吉市口二条（今朝阳门外吉祥里小区）。该庙始建于明朝天启六年（1626），属私庙。《北京寺庙历史资料》中 1928 年寺庙登记资料载，水月庵位于东郊一分署二条胡同 33 号，建于明天启六年，面积约四亩，瓦房 42 间半，灰房 5 间。庙内法物有佛像 32 尊，铁炉 1 个，钟鼓鱼磬各一，残石碣、残经数部。1936 年寺庙登记资料记载，房屋 47 间半，庙内法物有神佛像 36 尊，铜五供 10 件，琉璃五供 5 件，木质五供 10 件，大铁炉 1 个，铁钟 1 口，鼓 1 个，木鱼 1 个，铁磬 3 口，铁刀 1 把，锡香炉烛扦 3 件，瓷香炉 6 个，石碣 1 通，铁炉 1 个，弓箭 1 把。1947 年寺庙登记资料记载，当时寺庙住持是朗堃。1949 年后，水月庵成为居民大杂院，建筑形制被破坏。据 1996 年朝阳区文物管理所印制的《朝阳区文物概况材料》记载，该庙为四合院式格局，原存关公殿 3 间及东西配殿各 3 间，后为朝阳区第二教师进修学校使用。1992 年建筑被拆毁。

十二、弥陀寺

弥陀寺（僧庙）位于吉市口七条胡同 23 号，始建于明代，现已无存。据《北京寺庙历史资料》中 1928 年寺庙登记资料记载，不动产土地南北七丈五尺，东西七丈五尺，庙后空地南北八丈二尺，东西七丈七尺，合二亩四分六，房屋共 10 间。庙内法物有铜磁佛像 16 尊，泥塑像 33 尊，铜海灯 1 个，铁香炉 2 个，铁磬 2 口，铁钟 1 口，泥木蜡扦五供 1 堂，木鱼 1 个，只有石碑 1 座。

十三、天仙庵

天仙庵位于朝阳门外吉市口五条 9 号，始建于明嘉靖三十五年（1556），现已无存。据《北京寺庙历史资料》中 1936 年寺庙登记资料记载，天仙庵坐落朝阳门外五条胡同 9 号，建于明嘉靖三十五年，私庙，神像 24 尊，铁钟 1 个，铁五供 1 堂，木五供 4 件，铁磬 2 口，树 3 棵。20 世纪 80 年代末此庙被拆除，改建为吉庆里小区。

十四、观音寺

观音寺，位于朝外吉市口七条 13 号，始建于明代，现已无存。据《北京寺庙历史资料》记载，观音寺（官庙）位于东郊吉市口七条 13 号，建于明嘉靖二十七年（1548）五月，属公建。不动产土地二十六间半。为冬季粥厂占用。庙内法物有佛偶像 22 位，神偶像 4 尊，礼器 5 件，法器 2 件，供桌 1 张，另有石碑 3 座，槐树 2 棵。根据 1996 年朝阳区文物管理所印制的《朝阳区文物概况材料》记载，该寺曾存破旧大殿 6 间，西耳房 2 间，后为朝外大街房管所使用。山门面宽 2.8 米、厚 1.5 米，正殿面宽 14 米、高 8 米、进深 6 米，东西殿面宽 11 米，1984 年 3 月观音寺被公布为北京市朝阳区文物暂保单位。中华人民共和国成立前，观音寺曾归大兴县管理，历年作为施放贫民粥厂使用，口碑甚佳。1995 年，吉市口危房改造时此寺被拆。大殿的柁木檩件和明清砖瓦现保存于北京市文物局。

十五、地母庙

地母庙，位于杨家胡同 15 号。据《北京寺庙历史资料》记载，地母庙（道庙）位于东郊菱角坑 15 号，建于 1922 年，属私建。不动产土地 1 亩，房屋 7 间。管理及使用状况为供神外自用。庙内法物有神像 50 位，礼器 61 件，法器 1 件，画像 7 张，供桌 1 张，另有榆树、柳树 3 棵。据北平市《1947 年第二次寺庙总登记》载，该庙住持为王诚茗。1986 年，地母庙被公布为北京市朝阳区登记文物保护单位。2004 年底，因朝外大街拆迁，地母庙被全部拆除。

十六、南中街清真寺

南中街清真寺，俗称上坡大礼拜寺、上坡礼拜寺或大礼拜寺，位于朝阳门外南中街北端。

该寺始建于清乾隆年间。寺庙建筑仿照敕建庙宇样式，筒瓦起脊，琉璃五脊六兽。山门三座，外院南北群房各三间，二门垂花门一座，进门南北抄手游廊，南北讲堂各三间，前廊后厦。迤南通游廊，各有耳房一间，迤西又有房各两房，另有游廊数间，通大殿。正西大殿，面开五间，勾连搭又各五间。殿内陈设一律制以南黄松柏木料。殿前丹墀，四角各置石质灯架一具。院内翠柏苍苍，矗立云际。北讲堂有后虎门一座，通北院，建有尺余高之甬路，直通北上房。阿訇掌教退休之所，屋共七楹，亦带廊厦，东西各有游廊三间。殿西北隅设水房浴室。周围尚有群房数十间。大殿有“天堂咫尺”长匾一具，为道光七年（1827）大臣松筠所书。两边刻有木质对联，为回部郡王哈迪尔所书。后壁有数丈长经文，为沧州金四阿訇所书。北讲堂悬有光绪二十五年（1899）“善心坚固”四字之匾。

清末，在此曾设有粥厂及清真小学一所。平津战役期间，上坡礼拜寺的礼拜大殿及附属用房全部被拆。1949 年后，于广增阿訇主持，在南中街礼拜寺院内建教室、修操场，创办成立了回民穆慎小学，于广增阿訇担任校长。1956 年穆慎小学更名为北京市朝阳区南中街第二小学。改革开放后，南中街清真寺成为朝阳区伊斯兰教协会的办公场所，直至 2003 年危房改造被拆迁。

十七、水门关清真女寺

水门关清真女寺，位于朝阳门外水门关胡同路北。该寺始建于清末民国初，现已无存。寺院为四合院式建筑，有一间能容纳几十人礼拜的大殿和南北两座讲堂。礼拜大殿坐西朝东，磨砖对缝结构建筑，三开间二脊三间，跨度较大。1958 年水门关清真女寺停止宗教活动，60 年代初改为回民托儿所，1993 年为建设外交部大楼，砖、瓦、木料被杨闸清真寺拆下运走实施再利用。清真寺建筑现已无存。

十八、杜家楼清真寺

杜家楼清真寺遗址位于朝阳门外日坛公园西侧，雅宝路一号院内 4–5 号楼附近，其所在位置民国时期称为杜家楼。杜家楼一带回族居民较多，为满足其宗教信仰需求，此地曾设有清真礼拜寺一座，称杜家楼清真寺。北平解放前夕，此寺被拆除，现已无存。

十九、赦孤堂清真寺

赦孤堂清真寺位于赦孤堂胡同北端路西，距朝外大街 200 米，现已无存。因专为贫苦人民设骨灰坛、收养孤儿，故名赦孤堂。民国时期，改建为清真寺。历史上该寺为一进四合院，有一座能容纳三四十人礼拜的大殿和南北两座讲堂，礼拜大殿坐西朝东，殿门上方有“都阿宜”经文，大殿可容纳三四十人礼拜。20 世纪 40—50 年代的阿訇姓张。1958 年赦孤堂清真寺关闭。

朝外地区有历史记载的寺庙道观情况表

表 2–2

序号	名称	地址（今址）	始建年代
1	广济庵（广济禅林）	朝外大街 162 号	明成化年间
2	关帝庙	朝外大街 31 号	明成化年间
3	三圣祠	草场 27 号	清光绪元年
4	真武庙	朝外大街 65 号	明万历十八年
5	北海会寺	朝外大街 101 号	明万历十七年
6	弥勒院	朝外大街 122 号	明万历十七年
7	慈尊寺（十八狱庙）	朝外大街 130 号	清雍正年间
8	头道行宫	朝外大街 167 号	明成化年间
9	九天普化宫	朝外大街 227 号	明万历年间
10	东岳庙	朝外大街 242 号	元延祐六年
11	普济寺（普济禅林）	朝外大街 285 号	不详
12	天仙护国佑圣延寿宫	朝外大街 290 号	明天启年间
13	三圣祠	吉市口胡同 50 号	清咸丰年间

续表 2-2

序号	名称	地址（今址）	始建年代
14	静意庵	皇姑庵 6 号	不详
15	水月庵	吉市口二条	明天启六年
16	天仙庵	吉市口五条 9 号	明嘉靖三十五年
17	关帝庙	吉市口六条 19 号	明代
18	观音寺	吉市口七条 13 号	明嘉靖二十七年
19	弥陀寺	吉市口七条 23 号	明代
20	延寿院	元老下三条 28 号	不详
21	般若寺	下四条胡同 45 号	明代
22	土地祠	太平巷 1 号	清同治年间
23	地母庙	杨家胡同 15 号	民国
24	七圣祠	北大院路北 1 号	清同治十年
25	三宝寺（黄庙）	喇嘛寺胡同（朝外四条）	清代
26	净住寺	净住寺胡同 5 号	清顺治二年
27	化成寺	净住寺胡同	清代
28	三佛寺	观音寺胡同南口	清代
29	地藏庵	四眼井下坡 3 号	明万历年间
30	瑞应寺	四眼井下坡 2 号	明万历年间
31	海会寺（海会禅林）	南营房东门 4 号（日坛北街 33 号）	明永乐年间
32	关帝庙	南营房 6 甲 16 号（西道 1 号）	清乾隆年间
33	西方庵	神路街后街 13 号	清光绪年间
34	吉香庵（皇姑庵）	皇姑庵 2 号（日坛公园内东部围墙）	不详
35	水门关清真女寺	水门关胡同路北	清末民国初
36	南中街清真寺（大礼拜寺）	南中街北端	清乾隆年间
37	南下坡清真寺（小礼拜寺）	朝外二条 129 号	清康熙初年
38	敕孤堂清真寺	敕孤堂胡同北端路西	清末民国初
39	杜家楼清真寺	杜家楼（雅宝路 1 号院内 4–5 号楼附近）	民国

北平市1947年第二次寺庙总登记中记载的朝外地区庙宇情况表

表2-3

序号	名称	位置	住持或管理人	存否
1	头道行宫	朝外大街167号	德声	否
2	广济庵	朝外大街162号	德声	否
3	十八狱庙	朝外大街130号	张吉泉	否
4	天仙宫	朝外大街290号	张吉荫	否
5	东岳庙	朝外大街242号	张吉荫	存
6	真武庙	朝外大街65号	荣章	否
7	普济寺	朝外大街285号	昌和	否
8	水月庵	朝外吉市口二条胡同33号	朗堃	否
9	九天宫	朝外大街227号	白贤珍	存
10	地母庙	朝外菱角坑杨家胡同15号	王诚茗	否
11	灵瑞寺	朝外北营房东街3号	宽池	否
12	关帝庙	吉市口六条19号	续荣	否
13	天仙庵	吉市口五条胡同9号	阔林	否
14	观音寺	吉市口七条13号	大兴县公产保管委员会	否
15	海会禅林	南营房东门4号	福修	否
16	静意庵	皇姑庵6号	同宝	否

第三章

街道建置

JIEDAO JIANZHI

朝外街道是北京市政府城市管理体系中最基层的工作单元之一。随着历史变迁和工作需要，其行政隶属关系、地域区划、管理体制，也在不断发生变化。

第一节　隶属关系

朝外街道辖域起源于京城朝阳门关厢地带。远在秦、汉、隋、唐时，先隶属广阳郡，后归属幽州蓟县；辽代属析津府，金、元、明、清代，以及民国初期，为大兴县所治。

1925年起，由北平东郊区管辖。1947年以朝外大街为界，路北侧属北平第十三区，路南侧属第十四区管辖。

1949年朝外大街南、北侧同属北京市第十三、十四区合并后的第十三区管辖；1950年改属更名后的第十区；1952年改属恢复原名后的东郊区管辖。

1955年朝外街道辖域曾划入东单区（东城区）；1958年又划归东郊区，同年，东郊区更名为朝阳区。此后朝外街道辖域一直属朝阳区管辖。

第二节　行政区划

一、街区划分

1949年，朝外辖域划分为关厢街、市场街、神路街3个区属街区。关厢街区域范围：南起关厢街，北至菱角坑，西起城墙根，东至东大桥。市场街区域范围：北起关厢街，南至兴隆街，西起城墙根，东至南营房。神路街区域范围：北起关厢街，南至兴隆街，西起南营房四甲，东至皇姑庵旱河（1951年，神路街农村部分曾划归关东店行政村）。

1959年6月，朝阳门关厢街、神路街、市场街与东便门、幸福村2个街区合并为朝外大街街区。

1976年，又将东便门、幸福村2个街区由朝外街区划出，另建为建国门外街道和三里屯街道。

二、居民区划分

1954年，朝外街道按居委会管辖范围划分为22个居民区：神路街、神路街四小巷、南营房一二甲、南营房三四五甲、南营房六七八甲、南中街、秀水河、南下坡、朝外二条北、景升街、大街西、吉市口、吉市口四小巷、吉市口二三条、吉市口三四条、吉市口六七八条、元老胡同、下三四五条、草厂、幸福巷、天福巷、芳草地。

1959年“五街”合并时，居民区增至33个；1963年最多，达到44个；1970年，合并为16个；1979—1997年，一直保持38个；1998年，增至41个；1999年，减少为36个；2000年，又整合为21个居民区：天福园、南营房、三丰里一、三丰里二、三丰南巷、三丰南巷西、市场街一、市场街二、东草园、西草园、东大桥路、芳草地西街、吉市口、吉祥里一、吉祥里二、雅宝里一、雅宝里二、雅宝路西、体东、吉庆里、工体西里。

三、社区划分

朝外街道在1996年以后，陆续建起6个地区管委会，在试行区域化管理的框架基础上，2001年后，正式将辖区划分为7个社区。

天福园社区　2001年建立，位于辖区中南部，北起朝外大街，南至光华路，东起东大桥路，西至市场街、日坛路，面积0.54平方公里。杜长城、何宝元、海明恩、冯俊华、张金妹、汪学银先后任主任。

雅宝里社区　2001年建立，位于辖区西南部，北起雅宝北路，南至光华路，东起日坛路，西至东二环路，面积0.29平方公里。宫静波、鲍永强、杜长城、杨晋秀、林献英先后任主任。

三丰里社区　2001年建立，位于辖区中西部，北起朝外大街，南至雅宝北路，东起市场街，西至东二环路，面积0.33平方公里。赵玉旺、海明恩、崔立党、袁国政、张从源先后任主任。

芳草地社区　2001年建立，位于辖区东南部，北起朝外大街，南至光华路，东起东大桥路，西至芳草地西街、日坛东路，面积0.39平方公里。刘英、夏玉珍、何宝元、闫素芹、李玉生、马伟先后任主任。

吉祥里社区　2001年建立，位于辖区西北部，北起朝外北街、工体南路（东西走向段），南至朝外大街，东起工体南路（南北走向段），西至东二环路，面积0.32平方公里。李秋英、吕贺芬、杜长城、袁国政、李锁群先后任主任。

体东社区　2001年建立，位于辖区东北部，北起工体南路（东西走向段），南至朝外大街，东起工体东路，西至工体南路（南北走向段），面积0.15平方公里。肖凤斌、李社社、刘正、高玉花、陈智、迟黎明、张蓓先后任主任。

吉庆里社区　2003年建立，位于辖区西北部，北起吉市口八条，南至朝外北街，东起工体西路，西至东二环路，面积0.18平方公里。金双荣、张金妹、海明恩、杨晋秀、徐爱民、杨婧先后任主任。

第三节　管理体制

一、废除保甲制

民国时期，北平基层管理实行保甲制度，10户为1甲，10甲为1保。朝外辖区曾设5个保。朝外大街北侧至菱角坑、下三条设3个保：吉市口胡同西侧至北河沿为1个保、吉市口胡同东侧至元老胡同为1个保，元老胡同东侧至东大桥为1个保；朝外大街南侧至兴隆街设2个保：神路街西侧至南河沿为1个保，神路街东侧至皇姑庵为1个保。每个保设保长、副保长，下管若干个闾。1949年北平刚解放，朝外辖区实行军事管制，一举废除旧时保甲制。

二、建立街人民政府

1949年2月，中共十三、十四区工委各派出建政工作组，开始了筹建街道人民政权工作。朝外地区每闾出代表，通过民主选举，在朝外人口稠密区域分别成立了3个街人民政府，行使基层人民政权职能。一是朝阳门关厢街（后改称朝阳街）人民政府，田德龙、殷耀庭、邵英杰先后任街长，街政府办公地址设在朝外大街290号天仙宫；二是市场街人民政府，王文贤、陈宏涛先后任街长，办公地址在穿堂庙；三是神路街人民政府，李清莲、张继五、庞春和先后任街长，办公地址在南营房二甲。后称为“三街”政府。

1951年8月，朝阳街、市场街、神路街3个街政府合并，重新组建为朝阳门关厢街人民政府，陈宏涛任主任，办公地址在朝外大街290号天仙宫。

三、改建街道办事处

1954年，根据全国人民代表大会常务委员会第四次会议通过的《城市街道办事处组织条例》和中华人民共和国内务部关于建立街道办事处通知要求，5月，北京市东郊区人民政府将朝阳门关厢街人民政府改建为朝阳门关厢街街道办事处；同年11月，成立神路街街道办事处；1955年2月，成立市场街街道办事处。后称为“三小”办事处。从此，朝外街道一直延续街道办事处行使区政府授予的职权，管理本辖区事务至今。

1988年3月，朝外街道举行首届居民代表大会

四、实行居民自治

1954年，根据中华人民共和国内务部关于建立居委会通知要求，朝外

街道在各居民区陆续建立起居（家）委会。从此，朝外街道一直延续居委会在街道办事处的指导下，对居民区、家属区、社区事务实行自我管理的居民自治制度至今。

第四节　街道办事处

朝外街道办事处是行使北京市朝阳区人民政府授予的职权，管理本辖区社会性、群众性、公益性事务的派出机构。朝外街道办事处建立以来，在区委、区政府和街道党（工）委的领导下，始终坚持执政为民，坚持依法行政，认真履行城市管理、服务群众职能，顺利完成不同历史时期各项工作任务，将旧陋的朝阳门关厢地区，逐步建设成为城市建设日新月异、公共管理井然有序、社区服务日趋完善、文化生活丰富多彩、人民群众安居乐业、区域经济持续发展、社会风气文明和谐的现代化、国际化都市街区。

一、机构沿革

1954 年 5 月，作为北京市东郊区首批试点，朝阳门关厢街人民政府改建为朝阳门关厢街街道办事处，办公地址在朝外大街 290 号。同年 11 月，神路街街道办事处成立，办公地址在硝场大院。1955 年 2 月，市场街街道办事处成立，办公地址在市场街观音寺。1959 年 6 月，朝阳门关厢街、神路街、市场街、东便门、幸福村 5 个街道办事处合并为朝外大街街道办事处，办公地址在朝外大街 290 号。

1959 年底，朝外大街成立人民公社，主管街道企业和服务业。1960 年，街道实行“政社合一”，办事处职能并入公社，统称朝外大街街道人民公社，办公地址未变。1966 年 5 月，恢复朝外大街街道办事处。

1969 年 8 月，朝外大街街道革命委员会成立，取代了街道办事处，办公地址迁到朝外二条 46 号。

1979 年 9 月，朝外大街街道革命委员会撤销，恢复朝外大街街道办事处，办公地址未变。

1990 年 10 月，朝外大街街道办事处正式更名为北京市朝阳区人民政府朝外街道办事处至今。办公地址 1999 年 8 月迁至雅宝里 15 号楼，2011 年 4 月又迁到现址——芳草地北巷 5 号。

朝外（大街）街道办事处（人民公社、革委会）主任一览表

表 3-1

职务	姓名	任职时间
朝阳门关厢街街道办事处主任	陈宏涛	1954 年 5 月—1955 年 7 月

续表 3-1

职务	姓名	任职时间
神路街街道办事处主任	庞春和	1954 年 11 月—1955 年 7 月
市场街街道办事处主任	常淑琴（女）	1955 年 2 月—1955 年 7 月
朝阳门关厢街街道办事处主任	陈宏涛	1958 年 5 月—1959 年 6 月
神路街街道办事处主任	亢宝龄	1958 年 5 月—1959 年 6 月
市场街街道办事处主任	李惠敏（女）	1958 年 5 月—1959 年 6 月
朝外大街街道办事处主任	田子济	1959 年 6 月—1960 年 4 月
朝外大街人民公社主任	王海会	1959 年 12 月—1964 年 7 月
	李建生（女）	1964 年 7 月—1964 年 12 月
	赵玺亭	1964 年 12 月—1966 年 5 月
朝外大街街道办事处主任	王海会	1966 年 5 月—1969 年 8 月
朝外大街街道革委会主任	吴双新	1969 年 8 月—1970 年 4 月
	赵清榜	1973 年 1 月—1979 年 9 月
朝外大街街道办事处主任	张庆森	1979 年 9 月—1986 年 2 月
	梁名抗	1986 年 12 月—1988 年 1 月
	孙玉振	1988 年 1 月—1989 年 11 月
	李大林	1989 年 11 月—1990 年 9 月
朝外街道办事处主任	高廉生	1990 年 11 月—1995 年 8 月
	田锦和	1995 年 12 月—1999 年 11 月
	郭德宏	2000 年 1 月—2002 年 3 月
	王少峰	2002 年 3 月—2003 年 1 月
	郑金路	2003 年 4 月—2006 年 7 月
	吕岚（女）	2006 年 7 月—2009 年 4 月
	田志刚	2009 年 4 月—2011 年 7 月
	聂宏伟	2011 年 7 月—2014 年 2 月
	孟凡森	2015 年 4 月—2015 年 12 月

朝外（大街）街道办事处（人民公社、革委会）副主任一览表

表 3-2

职务	姓名	任职时间
朝外大街街道办事处副主任	陈宏涛	1959 年 6 月—1960 年 4 月
	库焕然	1959 年 6 月—1960 年 4 月
朝外大街人民公社副主任	库焕然	1960 年 4 月—1961 年 7 月
	李玉华（女）	1961 年 7 月—1966 年 5 月
	陈宏涛	1960 年 4 月—1966 年 5 月

续表 3-2

职务	姓名	任职时间
朝外大街人民公社副主任	殷耀庭	1964 年 1 月—1966 年 5 月
	赵瑞英（女）	1964 年 5 月—1966 年 5 月
	王菊荫（女）	1966 年 1 月—1966 年 5 月
朝外大街街道办事处副主任	殷耀庭	1966 年 5 月—1968 年 8 月
	赵瑞英（女）	1966 年 5 月—1969 年 8 月
	李玉华（女）	1966 年 5 月—1969 年 8 月
	赵玺亭	1966 年 5 月—1968 年 8 月
	陈宏涛	1966 年 5 月—1969 年 8 月
朝外大街街道革委会副主任	李玉华（女）	1969 年 8 月—1975 年 12 月
	陈宏涛	1969 年 8 月—1979 年 9 月
	赵清榜	1969 年 8 月—1973 年 1 月
	何景华	1969 年 10 月—1970 年 4 月
	刘统祥	1969 年 10 月—1975 年 12 月
	林安莉（女）	1970 年 9 月—1978 年 7 月
	苑　林（女）	1972 年 7 月—1979 年 9 月
	孙春元	1973 年 1 月—1978 年 11 月
	刘少卜	1974 年 4 月—1979 年 9 月
	常　青（女）	1975 年 5 月—1979 年 9 月
	何　刚	1975 年 5 月—1979 年 9 月
	岳朝宏	1975 年 5 月—1979 年 9 月
	白玉和	1978 年 5 月—1979 年 9 月
	张庆森	1979 年 1 月—1979 年 9 月
	张　镇	1978 年—1979 年 9 月
朝外大街街道办事处副主任	陈宏涛	1979 年 9 月—1983 年 4 月
	刘少卜	1979 年 9 月—1981 年 6 月
	苑　林（女）	1979 年 9 月—1981 年 5 月
	常　青（女）	1979 年 9 月—1980 年 5 月
	何　刚	1979 年 9 月—1980 年 5 月
	岳朝宏	1979 年 9 月—1980 年 3 月
	白玉和	1979 年 9 月—1984 年 3 月
	张　镇	1979 年 9 月—1984 年 4 月
	邢振华	1980 年 12 月—1984 年 2 月
	王崇喜	1980 年 12 月—1984 年 3 月
	孟振林	1982 年 11 月—1984 年 4 月
	梁名抗	1984 年 3 月—1986 年 12 月

续表 3-2

职务	姓名	任职时间
朝外大街街道办事处副主任	马淑珍（女）	1984 年 3 月—1997 年 10 月
	刘元理	1986 年 3 月—1986 年 12 月
	刘　勤（女）	1986 年 3 月—1990 年 9 月
	王崇喜	1986 年 7 月—1987 年 10 月
	鞠正义	1987 年 11 月—1988 年 4 月
	尹荫槐	1988 年 5 月—1993 年 3 月
	刘茂林	1989 年 4 月—1990 年 9 月
	尹秀峰	1989 年 12 月—1990 年 9 月
朝外街道办事处副主任	刘茂林	1990 年 10 月—2000 年 7 月
	尹秀峰	1990 年 10 月—1995 年 12 月
	鞠正义	1993 年 3 月—1999 年 11 月
	马昆仑	1994 年 8 月—1998 年 1 月
	赵利军	1994 年 8 月—2002 年 8 月
	尹惠平（女）	1994 年 12 月—2000 年 6 月
	苏玉成	1997 年 10 月—2006 年 7 月
	韩　潮（女）	2001 年 1 月—2008 年 5 月
	郑金路	2002 年 8 月—2003 年 4 月
	魏红专	2003 年 6 月—2005 年 9 月
	郭红兵	2003 年 7 月—2011 年 7 月
	王小红（女）	2005 年 9 月—2008 年 5 月
	金福强	2006 年 7 月—2009 年 11 月
	王长林	2007 年 12 月—2014 年 2 月
	寇立宣（女）	2008 年 5 月—2011 年 7 月
	王　刚	2008 年 5 月—2011 年 7 月
	王　辉（女）	2009 年 11 月—2015 年 12 月
	李亚娟（女）	2011 年 5 月—2015 年 12 月
	芦　昕	2011 年 7 月—2012 年 12 月
	洪忠庆	2011 年 7 月—2013 年 8 月
	袁裕中	2012 年 12 月—2015 年 7 月
	付可宾	2014 年 2 月—2015 年 12 月
	孙　伟	2014 年 2 月—2015 年 12 月

二、内设部门

在 1954—1958 年“三小”办事处时期，各办事处仅设优抚、卫生、治保、妇女 4 个委员会；1959 年“五街”合并后，办事处设置行政办、人事组、居民组、生产部、幼教部、服务部、财务部；1963 年撤销人事组，增设劳动力管理所；1966 年行政办改为办事组，撤销幼教部、服务部、财务部；1967 年增设小教组，生产部改为生产组；1970 年增设人防科；1971 年劳动力管理所改为劳动力管理组；1973 年人防科改为人防办；1974 年增设知青办；1975 年增设校外办。

1979 年街道办事处内设行政工作部门调整为行政办、民政科、卫生城建科、知青科、人防办、校外办、生产组；1980 年撤销生产组，增设财务科、交安委、联社、劳动服务公司；1984 年增设计生办、文教科、居民部；1985 年撤销居民部；1986 年增设三产办；1987 年财务科改为财政科，增设司法办、综治办，撤销校外办；1988 年卫生城建科改为城建科，增设市容所、绿化办，工商所下放街道管理；1989 年知青科改为劳动科，三产办改为经济办，工商所回归工商局管理；1991 年增设市场办、法制办；1992 年司法办改为司法科；1994 年撤销法制办、人防办。

1995 年朝阳区机构改革，街道办事处内设行政工作部门调整为行政办、财政科、民政科、城建科、劳动科、文教科、司法科、绿化办、经济办、市场办、综治办、交安委、联社、劳动服务公司。1996 年市场办改为市场科，交安委改为交通办，增设综整办，联社、劳动服务公司合并为企业发展中心，成立吉祥里、芳草地 2 个地区管委会；1997 年增设大街指挥部，成立三丰里、雅宝里、体东 3 个地区管委会。

1999 年街道试行职能相近部门合署办公，机关内设行政工作部门调整为综合办、财政办、精神文明办、城管工作部、居民工作部、计生工作部、社会治安部、劳动统计部、城管队、绿化队、社区服务中心，成立天福园地区管委会；企业发展中心改为社区经济管理中心，移交区统一管理。2000 年除办公室仍为工委办、行政办合署办公外，其余均恢复为 1999 年前原科室。社区服务中心改为社区服务办，增设后勤办。

2002 年朝阳区再次机构改革，街道按照区“三定”方案，将内设行政工作部门调整为行政办、财政科、劳动科、文教科、城建科、司法所、计生办、社建办、综治办、城管队，撤销绿化办和 6 个地区管委会。2003 年行政办再次与工委办合并为党政办公室，增设大街办、社保所。

2007 年，朝外地区社会管理中心成立

2004 年增设总值班室、为民服务办。同年底，街道率先试行“大科制”机构改革，将内设行政工作部门整合为综合办、宣传教育部监督考核部、公共卫生部、财政统计部、城市管理部、社会保障部、社会治安部、社区工作部、总值班室；2007 年增设社会管理中心；2008 年总值班室改为指挥中心；2009 年增设安全监察科，社会保障部改为劳动科；2010 年财政统计部改为财政工作部，公共卫生部改为文教卫生部，社会治安部改为综治办，城市管理部改为城建科。

2015 年，街道办事处内设行政工作部门：党政办（行政办与工委办合署办公，统称党政办）、城建科、社建科、民政科、文教科、劳动科、综治办、信访办、计生办、司法所、统计所、社保所、城管队、人大工委办、朝外大街办、雅宝路指挥部、文化活动中心、社区服务中心、财政工作部。

朝外（大街）街道办事处（人民公社、革委会）部分行政部门负责人一览表

表 3-3

部门	职务	姓名	任职时间	备注
行政办	主任	孙宪章	1959 年	
		李少卿	1960—1965 年	
办事组	组长	朱宝祥	1966—1971 年	
		张树森	1972—1977 年	
		郑守中	1978 年	
行政办	主任	王进录	1965—1980 年	
		梁名抗	1982—1983 年	
		王进录	1984—1985 年	
		尹惠平	1986—1987 年	
		李德山	1988 年	
		邢文山	1989 年	
		王宝祥	1990 年	
		杨树利	1991—1997 年	
		皇甫秉君	1998 年	
		张瑞祥	2002 年	
		王丽媛	2003 年	
综合办	主任	武晋栋	1999—2001 年	
		张　群	2004—2009 年	
		吴志月	2010 年	

续表 3-3

部门	职务	姓名	任职时间	备注
综合办	主任	付可宾	2011—2012 年	
		张　辉	2013—2015 年	
后勤办公室	主任	杨树利	2000—2001 年	
财务科	科长	叶庆高	1980—1986 年	
财政科（办）	科长（主任）	叶庆高	1987—1989 年	
		姚德山	1990—1995 年	
		王秀兰	1996—2004 年	
财政统计部	部长	王秀兰	2005—2006 年	
		周　莹	2007—2009 年	
财政工作部	部长	周　莹	2010 年	
		宋宝军	2011—2015 年	
人事组	组长	郑中月	1959 年	
		孙金兰	1960—1962 年	
居民组	组长	张守文	1959—1978 年	
居民工作部	部长	王春清	1999 年	
社建办	主任	王　雁	2002—2003 年	
		周淑琴	2004 年	
社区工作部	部长	张丽娟	2005—2007 年	
		吴志月	2008—2009 年	
		王加春	2010—2012 年	
		付可宾	2013—2014 年	
		马海滨	2015 年	
民政科	科长	张守文	1979—1982 年	
		张文杰	1983—1984 年	
		李守义	1985—1987 年	
		穆瑞兰	1988—1991 年	
		张维芬	1992—1993 年	
		王振芳	1994—1996 年	
		王玉霞	1997 年	
		王春清	2000 年	
		郭红兵	2001 年	

续表 3-3

部门	职务	姓名	任职时间	备注
民政科	科长	周淑琴	2002 年	
		李俊毅	2003 年	
		张丽娟	2004 年	
劳力管理所（组）	所长（组长）	张　镇	1963—1966 年	
		高永清	1967—1969 年	
		张　镇	1970—1971 年	
		王崇喜	1972—1978 年	
知青办（科）	主任（科长）	姜国华	1974—1975 年	
		洪　飞	1976 年	
		孙永生	1977—1986 年	
		卢志英	1987—1988 年	
劳动科	科长	周正旺	1989 年	
		卢志英	1990—1995 年	
		王玉霞	1996 年	
		李　萍	1997—1998 年	
		宝月凤	2002 年	
		王小红	2003—2004 年	
		燕树新	2009—2015 年	
		任　政	2015 年	
劳动统计部	部长	李　萍	1999 年	
社会保障部	部长	王小红	2005 年	
		王丽媛	2006—2009 年	
社保所	所长	王小红	2003—2004 年	兼任
	副所长	石建勋	2005—2011 年	主持工作
	所长	史晓军	2012—2015 年	
幼教部	部长	李玉华	1959—1965 年	
小教组	组长	林安利	1967—1969 年	
		秦俊祥	1970—1974 年	
		王敬禹	1975 年	
		苏向东	1976—1977 年	
校外办	主任	邢文山	1979—1986 年	

续表 3-3

部门	职务	姓名	任职时间	备注
文教科	科长	张毅川	1984—1993 年	
		张维芬	1994—1995 年	
		刘　如	1996—1998 年	
		李俊毅	2003—2004 年	
		张　群	2011 年	
		王　蕾	2012—2015 年	
精神文明办	主任	刘　如	1999 年	
宣传教育部	部长	李俊毅	2005—2007 年	
		王加春	2008—2009 年	
文教卫生部	部长	张　炜	2010 年	
公共卫生部	部长	李　萍	2005—2009 年	
计生办（工作部）	主任（部长）	王德秀	1984—1987 年	
		张秀荣	1988—1989 年	
		王振芳	1990—1993 年	
		李淑珍	1994—1995 年	
		赵东红	1996—1998 年	
		张维芬	1999—2001 年	
		赵东红	2002—2004 年	
		吴　云	2010—2015 年	
综治办	主任	邢文山	1987—1991 年	
		陈凤霞	1992—1995 年	
		赵春媛	1996—1998 年	
		周淑琴	2000—2001 年	
		李　萍	2002 年	
		张　雷	2003—2004 年	
		付可宾	2010 年	
		张　炜	2011—2015 年	
社会治安部	部长	张瑞祥	1999 年	
	部长	张　雷	2005—2009 年	
法制办公室	主任	侯万松	1991—1993 年	

续表 3-3

部门	职务	姓名	任职时间	备注
司法科（办）	科长（主任）	林德中	1987—1996 年	
		朱奎武	1997 年	
		唐辰功	1998 年	
司法所	所长	周淑琴	2002—2003 年	
		王长林	2004 年	
交安委	主任	王进录	1980—1987 年	
		王　雁	1988—1992 年	
		陈凤霞	1993 年	
		王　雁	1994—1995 年	
交通办	主任	王　雁	1996—1997 年	
		杨树利	1998 年	
安全监察科	负责人	衣　庭	2009—2010 年	
	科长	张　雷	2011—2014 年	
		任　政	2015 年	
卫生城建科	科长	孙　辉	1979—1980 年	
		陈凤霞	1981—1986 年	
		于春生	1987 年	
城建科	科长	尹惠平	1988—1992 年	
		王　雁	1993 年	
		赵春媛	1994—1995 年	
		张瑞祥	1996—1998 年	
		王小红	2000 年	
		郭红兵	2002 年	
		刘韵军	2003—2004 年	
		张　炜	2010 年	
		张　辉	2011 年	
		马海滨	2011—2013 年	
		王利杰	2014—2015 年	
城管工作部	部长	赵东红	1999 年	
城市管理部	部长	封　刚	2005—2009 年	
市容所	所长	王玉霞	1988—1995 年	
		孙庆明	1996 年	
		霍　兰	1997 年	
		王学贵	1998 年	

续表 3-3

部门	职务	姓名	任职时间	备注
绿化办（队）	主任	陈凤霞	1988—1991 年	
		王　彦	1992—1997 年	
		王玉霞	1998—1999 年	
		李　成	2000 年	
		杨贵生	2001 年	
服务部	部长	孙春良	1959—1965 年	
社区服务中心	主任	黄甫秉君	1999 年	
社区服务办	主任	宝月凤	2000—2001 年	
为民服务办	主任	王小红	2004 年	
生产部	部长	库焕然	1959—1963 年	
		汪　洋	1964—1965 年	
生产组	组长	张成来	1967—1970 年	
		王中央	1971 年	
		孙　辉	1972—1978 年	
		王中央	1979 年	
三产办	主任	李德山	1986—1988 年	
经济办	主任	王宝祥	1989 年	
		荀思莲	1990 年	
		王宝祥	1991—1995 年	
		穆瑞兰	1996—1998 年	
市场办（科）	主任（科长）	晋京建	1991 年	
		张宝华	1992—1995 年	
		苏玉成	1996—1997 年	
		王　雁	1998 年	
联社	经理	张　镇	1980—1983 年	
		王崇喜	1984—1985 年	
		刘元理	1986 年	
		杜学蕴	1987—1989 年	
		鞠正义	1990—1995 年	兼任

续表 3-3

部门	职务	姓名	任职时间	备注
劳动服务公司	经理	孙永生	1980—1987 年	
		周正旺	1988—1990 年	
		董振良	1991—1995 年	
企业发展中心	总经理	马昆仑	1996 年	兼任
		尹惠平	1997—1998 年	兼任
信访办	负责人	衣　庭	2014—2015 年	
人大工委办	主任	张　辉	2011—2012 年	
		王利杰	2013—2014 年	
		韩冠宇	2015 年	
总值班室	主任	金富强	2004—2006 年	
		王小红	2007 年	
指挥中心	主任	张丽娟	2008—2009 年	
		张　雷	2010—2015 年	
社会管理中心	主任	苏玉成	2007—2010 年	兼任
	负责人	王秀兰	2011 年	
		史红梅	2012—2013 年	
		马　源	2014—2015 年	

三、职能变化

1954—1957 年朝外街道办事处建立初期，基本工作职能仅为三项：一是办理市、区政府有关居民工作的交办事项，主要是民政、卫生、治安等方面；二是指导居民委员会工作；三是反映居民群众的意见和要求。

1958 年在街道原有基础上，增加了创办生产服务事业，管理幼儿园、小学职能；1960—1965 年人民公社时期，增加了发展街道集体经济、婚姻登记职能；1966—1976 年“文化大革命”时期，增加了人防工程、动员知青下乡、计划生育工作职能；1978 年后，随着城市改革的逐步深入，又陆续增加了城建、司法、市容、绿化、环保、劳动等区域性、社会性工作职能；1987 年建立街道财政，编制街道收支预算和配合税务部门组织税收；1988 年工商所下放街道，实施工商局与街道双重管理（1989 年又回归为工商局垂直管理）。

1995 年后，在落实全市连续五次城市管理会议精神过程中，街道将工作重心由抓居民管理和发展集体经济为主，逐步转移到以抓城市管理和服务群众为主。1999 年，街道办公费用由上级财政核拨，街道与企业脱钩，将街属企业全部上交区统一管理。

截至 2015 年，街道办事处工作职能主要包括：宣传贯彻党和政府方针政策、指导居委会工作、开展社区便民服务、组织爱国卫生运动、实施社会优抚救济、城市建设和管理、维护社会安全稳定、开展群众文化体育活动、协调地区精神文明建设、吸引和涵养地区税源、完成上级政府交办的其他任务等。

四、政务工作

1954—1959 年，朝外“三小”办事处及“五街”合并的朝外大街办事处主要开展了工商业、手工业“公私合营”，建立居民自治组织，人大代表普选，粮票发放，全民扫盲，除“四害”，“大炼钢铁”，创办生产组、服务站等工作。

1960—1965 年，朝外大街人民公社主要组织开展“人民经济生活”运动，兴办食堂、托儿所、小工厂、代销点，压缩城市人口，动员家庭妇女和社会闲散劳力，积极参加生产劳动，自创收入，共度困难时期。

1966—1969 年“文化大革命”初期，朝外街道工作曾处于停滞状态；1970—1974 年“文化大革命”中期，街道成立革委会后，主要抓了清理阶级队伍、动员知青下乡、实施人防工程、建立“三站、两代、一所”便民服务网点等工作；1975—1976 年“文化大革命”后期，街道革委会坚持抓革命、促生产，恢复和整顿居民自治组织，恢复和发展集体经济，组织抗震救灾，开展爱国卫生月活动，为城市环境改善和社会秩序好转发挥了积极作用。

1978 年朝外街道恢复办事处后，主要抓了工作重心转移、处理信访积案、落实各项政策、综合治理社会治安、建立人民调解组织、成立生产服务合作联社和劳动服务公司、安置返城知青就业、计划生育等工作。

1997 年 6 月，街道聘请 10 名社会文明义务监督员

中共十一届三中全会以来，朝外街道办事处坚持以改革的精神，推动街道政务工作，相继推出系列创新举措。1980 年，街道成立 7 个居民物价监督组，配合政府对辖区市场商品价格进行巡回检查。此做

法曾得到市领导和媒体赞扬。1988 年，街道创办和培育了驰名中外的雅宝路集贸市场。1990 年，芳南居委会首创文明居民区，市区验收合格，市政府组织 18 个区（县）的区（县）长在芳南居民区召开现场会进行参观学习。1996 年，街道机关科室对辖区 16 条道路和 16 个重点区域，实行环境日常巡查的“双十六”分包制和社会服务承诺制，提高了整治环境和为民服务的时效性。

2003 年，推行了派出所、工商所、司法所、社保所、城管队、保安队“四所两队”进社区制度。通过“四所两队”人员长驻社区与居委会集中办公，及时指导帮助社区解决城市管理的难点问题。2004 年，街道开启集 25 项政务代办、10 项居务代办于一体，设 22 个可同时对外办公窗口的“一站式”为民服务大厅。同年，机关科室开始实施每周定期抽人深入社区帮助基层解决难点问题的“社区工作日”制度。2005 年，街道机关建立“亲情岗”，社区建立“关爱行动队”，组织机关、社区干部深入生活困难户，长期开展“结对”定向帮扶服务。2006 年，街道利用社区建设网，全面实施政务公开，增强政务工作透明度。2007 年，街道率先建立地区社会管理中心和志愿服务、社区管理、文化体育、居民互助、社会经济“五大”协会，整合地区资源，面向社会服务群众。同年开始，街道连续 9 年在日坛公园，举办“春分·朝阳”民俗文化节活动，促进了地区精神文明建设；2010 年依托街巷“六小门店”自律协作组，构建起社区“一刻钟”服务圈，极大方便了周边居民的日常生活需求。此做法得到上级充分肯定，并在全市推广。2012 年，街道在朝外大街设置 2 个橙房子志愿服务站，常年为过往群众提供各种咨询服务，提升了大街“暖心”文明程度。2014 年，街道推出的分类治理、分层自治、分级解决的三分法社区治理创新模式，得到市社工委充分肯定。2015 年，街道建立“全模式”社会管理服务平台，实现辖区人口状况、经济发展数据库动态管理，为进一步提高城市管理工作效率奠定了基础。

五、人大工作

工作机构　2013 年以前，街道没有专设人大工作机构。每次区人大换届前夕，街道均配合区人大中心工作，成立人大代表选举委员会及办公室（临时机构），承办本选区代表选务工作。人代会后，代表日常联络、重要视察活动，直接由区人大组织。1991 年后，朝外和建外两个街道共同组成代表团。人代会后，两个街道轮流组织本团小型学习、视察活动。2004 年 6 月，根据区委统一要求，朝外街道成立人大工作委员会，并下设办公室，配备专职人员，行使区人大派出机构职能。武清林、田志刚先后兼任人大工委主任。

代表普选 为行使人民当家作主的民主权利，1951年3月，朝外“三街”政府分别组织辖区居民和驻地单位职工，选举第十区首届人大代表共11名；朝外“三小”办事处先后于1954年6月、1956年1月、1958年5月，分别组织街道居民和驻地单位职工，选举东郊区第一、第二届和东单区第三届人大代表共53名；朝外大街人民公社先后于1960年、1963年、1966年组织街道居民和驻地单位职工，选举朝阳区第四届至第六届人民代表共137名（其中，第六届人民代表大会受“文化大革命”冲击未召开）；朝外大街办事处先后于1980年12月、1984年6月、1987年1月组织街道居民和驻地单位职工，选举朝阳区第七至第九届人民代表共53名；朝外街道办事处先后于1991年1月、1995年3月、1998年12月、2003年12月、2006年11月、2011年11月组织街道居民和驻地单位职工，选举朝阳区第十届至第十五届人民代表共88名。2015年底，朝外街道共有朝阳区第十五届人民代表16名。

2003年10月，日坛小学鼓乐队参与朝阳区人大换届选举宣传活动

2003年12月，朝阳区朝外地区人大代表选举分会第一选区蓝岛大厦投票站

1951年北京市第十区首届人民代表一览表

表3-4

序号	姓名	工作单位及职务
1	铁墨勋	朝外大街小杂货铺经理
2	杜冠武	回民合作社主任
3	李春	市牛羊屠宰工会秘书主任
4	董化棠	德顺兴粮油店资方代表
5	陈熙月	永兴祥布店经理
6	鞠玉寰	元顺水粮油店经理
7	邵英杰	朝阳街街长

续表 3-4

序号	姓名	工作单位及职务
8	洪玉明	市场街政府民政委员
9	常连贵	朝外大街摊贩
10	程白氏	手工业工人
11	林绍英	大有油盐店店员

1954 年东郊区第一届人民代表一览表

表 3-5

序号	姓名	工作单位及职务
1	郭尚龄	大有粮油店工人
2	张玉洁	神路街医疗站长
3	董化棠	区工商联主任
4	杜冠武	东郊区副区长
5	鞠玉寰	区工商联副主任

1956 年东郊区第二届人民代表一览表

表 3-6

序号	姓名	工作单位及职务
1	张玉洁	区卫生所医师
2	李达宇	幸福村居民
3	路雄峰	畜牧兽医站副站长
4	肖春久	农业技术推广站技术员
5	张双龙	北京酱油厂工人

1958 年东郊区第三届人民代表一览表

表 3-7

序号	姓名	工作单位及职务
1	蒙奎德	金属加工厂业务股长
2	张玉山	顺德斋糕点铺店员
3	刘俊德	回民合作社社员
4	刘澍田	朝外联合诊所副所长

续表 3-7

序号	姓名	工作单位及职务
5	肖秀楷	东单区服务公司经理
6	吴福延	东单区工商联会员
7	郭发德	东单银行办事处副主任
8	常德荣	第二皮鞋社社员
9	陈宏涛	朝外大街办事处主任
10	王存赫	下三条小学校长
11	张凤岫	下三、五条居委会主任
12	刘　旺	货运三轮合作社主任
13	张世昆	货运三轮合作社组长
14	鞠玉寰	东单区工商联委员
15	杨守亮	吉市口商店售货员
16	魏文翰	区建筑工会主席
17	肖　田	东单区委书记
18	王淑珍	第四居委会副主任
19	周明轩	金属加工厂工会主席
20	徐　峰	区委工业部部长
21	连成启	公私合营木材厂经营处副经理
22	于松珊	黄庙夜校校长
23	杜冠武	东单区副区长
24	白宝泉	马车运输社副主任
25	李化天	家庭木器厂组长
26	周永信	新风螺丝铆钉厂工人
27	马春圃	南下坡清真寺阿訇
28	杨玉华	第七居委会扫盲队长
29	李永华	共青团北京市东郊区委书记
30	杨双印	区粮油管理处主任
31	崔　鑫	朝阳门菜站副经理
32	吴清波	军队代表
33	梁树年	女四中教师

续表 3-7

序号	姓名	工作单位及职务
34	雷文章	大有粮油店员工
35	杨德纶	芳草地小学教导主任
36	王　群	三轮合作社工人
37	杨裕声	区工会建筑业副主任
38	刘　瑷	三星制药厂厂长
39	刘　衡	煤建店党支部书记
40	邢丽君	建国里居委会主任
41	耿砚霞	砖厂居委会主任
42	谢文聚	房管局器材车间工会主席
43	杜国卿	建筑工地瓦工

1960 年北京市朝阳区第四届人民代表一览表

表 3-8

序号	姓名	序号	姓名	序号	姓名	序号	姓名
1	陈宏涛	12	王双秀	23	虞永瑞	34	闫复新
2	伍维廉	13	林　力	24	杨德纶	35	谢文聚
3	司孟熙	14	崔　鑫	25	舒毓贞	36	邢丽君
4	于瑞典	15	刘俊德	26	石燕民	37	米桂兰
5	印福昌	16	杨守亮	27	吴清波	38	董化棠
6	王岩斋	17	王淑珍	28	卫道崇	39	何滋荃
7	李淑媛	18	杜冠武	29	雷文章	40	李　欣
8	张世昆	19	周永信	30	张文达	41	吴桂怀
9	魏文翰	20	杨玉华	31	袁志才	42	梁　恩
10	鞠玉寰	21	何玉萍	32	邢丽华	43	王　静
11	张凤岫	22	洪　伟	33	牛景春	44	安会津

1963 年北京市朝阳区第五届人民代表一览表

表 3-9

序号	姓名	序号	姓名	序号	姓名	序号	姓名
1	丁淑珍	4	李淑媛	7	张世昆	10	司孟熙
2	王双秀	5	李茹茵	8	张凤岫	11	舒毓贞
3	陈宏涛	6	鞠玉寰	9	吴桂怀	12	张金环

续表 3-9

序号	姓名	序号	姓名	序号	姓名	序号	姓名
13	崔　鑫	22	虞永瑞	31	袁志才	40	何滋荃
14	于瑞典	23	伍维廉	32	邢丽君	41	贾振信
15	黑荣玉	24	洪　伟	33	胥克媛	42	邢丽华
16	于淑珍	25	张继清	34	谢文聚	43	邱丽华
17	王亚清	26	佟钟治	35	张杰夫	44	杨守亮
18	雷文章	27	张守礼	36	董化棠	45	杨德纶
19	昌桂兰	28	王　静	37	孙春之	46	石燕民
20	杜冠武	29	安会津	38	李　欣	47	吴清波
21	杨玉华	30	马举廷	39	来守恒		

1966 年北京市朝阳区第六届人民代表一览表

表 3-10

序号	姓名	工作单位及职务
1	李茹茵	朝阳评剧团长
2	于瑞典	区工商联副主任
3	肖淑萍	下三条居委会治保主任
4	司孟熙	关厢医院副院长
5	于文明	区清洁队工人
6	崔　鑫	区蔬菜经理部副经理
7	张世昆	区汽修厂工人
8	杨德纶	芳草地小学校长
9	王万顺	芳草地煤场工人
10	李照宇	女四中教师
11	马跃祖	日坛小学教师
12	王爱芬	大街电器厂工人
13	石燕明	神路后街居委会主任
14	王雅清	观音寺北居委会主任
15	杜冠武	朝阳区卫生局局长
16	杨守亮	元顺永商店经理
17	吴万祥	坛口小吃店经理
18	杨玉华	水门关托儿所所长

续表 3-10

序号	姓名	工作单位及职务
19	昌桂兰	南中街居委会主任
20	关淑英	螺丝钉厂组长
21	马举廷	区委统战部副部长
22	王　静	一村西居委会主任
23	董化棠	区工商联主任
24	张士杰	区公安分局党委书记
25	陈宏涛	朝外大街办事处副主任
26	王秀玲	朝外四条居委会主任
27	李淑媛	挂面工厂厂长
28	鞠玉寰	区工商联副主任
29	来世昌	区法院院长
30	冯菊芳	德聚祥商店经理
31	王双秀	喷漆厂党支部书记
32	吴桂槐	朝外餐厅厨师
33	杨清荫	区人委民政科科长
34	耿连花	三里屯服务楼理发员
35	何滋荃	三里屯服务楼居委会主任
36	李　欣	朝外公社九站站长
37	郭秀香	三里屯东居委会主任
38	雷文章	永安里商店经理
39	张守礼	东郊面粉厂副书记
40	佟钟治	永安里居委会治保主任
41	胥克媛	朝外大街办事处干部
42	赵清榜	朝外公社党委书记
43	张杰夫	区街工委书记
44	谢文聚	区器材供应处木工
45	邢丽君	朝外体育用品厂书记
46	魏秀清	鸭子嘴居委会主任

1980 年北京市朝阳区第七届人民代表一览表

表 3-11

序号	姓名	性别	工作单位及职务
1	于德龙	男	朝阳区建筑公司高级工程师
2	于文明	男	朝阳区环卫局二队党支部书记
3	马春圃	男	南下坡清真寺阿訇
4	王凤云	女	北京市标准件一厂搓丝班班长
5	王世勋	男	朝阳区革委会副主任
6	王德科	男	朝阳区人民检察院副检察长
7	尹敏达	男	朝阳区南中街第一小学校长
8	邓　凯	男	北京市公安局三处处长
9	白光甫	男	朝阳区文化局副局长
10	田振彪	男	朝阳区摩托车自行车修配厂党支部书记
11	左长顺	男	朝外大街办事处南中街居委会主任
12	邢　儒	男	日坛医院总务科党支部副书记
13	刘祥亭	男	朝阳区革委会副主任兼朝阳公安分局局长
14	刘澍田	男	关厢医院中医师
15	刘益清	男	朝阳区区委工业部副部长
16	沈正德	女	北京市朝阳中学体育教研组组长
17	杜庭弼	男	朝阳区工农教育办公室主任
18	孙其升	男	朝阳区畜牧水产局工厂化养鱼厂厂长
19	陈富恒	男	关厢菜站建华蔬菜部组长
20	陈秀琴	女	朝外大街办事处吉市口四、五条居委会主任
21	吴淑敏	女	朝外大街办事处神路街南居委会主任
22	张庆森	男	朝外大街办事处主任
23	张凤岫	女	朝外大街幸福巷居委会主任
24	李桂芬	女	朝外大街二条北居委会主任

1984 年北京市朝阳区第八届人民代表一览表

表 3-12

序号	姓名	性别	工作单位及职务
1	于春英	女	五建二工区机械队长

续表 3-12

序号	姓名	性别	工作单位及职务
2	于德龙	男	朝建公司主任工程师
3	马春圃	男	南下坡清真寺阿訇
4	马跃祖	男	六十四中总务主任
5	王汝宽	男	中国医学科学院医学情报研究所副所长
6	王秀珍	女	芳草地西居委会副主任
7	田振彪	男	摩托自行车修理厂党支部书记
8	卢观亮	男	区环卫局干部
9	白光甫	男	区文化局党组副书记
10	刘澍田	男	关厢医院副主任医师
11	李世珍	女	区环卫三队保洁分队长
12	李桂芬	女	联社市场生产组长
13	张　寰	男	市政工程中专顾问
14	张庆森	男	朝外大街办事处主任
15	沈正德	女	朝阳中学体育教师
16	郑　明	女	朝阳起重机厂助理工程师
17	彭　非	男	朝阳公安分局局长
18	董化棠	男	朝阳区副区长

1987 年北京市朝阳区第九届人民代表一览表

表 3-13

序号	姓名	性别	工作单位及职务
1	卢观亮	男	区环卫局统计员
2	张凤岫	女	幸福巷居委会主任
3	孙凯军	男	红霞商店经理
4	苗淑清	女	吉市口二条居委会主任
5	朱　诚	男	区财政局局长
6	沈正德	女	朝阳中学体育教师
7	王汝宽	男	中国医学科学院医学情报室副所长、副研究员
8	马跃祖	男	北京六十四中学总务主任
9	马春圃	男	南下坡清真寺阿訇

续表 3-13

序号	姓名	性别	工作单位及职务
10	梁名抗	男	朝外街道办事处主任
11	万　敏	男	市第二律师事务所主任

1991 年北京市朝阳区第十届人民代表一览表

表 3-14

序号	姓名	序号	姓名	序号	姓名	序号	姓名
1	马春圃	4	李燮彬	7	赵德福	10	孟明磊
2	沈正德	5	孟继明	8	李玉生	11	孙玉振
3	邢淑兰	6	张　泰	9	杨志刚		

1995 年北京市朝阳区第十一届人民代表一览表

表 3-15

序号	姓名	性别	工作单位及职务
1	万里祥	男	祥麟实业总公司总经理
2	孟继明	男	利康集团公司经理
3	王明治	女	铁专院高级工程师
4	李秀珍	女	区人大政法委副主任
5	李玉生	男	芳南居委会主任
6	李贵保	男	蓝岛大厦总经理
7	李建华	男	区委副书记
8	李　竞	女	儿研所医师
9	马春圃	男	南下坡清真寺阿訇
10	杨志刚	男	五建二分公司经理
11	闫静娴	女	元件十厂副厂长
12	高廉生	男	朝外街道办事处主任

1998 年北京市朝阳区第十二届人民代表一览表

表 3-16

序号	姓名	性别	工作单位及职务
1	郑东生	男	日坛宾馆总经理
2	朱　钢	女	意大利西雅那银行员工

续表 3-16

序号	姓名	性别	工作单位及职务
3	苏　廓	男	朝阳幼儿师范学校校长
4	郑霞泽	男	司法部法制司政策法律研究处处长
5	李淮望	男	工体东路居委会党支部书记、主任
6	覃武凌	男	铁道部专业设计院副院长
7	王凤清	女	国家出入境检验检疫局副局长
8	李玉生	男	芳南居委会主任
9	黄　豪	男	蓝岛大厦总经理
10	王春庆	男	日坛公园管理处主任
11	陈慧中	女	儿研所主任医师
12	田锦和	男	朝外街道办事处主任
13	马志安	男	朝阳公安分局退休干部
14	马　跃	男	陈经纶中学副校长
15	魏　莉	女	外交部机关工会副主席
16	李　晶	男	华普产业集团副总裁
17	韩子荣	女	朝阳区委常委、朝外街道工委书记

说明：2001 年 7 月中旬至 2001 年 8 月下旬补选朝阳区第十二届人民代表，朝外街道办事处主任、工委副书记郭德宏补选为人民代表

2003 年北京市朝阳区第十三届人民代表一览表

表 3-17

序号	姓名	性别	政治面貌	民族	工作单位及职务
1	武清林	男	中共党员	汉族	朝外街道工委书记
2	韩子荣	女	中共党员	汉族	中共北京市朝阳区委副书记
3	崔源生	男	民建成员	汉族	建筑材料工业技术情报研究所副所长
4	王　苹	女	中共党员	汉族	陈经纶中学政治教育组组长、首席教师
5	李　洋	男	中共党员	汉族	北京商务中心管理委员会综合处处长
6	李瑞林	男	群众	汉族	铁道专业设计院副院长
7	忻顺康	男	中共党员	汉族	外交部机关党委副书记
8	青　戈	男	中共党员	蒙古族	中国人寿保险股份有限公司北京分公司党委副书记、副总经理
9	李玉生	男	中共党员	汉族	芳草地社区议事委员会主任
10	张小梅	女	中共党员	汉族	中国工商银行朝阳支行工会主席
11	张春英	女	群众	汉族	日坛公园工程预算师

续表 3-17

序号	姓名	性别	政治面貌	民族	工作单位及职务
12	黄　豪	男	中共党员	汉族	蓝岛大厦总经理
13	陈俊生	男	中共党员	汉族	司法部基层工作指导司副司长
14	赵世刚	男	中共党员	汉族	中国银行北京分行行长
15	倪　瀛	男	中共党员	回族	外企人力资源服务公司业务总监

2006年北京市朝阳区第十四届人民代表一览表

表 3-18

序号	姓名	性别	政治面貌	民族	工作单位及职务
1	武清林	男	中共党员	汉族	朝外街道工委书记
2	刘宇辉	男	中共党员	汉族	区委常委、组织部部长
3	崔源生	男	民建会员	汉族	中国建筑材料工业技术情报研究所副所长
4	李　琪	男	中共党员	汉族	朝阳区总工会副主席
5	张家逊	男	中共党员	汉族	北京商务中心区管委会常务副书记
6	李玉生	男	中共党员	汉族	芳草地社区党委书记
7	李士杰	男	中共党员 民进会员	回族	民进北京市委咨询服务中心主任
8	黄　豪	男	中共党员	汉族	蓝岛大厦总经理
9	王晓丽	女	群众	汉族	中国人口与计划生育国际交流中心会计
10	李瑞林	男	群众	汉族	中铁工程设计咨询集团有限公司部长
11	李　立	男	中共党员	汉族	外交部机关党委副书记
12	王　苹	女	中共党员	汉族	陈经纶中学政治教研组教师
13	张小梅	女	中共党员	汉族	中国工商银行朝阳支行纪委书记、工会主任
14	孙　莹	女	群众	汉族	日坛公园技术员
15	王一谔	男	中共党员	满族	北京外企服务集团有限责任公司总经理助理
16	王　菲	女	农工民主党	汉族	首都儿科研究所急诊科主治医师
17	赵芳琳	女	中共党员	蒙古族	司法部直属机关党委宣传部负责人

2011年北京市朝阳区第十五届人民代表一览表

表 3-19

序号	姓名	性别	政治面貌	民族	工作单位及职务
1	田志刚	男	中共党员	汉族	朝外街道工委书记
2	王一谔	男	中共党员	满族	北京外企服务集团有限责任公司副总经理

续表 3-19

序号	姓名	性别	政治面貌	民族	工作单位及职务
3	王　菲	女	农工民主党成员	汉族	首都儿科研究所附属儿童医院急诊科副主任医师
4	刘子华	男	民革成员	汉族	北京市华伦律师事务所主任律师
5	孙　莹	女	团员	汉族	日坛公园职员
6	孙永红	女	民建成员	汉族	农行北京朝阳支行副行长
7	李玉生	男	中共党员	汉族	芳草地社区党委书记
8	张德庆	男	中共党员	汉族	陈经纶中学校长
9	陈　刚	男	中共党员	汉族	中粮集团中粮食品营销有限公司总经理、党支部书记
10	陈宏志	男	中共党员	汉族	区委副书记
11	赵牧笛	女	民建成员	蒙古族	民建中央机关服务中心副主任
12	胡耀芳	女	中共党员	汉族	司法部办公厅处长
13	秦　飒	女	中共党员	汉族	外交部直属机关工会主席
14	顾敏清	女	中共党员	汉族	中国石油化工集团公司机关服务中心党委副书记
15	黄晓伟	女	中共党员	汉族	区文化委员会主任
16	黄　豪	男	中共党员	汉族	蓝岛大厦董事长

人大活动 经朝外街道民主选举出的历届区人大代表，均能认真履行人民代表职责，会前深入调查研究、倾听群众意见，会中提出议案、行使民主权利，会后及时传达会议精神，监督有关事项落实。特别是2004年街道人大工委成立10年来，将工作重心放在指导地区人大代表选举和人大代表日常管理上。采取多种形式，认真宣传贯彻宪法和历届人大会议精神，组织驻地区人大代表集中

2015年，北京市人大领导到朝外街道调研民族工作

学习、视察辖区重点工作项目、督促人大代表议案落实、实施人大代表接待群众日、反映基层社情民意、参与社区公益活动、参与街道工作考核测评、定期向社区选民述职等，监督和协助街道解决了不少环境和民生难点问题。

第五节 居（家）委会

居民（家属）委员会［简称居（家）委会］是在政府派出机构指导下，对所辖居民区、家属区、社区的群众性、公益性、社会性事务进行自我管理的居民自治组织。朝外街道各居（家）委会自建立以来，在街道办事处指导下，始终坚持“自我教育、自我管理、自我服务”原则，紧密围绕党和政府各历史时期中心任务，认真办理各项居民事务，组织开展宣传教育、邻里互助、整治环境、维护治安、志愿服务、创建文明等方面系列活动，为密切党和政府与群众联系，巩固基层人民政权，方便和改善居民生活，促进社会和谐稳定做出了积极贡献。

一、组织沿革

1954 年底，根据《中华人民共和国城市居民委员会组织条例》，朝外街道作为朝阳区首批试点，先后设立 22 个居（家）委会。其中市场街办事处设 7 个，朝阳门关厢街办事处设 9 个，神路街道办事处设 6 个。居（家）委会设主任 1 名，副主任 1 ~ 3 名，委员若干。内设治保委员会、调解委员会、卫生委员会、福利委员会、妇女委员会。

随着城区变化和居民增多，居（家）委会逐年增加。1959 年“五街”合并时，居（家）委会增至 33 个。1970—1978 年，居委会曾改名为居民管理委员会，3 至 4 个居委会合并成立为 1 个居民管理委员会，合并为 16 个，1978 年增至 24 个。1979 年居管会恢复原称，重新划分居（家）委会 38 个，一直延续到 1997 年。

1979—1997 年朝外街道办事处居民（家）委员会一览表

表 3–20　　单位：户、人

序号	居（家）委会名称	建置时间	户数	人数	办公地点
1	吉市口居委会	1952 年	876	2755	吉市口八条下坡 4 号
2	吉市口六条居委会	1950 年	617	2017	吉市口六条东巷甲 1 号
3	西草园居委会	1976 年	433	1261	工体南路 3 楼东侧
4	元老胡同下三条居委会	1952 年	657	1659	吉市口 7 条 13 号

续表 3-20

序号	居（家）委会名称	建置时间	户数	人数	办公地点
5	朝外大街西居委会	1978 年	615	1884	朝外大街 371 号
6	朝外三条居委会	1979 年	793	1955	朝外三条 26 号
7	二条北居委会	1952 年	928	238	朝外二条 49 号
8	朝外头条居委会	1950 年	478	1401	朝外头条 106 号
9	秀水河居委会	1973 年	446	1405	朝外三丰里 12-1- 地下室
10	南下坡居委会	1950 年	709	2131	朝外南下坡 8 号
11	市场街居委会	1958 年	866	2537	市场街 12 楼 7 号
12	南营房居委会	1969 年	1026	2986	南营房 3 条 6 号
13	神路街南居委会	1978 年	619	2019	神路街甲 59 号
14	神路街北居委会	1954 年	720	2120	神路街夏家胡同 13 号
15	工体西里小区居委会	1991 年	576	1649	工体西里 9 号
16	体育场路东居委会	1975 年	477	1550	体育场东路 5-4-2
17	体育场路南居委会	1979 年	230	627	工体东路 11-2-202
18	东草园居委会	1956 年	1085	3170	工体南路 4-105 室
19	吉祥里居委会	1993 年	2227	3625	吉祥里小区 204 楼 914 号
20	东大桥路中居委会	1968 年	520	1747	东大桥路 43-2-8
21	东大桥路北居委会	1979 年	454	1414	东大桥路 11 楼平房
22	芳草地南居委会	1987 年	319	1119	日坛北路 2 号
23	三丰南巷居委会	1989 年	308	880	三丰南巷 4-1-001
24	三丰南巷西居委会	1952 年	474	2079	三丰南巷 7 楼平房东侧
25	雅宝路西居委会	1987 年	207	529	朝阳门南大街 16-1-15
26	芳草地西居委会	1955 年	958	2750	芳草地西街 11-3-2
27	天福园居委会	1995 年	282	753	天福园 6-1-03
28	市场街南居委会	1990 年	337	1018	市场街南 16 楼对面平房
29	二条中家委会	1987 年	91	309	朝外二条 67 号
30	市政宿舍家委会	1984 年	214	418	三丰南巷 9 楼东侧
31	中央实验话剧院家委会	1989 年	114	337	芳草地西街 23 号院
32	东草园教工家委会	1988 年	114	360	东草园五巷教工楼宿舍
33	国家安全局家委会	1991 年	112	315	工体路西 4 楼
34	中国银行楼家委会	1990 年	195	476	工体南路 3 号楼

续表 3-20

序号	居（家）委会名称	建置时间	户数	人数	办公地点
35	运北家委会	1993 年	132	454	工体东路 15 楼平房
36	海关家委会	1991 年	120	365	朝阳门北大街 14 号楼
37	首都儿研所家委会	1990 年	164	420	雅宝路 2 号
38	保险公司家委会	1993 年	230	600	市场街 19 楼地下室

1998 年居（家）委会发展至 41 个，1999 年减少为 36 个。2000 年，根据全市第二次城管工作会议精神，对居（家）委会规模进行调整，居（家）委会整合为 21 个。2001 年实行社区体制改革，在原地区管委会区域规模的基础上，新建天福园、吉祥里、三丰里、雅宝里、芳草地、体东 6 个社区居委会。将原居（家）委会改建成 21 个居民工作站。2003 年增建吉庆里社区居委会，撤销各居民工作站。2009 年，各社区设立服务站。至此，朝外街道正式形成了社区党委、居委会、服务站“三位一体”的社区管理体制。

2001 年，朝外街道社区体制改革报告会举办

2003 年 6 月，体东社区居民委员会投票选举大会举办

2002 年，各社区实行议行分开，分别设立议事委员会。

2009 年，各社区分别成立社区居民代表大会常务代表会。2010 年，各社区又分别成立居民事务协调委员会，制定了社区“两委一站”工作规则。2011 年，社区居委会内设机构调整为：社会福利委员会、综合治理委员会、人民调解委员会、公共卫生委员会、人口计生委员会、文化共建委员会，完善社区居委会议事、决策、监督、协调、工作机制。

20 世纪 90 年代以来，朝外街道先后于 1991 年、1994 年、1997 年、2000 年、2003

年、2006 年、2009 年、2012 年、2015 年进行了 9 次居（家）委会换届选举，报告居民区、社区工作，选举产生新一届居委会成员。

二、职能变化

20 世纪 50—60 年代，居（家）委会工作职能仅限于教育管理居民、反映居民意见、开展爱国卫生、兴办福利事业、组织群防群治、调解民事纠纷。随着城市各项事业的发展，特别是改革开放以来，大量单位人转为社会人，流动人口不断增加的形势变化，居委会工作职能越来越多。1991 年开始，居委会工作职能在原有基础上，逐步增加了主持居委会选举、制定居民公约、协助政府做好涉及居民区的优抚救济、市容管理、劳动就业、文化体育、便民服务、人口控制、“两劳”帮教、青少年教育等项内容。1998 年根据北京城市管理会议精神，居委会停办居民三产。2000 年后，居委会工作职能又增加了疾控防疫、社区矫正及整合社区资源、共建精神文明等项内容。

三、主要工作

20 世纪 50—60 年代，街道各居（家）委会主要开展了宣传宪法和婚姻法、扫文盲、除四害、建立群众治保队伍、收集废旧钢铁、动员家庭妇女参加集体生产、调解邻里纠纷等工作。特别是组织开展了“听党的话好、勤俭持家好、邻居团结好、教育子女好、治安卫生好”运动，树立了街坊一家亲和积极参与社会主义建设的良好社会风气。

“文化大革命”初期，街道居（家）委会工作停滞。“文化大革命”中、后期，居（家）委会恢复，经过清理整顿后，主要开展了斗私批修、动员知青上山下乡、兴办“五七”生产组、维护居民区治安等工作。特别是组织开展“创建社会主义向阳院”活动，发挥了稳定社会基础作用。

20 世纪 80—90 年代，街道居（家）委会先后进行 3 次组织整顿，主要开展了安置回城知青、发展居民三产、建立便民服务网点、严打刑事犯罪、开展“五讲四美三热爱”、创建五好家庭和文明居民区等工作。特别是圆满完成了 1990 年迎亚运，1995 年迎世妇会，1997 年、1999 年迎香港和澳门回归期间的宣传教育、环境整治、志愿服务等任务。

进入 21 世纪，社区体制改革以来，街道各社区居委会逐步健全各项规章制度，加强自身规范化建设。先后 5 次按期换届选举，产生居委会新成员 259 人次，6 次面向社会招聘居委会工作人员 187 人次，每年举办居干培训班，实行分片包干责任制，居干队伍素质结构不断改善。2015 年社区居委会换届选举，共产生居委会新成员 51 人。其中，党员 20 人，占 36.8%；团员 4 人，占 0.7%；大专以上文化 46 人，占 89%；平均年龄 40 岁。街道各社区居委会在办好居民教育、文体活动、优抚救济、扶贫帮困、敬老助残、信访接待、民事调解、劳动就业、计划生育等日常事务的基础上，先后动员组织居民群众深入开展居委会升级达标、携手共建美好家园、创建平安社区、创建文明城区等活动。特别是圆满完成了2003年抗“非典”疾控防疫、2006年中非合作论坛峰会重点地段秩序维护、2008年奥运会服务保障和汶川地震赈灾援款、中华人民共和国成立60周年庆典和抗战胜利70周年阅兵游行路段秩序维护等历史性任务。并在工作实践中，积极探索出建立社区一刻钟便民服务圈、建立沿街“六小门店”自律协作组、“收集、分析、批办、公示、实施、反馈”六步为民解忧法、“三会三式”社区自治新模式等典型经验，得到上级肯定和推广。

第四章

党的组织

DANGDE ZUZHI

朝外街道是富有革命传统，数代中国共产党人在此英勇奋斗，领导地区人民翻身求解放、不断推进社会主义革命和建设事业的红色热土。早在20世纪30—40年代，北平女四中、南河沿化工厂、大有粮油盐店、鼎茂恒粮油盐店就有了中共地下党员的活动和影响。1945年9月，文兴煤场成立了朝阳区第一个地下党支部。1946年6月，朝外大车行也相继成立了地下党支部，同属晋察冀中央局北平外一区委领导。当时，地下党组织和党员在极其困难的条件下，采取多种形式，宣传和组织群众有效开展了反剥削、反饥饿、反内战、护厂护校、迎接北平解放的斗争。北平解放之初，朝外街道建立党支部，开启了党组织领导街道工作新时期。至2015年，在新中国66年的历史进程中，朝外街道各级党组织始终坚持立党为公，执政为民，通过加强和改进党的建设，不断增强自身凝聚力、战斗力、创造力、社会动员力，为引领街道各项事业发展提供了坚强组织保障。

第一节　组织沿革

1949 年 7 月北平地下党组织公开后，朝阳门关厢街党支部正式成立，隶属十三区工委。1951 年 1 月，市场街、神路街党支部相继成立。同年 8 月，在朝阳门关厢街、市场街、神路街合并街政府时，其 3 个街道党支部也一起合并，统称为朝阳门关厢街党支部，陈宏涛任党总支书记。1958 年 5 月，朝阳门关厢街党支部扩建为党总支，陈宏涛任党总支书记。解放初期，朝外街道党支部、党总支主要领导开展了街道建政、恢复国民经济、镇压反革命、“三反五反”、支持抗美援朝、工商业公私合营、居民自治、爱国卫生、全民扫盲等工作。

1959 年 6 月，朝外大街街道召开第一次党代表大会，正式成立朝外大街街道党委。1960 年 12 月，朝外大街街道召开第二次党代表大会，将街道党委改建为朝外大街街道人民公社党委。1965 年 8 月，朝外大街街道召开第三次党代表大会，进行公社党委换届。在社会主义建设探索时期，朝外街道（公社）党委主要领导开展了社会主义教育、学习毛泽东著作、学习雷锋、发展街道集体经济等工作。

1966—1969 年“文化大革命”初期，街道党委受到冲击，曾一度处于工作停滞状态。1970 年 4 月，朝外大街街道成立新党委。1975 年 8 月朝外大街街道召开第四次党代表大会，进行党委换届。

1981 年 3 月，朝外大街街道召开第五次党代表大会，进行党委换届。1986 年 5 月，朝外大街街道召开第六次党代表大会，进行党委换届。改革开放初期，朝外街道党委主要领导开展了真理标准讨论、贯彻落实党的十一届三中全会精神、基本路线教育、平反冤假错案、反资产阶级自由化等工作。

1990 年 6 月，朝外大街街道党委改建为朝外街道工委，开始行使朝阳区委派出机构职能。20 世纪 90 年代以来，朝外街道工委坚持改革开放，坚持党建引领，充分发挥党组织政治核心和党员先锋模范作用，凝心聚力，不懈奋斗，确保了街道 1990 年迎亚运、1995 年迎世妇会、1997 年和 1999 年迎香港和澳门回归、2003 年抗“非典”、2006 年迎中非合作论坛峰会、2008 年迎奥运、2009 年保障中华人民共和国成立 60 周年和 2013 年抗战胜利 70 周年阅兵游行及创建文明城区、疏解非首都功能等历史性政治任务的顺利完成。

朝外（大街）街道（人民公社）党（工）委书记一览表

表 4-1

职务	姓名	任职时间
街道党委书记	王海会	1959 年 6 月—1959 年 12 月
公社党委书记	郭素平（女）	1959 年 12 月—1965 年 11 月
公社党委书记	赵清榜	1965 年 11 月—1968 年 2 月
街道党委书记	吴双新	1970 年 4 月—1972 年 12 月
	赵清榜	1972 年 12 月—1980 年 3 月
	白玉和	1980 年 3 月—1985 年 8 月
	温清海	1985 年 8 月—1988 年 1 月
	梁名抗	1988 年 1 月—1989 年 8 月
	孙玉振	1989 年 9 月—1990 年 6 月
街道工委书记	孙玉振	1990 年 6 月—1991 年 8 月
	任　强	1991 年 8 月—1996 年 1 月
	韩子荣（女）	1996 年 1 月—1999 年 2 月
	王玉英（女）	1999 年 2 月—2003 年 7 月
	武清林	2003 年 7 月—2011 年 7 月
	田志刚	2011 年 7 月—2015 年 12 月

朝外大街街道（人民公社）党（工）委副书记一览表

表 4-2

职务	姓名	任职时间
街道党委副书记	田子济	1959 年 6 月—1959 年 12 月
	陈宏涛	1959 年 6 月—1959 年 12 月
公社党委副书记	田子济	1959 年 12 月—1962 年 9 月
	王海会	1959 年 12 月—1969 年 8 月
	郑中月	1964 年 5 月—1966 年 5 月
街道党委副书记	何景华	1970 年 4 月—1972 年 2 月
	赵清榜	1970 年 4 月—1972 年 10 月
	林安莉（女）	1975 年 8 月—1978 年 7 月
	苑　林（女）	1975 年 8 月—1980 年 12 月

续表 4-2

职务	姓名	任职时间
街道党委副书记	张庆森	1979 年 1 月—1986 年 3 月
	邢振华	1980 年 12 月—1984 年 2 月
	阮宝杰	1984 年 2 月—1986 年 8 月
	刘元理	1986 年 12 月—1988 年 4 月
	梁名抗	1986 年 12 月—1988 年 1 月
	孙玉振	1988 年 1 月—1989 年 8 月
	鞠正义	1988 年 4 月—1989 年 12 月
	高廉生	1989 年 9 月—1990 年 6 月
街道工委副书记	高廉生	1990 年 6 月—1995 年 8 月
	李大林	1990 年 6 月—1990 年 9 月
	段绍莲（女）	1991 年 2 月—1997 年 10 月
	田锦和	1995 年 12 月—1999 年 11 月
	张　前	1997 年 10 月—2003 年 4 月
	郭德宏	2000 年 1 月—2002 年 3 月
	王少峰	2002 年 3 月—2003 年 4 月
	汪　敏（女）	2002 年 8 月—2005 年 9 月
	郑金路	2003 年 4 月—2006 年 7 月
	武晋栋	2003 年 7 月—2006 年 7 月
	魏红专	2005 年 9 月—2014 年 9 月
	吕　岚（女）	2006 年 7 月—2009 年 4 月
	潘　竞	2006 年 7 月—2009 年 8 月
	田志刚	2009 年 4 月—2011 年 7 月
	郭根亮	2009 年 11 月—2015 年 12 月
	聂宏伟	2011 年 7 月—2014 年 2 月
	孟凡森	2015 年 4 月—2015 年 12 月

1984 年 5 月，街道成立纪检委；1986 年 5 月，街道纪检委与党委同期换届；1990 年 6 月，街道纪检委改建为朝外街道纪工委。

朝外（大街）街道党（工）纪工委书记一览表

表 4-3

职务	姓名	任职时间
街道纪委书记	阮宝杰	1984 年 5 月—1987 年 4 月
	李忠元	1987 年 4 月—1989 年 7 月
	张宝兰（女）	1989 年 7 月—1990 年 6 月
街道纪工委书记	张宝兰（女）	1990 年 6 月—1997 年 10 月
	马昆仑	1998 年 1 月—2000 年 1 月
	汪　敏（女）	2000 年 1 月—2002 年 7 月
	汪　敏（女）	2002 年 8 月—2005 年 9 月
	魏红专	2005 年 9 月—2014 年 9 月
	张卫红	2015 年 5 月—2015 年 12 月

第二节　组织结构

1951 年朝外“三街”党支部合并为关厢街党支部时，管理党员 35 人（关厢街 13 人、市场街 16 人、神路街 6 人）。1958 年朝外关厢街道改建党总支时，下设机关支部 2 个、居民支部 4 个，管理党员 111 人；1959 年，朝外街道建立党委时，下设机关支部 2 个、居民支部 3 个，管理党员 117 人；1960 年改建公社党委时，下设机关支部 2 个、居民支部 6 个、街属企业支部 12 个，管理党员 146 人；1970 年街道新党委建立时，下设机关支部 2 个、居民支部 10 个、街属企业支部 34 个，管理党员 344 人；1978 年改革开放时，街道党委下设机关支部 1 个、居民支部 13 个、街属企业支部 9 个，管理党员 202 人；1990 年改建街道工委时，下设机关总支 1 个、企业总支 1 个、机关支部 4 个、居民支部 20 个、街属企业支部 36 个，管理党员 690 人。

2015 年上半年基层党组织换届时，街道工委下设基层党委 8 个（社会党委 1 个、社区党委 7 个）、总支 2 个（机关总支 1 个、企业总支 1 个）、支部 78 个（机关支部 7 个、离退支部 2 个、居民支部 34 个、企业支部 35 个），共管理党员 2098 人（未含组织关系不在街道的流动党员）。

朝外地区社会工作党委　2007 年 8 月成立，属负责地区区域化党建指导协调组织机构，王小红、潘竞、郭根亮先后任书记。

天福园社区党委 2001 年 3 月成立，赵东红、张维芬、马文华、冯俊华、汪学银先后任书记。2015 年，党委下设神路街、南营房 2 个居民支部，链家地产公司、三利装饰公司、融金佳业物业公司 3 个非公企业支部，共管理党员 112 人。

雅宝里社区党委 2001 年 3 月成立，王雁、李淑珍、朱奎武、鲍永强、景虹、杜长城先后任书记。2015 年，党委下设雅宝里第一、第二、第三、第四、第五 5 个居民支部，国雅大厦、雅宝大厦、天伦医院 3 个非公企业支部，共管理党员 263 人。

三丰里社区党委 2001 年 3 月成立，李淑珍、赵春媛、崔立党、冯俊华、袁国政先后任书记。2015 年，党委下设三丰里第一、第二、第三、第四、第五、第六、第七、第八 8 个居民支部，悠唐大厦、丰联大厦、中原房地产公司、科锐信息咨询公司、中粮国际销售公司、兆泰悠唐酒店分公司、长城民泰工程公司、丰汇物业公司、博纳悠唐影院 9 个非公企业支部，共管理党员 279 人。

芳草地社区党委 2001 年 3 月成立，李成、马文华、王振芳、杨树利、李玉生、闫素芹先后任书记。2015 年，党委下设芳西、芳南、东大桥、光中、芳草苑、化家楼 6 个居民支部，共管理党员 338 人。

吉祥里社区党委 2001 年 3 月成立，赵春媛、王玉霞、张维芬、李锁群先后任书记。2015 年，党委下设吉祥里第一、第二、第三、西草园 4 个居民支部，华普超市、祥业大厦、兰博盟德企管公司、知金教科公司 4 个非公企业支部，共管理党员 208 人。

体东社区党委 2001 年 3 月成立，王玉霞、杨贵生、李社社、刘正、高玉花、张蓓先后任书记。2015 年，党委下设体东第一、第二、东草园、教工楼 4 个居民支部，共管理党员 273 人。

吉庆里社区党委 2003 年 3 月成立，张维芬、支玉杰、刘秋莲、高玉花、李社社、徐爱民先后任书记。2015 年，党委下设工体西里第一、第二、第三、吉市口、春之声文艺队 5 个居民支部，宇田冠泰科技公司、瑞驰商贸公司、天辰大厦 3 个非公企业支部，共管理党员 193 人。

地区非公企业党总支 2007 年 9 月成立，王晓辉任书记。2015 年，总支下设荣宝宾馆、美众昌盛医疗器械公司、宝盛航空服务公司、锦城兴业商贸公司、凯腾航空服务公司、锐健体育用品公司、吉利大厦、万邦大厦、139 物流公司、科蓝软件公司、丰联文化发展公司、非公企业联合支部 12 个支部，管理党员 84 人。

街道机关党总支 1987 年月成立，刘元理、鞠正义、段绍莲、汪敏、张前、武晋栋、潘竞、郭根亮先后任书记。2015 年，总支下设机关第一、第二、第三、第四、第五、第六、事业 7 个支部，管理党员 101 人。

街道机关离休处退党支部　1985 年成立，叶庆高、张宝兰、杨树利先后任书记，2015 年管理党员 28 人。

街道机关退休干部职工党支部　1988 年成立，陈玉玲、侯万松、穆瑞兰先后任书记，2015 年管理党员 43 人。

第三节　党员结构

1959 年，朝外大街街道党委成立时的 117 名党员队伍中，男 60 人、女 57 人、少数民族 2 人、高中文化 17 人、初中及以下文化 100 人、35 岁以下 15 人、36 至 55 岁 102 人。

1960 年，朝外街道改建公社党委时的 146 名党员队伍中，男 65 人、女 81 人、少数民族 3 人、高中文化 22 人、初中及以下文化 124 人、35 岁及以下 18 人、36 至 55 岁 128 人。

1970 年，朝外街道新党委开展整党建党时的 344 名党员队伍中，男 172 人、女 172 人、少数民族 21 人、大专以上文化 19 人、高中文化 54 人、初中及以下文化 271 人、35 岁以下 64 人、36 至 55 岁 280 人。

1976 年，部分党员划入建外、三里屯街道后，朝外街道党员减少至 199 人。其中，男 88 人、女 111 人、少数民族 14 人、高中文化 23 人、初中及以下文化 176 人、35 岁

1997 年 6 月 27 日，朝外街道召开“七一”表彰大会

以下 35 人、36 至 55 岁 164 人。

1990 年，朝外街道改建街道工委时，党员队伍发展至 690 人。其中，男 337 人、女 353 人、少数民族 53 人、大专以上文化 33 人、高中文化 45 人、初中及以下文化 612 人、35 岁以下 16 人、36 至 55 岁 193 人、56 岁及以上 481 人。

跨入 21 世纪，2001 年，朝外街道党员队伍达到 1275 人。其中，男 618 人、女 657 人、少数民族 116 人、大专以上文化 212 人、高中文化 317 人、初中及以下文化 746 人、35 岁以下 30 人、36 至 55 岁 239 人、56 岁及以上 1006 人。

2015 年底，朝外街道自管党员 2098 人中，男 1102 人、女 996 人、少数民族 184 人、研究生文化 54 人、本科文化 462 人、大专文化 422 人、中专文化 266 人、高中文化 329 人、初中及以下文化 565 人、35 岁及以下 222 人、36 至 45 岁 100 人、46 至 55 岁 209 人、56 至 60 岁 241 人、61 岁及以上 1325 人、中华人民共和国成立前入党 12 人、改革开放后入党 1424 人。

第四节　党务部门

1951—1958 年，街道未设立党务工作机构；1959—1961 年，街道内设政工组，兼管党委日常事务。

1962—1965 年，街道内设党委办公室，专门承办党委日常事务；1966—1978 年，街道恢复政工组，兼管党委日常事务。

1979—1983 年，街道重设党委办，专门承办党委日常事务；1984—1989 年，街道增设组织部、宣传部，分别负责党的组织和宣传工作。

1990—1998 年，街道内设工委办、组织部、宣传部。1999 年，工委办与行政办合署办公，统称党政办；宣传部与文教科合署办公，统称精神文明办；增设纪检监察办。2000 年恢复工委办、宣传部。2002 年，党务部门调整为工委办、组织科、宣传科、纪检监察科。2003 年，工委办再次与行政办公室合并，恢复党政办。2004 年底至 2009 年，党政办改称综合办，组织科与群团办合并为党群工作部，宣传科与文教科再次合并为宣传教育部，纪检监察科改称监督考核部。2010 年，党群部的组织职能与宣教部的宣传职能合并为组宣工作部。

2015 年，街道党务部门有综合办、组织科、宣传科、纪检监察科。

1959—2015年朝外（大街）街道（人民公社）历任党务部门负责人一览表

表 4-4

部门	职务	姓名	任职时间	备注
政工组	组长	马树春	1959—1960年	兼任
		郭素萍	1961年	
		李素清	1966—1967年	
		刘福江	1968—1969年	
		张树森	1970—1971年	
		王启家	1972—1978年	
党委办	主任	郭素萍	1962—1965年	
		王启家	1979—1985年	
		侯万松	1986—1988年	
		段绍莲	1989年	
工委办	主任	段绍莲	1990年	
		苏玉成	1990—1995年	
		霍　兰	1996年	
		武晋栋	1997—1998年	
		武晋栋	2000—2002年	兼任
党政办	主任	武晋栋	1999年	
		张　群	2003—2004年	
综合办	主任	张　群	2004—2009年	
		吴志月	2010年	
		付可宾	2011—2012年	
		张　辉	2013—2015年	
组织部（科）	部长（科长）	吴兆年	1984—1986年	
		张伏枝	1987年	
		段绍莲	1988年	
		马爱春	1989年	
		霍　兰	1990—1995年	

续表 4-4

部门	职务	姓名	任职时间	备注
组织部（科）	部长（科长）	侯万松	1996 年	
		王振芳	1997—1999 年	
		刘　如	2000—2002 年	
		甘春英	2003—2004 年	
		马海滨	2015 年	
组宣工作部	部长	龙　梅	2010—2012 年	
		吴志月	2013—2014 年	
党群工作部	部长	甘春英	2004—2009 年	
宣传部（科）	部长（科长）	张维芬	1987—1991 年	
		马文华	1992—1996 年	
		武晋栋	1997—1998 年	兼任
		李俊毅	2000—2002 年	
		王　辉	2003 年	
		程蓉华	2004 年	
		吴　云	2015 年	
精神文明办	主任	刘　如	1999 年	
宣传教育部	部长	李俊毅	2005—2007 年	
		王加春	2008—2009 年	
组宣工作部	部长	张　群	2010 年	
		王　蕾	2011—2014 年	
纪检监察办（科）	主任（科长）	侯万松	1999 年	
		朱奎武	2000—2001 年	
		霍　兰	2002—2004 年	
		宋宝军	2010—2015 年	
监督考核部	部长	周淑琴	2005—2009 年	

第五节 党建工作

一、领导班子建设

朝外街道历届领导班子，均将班子自身建设放在突出位置来抓。1959年街道党委成立初始，即制定了《党委工作规定》，建立了党委成员分工负责制。1960年改建公社党委后，又制定实行了党委会议、组织生活、文件管理等制度。1990年改建街道工委后，制定实行了《工委自身建设规定》，坚持抓目标落实，坚持抓团结协作，坚持抓改进作风，定期进行班子成员述职，接受民主评议。1995年健全民主集中制，实行重大问题集体讨论决定，保证街道政令畅通。1999年制定《工委议事规则》，实行民主科学决策。2000年，处级领导班子开展了以讲学习、讲政治、讲正气为主题的“三讲”教育，促进了班子思想政治建设。2013年建立处级领导分包社区制度，深入一线帮助基层解决实际问题。2014—2015年在党的群众路线教育实践活动和“三严三实”专题教育中，班子成员带头检查纠正“四风”“不实”问题，促进了机关和社区为民服务工作水平的提高。

二、基层组织建设

1959年街道党委根据党员分布和工作需要，及时将原6个基层支部整合为5个。1960年公社党委加强对集体经济的领导，在12个街办企业建立了党支部。1964年街道党委在对22个基层支部逐一分析的基础上，进行好、中、差分类排队。在对59名党员思想状况逐一分析的基础上，评出四好、三好、二好党员。1970年街道新党委建立，恢复和整顿了46个机关、居民、企业支部。1985—1986年，街道分两批开展整党运动，按照组织程序，369人进行了党员登记。1988年开始，对党员实行目标化管理。1989年开始，开展创先进党组织、争当优秀党员的“创先争优”活动。1990年街道再次开展党员重新登记工作，按照组织程序，629人进行了党员重新登记。1992年，街道在个人总结、自查的基础上，对723名党员进行了民主评议。1996年开始，街道工委对基层支部日常工作实行了“手册管理”。1998年街道在民营企业海蓝云天商厦建立党支部，开启了非公领域党建工作。1999年街道建立由街道工委、主要社会单位党组织负责人共同组成的地区党建指导委员会。2000年各居民党支部分别与区级机关30个党支部，签订“结对共建”协议，开启了区域化党建工作。2001年街道建立6个社区党委和流动党员联络站，开启了社区党建工作。2004 年街道推出对街属党组织和自管党员实行分类管理，对社会单位党组织和驻地在职党员实行分类协调，建立党组织示范责任区和党员示范先锋岗的“双分类”“双示范”党建新举措。2006 年 1 月 13 日，朝外街道驻地党员服务中心“红色会所”正式揭牌成立，是朝外街道工委、办事处投资数十万元专门为辖区非公经济党组织、流动党员、驻地党员新建的“党员之家”。

2009 年开始，陆续在商务楼宇建立党建服务站，不断拓展党组织和党的工作的覆盖面。2012 年在对 48 个基层党支部工作进行分类排队的基础上，开展晋位升级活动。2013 年建立“抓大放小”非公党建组织体系，将 16 家规模较大的非公企业党支部保留在地区非公企业党总支，将 20 家规模较小的非公企业党支部下放到驻地社区进行管理。2015 年制定《基层党组织参与社区共商共治工程实施办法》，动员并组织基层党组织积极投入社区共建、服务群众工作之中。

朝外街道驻地党员服务中心“红色会所”（摄于 2006 年）

2008 年 4 月 7 日，党员服务队在街头宣传

2013 年 5 月 17 日，朝阳律协党委朝外地区律师党支部成立大会召开

三、宣传教育活动

2001 年 3 月，体东社区举行党日宣传活动

1951 年朝阳门关厢街党支部成立后，主要宣传抗美援朝，动员青年踊跃参军，发动群众积极为志愿军捐款、捐物、写慰问信。1956 年组织学习、宣传贯彻党的第八次党代表大会精神，使党员、干部、群众思想形成了“发展经济，改善生活”的共识。1958 年朝外街道党总支开展“鼓足干劲，力争上游，多快好省地建设社会主义”总路线教育，组织党员、干部、群众掀起了社会主义建设高潮。1960 年街道党委开展社会主义教育，改进工作作风，密切党群关系，促进了街道集体经济和服务事业的发展。1963 年开始，公社党委掀起学习毛泽东著作、学习雷锋活动热潮，促进了“我为人人，人人为我”良好社会风尚的形成。1979 年街道党委组织党员、干部进行“检验真理标准讨论”补课，将工作重心转移到社会主义现代化建设上来。1988 年开展党的“一个中心、两个基本点”基本路线教育，增强了街道党员、干部坚持改革开放和四项基本原则的自觉性。1989 年开展反对资产阶级自由化教育。1991 年街道在天福巷社区服务中心成立业余党校和业余政校，定期对党员干部进行政治和业务培训。1996 年在组织党员、干部、群众广泛讨论的基础上，街道工委确定“团结拼搏、真抓实干、内改外拓、超前争先”为朝外精神的具体内涵。2000 年组织 150 个单位党组织 1500 余名党员参与“一个党员一面旗，党的宗旨进社区”主题活动，开启了区域化党建工作。2005 年组织开展保持共产党员先进性教育活动，增强了街道党员学习贯彻“三个代表”重要思想自觉性，解决了街道和基层党组织当时存在着的主要问题。2007 年组织开展“学习实践科学发展观”活动，并开展“志愿行动在朝外，我为奥运做奉献”主题活动。2013 年组织实施“厚德暖心”工程，动员 100 余家单位党组织、1000 余名党员对地区困难户，开展就学、就业、就医、助老的“四大帮扶行动”。2014 年组织开展“群众路线”教育，使街道党员、干部增强贯彻党的群众路线的自觉性，积极帮助基层群众解决 473 件实际问题。2015 年实施机关支部进社区“1+4”计划，组织机关党员积极参与以社区

自治、党群共治、服务居民为主要内容的“三双”活动。

四、纪律检查工作

1982年街道查办联社修建队一名负责人贪污案件，司法部门判处其有期徒刑10年。1983年调查处理一名党员生活作风问题。1985年组织开展理想、纪律专题教育，增强党员、干部坚定信念、遵纪守法的自觉性。1988年制定每年进行两次纪律大检查、召开两次征求群众意见座谈会的制度，并设立纪检举报箱。1989年在机关、居委会、企业、个体户中，聘请52名党风监督员；街道调查处理了部分工商所干部违纪“吃、拿、卡、要”问题；还对一名机关干部酗酒打架问题，进行了停职反省处理。1993年针对发展市场经济容易出现的问题，街道专门制定了《严格区分经营活动中违纪与非违纪界限》。1994年清理整治了机关干部中午喝酒、空班、公车私用、占用企业钱物等问题。1995年配合区纪委，查处了一起处级主要领导擅自外借公款250万元，受骗无法追回问题；事后街道工委制定了《领导干部廉洁自律、机关人员廉洁从政20条规定、六条要求》。1996年建立了机关科级干部廉政档案，调查处理了联社私设小金库问题。2002年纪工委对新开路亮丽工程、吉祥里休闲园工程、社区万册图书馆建设、拆除违法建筑进行全程效能监察。2004年组织党员、干部学习《中国共产党党内监督条例（试行）》《中国共产党纪律处分条例》，开展党风廉政宣传月活动。2005年配合区纪委，查处一名副调研员参与赌博问题，给予其留党察看一年处分。2008年机关、社区干部层层签订党风廉政责任书、承诺书，开展了纪检系统“做党的卫士，做群众贴心人”活动。2009年全面启动廉政风险防范工作，针对排查出的90个容易产生腐败问题的风险点，逐一制定有效防范措施。2012年配合区纪检和司法部门，查处1名城管队主要负责人收受贿赂问题，给予其开除党籍、公职，司法部门判处其有期徒刑一年缓刑一年。2013年开展廉政文化活动，征集廉政微型小说，举办廉政书画展，组织参观职务犯罪警示展，增强了党风廉政教育的多样性、有效性。2014—2015年在党的群众路线教育实践活动和“三严三实”专题教育中，建立教育成果督查组，监督“四风”“不实”突出问题的整改落实。

五、干部管理工作

1949—1951年“三街”政府时期，每个街政府仅配备5至7名干部，由区委组织部门直接管理。1953年区委实行分级管理干部制度，朝阳门关厢街党组织开始管理中层及以下干部，当年街政府机关干部有30余人。1959年朝外大街街道党委成立时，机关干部只有25人。1960年改建公社，机关干部增为60人。为加强干部队伍管理，当年对46名自管干部情况进行分析排队，评定出好、较好干部37人。1964年街道开展“机关革命化”运动，整顿机关干部工作作风。1968年街道革委会成立时，机关干部为55人。1983年街道党委对36名科级干部“文化大革命”时期的表现逐个进行政治审查。1984年将符合条件的“以工代干”人员，通过组织程序转为正式干部，使机关干部增加为99人。1985年实行干部正规化培训，45名机关干部参加了各级理论学习和文化补习。1988年举办“领导科学概论”培训班，43名机关干部参加。当年9名在职干部获大专文凭，8名在职干部获高中文凭。1990年在112名机关干部中，大专以上文化程度由1983年3人上升为30人，增长10倍。1991年开始，每年年终均对科、处级干部年度工作进行考核和民主测评。1996年经培训、考试、定职、进岗，顺利完成机关干部转为公务员的过渡任务。当年还对19个科室30名干部进行轮岗交流，提拔正科级干部5人、副科级干部5人，试行聘任副科级干部2人。1998年经专业培训，60名机关干部通过计算机B级考试。1999年严格机关干部目标化管理，对机关干部日常工作情况实行日巡查、周抽查、月拉练检查。当年，对11个科室60人次违规行为进行了扣分处罚。2000年街道机关科室首次进行全员竞争上岗，经定岗定责、宣传发动、书面笔试、演讲答辩、民主测评、组织任命等程序，26名科级干部和57名一般干部分别进岗履职。2005年举办机关“大科制”机构调整后的科级干部培训，并进行公务员法、依法行政考试。2010年在民主测评的基础上，建立了处、正科、副科三级后备干部梯队。2011年规范机关编外人员管理，实行社会招聘和劳务派遣制度。2015年选派部分机关干部兼任楼院自治会“席位制”指导员，开展“为官不为，为官乱为”专项治理，随机对机关干部，特别是窗口服务、重要部门人员工作情况进行明察暗访。当年，街道机关干部职工共有132人。其中，男68人、女64人；正处2人、副处9人、正科35人、副科30人、科员39人、职工17人；研究生文化23人、本科文化92人、大专文化16人、高中文化1人。

1982年中央做出建立干部退休制度决定后，朝外街道党委指定组织科专人负责老干部管理服务工作。1984年街道将老干部工作列入党委议事日程，建立老干部活动室，组建老干部支部。1988年规定每月6日为老干部活动日，发展2名老干部入党，解决2户老干部住房问题。1993年街道老干部发展为71人，其中离休干部41人、退休干部30人。同年，街道成立离退休干部管理委员会，修订完善《离退休干部管理规定》，为老干部办实事21件。1999年街道离退休党支部被中组部评为全国先进党组织。

2004年组织老干部赴西柏坡参观，开展“两个务必”（务必使同志们继续地保持谦虚、

1999 年 11 月 19 日，朝外街道举行离休干部党支部先进事迹报告会

谨慎、不骄、不躁的作风，务必使同志们继续地保持艰苦奋斗的作风）教育，并进行电脑培训。2008 年各社区开始对 41 名区属离休老干部开展“四就近”（就近学习，就近活动，就近得到关心照顾，就近发挥作用）服务工作。2011 年中组部、老干部局领导视察调研街道驻地老干部“四就近”服务工作，并参观朝阳中医院老干部就医“绿色通道”。2012 年为迎党的十八大，组织老干部开展“颂党恩、抒豪情、添光彩、乐晚年”主题活动。2015 年组建老干部先锋队，为老干部在社区建设中发挥作用搭建平台。当年，街道机关共管理老干部 86 人，其中离休干部 7 人、退休干部 79 人。

六、统一战线工作

20 世纪 50—60 年代，朝外街道统战工作主要是团结改造旧工商业者、小业主，调动民主党派、民族宗教人士、归国华侨参与社会主义建设积极性。党的十一届三中全会后，朝外街道党委对统战工作愈加重视。1990 年制定街道工委《关于加强统战工作意见》，将统战工作列入重要议事日程，定期研究解决相关问题。1992 年建立统战对象联络小组，对统战人士实行目标管理。1995 年开始，街道领导每年古尔邦节（宰牲节）去南下坡清真寺向回族群众致以节日慰问。2003 年街道工委确立“大统战、小政协”理念，将民主党派、民族宗教、非公经济、侨界人士、台胞台属、政协委员等工作共同纳入“大统战”范畴，建立每年重要节日前举行统战人士座谈会制度。2004 年社区换届，10 名统战人士进入社区议事委员会，为社区建设出谋划策。2011 年邀请驻地区政协委员参加街道工作评议会，对街道班子、科室、站所工作实施民主监督；2012 年积极协调有关部门，帮助南下坡清真寺解决寺产历史遗留问题。吸纳清真寺阿訇、东岳庙住持为朝外地区社会建设委员会成员，为促进地区和谐稳定发挥其特殊作用；2015 年在少数民族聚居社区，举办“邻里节”民族小吃展示活动，营造民族团结良好氛围。当年，街道共驻有各界民主人士 64 名和 21 名政协委员。

2007 年 6 月 25 日，社区议事委员会为社区建设出谋划策

第五章

群众团体

QUNZHONG TUANTI

朝外街道分别于20世纪50年代、80年代、90年代相继成立工会、共青团、妇联、侨联等群众团体以来，在街道党（工）委的统一领导下，紧密围绕党和政府不同历史时期的中心任务，根据各自职能和特点开展工作，发挥党的助手、联系不同群体的桥梁和纽带作用，促进了街道各项事业的发展。

第一节　工会组织

一、组织沿革

朝外地区的工会组织从 1949 年春产生。北平和平解放时，中国人民解放军按区进行军管后，军管会设 6 人工作组做工人运动工作。最初，工作组配合筹建新政权工作，深入街道向居民群众宣传人民解放军的伟大胜利和共产党的政策。在三轮车工人、建筑工人及各类手工业工人的中建成了三轮车工人工会、建筑工人工会和粪业工人工会。之后又在私营商业中建成了一批行业工会。大部分工人被组织起来并发挥了积极作用。随着生产的恢复，工人队伍日益壮大。1968 年工代会接管。1973 年恢复区工会组织。1979 年恢复教育系统工会组织。党的十一届三中全会以后，在新形势下工会和各基层工会组织走上稳定健康的发展道路。

1988 年 7 月，朝外街道首次召开工会会员代表大会，同时成立朝外街道机关工会和朝外联社工会。街道工会主要职能：开展职工教育、参与民主管理、促进经济发展、维护职工权益等。1992 年 8 月，街道（机关）工会与联社工会合并，改建为朝外街道工会，联社工会变为街道工会下属基层工会。街道工会设立经费审查委员会、劳保监察委员会、女职工委员会，下属基层工会 9 个。2007 年 6 月，街道成立工会服务站，社会招聘专职人员，具体承办企业建会、收缴会费、组织活动、会员维权等事务。2011 年 12 月，朝外地区召开第一次工会会员代表大会，将街道工会改建为地区总工会。地区总工会下属基层工会 149 个，共有会员 13491 人。2015 年 7 月，地区总工会召开第二次会员代表大会，108 名代表参加，进行换届选举。截至年底，地区总工会下属基层工会已发展为 204 个，其中独立工会 197 个、联合工会 7 个，涵盖企业 1126 家，会员 26507 人。

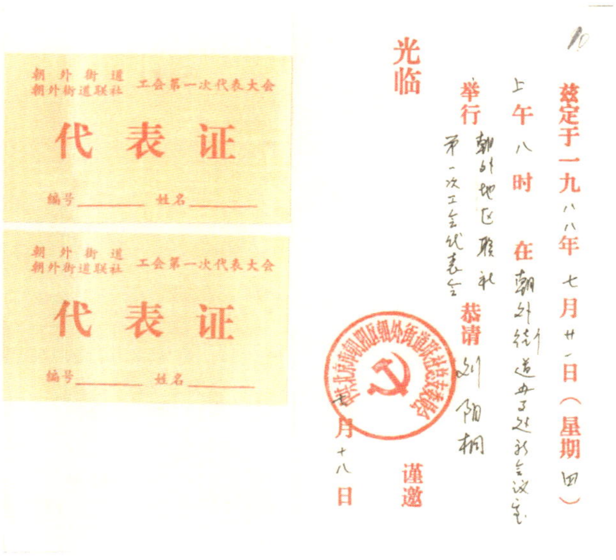

1988 年朝外街道联社首届工会代表大会代表证

朝外街道工会负责人一览表

表 5-1

职务	任职时间	姓名	备注
街道工会主席	1988—1994 年	张文杰	
街道工会主席	1995—1997 年	张义川	
街道工会副主席	1998—1999 年	马文华	
街道工会副主席	2000—2001 年	霍　兰	
街道工会副主席	2002 年	杨贵生	
街道工会副主席	2003—2004 年	李　萍	
街道工会副主席	2005—2006 年	程蓉华	
街道工会副主席	2007—2010 年	王　蕾	
街道工会副主席	2011 年	刘金绪	
地区总工会主席	2012—2014 年	魏红专	兼任
地区总工会副主席	2012 年	吴志月	
地区总工会主席	2015 年	龙　梅	

二、主要工作

1988 年朝外街道工会建立初期，主要抓了摸清职工队伍基本情况、建立工会工作制度；1990 年组织职工开展“迎亚运、创一流、增效益”主题活动；1991 年开展以“革新、献计、创效益”为内容的劳动竞赛，组织工会积极分子开展“串门、知事、解难”帮困活动，将组织的温暖送到了职工心上；1993 年组织开展“岗位学雷锋，行业树新风”活动；1995 年组织职工球类、棋牌比赛，赴三峡、黄山、杭州疗养活动；1998 年 1 月街道首次召开机关工会全体会员大会，听取和审议街道办事处年度工作报告；2004 年街道在 10 个建筑工地分别成立项目联合工会，发展会员 3136 人，为维护农民工合法权益建立了组织保障；2005 年对劳模情况进行摸底调查，对地区全国劳模 2 人、市级劳模 8 人进行了走访慰问；2008 年组建 100 人文明职工啦啦队，为参赛双方鼓劲加油；2010 年开展地区工会会员信息采集，推进厂务公开、工资集体协商工作，促进了工会规范化管理；2013 年加强地区总工会服务站规范化建设，达到“一站、五室、两中心”标准，通过了市、区总工会检查验收。2014 年先后举办地区职工游泳比赛、“相遇春天”爱情运动会、“相约朝外、拥抱幸福”单身职工联谊会、拉丁舞和瑜伽培训班；2015 年举办地区服务行业技能大赛，11 家企业 32 名选手到场展示各自绝活。

第二节　共青团组织

一、组织沿革

解放初期，团组织名称为中国新民主主义青年团。1951 年，朝阳门关厢街政府建立中国新民主主义青年团团总支。1957 年，团组织名称改为中国共产主义青年团。1959 年朝外大街街道成立中国共产主义青年团团委。1970 年 11 月，街道召开第一次团员代表大会，成立朝外大街街道新团委，团委下属团支部 34 个，团员 394 人。1987 年 11 月，街道召开第二次团代会进行换届选举。1991 年街道召开第三次团代会，进行团委换届选举。1997 年街道团委改建为朝外地区团工委。2004 年成立朝外地区团建指导委员会，2014 年将团工委委员扩充为 19 人，由街道、社区、重点社会单位团委负责人担任。截至 2015 年，地区团工委直属支部 50 个，团员 620 人。

1988 年 2 月，共青团朝外街道委员会召开颁发团员证大会

朝外街道团（工）委负责人一览表

表 5-2

职务	姓名	任职时间
街道团委书记	郑中月	1959—1965 年
街道团委书记	张成来	1970 年
街道团委书记	王玉华	1971—1975 年
街道团委书记	李凤芹	1976—1977 年
街道团委书记	李秀根	1978—1981 年
街道团委书记	赵东红	1982—1983 年
街道团委副书记	祖长海	1984—1985 年
街道团委副书记	刘　如	1986—1987 年
街道团委书记	霍　兰	1988—1989 年

续表 5-2

职务	姓名	任职时间
地区团工委书记	刘　如	1990—1996 年
街道团工委书记	刘　如	1997—1998 年
地区团工委书记	霍　兰	1999—2002 年
地区团工委书记	王　蕾	2003—2009 年
地区团工委书记	马　源	2010—2012 年
地区团工委负责人	司　维	2013—2014 年
地区团工委书记	苏　磊	2015 年

二、主要工作

1950—1958 年，朝阳门关厢街道团总支主要对团员、青年进行党的城市政策宣传，开展爱党、爱社会主义教育，组织团员、青年积极投身到抗美援朝、公私合营、“大跃进”、社会主义建设热潮之中。1959—1965 年，朝外大街公社团委加强团组织自身建设，组织团员、青年学政治，学文化，掌握生产技能，发挥突击队作用，为街道和社会争做贡献。1970—1976 年，朝外大街街道团组织受到破坏。党的十一届三中全会后，街道团委将工作重点转移到广泛开展争做“四有”新人活动中来。1980 年组织开展“学雷锋，树新风”活动。1983 年开启以团员为主体的“文明礼貌月”“五讲四美三热爱”活动。1984 年在长城脚下举行新团员入团宣誓仪式，增强团员光荣感和责任感。1989 年街道机关团支部开展了“文明办公，模范服务”系列活动，促进了机关作风好转，此做法曾在全区进行了经验介绍。1990 年配合迎亚运，组织青年服务队，广泛开展宣传、咨询、服务活动。1992 年成立共青团文明小区建设委员会，引导青少年积极参加学雷锋“综合包户”服务活动。1994 年实施跨世纪青年文明工程，建立地区青年志愿服务队，协助街道对地区治安、卫生、交通、市场秩序，进行监督和整治。2002 年在地区团员青年中，组织开展“我为企业发展献良策”“我为环境整治献良策”征文、演讲活动。2005 年在朝外大街举办大型“学雷锋服务日”活动，20 余家社会单位团员、青年发挥各自优势，为过往群众提供宣传、咨询、义诊、维修、理发等项志愿服务。2007 年组织部分团员赴河北，进行“走进晋察冀，学习白求恩”革命传统教育，并向老区希望小学捐赠书籍。2008 年组织青年志愿者开展“微笑北京，奥运先锋”服务奥运活动。北京奥运会期间，在朝外大街和日坛路分别设立“蓝立方”城市志愿服务站，为奥运奉献青春力量。2012 年启动“党建带团建”工程，新建非公企业团支部 20 个，发动 200 余名非公企业团员、青年加入地区志愿者队伍，为地区精神文明建设添彩助力。2013 年依托地区社管中心，建立供地区团员、青年学习、交流、开展公益活动和各种特色活动的潮外·社区青年汇和悠唐·社区青年汇阵地。当年即在社区青年汇举办了“青春点亮中国梦”主题演讲、青年职工与企业家互动的“职场咖啡”等活动。2015年举办地区青年“爱国、敬业，青春朝外”演讲比赛和“七夕加一，单身派对”青年联谊活动，增强了团组织活动的针对性和有效性。

2003年12月，北京阿莲新妆美容美发有限公司团支部成立

2014年10月30日，朝外街道团工委与中石化机关团委共同举办“爱国敬业，青春朝外”主题演讲比赛。决赛特别邀请共青团北京市朝阳区委书记王洪涛，国家话剧院一级演员、著名表演艺术家贾大中，北京农商银行团委书记梅玫担任评委，朝外地区团工委委员和部分青联委员也出席了此次活动。

2014年10月30日，朝外街道团工委与中石化机关团委共同举办“爱国敬业，青春朝外”主题演讲比赛合影

2015 年 1 月 6 日，常春藤代表赴朝阳区朝外街道潮外·社区青年汇交流学习。代表团实地参观、体验了活动场地及各项功能分区。在捉友吧体验桌上足球、乒乓球等游乐设施；在国学堂学习中国传统文化等。

第三节　妇联组织

一、组织沿革

2015 年 6 月 5 日，朝外街道第九届社区妇联换届选举工作会召开

1949—1951 年，朝外辖区 3 个街政府分别明确 1 名干部负责妇女工作；1954—1958 年，朝外辖区 3 个街道办事处分别设 1 名妇女主任，专管妇女工作；1959 年朝外大街街道正式成立妇女联合会。1973 年 3 月，朝外大街街道召开第一次妇女代表大会，180 名代表参加；1984 年 7 月，街道召开第二次妇女代表大会，进行妇联换届选举，99 名代表参加；1987 年 7 月，街道召开第三次妇女代表大会，进行妇联换届选举，92 名代表参加；1993 年 8 月，朝外街道召开第四次妇女代表大会，进行妇联换届选举，45 名代表参加；2012 年 7 月，街道召开第六次妇女代表大会（实际是第五次妇代会，根据区妇联要求，街乡妇联届次须与区妇联相一致），进行妇联换届选举，60 名代表参加；截至 2015 年，街道妇联下设社区妇联 7 个，共有妇女会员 17046 人。

朝外街道妇联负责人一览表

表 5-3

职务	任职时间	姓名
街道妇联主席	1959—1978 年	李玉华
街道妇联主席	1979—1984 年	吴　军
街道妇联主席	1985—1993 年	姜国华

续表 5-3

职务	任职时间	姓名
街道妇联主席	1994—1995 年	刘　如
街道妇联主席	1996—1997 年	张维芬
街道妇联主席	1998—2001 年	霍　兰
街道妇联主席	2002 年	刘韵军
街道妇联主席	2003—2004 年	王　蕾
街道妇联主席	2005—2009 年	龙　梅
街道妇联主席	2010—2013 年	张丽娟
街道妇联主席	2014—2015 年	史红梅

二、主要工作

1959—1965 年，街道妇联主要在妇女中开展社会主义教育、学习毛泽东著作活动，评选“五好家属”、宣传计划生育、倡导勤俭建国和勤俭持家、动员妇女走出家门，从事社会劳动等工作。1973 年街道建立新妇联后，主要组织妇女学习动员子女上山下乡，创办“五七”生产组。党的十一届三中全会后，街道妇联主要组织妇女开展真理标准讨论，学习《中华全国妇女民主联合会章程》，动员妇女积极投身改革开放潮流之中。1979 年，街道妇联开始，每年评选“五好”家庭、“五好”妇代会。1982 年开始，每年评选三八红旗手。1983 年，街道召开“五好”家庭、“四好”家长经验交流会。各基层妇代会成立家庭教育委员会和三八服务组。1985 年，街道妇联先进评比最多年份，共评出“五好”家庭 11260 户、“四好”家长 1206 人、三八红旗手 529 人、“五好”标兵家庭 26 户。1988 年，动员妇女积极创办便民服务事业，建立缝补组 19 个、小饭桌 12 个、取奶点 5 个、小卖部 13 个。1990 年，组织开展国情和迎亚运教育，提高了妇女为亚运会做贡献的积极性。1994 年，举办“迎接世妇会”主题的有奖竞猜、歌曲演唱、娱乐游戏等系列活动。1996 年，建立基

2009 年，朝外街道召开欢迎受阅女民兵凯旋归来座谈会

层妇代会工作量化考核制度，将街道妇女工作纳入经常化、制度化、规范化轨道。2002年，组织妇女开展“弘扬家庭美德”活动。2003年，组织妇女开展主题征文、诗歌朗诵、手工制作、社区摄影、学习型家庭经验交流等五大系列活动。2005年开始，实施和谐社会从家庭抓起的“细胞”工程。2007年，各社区与居委会同时换届选举，共产生35名新执委。2008年，组建“金玫瑰”女子健身操队，参加区级比赛，并分别在市“三八”节表彰大会和全国妇女主题活动启动仪式上进行表演。2009年，组织与共和国同龄妇女参加庆祝中华人民共和国成立60周年群众方阵游行。

2011年，启动“爱家讲堂”，相继举办幸福婚嫁秀、准妈妈健康沙龙、幸福宝贝文艺表演等活动，展现出居民家庭幸福生活。2012年，组建社区女子合唱、舞蹈、花毽、拳术、戏曲、朗诵、书画、摄影、编织等9支文化宣传队伍，活跃社区群众文化生活。2014年，评选出3100户五好文明家庭，占到居民总户数的25%。2015年，创新妇女工作方式，实施“巾帼建功”“巾帼关爱”“巾帼维权”“巾帼成才”系列工程，将街道妇联工作推向新高度。

2014年，区妇联在朝外街道悠唐购物中心举办第十届健康宝宝大赛

第四节　侨联组织

一、组织沿革

1999年12月，朝外街道召开第一次归侨、侨眷代表大会，成立了全市第一家街道归侨侨眷联合会，田景廉当选主席，项龙规当选副主席。侨联主要工作职能为宣传贯彻党和政府侨务工作方针政策，团结和动员归侨、侨眷积极投身社会主义建设、听取和反映归侨、侨眷意见、建议，维护归侨侨眷合法权益。街道侨联下设24个侨联小组，街道指定专人负责侨联组织协调工作。当年，街道共有归侨17户、侨眷188户。2001年，街道侨联成立爱侨艺术团、侨友书画社、英语培训班、保健养生协会等侨友组织。2002年3月，街道召开第二次归侨侨眷代表大会，进行侨联换届选举，田景廉继续当选主席，

2002 年 3 月，朝外街道第二次归侨侨眷代表大会召开

项龙规继续当选副主席。2007 年 6 月，街道召开第三次归侨侨眷代表大会，进行侨联换届选举，田景廉继续连任主席，项龙规继续连任副主席。2012 年 5 月，街道召开第四次归侨侨眷代表大会，进行侨联换届选举，田景廉当选终身名誉主席，尹惠平当选主席，藏君峰当选副主席。截至 2015 年，朝外街道共有 7 名侨联委员、29 个侨联小组、归侨 17 户、外籍华人亲属 38 户、侨眷 194 户。

二、主要工作

2000 年街道侨联建立侨联委员每月初集中学习一次和委员分片包干制度，为督促侨联各项工作落实奠定了基础。2001 年举办侨界人士迎春联欢会和侨务工作经验交流会，组队参加区侨联运动会，帮助困难侨属解决了实际问题 15 人次，组织侨界人士向内蒙古五元县华西小学捐赠学习用具。2002 年街道侨联荣获全国侨务工作先进单位称号。10 名侨界人士被选为社区议事委员会成员，积极为社区建设出谋划策。2003 年抗

2007 年 6 月，朝外街道第三次归侨侨眷代表大会召开

2004 年 8 月，朝外街道建立维护侨益绿色通道启动仪式举行

击“非典”斗争中，街道侨友积极参加社区值班巡逻，并向战斗在一线医护人员捐款表示敬意。2004 年建立了街道“一窗、一室、一站、一处”服务侨界人士“绿色通道”。街道侨联工作经验，在全国社区侨务工作会上进行了交流。田景廉主席被评为全国侨联先进个人。2006 年组织侨属代表先后赴延庆县、天津市进行春秋游，为 13 位老归侨集体过生日。2008 年成立街道侨联临时党支部，加强党对侨联工作的领导。128 名侨界人士为汶川地震灾区捐款，79 名侨界人士参加奥运会期间社区值班巡逻。2009 年组织侨界人士积极参与为中华人民共和国成立做出突出贡献的英模、感动中国人物“双百”评选投票活动，以及国庆阅兵活动服务保障工作。2010 年举办街道侨联成立 10 周年活动，爱侨艺术团先后赴武警部队和香山老年公寓进行慰问演出，参加中央电视台《歌声与微笑》节目录制。2013 年在开展地区侨情调查基础上，建立归侨侨眷和困难侨界人士信息资料库和侨联工作文书档案。举办侨务知识竞赛和参观雷锋事迹展、昌平新农村活动。2015 年纪念抗战胜利 70 周年，举办“回忆历史，创造未来”书画展。

第六章

精神文明建设

JINGSHEN WENMING JIANSHE

1980年前朝外街道精神文明建设由党（工）委办公室、共青团负责。1981年开始，精神文明建设由街道行政办公室负责。1999年街道成立精神文明建设办公室，设在宣传科至今。

社会主义精神文明建设的内容包括思想道德建设和教育科学文化建设两个方面。根本任务是培养有理想、有道德、有文化、有纪律的社会主义公民。由于内容宽泛，涉及部门众多，各部门承担的精神文明建设工作，将在各自的章节中记述，这个章节主要记述街道精神文明建设的主要活动项目开展情况。

第一节 文明创建

一、学雷锋活动

这是精神文明建设的一条主线，也是坚持时间最长的最具影响力公益志愿服务活动。1963年3月5日，毛主席提出“向雷锋同志学习”的题词公开发表后，街道及时召开动员会和报告会，组织开展“学雷锋，见行动”的思想教育活动，引导人们以雷锋为榜样，全心全意为人民服务。此后，除了平时开展活动外，街道每年的3月5日都利用各种形式集中开展学雷锋为民服务活动；1983年在纪念毛主席题词“向雷锋同志学习”20周年时，街道开展了“学雷锋、树新风”活动。活动中青少年建立了学雷锋小组和青年服务队，妇女组成了“三八妇女服务组”为群众做好事，为孤老、病、残疾人服务；1990年北京开展“学雷锋、树新风、迎亚运、做贡献”活动。街道在落实中开展了“学雷锋、树新风、办实事、创三优”活动；1992年，街道在开展学雷锋活动中，以“社会主义好，党在我心中”主题组织了报告会、演讲会、座谈会共计7次，引导青少年热爱党、热爱祖国、热爱社会主义，树立正确的理想、信念和价值观，组织地区开展多种形式的便民服务；1995年7月，在开展学雷锋活动中街道邀请首都“老战士委员会”成员郭汉田（张思德的战友、芳草地社区居民）为地区学校、企业单位巡回演讲，教育青年学生和单位职工向英雄学习；1996年，全市开展“岗位学雷锋、行业树新风”活动。此后，街道将学雷锋活动逐步融入精神文明创建的各项志愿服务活动中。如，1998年，蓝岛组织创建“巾帼文明示范岗”，开展职业道德、社会公德、家庭美德教育，评选六好职工和五好文明家庭，带动精神文明建设。2000年街道组织的10个“朝外好市民”事迹报告巡展活动。2007年，开展市民排队推动日和“志愿行动在朝外，我为奥运做奉献”万人签名的主题志愿行动。2008年，开展街道十大“志愿之星”和优秀志愿者命名表彰活动；以“微笑北京奥运先锋”为主题，组织城市志愿者站点服务，团委招募的500名社会志愿者每天轮流在朝外大街和雅宝路两个奥运服务站点为国际友人和过往群众提供信息咨询、语言翻译、医疗救助。2009年，加强地区文明乘车员队伍建设及管理，认真做好文明监督员业务及安全培训，组织每月11日排队日的工作，与辖区4家社会单位合作共建，设立全市首批社会志愿服务站台，招募文明引导员志愿者500人。2010年，开展“做文明有礼的朝阳人”活动。3月5日学雷锋日，启动阳光接力活动，“三八”国际妇女节，以“五个起来”做引领，开展“点滴做起提升文明素质，分秒入手创造美好未来”系列活动；2012 年，依托 2 个橙房子志愿者工作站实现志愿者服务常态化，推出 15 项志愿品牌不断扩大了志愿服务影响力；2013 年，以“向雷锋同志学习”题字 50 周年为契机，弘扬“学习雷锋奉献他人，提升自己”的志愿服务理念，在社区中开展“学雷锋”志愿服务展、营造良好文明氛围。2015 年，与和众泽益志愿服务中心合作，引入辉瑞、花旗银行等社会资源，开展“为妈妈奔跑”公益主题活动以及三丰里社区美化公益活动。

二、“五好”家庭创建活动

1964 年 2 月北京市妇联指示在街道妇女和职工家属中开展政治思想好，勤俭持家好、教育子女好、团结互助好、安全生产好为内容的“五好”家庭活动。以“五好”为中心开展“学、比、赶、帮”运动。1965 年街道妇联开展了勤俭建国勤俭持家先进评比。1979 年开展了“五好”妇代会、“五好”家庭、“五好”个人、“五好”园所竞赛评比活动。1980 年区妇联修订“五好”内容，增加了计划生育，遵纪守法等条件。1981 年在“五好”活动中加进了“五讲四美”内容。1982 年重点开展五好家庭活动和评比三八红旗手活动。1983 年“五好”活动以维护妇女儿童合法权益为重点，以共产主义思想教育为核心。1985 年强调“五好”家庭同首都两个文明建设结合，加强理想、道德、文化、纪律、法制教育，提高家庭成员的精神文明素质，建立文明、健康、科学的家庭生活方式。1988 年 11 月北京市妇联提出“五好”家庭标兵条件。家庭是社会的一个细胞，围绕各个时期精神文明建设内容朝外街道开展了“五好”家庭经验交流会、家庭运动会、家庭演讲会等。从 1983—1995 年评出“五好”家庭 55703 户，“四好”家长 5046 名，“五好”家庭标兵 1355 户，三八红旗手 1120 人，好媳妇、好女婿 640 人，好婆婆 549 人，好丈夫 623 人。其中，获评全国三八红旗手 2 人次、北京市三八红旗手 8 人、北京市先进妇代会 1 个、北京市“五好”家庭标兵 4 户。1996 年，在贯彻《首都市民文明公约》和《首都市民文明守则》活动中，街道评选出“五好”家庭 102 户、精神文明户 9500 户、卫生之家 12000 户、美好家庭 10 户、民族团结楼院 25 个。

三、“五讲四美三热爱”活动

1981 年，全国总工会、团中央、全国妇联等 9 个单位联合发出倡议，在全国开展“讲文明、讲礼貌、讲卫生、讲秩序、讲道德、心灵美、语言美、行为美、环境美”简称“五讲四美”活动。街道立即开展逐门逐户的宣传发动工作，同时开展了为民办实事活动。1983 年 1 月，中宣部等 24 个单位推出《1983 年继续开展“五讲四美三热爱”活动的意见》，指出要把热爱祖国、热爱社会主义、热爱党的教育活动与“五讲四美”活动融合起来形成“五讲四美三热爱”活动。街道开始推广开展军民共建精神文明活动。1984 年，中央“五讲四美三热爱”活动委员会召开第二次全体会议，提出要普遍地、扎实地开展建设城乡各种文明单位活动，并要求把建设文明单位作为“五讲四美三热爱”活动的基本形式和基本内容。街道将“五好”家庭创建工作纳入其中，当年对文明居委进行验收，查验居民户10955户，评出“五好”家庭6368户、卫生之家5529户、清洁户4088户、文明院1055户、文明组197个、文明楼38栋、机关文明科室10个。1985年，北京市集中开展“普及文明语言，养成文明习惯，树立文明风气，创造文明生活，争做文明市民”的教育。北京市委、市政府发出“人人争做文明市民”的号召，朝外街道开展“一约三法”（首都文明公约、市容卫生法规、交通法规和城市绿化法规）教育和做文明市民宣传工作，普及日常文明礼貌用语，开展“五讲四美三热爱”活动。1988年，朝外街道开展法制宣讲教育，创“文明单位”，做“文明市民”。1992—1993年，在继续深入开展社会主义教育的基础上，进行党的基本路线教育，党史教育和国际国内形势教育，社情、街情教育。开展全地区的岗位学雷锋活动和以“社会主义好，党在我心中”等为主题的各种形式的报告会、演讲会、座谈会等7次。特别是在青少年中开展有理想、有道德、有文化、有纪律的教育，使他们树立远大革命理想。1994年，街道团委与驻地社会单位团委开展联谊活动，成立朝外地区“青年志愿者服务队”，落实跨世纪青年文明工程。朝外街道精神文明建设党、政、企、工、青、妇齐抓共管，推动地区精神文明建设的开展。1995年，街道进行系列爱国主义教育，广泛开展学习孔繁森、李润五同志的事迹活动，落实《爱国主义教育实施纲要》。1996年，街道在社会单位开展“文明新风杯”活动，在居家委会开展“文明安居杯”活动，调动了单位和居家委会积极性。2003年，为了提高文明单位创建标准，街道深入开展“创星级文明单位、文明居民区、民族团结楼院、五好文明家庭”活动。街道召开地区动员大会，各单位对照标准，制订方案，查找问题，明确责任，开展宣传，切实解决，在地区掀起了创建高潮，涌现出一批星级文明单位。经过评比验收，街道表彰了辖区19个星级文明单位、9个星级文明居民区、2个民族团结楼院、15个“五好”文明家庭。当年体东社区创建为市级文明居民区，芳草地社区创建为区级文明社区。同时在朝外大街开展共建文明公交站台和文明乘车安全百日竞赛活动，12个社会单位的48名青年志愿者分别在6个站台轮流担任文明监督员，义务维护站台上下车秩序，宣扬良好的社会道德风尚，37人被评选为公民道德“朝外之星”。

四、“文明小区”创建活动

根据朝精综字〔1991〕10号文件《关于在街道、乡开展创文明居民区和文明村活动的意见》和文明居民区的五条标准，街道成立了争创文明居民区领导小组，确定芳草地南居委会作为创文明居民区的试点。芳南小区有居民楼 7 栋 17 个单元 319 户 1115 人，以外交人员服务局职工和武警九支队随军家属为主，创文明小区工作从居委会入手，建立健全各项制度，多次召集居民座谈会，宣传创文明小区的意义和要求，下发致居民的一封信，形成群策群力共同参与创建文明区管理模式，在拆除私搭乱建、清理楼道、阳台杂物等工作中自然形成群众的自觉行动。筹措资金加高小区围墙，建设封闭式小区，建立传达室，专人负责 24 小时值班。组织一支由 38 位居民组成的义务治安、消防队伍，在小区 17 个单元全部配置消防设施，构成小区群防体系。修建 5 个自行车棚，新铺路面 280 平方米，添置石桌石凳 30 多个，修建了月亮门和楼间草坪，绿化面积达 780 平方米，做到了黄土不露天。办起小卖部、修车、缝纫、电器维修、彩扩、修表等便民项目。制定《相邻公约责任书》，成立业余法制学校，设立老干部活动室，寒暑假期组织学生活动班等。1991 年 5 月经市政府检查验收合格，当年市政府在芳南小区召开全市 18 个区县现场会。市公安局、消防局、司法局也先后在芳南小区召开全市系统的经验交流会。1992 年，芳南小区被北京市政府授予北京市文明居民小区，成为北京市首批十个文明居民小区之一。继芳南文明居民小区创建成功后，街道办事处总结经验，根据各居民区的现状、特点制订工作计划，1992 年创建东大桥路中文明居民区，1993 年创建工体西里文明居民区，1994 年创建体育场东路文明居民区，1995 年创建吉祥里文明居民区。1997 年，街道实施“两条线，四个点”即朝外大街、日坛北路、三丰里、雅宝里、吉祥里东区、吉祥里西区文明创建工程，推动了地区文明水平的提高。

五、文明城区创建活动

2002 年、2008 年，朝阳区两次获得全国创建文明城市工作先进城区荣誉称号，为朝阳区的文明建设奠定了坚实的基础。2008 年北京奥运会和 2009 年庆祝新中国成立 60 周年大会成功举办后，朝阳区开始全方位提速文明城区创建步伐，朝外街道积极跟进。2010 年，按照朝阳区创建办的统一部署，街道完善创建领导机构，增设 7 个工作小组，即综合协调组、监督考核组、宣传信息组、环境治理组、平安建设组、社会事业建设组和档案收集组，同时还做到“三明确”（明确了责任领导，明确了小组职责，明确了与区创建指挥部和社会领域各工作组的分工对接）。并重申了处级领导包社区和机关干部下社区的制度，包社区领导同时担任各社区创建工作的联系人和责任人。形成层层有动员，级级有部署，整体有把控的“三有”工作模式。为了提高群众对创建工作的知晓率和参与率，街道在集中动员部署的基础上，安排机关人员下社区与社区工作人员一起，深入社会单位和居民家庭开展宣传告知。并以“我们的节日”为依托，开展做文明有礼的朝阳人系列活动：3 月 5 日学雷锋日，启动阳光接力活动；“三八”国际妇女节，以

“五个起来”做引领，开展“点滴做起提升文明素质，分秒入手创造美好未来”活动；组织社会领域发起“文明朝阳我先行”万人签名活动；开展“和谐社区杯”乒乓球比赛；开展地区京剧票友会演和“巧手包粽”活动；与悠唐博纳影城联合开展弘扬优秀银幕文化创建全国文明城区“提建议看大片——文明朝外金点子”活动等，吸引百姓参与创建工作的积极性，较好提升了创建工作的知晓率和参与率。为了查找、汇总、解决问题，街道围绕区文明城区监测评价 147 个细类问题，专门成立了工作小组，将责任细化到 12 个责任科室开展落实，在责任科室的大力配合下，街道 10 月底如期完成了朝阳文明城区建设检测评价系统材料上传工作，并顺利通过审核。在此基础上，街道对查找到的问题，逐条与责任科室、责任社区对接，建立工作台账，明确责任领导、责任部门、工作标准和完成时限，并狠抓主要大街交通秩序、街巷基础设施、重点地区面貌、生活垃圾管理、校园周边环境等薄弱环节的整治，促使文明创建工作扎实向前推进了一步。2011 年，在文明城区创建中，针对区检查验收和街道自查反映出的社会单位履行“门前三包”责任意识不强，个别社区及单位门前存在卫生死角，机动车、非机动车乱停放等问题，街道研究建立长效机制，每周对地区交通秩序、街巷基础设施、生活垃圾管理、校园周边环境进行模拟检查，并建立整改督办制度。先后召开 28 次听证会共商解决办法，依托“千名干部下基层，周六创建行动日”等活动为民办实事。7 月底，街道及社区层面完成实事社会事业类 440 件，城市环境类 340 件，平安建设类 242 件，文化

2002 年 3 月，朝外街道宣传《公民道德建设实施纲要》

宣传类328件，其他类152件。9月，中央文明委检查验收组对朝外大街、朝阳中医医院、下三条小学、蓝岛大厦等测评点位进行检查。2012年，根据全国文明城区指数测评实地考察地点名录，对街道主责的9类26个点位以及校园周边环境、网吧、游戏厅等随机点位进行责任分工，明确责任科室及责任人，并由监察科进行监督考核，应急处置队伍24小时待命，发现问题及时整改，确实做到调得动、动得快、做得好。加大联合执法力度，每天由综治办牵头组织工商、卫监、派出所、城管队等部门开展联合执法检查。继续为迎检做准备。2013年，区迎检办共确定街道10类60个实地考察点位，包括街道办事处、社区、公园、主干道、主要商业大街、主要交通路口、大型商场超市、学校、宾馆、道德讲堂等。相关业务内容涉及宣传科、群团办、综治办、城建科、社会办、计生办、城管队、三中心、司法所等9个科室。对照点位名录和实操手册，明确测评标准要求，查漏补缺；对辖区内道路、街巷、楼道进行排查，开展路平、清扫和秩序维护工作；加大对非主道、背街小巷的环境保洁、楼道堆物、小广告的治理工作力度。在各科室、各社区相互支持、相互配合下形成工作合力，扎扎实实推进各项工作开展，顺利完成迎检任务。

第二节　“道德讲堂”

“道德讲堂”是创建文明城区的一个指标内容，也是对居民开展理想道德教育的好形式，突出特点就是用身边的事教育身边的人，组织形式分为街道集中组织和各社区分别组织两种。2012年8月22日，街道在东岳庙组织第一次“道德讲堂”活动，以“爱老孝亲”为主题，宣扬社会公德、职业道德、家庭美德和个人品德。

地区“爱老孝亲”模范赵淑华现场讲述了自己十年如一日照顾邻居革命老人的事迹。在开展这一活动中，街道陆续评出了助人为乐、见义勇为、诚实守信、敬业奉献、孝老爱亲等榜样人物。他们都是普通民众，却做出了不普通不一般的事情；他们是朝外的榜样标杆，更是朝外的道德品牌。“朝外好人”就是他们共同的称号。为了将他们的善举记录下来，发扬下去，街道工委2013年编印了《朝外好人》一书。全书收录了48位“朝外好人”，分为四个板块记述他们的事迹：

一、共驻共建

王晓辉　让鲜艳的党旗在非公企业飘扬。他是北京阳光溢华科贸有限公司总经理，2007年担任朝外地区非公企业党总支书记至今。在他带领下，朝外地区非公企业党总

2012 年，游本昌在朝外街道社管中心举办以“孝老爱亲”为主题的道德讲堂

支所属的非公企业党支部已由当初的 12 个发展为 2012 年的 30 个，共管理党员 218 名，覆盖非公企业 70 余家。他引导企业履行社会责任，每年两节带领非公企业支部对辖区困难户进行扶贫慰问，2008 年汶川特大地震，非公企业党总支所属企业、党员向灾区捐款 40 多万元。2010 年底，他倡导在地区非公企业中开展“五个好”的企业评选，这一活动不仅促进了非公企业的发展，而且得到了市、区的肯定与推广。

张书林　带着感恩走天下。他是阿莲新妆美容美发有限公司总经理。初到北京创业遇到困难时，得到了朝外方方面面的支持与帮助。他怀着感恩的心，带领公司员工加入社区志愿者队伍，坚持每月的 10 日为社区 60 岁以上老人义务理发，并每月固定为社区的孤老、残疾人上门义务理发；1999 年，他在雅宝里勇敢与 4 名实施抢劫的歹徒搏斗，为警察抓捕歹徒赢得了宝贵时间；2003 年“非典”期间他打出“抗击非典免费理发”招牌，为抗击“非典”做出了贡献；2008 年北京奥运会期间，他带领员工们主动承担了 2 个月的交通志愿岗服务任务。他先后被授予第四届北京市“十佳”优秀进京创业青年、朝阳区第三届“十佳百星”之“十佳青年创业明星”、“北京优秀青年创业带头人”、朝外街道“优秀共产党员”等荣誉称号。

陈华　奉献社会，从邻做起。他是北京凯腾航空服务有限公司总经理。笃信“勿以善小而不为”。员工父亲患病，他带头捐款近万元；他虽不是党员却有政治追求，2008 年主动找街道请求成立企业党支部；他坚持“将党员培养成骨干，将骨干培养成党员”，不仅提高了企业政治氛围，而且促进了企业健康发展；他热心公益，2011 年主动为吉祥里社区居民建立了1处电子阅览室和图书室，购买了4台电脑和3150本书刊，给社区“开心港湾”合唱团捐赠了15套演出服和手镯，2013年4月又为吉祥里社区捐赠了1台电视机。

李十六　诚信为人，勤奋做事。他是河南省上蔡县人，在三丰里社区回收废品。他凭靠“诚信为人，勤奋做事，不图近利，但求长久”的经营理念，赢得了生意兴隆，事业成功。他是一个义务清道夫，多年来，自觉清扫摊点周边道路，多次修残路、清积水；他是流动党员支部书记，他积极参加朝外街道党建分会为庆祝建党90周年举办的《党旗在朝外飘扬》主题征文活动，上交作品7篇，其中的小说《起名》荣获一等奖；他被评选为2011年社区优秀共产党员。

王文忠　把慈善当作使命。他是雅宝路欧圣奥商贸公司董事长、河北省枣强县芍药村党支部书记、全国人大代表、全国第二届道德模范。他曾是一名军人，退伍后他来到雅宝路创业，他秉持诚实、勤奋、执着、感恩的心态取得了生意的成功。他致富不忘家乡父老，义务回村担任支部书记带领群众共同致富，他捐助418万余元，为村里修路、建学校、改造田地，将贫困村变成富裕村，成了远近闻名的先富带后富的好榜样；他热爱公益，多次为希望小学、贫困学生、贫困地区、灾区、农民工子女、北京大学基金会捐款，在汶川和玉树发生地震后，亲自赶到受灾现场，为灾区送去慰问金和救助品；在朝外地区庆祝建党91周年的纪念大会上，王文忠向街道“厚德暖心”扶贫工程捐助了10万元善款。

李峰辉　尽职工作，尽心服务。他是雅宝大楼管理处领导，他积极参与社区治理，克服困难打通消防通道，消除安全隐患；带头支持参与垃圾分类，他分管的楼区成为朝外地区垃圾分类的示范区；他以创建和谐家园为契机，倡导大楼管理处与社区加强合作，朝阳门南大街16号楼环境优美，邻里融洽，安全祥和，离不开李峰辉的用心工作。

宋学娴　七载注心血，园区换新颜。她2005年任朝建公司幼儿园园长，为了扩大活动场地，同时节约资金，她争取到了武警部队的支持；为了提升教学水平，她利用节假日进修幼儿健康指导、幼儿园管理、园长管理等课程；她对教职员工工作上严格要求，生活上关心照顾，营造了融洽的内部关系；为了争取家长的支持，她十分注重与家长的互动，使家长满意率达到了95%，使学校各项工作得到了较大提升。

张君　以智慧教书，用爱心育人。她是体育场路中学老师，学校位置虽优越，但学生成绩参差不齐。为了带好这些学生，她从一日学习秩序抓起，创新教育管理方法，鼓励学生“做最好的自己”，使同学们找到了自信；针对一些学习困难的学生，她先和学生做朋友，从生活上关心他们，尊重他们，在她精心教导下，学生整体得到提升。

二、孝亲敬老

王青　孝老为老，无微不至。她是芳草地社区居民，婆婆因患脑卒中瘫痪6年，她一直在身边尽心尽力照顾婆婆到生命的终点；父亲患肾癌八年，依靠透析维持生命，她陪伴照顾父亲走完人生最后一段路。两位老人走后，她主动加入志愿者队伍，帮助行动不便的老人处理家务、去医院买药挂号等。王青一直觉得，善待老人，就是善待未来的自己。

范金翠　温暖家庭以和为贵。她是芳草地社区居民。1984年，婆婆因心肌梗死去世，从此她便把公公当亲爹照顾。老人爱吃面食，她就换着花样为公公包水饺、擀面条、捏馄饨，老人便慢慢从痛苦中走了出来。日子刚有了好转，丈夫却突患脑梗死导致半身不遂。为了让丈夫安心养病，她一人撑起这个家，同时照顾丈夫和公公。多年来，范金翠从来没有一句怨言。

张绍伟　二十载悉心照料双亲。他是体东社区居民，父亲半身不遂，生活不能自理，他十几年如一日地悉心照料。父亲去世后，母亲被确诊为类风湿。为了减轻疼痛，他帮老人按摩、艾灸，推老人到外边晒太阳，丰富老人的饮食营养。后来，母亲的病情越来越重，他辞去了工作，终日悉心照料，母亲竟然可以独立行走了。

井秀娈　和谐家庭便是快乐大本营。为了照顾公婆，她租了距离很近的房子；为了哄老人开心，井秀娈夫妻俩会带着二老出门游玩，策划家庭文艺晚会；为了消解孤独寂寞，她联系了老人的老同事，时常约他们到家中做客。在她的努力下家庭成了快乐大本营。

李玉琴　军嫂柔肩担起家庭重担。她是吉庆里社区居民。1951年，未婚夫宋春增入朝鲜作战，1954年回国。结婚后，丈夫一直随军队转战南北。宋春增的父母家住在河北农村，因操劳过度父亲得了肺气肿，他只好把二老接到北京。照顾老人的重担就落在了李玉琴身上。1989年，公公身患癌症，左腿高位截肢，后来双目又失明了，只能常年生活在床和轮椅上，生活不能自理。即使如此，李玉琴依然尽心照顾公公，帮助其穿衣、吃饭、倒便盆，直到公公病故。

赵淑华　普通党员的爱心。2003年，在吉祥里社区党委“一帮一”结对服务活动中，她和邻居王羲真结成帮扶对子，王老身患多种疾病，老伴去世多年，两个女儿在国外定居，王老和一个40岁的智残儿子共同生活，虽雇有保姆，但也困难重重。为了提高王老生活质量，不仅对老人关怀备至，还对王老有智力残疾的儿子小刘关爱有加。小刘是智障残疾人，生活不能自理，平日里不常出家门。为了帮助他打开封闭的心，赵淑华像呵护婴儿一样，耐心地开导和照顾他。真情到时情连心。多年来，小刘从不理会生人，唯独和赵淑华特别亲。就这样，赵淑华十年如一日，非亲非故地照料着王老母子的日常起居，买菜买药，医院陪护等，有时不仅自己干，遇上体力活、修理活还动员自己的儿子帮着干。她经常说："作为一名党员，关爱他人不仅是一种美德，更是一种责任。"

马秀兰　父母快乐是尽孝的标准。她住在三丰里，结婚30多年来，不论是上班时还是退休后，马秀兰都毫无怨言地侍候双方父母，从没有和长辈红过脸。婆婆的腿不好，马秀兰端水送药，做可口的饭菜。母亲患尿毒症多年，每周要到医院做透析，她总是先安排好婆婆的事情后，再陪母亲上医院做透析。

张燕　数年如一日，胜似亲女儿。她是体东社区居民，婆婆因患脑梗卧床不起，失去了表达能力，她克服困难一心扑在了照顾老人身上。婆婆身体虚弱肠胃不好，公公牙口不好，每天的饭菜都要分成两拨做；婆婆排便困难，张燕就用手一点一点抠。她为社区树立了不是女儿胜似女儿的典范。

郑惠来　孝顺女婿。他是体东社区居民，他与妻子从外地回京后和岳父母住在一起。岳父脑血栓、脑出血、胃出血，妻子的兄妹都在天津，照顾老人的重担就落在了他和妻子身上。老人多次住院，他陪床按摩、擦洗精心护理；出院了，一步一步帮扶老人学走路，成为家人的邻居们眼中的好女婿。

陈丰丰　承诺无悔付出至今。她是公安退休干部，居住在雅宝里社区。她的父亲和张群的父亲是革命的老战友。张群父亲牺牲前，把张群托付给了陈丰丰的父亲，之后陈丰丰的父母就承担起照顾烈士遗孤的使命。由于身体原因，张群无法工作，按照国家政策，烈士子女是可以享受补助的，但是陈丰丰的父母把张群当自己的儿子养，没有索要国家的任何补助，直到去世。二老去世前，把张群托付给了陈丰丰，她便把张群接到自己家中照顾。陈丰丰退休后，带着张群一起到姐姐家居住，共同照顾。现在政府为张群办理了烈属、孤老、医疗、社会福利等补助，并且对于陈丰丰全家多年来信守承诺的高贵品德给予了高度赞扬。

郭永胜　铁肩勇担亲情，柔肠体贴入微。他是雅宝里社区居民，父亲因患脑出血，失去了记忆力。为了能照顾好父亲，他把苦心经营20多年的五金商店转让了，每天做父亲爱吃的饭菜，用小勺喂给父亲吃。为了唤醒父亲记忆，他每天陪父亲聊天，不停地说过去的经历。父亲患病下不了楼，他就把父亲背下楼晒太阳。父亲住院时，他陪护在身边，擦洗、喂饭，无微不至，感动了所有医护人员和病友。父亲虽然去世了，但亲人们说老人是幸福的，医生护士们说老人是幸运的，邻居说老人是有福气的。

三、志愿服务

田景廉　退休好榜样，侨属贴心人。他居住在吉祥里社区，他是"朝外好人"，更是“朝外好人”中的带头人。1999 年，他义务担任朝外街道侨联主席。他创造性地在街道侨联成立党支部，将侨联工作直接融入社区党建中，在北京市和全国得到了推广；他十分关心侨友的生活，始终坚持走访看望侨界的重病号、困难户、老归侨和知名人士，并无数次自费救济他们，并帮助老归侨黄芬娥的弟弟（患重度残疾）住进了朝阳区社会福利中心。在他带领下，朝外街道侨联多次被评为北京市先进侨联，2001 年被国务院侨办授予“社区侨务工作先进单位”。他非常热心社区建设，在担任吉祥里社区议事组组长时，认真调查研究，积极建言献策，各级引导整治，使社区面貌焕然一新。他关心关爱社区每个人。天气变化了，谁家衣服在外晾晒，窗户开着，他都安排保安逐户通知。逢年过节总是提前买好饺子、水果等食品给坚持工作的保洁员、保安员送去。15 年来，他年年被评为街道优秀共产党员，先后获得北京市好市民、朝阳区优秀共产党员、朝阳区和谐社区带头人、全国侨务工作先进个人、朝阳区“群众心目中的好党员”等荣誉称号。2014 年 12 月，他作为“全国离退休老干部先进集体和先进个人表彰大会”受表彰代表受到了中共中央总书记、国家主席、中央军委主席习近平的亲切接见。

管振家、郑彩凤　夫妻同台为公益，终身耕耘好园丁。他们夫妻二人都是退休教师。管振家退休前是学校的校长兼党支部书记，退休后任朝外街道侨联委员。他们二人不仅是朝外街道的优秀志愿者，更是活到老学到老的楷模。他们的孩子在国外工作，为了沟通方便，退休后老两口开始学习英语。为了服务奥运，2008 年夫妻俩主动请缨在街道侨联办起了英语辅导班。为了学好英语，他们每天早晨 5 点起床学英语；为了教好英语，他们自费为学员购买学习书籍、磁带，并亲自复印学习辅导资料。面对年龄不同、水平不同的学员，他们分类指导、因材施教，十多年如一日，每周一天，无论刮风下雨，不管酷暑严寒，他们从不缺课。2012 年，他们搬到顺义区居住，但仍坚持坐公交往返 5 个多小时到朝外上课。到后来，为了方便给学员上课，他们卖掉了顺义区的房子，又搬回了城里居住。对待学员，在教学上他们精益求精，认真负责，堪称良师；在生活上关心照顾，无微不至，堪称益友。他们的无私奉献得到了学员和组织的高度认可。2006 年管振家被朝阳区委街道工委评为街道系统学“党员志愿者之星”；2008 年被首都精神文明建设委员会评为“北京好市民”；2012 年他们夫妻俩被朝阳区精神文明建设委员评为“朝阳区十大优秀星级社会志愿者”。

黄芬娥　义无反顾归国，倾力投诸热情。1966 年，当祖国建设需要大批人才时，她果断放弃了在印尼优越的工作和舒适的生活环境，义无反顾地回国参与国家建设。在工作中，她积极肯干成为归国华侨的先进代表；退休后，任街道侨联委员，尽心尽力为大家办事；她积极参加社区的治安巡逻，热心调解邻里间的矛盾，参与社区和谐建设。

她认为，能回到祖国的怀抱，做一切都心甘情愿。

石瑞霞　不惧辛苦做榜样，建设社区当先锋。她是吉庆里社区 4 号楼楼长，更是一名党员志愿者，不管是严冬，还是酷夏，为了社区的环境和安全，经常会看到她戴着红袖标在小区内外值班巡逻。每次见到进楼的生面孔，石瑞霞总要上前多问几句；看到汽车堵住楼口，影响居民上下楼，石瑞霞总要第一时间找到居委会帮忙解决。

王瑛　点滴汇聚温暖助力社区共建。她是吉庆里社区楼门长，也是一个热心人，经常到居民家走访，动员居民走出家门参与公益活动，加入志愿者，为和谐社区贡献力量。她怀有一颗爱心，5 号楼有对老年夫妇，每天到餐馆订老年餐，天冷的时候，王瑛就会去餐馆帮他们取餐；她是一个闲不住的人，经常询问保洁员，居民有没有乱扔垃圾的现象，得知哪个楼层有乱扔垃圾的现象，她便在楼层张贴了提示语，希望大家能够共同保持家园的干净整洁。

张宝兰　让余热在社区中闪光。她居住在雅宝里社区，连续多年被选为社区议事委员会主任、居民常住代表，同时在社区还身兼数职。她善于思考问题，总结出一套“合格家委会成员必备素质”大全，并提醒大家要真诚、团结、同心同德地努力为居民服务。有了小孙女后，家庭负担增大了，她怕影响工作向组织提出过辞职，但组织的信任和居民们的挽留使她再次坚守了退而不休。

黄玉英　社区急先锋，党员贴心人。她退休后任三丰里社区党委委员、第七居民党支部书记和楼门长。多年来，无论是公益募捐、结对帮扶，还是值班巡逻、文化宣传，她总是第一个报名参与。在创建全国文明城区期间，她带领居民清理环境卫生，使影响环境面貌的“脏、乱、差”现象得以消除。她长期帮助所属支部一名患有癌症且无儿无女无住所的老党员，使其感受到党的关怀和温暖。2011 年她被评为朝外地区“群众心目中的好党员”。

王秀珍　热心楼门长，用心做“纽带”。她是工体西里 1 号楼楼门长。她经常把解决居民的生活困难当作自己的责任。2012 年 7 月 21 日，北京出现罕见的强降雨，造成工体西里 1 号楼 6 层以上住户停水。王秀珍家没停水。她在及时报告情况后，就让居民到自己家里取水，稳定了居民们的情绪。在社区扶帮中她与一位八旬空巢老人结对。老人的孩子在国外，她经常到老人家中看望，与老人聊天，帮助老人解决一些生活困难。2013 年王秀珍被评为朝外地区“群众心目中的好党员”。

乔文英　尽心帮扶邻里，倾情守望社区。她任雅西居民党支部书记、朝阳门南大街 16 号楼楼门长、社区合唱团副团长、居民常务代表、党员先锋岗负责人。2005 年，在“创先争优”活动中，她倡导成立“党员先锋岗”为群众服务，成了社区为民服务的品牌。为了使社区宣传橱窗内容更加丰富，她负责写稿，老伴拍照片，并自费5000多元优化橱窗；为了丰富居民生活，她倡议成立了雅宝里社区合唱团，每周都开展活动，随后又组建了英文班、手语班、编织班、健身操班等文体组织。2013年她被评为朝外地区“群众心目中的好党员”和“党员先锋工程”的带头人。

鲁秉铃　倾情绽放和谐之花。她曾是市重点中学的高级英语教师，曾任海淀区政协常委，中国民主同盟市委委员，民盟中央教委及妇委会委员。退休后，她担任朝外地区社会建设协调委员会委员，朝外地区创建文明城区形象大使。她是吉祥里社区热心的志愿者。奥运期间，工体赛事多，国际友人多，遇有外国朋友问路时，她便主动上前，用流利的英语为他们指路，替他们答疑解惑，赢得了外国友人的赞叹；她是社区常务居民代表，经常为居民争取合法利益；她是支持残疾人工作的热心居民，曾多次主持残联的文艺活动；她是低碳生活的践行者，2009年12月北京市朝阳区有线电视台制作了《鲁秉铃的低碳生活》专题片，并在《朝阳新闻》栏目播出。

项龙规　兢兢业业一心为侨。他居住在吉祥里社区，长期担任朝外侨联副主席。每年他都到各社区调查了解归侨、侨眷的情况并及时地帮助解决各种困难，得知归侨侨眷家里谁住院了、谁遇到困难了等情况，一定会前去看望；对上级布置的各项工作，他认真负责及时完成。任职期间每年的侨联计划、总结及各种材料都亲力亲为，对于一名近80岁的老人，非常难能可贵。他被评为朝阳区侨联先进工作者，还曾多次被评为朝外地区优秀共产党员。

杨广顺　十年为民任劳任怨。他是吉祥里社区居民，退休后，一直担任安全局家委会的主任。他每天早上都对小区的环境和安全进行巡查，发现问题及时解决。他是个热心的志愿者，逢年过节经常是值完了自己的班，还会替人代班，从无怨言。他十分关爱困难人员。当得知楼长魏锡林的妻子突患脑出血去世后感情无法接受时，他有空就找他聊天，将其从痛苦中引导出来。他是一个想做事、能做事、会做事的人。小区遇到任何问题，他都会出面协调，他平常最爱说的一句话就是“这事交给我你就放心吧！”。在他带领下，西草园小区成了街道“家园计划”的标杆小区。

吕剑　慧心巧思促和谐。她是三丰里社区市场街17号楼楼长。每到逢年过节，家家户户团聚的时候，都能看到吕剑在外巡逻的身影。2008年北京奥运会期间，累计执勤100余小时，风雨无阻，并主动承担最难熬的午餐、午休时段执勤任务。她待人热情，特别有亲和力。她积极主动地帮助配合社区开展工作，多次化解居民矛盾。她还与两户困难空巢家庭结对帮扶，将党和政府的温暖送到了困难人员的心中。

铁志华　用勤与爱诠释和谐之美。走进三丰里社区，随便问上几个居民，提及“铁老四”，几乎人人皆知。他是一个孝子，也是一个好人。雨季里，邻居老先生腿脚不便，他就递上一把伞，并搀扶他回到家里。他凭着自己厨艺，经常无偿帮助回民承办红白喜事。他常说：“作为信仰伊斯兰教的穆斯林，从根本的教义上就要求我们必须这样做。”当他看到身边一些下岗失业人员生活困难时，就主动谋划组织成立了一个社区红白喜事互帮小组，既为小区居民提供了优质便捷的低偿服务，又使下岗人员有了收入。

王玉敏　促和谐忙不停。她是三丰里社区第三党支部委员。在三丰里南巷这条街上，经常能见到一位臂戴红袖标巡逻值班的老人，人们亲切地称她为“王大妈”。她身兼数岗：治安巡逻岗、环境卫生岗、“一帮一”亲情结对岗。在楼院内，哪里有难事，哪里就会有她的身影。冬天每逢下雪，她总是第一个出来扫雪；夏天，院内下水道堵了，她冒雨为居民疏通。她还是个热心肠。邻居们有了急事、难事、烦心事，都会不约而同地找她，她也总是尽最大的努力为群众排忧解难。小区 26 号楼李顺义夫妇的儿女都不在身边，她经常帮助他们买菜和代买东西，深深感动着李家大小。

张桂华　居民安全的保护神。她被居民称为“社区通”和“居民安全的保护神”。2002 年起，她义务承担了三丰里小区北门白天看守的任务，风雨无阻。她在值班时曾受到来自各方的压力，包括私家车主的谩骂、小商小贩的威胁，乃至穿近道行人的白眼，但她坚持立场毫不退缩；面对屡禁不绝的城市牛皮癣，她发誓“他们天天贴，我就天天铲”。这位 70 多岁的老人坚持每天自带工具、喷料，巡视在居民楼院中，铲除小广告。在她的带动下，越来越多的居民加入铲除小广告的行列。

王悦红　挥洒余热献社区。她住在天福园社区，2003 年退休后进入国家话剧院家委会工作。院内 100 多户，谁家的马桶堵了水管坏了，邻里之间出现了矛盾，婆媳之间闹不和，她都会帮忙协调解决。父亲患重病先后 4 次住院时，她主动克服困难，坚持参与小区环境维护、志愿巡逻站岗等任务，没有误过一次班。后来父亲病情加重，做了胆囊切除手术，在她的精心照料下慢慢康复了。她常说：“家庭的和睦、社区的美好、社会的和谐，需要大家共同努力，自己能为此出一份力，很荣幸也很开心。”

徐小武　热情为人，用心做事。她居住在天福园社区，是一名退休教师。在参与社区党委倡导的“红歌会”活动过程中，她耐心指导会员们学唱歌曲，她的敬业态度和专业水平吸引了众多居民参与活动，扩大了“红歌会”在社区的影响力。她热爱志愿服务。在创建文明城区工作中，在丈夫常年病休在家的情况下，她总是提前安排好家事，准点参与到工作中来，带头站岗巡逻、盯守值班，起到了共产党员的模范带头作用。

孙德礼　身在楼宇，心怀邻里。他住在雅宝里社区，2000 年退休前是北京制药厂行政处副处长，作为一名党员，他始终把联系群众、服务群众体现在退休生活中。他住的楼，回族人口较多，作为汉民，他时时刻刻谨记尊重回民的生活习惯，带头促进民族团结。他是长住居民代表，经常参加社区各种会议，为社区建设建言献策。在街道组织的小区绿化提升改造中，他发挥自己的特长，认真研究改造方案，提出建议，得到了各方支持，提升了小区绿化改造水平。

张彦芬 千金难买老来乐。在雅宝里 13 号楼内，每天都能看到一位快人快语、身手利索的居民，她就是和谐促进员张彦芬。她经常协助社区居干和外管员入户调查，一旦搬来新租户，她就会督促及时办理暂住证，做到出租户底数清、情况明，维护了小区安全。她热爱志愿服务，除夕、国庆节晚上，她每次都值班到深夜，只要社区有需要，她二话不说，随叫随到。

李诚 余热正当时，温暖他人心。他在原单位是管理的多面手，退休后，被吉庆里社区朝北 12 号楼居民推上了楼长的位置。他任楼长前，12 号楼没有楼长也没有物业，楼内问题复杂且多。作为老党员，他接过了居民的信任与重托，建章立制，带头执行带头干，楼内秩序开始恢复。楼道里的灯泡坏了，他从自己家拿。楼道开关和灯座不灵了，他立刻去修理。大妈的菜刀钝了，他就拿回家去磨。居民的门锁坏了，他立即就给修好了。小院内外地面不平，雨天积水严重，他积极争取政策支持使问题得到完美解决。朝北 12 号楼没有物业，楼内 20 多年没有粉刷过，漆黑的墙壁上几乎贴满了小广告，居民迫切希望改变现状。他提出居民集资、街道协助、共建家园的方案。经过努力，居民最少 1 户 50 元，最多 200 元，全楼 120 多户居民都参与了集资。在街道的支持帮助下，楼内环境焕然一新，成了朝阳区居民楼共住共建的先进典型。小区停车难，居民意见大。他实地考察，构思设计，在街道的支持下，建成了一处居民免费停车场。他主动为楼里儿女不在身边的孤独老人和孤寡老人举办“吃年夜饭，看春晚”的活动，他厨艺了得，并动员全家一起动手，老人们乐在其中，感激万分！他建议以党支部的名义成立朝北 12 号楼“银发互助”党员服务队，以“小老”帮“大老”，免费为居民提供多种生活服务。北京电视台、北京朝阳有线电视台、《朝阳报》多次采访报道他的事迹。

四、老有所乐

游本昌 以文化人，快乐施人。他是中国表演艺术家、国家一级演员，担任朝外地区社会建设协调委员会副主任和朝外文化服务志愿者。他是朝外街道文化品牌“春分朝阳”活动的积极支持者，多次亲自主持和亲自带团演出，每每都是重头戏和精品。为了充分发挥他的艺术专长，经共同商议，街道在文化中心建立了游本昌工作室，他自己出资 10 多万元搭建了小型舞台，排练、演出话剧及各种文艺剧目，使地区居民在家门口就能免费欣赏和学习到高雅艺术。游本昌工作室排练的抗日题材话剧《弘一法师——

最后之胜利》，凭借他对弘一法师的熟稔以及高超的表演艺术功底，带给了观众一场场心灵的震撼！成为2012年街道文化工作的一大亮点。他非常重视“快乐教育”，他认为人在快乐中最容易接受知识和培养学习兴趣，先后在芳草地小学和他的工作室举办多期“快乐教育”培训，收到了较好效果。他演济公学济公，热爱公益、热爱慈善。不仅多次举办公益演出活动，而且带头向困难人员和灾区捐款，并被特邀为中华慈善总会理事。

阮景星　传承文化，深耕书画。他是吉庆里社区居民，担任朝外街道侨联委员。他热爱文化，重视文化，更是积极地传承文化。2003年9月吉庆里社区成立了侨友书画社，推荐他担任了社长。在他带领下，书画社坚持每周活动一次，十年时间，学员已由最初的不到10人，发展到近30人，其中有3名学员已经年过八旬。学员的职业丰富多彩，有教授、医生、干部、工程师，更有社区的退休居干。大家以诗书会友，以字画抒情，不仅学到了一技之长，领略了中国传统文化博大精深，升华了心灵，更充实了晚年生活。

谭桂芳　独乐不如众乐，织就幸福晚年。她是芳草地社区居民，担任社区手工组指导老师，一门心思为大家传授技艺。2000年，她和学员们一起做的脸谱，作为社区对外交流礼品送到日本，得到赞誉。2008年北京奥运会期间，为表达姐妹们企盼奥运，她将38个运动型福娃用“十字绣”技法画下来，和姐妹们一起设计制作成“2008”四幅作品，在多处参展；她与时俱进，主动学习丝网花制作技艺，并传授给姐妹们，做出了代表46个国家的29束花卉，供社区居民欣赏，践行了“我参与，我奉献，我快乐”的奥运精神。

柳百里　醉心音乐，乐于奉献。她曾在中学担任音乐教师，她5岁患上了骨结核致残。社区成立合唱队时，她主动报名担任指挥。她耐心的辅导、艺术生动的指挥，使合唱队由当初的几个人，发展到70多人；她执着认真，有时为了一首好歌，不惜四处奔波；2003年红五月歌咏比赛前夕，她的腿病复发住进了医院，为了不耽误演出，毅然把手术推迟，并在住院期间多次返回家，协助大家排练，直到演出取得圆满成功。她心地善良，乐于助人。当她得知一名残疾病友生活困难，家里缺床时，她毫不犹豫地把自己家的一张大床送了过去。由于兢兢业业无私奉献，2002年柳百里被评为北京市社区“残疾人”工作先进个人，2003年荣获朝阳区“十佳老人提名奖”、被评为北京市残疾人协会先进个人，连续十年被评为优秀党员。

吴玲君　余热尽心力，夕阳欢乐多。她曾是一名音乐教师，自从社区成立合唱队，她便主动报名当志愿者，为合唱队伴奏。在担任侨联联络组长时，她自编了以《中华人民共和国归侨侨眷权益保护法》为内容的一段数来宝。申奥成功时，她演出了《脑筋急转弯》《考考你》等节目，均获得好评。她热爱公益，乐于助人。她主动与困难街坊结成了“一帮一”的帮扶关系，长期关注服务这位老人，被大家称为“好邻居”“好伙伴”。

朱牧君 义务教学忙，桃李遍社区。她是三丰里社区居民，为社区居民义务教授英语十余年，被居民亲切地称为“朱老师”。2001 年 3 月，北京市政府为鼓励她为奥运做出的贡献，赠送她《北京人英语 100 句》教学资料 8 套；从 2002 年开始，她先后为朝外街道办事处、朝外派出所、三丰里社区、天福园社区、朝外街道侨联等举办过针对行业特点、实用性较强的各类英语班，受到了广泛赞誉。她多才多艺，从 2002 年开始，一直负责三丰里社区合唱队的组织工作并担任伴奏，她自己创作的《奥运，北京欢迎您》由全国人大合唱队在 2005 年全国人大春节联欢会上演唱。她曾连续获得“优秀共产党员”“北京好市民”“朝外之星”等荣誉。

龚宝琴 热衷创作，书写幸福。她居住在天福园社区，担任社区党委委员。在创建文明城区征文活动中，她创作的《我的朝阳我的家》获得社区报的征文奖。北京奥运会期间，她剪出的 100 多组具有纪念意义的剪纸，包括福娃、五环、火炬传递图等，成为社区宣传栏里的亮点内容。她是社区编外社工，社区的各种活动都能看到她的身影。她是楼门组长，小区楼前的路灯不亮，她主动反映解决；楼道灯泡坏了，她从自家找灯泡换上；楼道脏了她去打扫；只要是能让居民生活变得更美好的事，她都愿意去做。她的家庭先后被街道、社区评为“和谐家庭”“五好家庭”“学习型家庭”“共产党员示范户”。

李振瀛 镜头记录朝外今昔变化。他住在雅宝里社区，酷爱摄影。他三次爬上长城拍日落，在野外过夜拍日出，徒步跋涉 50 公里拍罗布泊美景。他热爱公益，在社区开展的各项公益活动中都能看到他执着认真的拍摄身影。他被大家称为社区专职摄影“记者”。

第七章

军事

JUNSHI

朝阳门外关厢街及其周边地区素有京城东大门之称，其不仅是运粮古道，还是守护京城的兵家必争之地。京城历史上的多次战争，均显现出朝外地区重要的军事地位和作用。

第一节　驻军战事

元明清时期　元朝末年，朱元璋起义军由朝外强攻齐化门后，占领元大都。明朝末年，李自成起义军也是经由朝外，攻克朝阳门，进京仅一个月后，又由朝阳门退出。清朝刚一建都北京，即在南中街北部和吉市口胡同，分别建立南、北营房和守备衙门，后又在东岳庙设立步军统领东郊分局。南营房驻扎镶白旗清军，北营房（后改称东营房）驻扎正白旗清兵。第二次鸦片战争时，八国联军进犯北京，也由朝外开炮，炸毁朝阳门后，进京烧杀抢掠。东岳庙义和团首领张鸿义率部1000名将士，英勇抗敌，全部壮烈牺牲在八里桥战场。

民国时期　1912年，驻东岳庙旧陆军标枪营突发兵变，兵士涌入朝阳门，肆行抢劫。1916年，军阀拱卫军一、二营驻北太平巷，北炮兵营驻日坛。1935年，张学良东北军某部驻扎东岳庙，一年后移防石家庄、西安。1946年，国民党军第五战区第一路军某部驻东岳庙。1948年，国民党军第十三军某部驻关厢街、东森里，“华北剿总”直属队驻芳草地。

北平解放前夕　曾有解放军代表秘密潜入东岳庙西院，与国民党警察分局局长密谈接受人民政府军管事宜。解放军围城前线部队曾一度推进到日坛，部队宣传队还在东岳庙进行过宣传活动。

中华人民共和国成立后　1951年，解放军东郊区人民武装部成立，办公地址设在南营房（1990年外迁）。1958年至今，武警某部第一、第四大队驻扎日坛北路。2010年武警某部消防中队进驻朝外南街。

第二节　人民武装

20世纪50年代末，朝外街道设立人民武装部（简称人武部）。自此，朝外街道的国防后备力量建设事业，在区人民武装部门和街道党（工）委的双重领导下，不断取得历史性进展。

一、工作机构

朝外街道人民武装部成立于1959年，主要工作职能：负责辖区征兵动员、兵役登记。1989年，人民武装部工作职能增加了国防教育和军民共建。2000年，根据中央文件规定，

1981 年，朝阳中学学生军训

2003 年 10 月，日坛小学少年军校表演

2003 年 6 月，朝外街道开展征兵宣传活动

街道人民武装部部长职位升格为副处级，人武部工作职能增加了民兵队伍管理。2004 年，人武部工作职能又增加了人防工程管理。人武部部长由时任党（工）委书记兼任。人武部干事，先后由街道政工组、党委办、行政办、工委办、安监科、综治办指定 1 名干部兼任。

二、国防教育

朝外街道国防教育主要在每年征兵工作前夕，在东大桥及各重要公共场所设立征兵宣传咨询站，在各居民区张贴标语，发放征兵材料，营造当兵光荣浓烈氛围。

1990 年，街道在芳南居民区开展“防核、防化学、防生物武器袭击”教育训练试点工作。1992 年，街道在辖区 13 所中小学普遍开展国防教育，进行军事训练，并在日坛小学、朝阳幼师建立 2 所少年军校。1995 年，在中国银行北京分行幼儿园开展学前国防教育，该园幼儿表演还参加了中央电视台《和平树下》节目录制。2001 年，特邀总后勤部后勤学院教授为街道机关和居委会干部讲授国际军事形势报告。2004 年，朝建公司幼儿园参加全区幼儿国防教育小课堂文艺会演，获三等奖。2007 年，新组建南中街民族小学少年军校，组队参加全区少年军校训练成果表演和奥运赛花会活动，荣获优秀表演和组织奖。2008 年，在蓝岛大厦、日坛公园及各社区举行 2 次大型国防法、征兵条例宣传咨询活动。2009 年，组织街道机关和社区复转军人进行“八一”座谈，并赴白洋淀抗战纪念馆参观学习。2012 年，南中街民族小学参加全区少年军校汇报表演，获得团体三等奖。2014 年，街道投资 1 万元，利用各个节点和多种形式，广泛宣传国防形势、国防科技、国防法规，提高了居民和适龄青年的国防意识。

朝外街道人民武装部部长一览表

表 7-1

<table>
<tr><th>职务</th><th>姓名</th><th>任职时间</th><th>备注</th></tr>
<tr><td rowspan="2">朝外人民公社武装部部长</td><td>李四聪</td><td>1959—1962 年</td><td></td></tr>
<tr><td>张长来</td><td>1963—1965 年</td><td></td></tr>
<tr><td rowspan="14">朝外街道人民武装部部长</td><td>汤继中</td><td>1966—1969 年</td><td></td></tr>
<tr><td>孙永生</td><td>1970—1976 年</td><td></td></tr>
<tr><td>闫贵银</td><td>1977—1979 年</td><td></td></tr>
<tr><td>张长来</td><td>1980—1982 年</td><td></td></tr>
<tr><td>于春生</td><td>1983—1987 年</td><td></td></tr>
<tr><td>杨树利</td><td>1988—1993 年</td><td></td></tr>
<tr><td>苏玉成</td><td>1994—1995 年</td><td></td></tr>
<tr><td>霍　兰</td><td>1996 年</td><td></td></tr>
<tr><td rowspan="3">武晋栋</td><td>1997—2002 年</td><td></td></tr>
<tr><td>2003—2006 年</td><td>兼任</td></tr>
<tr><td>2007—2009 年</td><td></td></tr>
<tr><td>金富强</td><td>2010—2013 年</td><td></td></tr>
<tr><td>吴志月</td><td>2015 年</td><td></td></tr>
</table>

三、征兵工作

朝外街道征兵工作主要是配合区武装部，搞好兵役登记、征兵宣传、动员报名、上站体检、政治审查，确定兵员、欢送新兵由区武装部负责。1963—2015 年，街道均通过广泛宣传，入户动员，认真组织报名登记、上站体检和政治审查等具体工作，足额或超额完成年度征兵任务。

四、民兵管理

1959年，为落实毛主席“大办民兵师”指示精神，辖区企事业单位普遍建立民兵组织，形成“全民皆兵”热潮。1981年，机关、学校不再设立民兵组织。1989年，缩小民兵规模，只设民兵应急队伍。1999年及以前，辖区各单位民兵组织由区武装部直接管理和指挥，圆满完成了各个历史时期的教育、训练、执勤任务，特别是1999年辖区18名女民兵参加了中华人民共和国成立50周年庆典阅兵，得到各界赞誉。2000年，街道进行民兵整组，率先组建朝外地区民兵营，并举行了阅兵式。2003年抗击“非典”斗争中，街道抽调100余名民兵支援社区清理环境卫生。朝阳中医院先后抽调民兵60余人次，参与疾控工作。2008年，街道组织140余名民兵，开展环绕工人体育场、朝外大街、日坛公园应急警戒拉练演习。抽调150余名民兵承担奥运战备执勤任务。2009年，街道再次抽调4名女民兵，参加中华人民共和国成立60周年庆典阅兵。2012年，街道先后抽调民兵750余人次，圆满完成全年重要节点和党的十八大期间维护社会秩序战备执勤任务。2015年，街道先后抽调民兵600余人次，参与创建文明城区值班巡逻和维护交通秩序工作。

五、人防工程

1965年以前，朝外地区仅有4处楼房人防工程。二十世纪六七十年代，街道曾全民动员，落实毛主席“深挖洞”指示精神，建起了大量简易防空地道。1980年后，根据市、区政府要求，多数高层楼宇均建立了规范化地下防空隐蔽设施。1995年开始，遵循“平战结合”原则，一些人防工程被利用开办旅店、仓库、种植项目和社区活动场所。2004年后，街道人武部从城建科接收人防工程管理任务，建立人防指挥所，招聘人防管理员，对辖区人防工程安全状况进行经常性巡查，发现问题及时解决。2008年，组织力量先后对辖区人防工程安全状况进行了8轮“地毯式”检查，及时消除隐患，保障了奥运期间地区安全稳定。

六、双拥共建

朝外街道拥军优属工作从北平刚一解放开始的，当时街政府设置民政委员，专门负责拥军优属工作。20世纪50年代初，拥军优属主要是发动群众踊跃参军，捐款捐物支援抗美援朝。60年代拥军优属主要是对军烈属、伤残退伍军人进行实物补贴。70年代拥军优属主要是街道领导在春节、八一建军节对驻地部队进行走访慰问。民政科对优抚对象进行家访，赠送节日食品。

从80年代开始，街道拥军优属工作逐步向军地共建精神文明发展。1984年，街道建立军政定期联系制度，每季度召开驻军群工干部会议，相互征求意见，帮助解决实际问题。当年，街道组织居民为部队缝衣、理发、补鞋、演节目、放电影。1989 年，街道办事处与武警第一、第四大队签订军警民共建协议，建立共建领导组。1990 年，芳南居委会与武警四大队结对共建，当年文明小区达标，其经验在全市现场会上得到推广。1992 年，街道建立拥军优属基金会，为武警部队投资建立军地两用人才培训基地。1993 年八一建军节，街道组织机关干部、社会单位代表、幼师学生到武警部队开展慰问演出、放电影、赠送消夏物品等活动，北京诸多媒体对此次活动做了报道。1994 年，街道投资在日坛小学建立少年军校，武警部队选派优秀战士担任教官，街道组织学生军训。1996 年，朝外街道和武警四大队双双被评为首都军警民共建先进单位。2000 年，朝外街道和武警四大队又一次被评为首都军警民共建标兵单位。2001 年，武警四大队战士与街道应征入伍

1996 年，街道干部带队慰问子弟兵

1989 年 9 月，地区义务服务队为驻地官兵办实事

2003 年 7 月，朝外地区庆八一警民联欢会活动中艺校学生时装表演

2013年7月30日，朝外街道工委副书记郭根亮（左）带队慰问武警雪豹突击队

新兵家属联手开展“孩子常在身边”结对互助活动。2003年，街道组织雅宝路商户为部队贫困地区复员战士捐赠御寒衣物。

2003—2015年，街道与武警四大队持续开展“军警民共建和谐美好家园”活动。街道每逢重大节日，均赴驻地武警部队走访、慰问、联欢。每年组织社会单位为部队家庭困难和复员战士捐助钱物，帮助部队解决实际困难。武警四大队也经常抽出兵力，支援街道整治环境、维护秩序、扶贫助残、整理档案、搬运物资等工作，并多次组队参加街道、社区各项文体比赛活动。

第八章

区域经济

QUYU JINGJI

朝外大街自古以来就是京城通往京东的要道，也是京城的主粮道。民间曾有“关了朝阳门，饿死半城人”的说法。民国时期北京内外城的关厢，除“前三门”（前门、崇文门、宣武门）外，以朝阳门关厢店铺最多，商业最繁荣。

中华人民共和国成立以后，辖区依然保持了经济繁荣。在对资本主义工商业进行社会主义改造中，朝外关厢地区的商铺、老字号实行了公私合营。

1980年根据市《关于各街道成立生产服务管理处的通知》精神，街道先后成立了朝外大街街道服务合作联社和朝外街道劳动服务公司等生产经营机构。

20世纪80年代末，朝外街道培育发展了雅宝路市场，并使其成为北京乃至全国最大的对外服装出口集散地。

1999年，街道政企分开，不再从事实体经济工作，与所属企业全部分离。街道联社和劳动服务公司合并成立朝外街道企业发展中心，继续从事经济活动。

1999—2002年间，朝阳区政府投资1.2亿元对朝外大街进行商业升级改造，形成了集蓝岛大厦、旺市百利、百脑汇、丰联广场、华普超市等为一体的全业态国际商业区。

2015年，根据北京市非首都功能疏解安排，雅宝路市场启动了疏解工作。

第一节　传统经济

一、粮油副食业

由于粮道的带动和影响，古时的朝外大街两侧店铺林立，商号幌子招展，叫卖声声，粮店、饭馆、酒肆、油盐店、饽饽铺、茶叶店、杂货铺、香蜡铺、药店、大车店、掌铺、麻绳店……应有尽有。

1937年七七事变后，兵荒马乱，时局动荡，关厢经济由盛转衰。1945年日本投降后，内战爆发。1948年人民解放军包围北平，国民党军队为加强城防，大肆毁坏店铺和民宅，修筑工事，并乘机抢劫，朝外大街日渐萧条，店铺所剩无几。

北平解放时，朝阳门粮食市场尚有粮商34户。其中，零售兼加工24户，有电动石磨30台，资本万元以上的有6户。有私营豆店21户，私营麸料店48户。有门牌号码记录的店铺55家。如：朝外大街28号的久成永粗粮加工厂，2间门面，后有大院，备有电磨加工，且在马路南北各设有门市，规模较大。29号的三阳粮店经理姜焕章，雇用30多人，3间门面后有房10余间，公私合营后改名为第十三零售店。33号的裕顺斋糕点铺，开业于清光绪末年，主要经营满汉饽饽等精细糕点，有厂房10余间，经理周济光。274号的鼎茂恒油盐店，有营业场地6间，后面大院有房30余间。经理段瑞林，山西人，特请山西人作技师，腌制酱菜，制作黄酱、酱油，有腌菜大缸500余口，雇用30多人。316号祥和斋饽饽铺有门面3间，经理王思起，门脸牌匾有清真字样，前店后厂，生产并出售清真糕点，均由回民师傅制作。

在历史进程中，规模或影响较大的商铺有：

大有油盐粮店　位于原朝阳门外关厢大街路北179号，开业于1917年。6间门面，前店后厂，后厂为大院，有房屋30余间，经理为耿少庭。起初以组织“大有酱园股份有限公司”为号召，招纳军政要员入股，共集大洋一万元，经营油、盐、粮、酱菜及杂货。后因经营不善，1935年企业濒于倒闭。是年秋，原股东之一唐柯三（兼任达成师范校长，当时住在济南）委派达成师范代理校长马松亭（回族知名人士）到店召集各股东共同清理资产，并委任常子久为经理。常子久接管后，即在门面上挂出了清真的招牌，因地制宜开展经营活动，自制加工，讲究质量，货真价实，公平合理，清洁卫生，从而吸引了京东地区大量回族顾客排队购买。其食品风味独特，远销京东各县和天津等地。常子久还对经济困难的阿訇、乡老给予钱财资助。在门市定期施舍玉米，每年不下 5000 斤；冬季施舍煤票，每年不下 2 万斤。平时在柜前常预备几种常用药和小儿专用药，在门市向外施舍。1949 年北平解放，商铺继续经营。1950 年，北京市成立了工商业联合会，常子久被推选为常务委员，担任组织委员会主任，并任北京市粮食业同业公会主任委员。1952 年“五反”运动中，大有油盐粮店被定为一类户，即“完全守法户”。1954 年 5 月 1 日，大有油盐粮店成为区内第一家公私合营企业。常子久被任命为北京市食品杂货公司副经理。

大有牛羊肉部（摄于 1989 年）

朝外立新菜市场（摄于 1992 年）

元顺永油盐粮店　位于原朝外大街 39 号。5 间门面，后有大院，有房 50 多间。开业于 1935 年，东家叫崇少甫，掌柜的叫修允斋，自设油坊、磨坊和咸菜房，从一开业买卖就好。1945 年日本投降，国民党二十八军自称“抗战有功”，向店里索要钱物，抢走了欲购进 1 万斤小麦的现款，使元顺永元气大伤，经营日趋艰难。1956 年公私合营时，元顺永定股为 16000 元。1958 年，在全市商业网点调整时被摘匾撤点。同时在原址成立了立新基层副食店。

永星斋饽饽铺　坐落在原朝外大街292号，有3间门面，临吉市口的原337号是他们的西号。清光绪六年（1880），永星斋饽饽铺在安定门内大街创办，店主人是制饽饽的高手王芝亭，他家做的蜜供、奶油萨其玛、七宝缸炉等是当时最畅销的产品。永星斋饽饽铺店面的招牌和配匾“炊玉提糕”是王芝亭请清末翰林戴思溥书写的；他又请清末工部尚书陈璧题写了“翠凝朝露”“粔籹餦餭”和“风味不群”三块竖牌，而且在产品的包装纸上还印上“永星斋饽饽铺”字号和经营的各种饽饽品名等。后来迁至朝外大街路北。在鼎盛时期，又在城内开办3家分号。1956年，永星斋参加了公私合营。1958年，在全市商业网点调整时，并入朝阳门副食店，原旧址上成立了前进食品店。

汪正大茶庄　位于梧村楼绸缎洋货庄附近。茶庄规模较大，是当年北京“方、汪、张、吴”四大茶商之一的汪维正开办的。汪维正，安徽人，清末民国初在北京开有6家汪姓大茶庄。朝外大街的汪正大茶庄开业于清同治年间，后来，汪维正又在汪正大茶庄以东开了个分号，叫汪正大东记茶庄。到了日伪统治的后期，民生凋敝，汪正大茶庄无法经营，进而倒闭。

永生羊肉铺　开业于清光绪晚年，从掌柜的到学徒、伙计都是回民。由于该羊肉铺门前没有挂书写字号的牌匾，只在一块洗得很干净的蓝布上镶着“西域清真教”几个白布字，所以一般顾客不知其字号，都叫它“羊肉铺”或叫“羊肉床子”。

二、茶馆、酒饭铺

从元代开始，无论从通州来的运粮车还是从大通桥码头来的运粮车，走至朝阳门关厢都要歇歇脚。加之东岳庙、朝日坛、黑松林等坐落于此，催生了关厢周边茶馆、饭铺以及其他店铺等业态的兴旺。

解放前有门牌号码记录的店铺有62家。如：朝外大街17号的永和轩茶铺，经理马少卿，二间门面，一间进深，后有小院。110号天泰楼猪肉铺，经理张照汉，雇工10余人。308号和义轩饭馆，经理傅洞奎。314号茂盛轩茶馆（也叫隆和园茶馆或杨记茶馆），经理杨玉洪，茶座上设有象棋等娱乐用品，每日下午有

鸿云楼餐厅（摄于20世纪90年代）

评书，说书时店主按时间收取茶钱。318号康家茶馆，经理为康振兴，房屋10间以上。该茶馆还代理为散工寻找雇主及其他临时性工作。朝外各户每逢有喜庆丧葬之事，都来该店请求代办雇工事宜。

紫光园餐厅（摄于20世纪90年代）

在历史进程中，规模或影响较大的店铺有：

肉铺徐　也称为“肉脯徐”，卖烂肉面出了名。一间门脸，专卖烂肉面，附带肉丁馒头，炒菜，主人徐姓。烂肉面以肉脯为主，故称“肉脯徐”。烂肉面和打卤面相似，不过卤汁较为稀薄，以碎肉脯罗列在面条上，碗边抹烂蒜。清末只售八十文一碗。肉脯徐的大名，因漕运关系，一直传到江南。1937年停业。

荣盛轩茶饭馆　位于原朝外大街79号，开业于清光绪二十六年（1900），经营饭菜、茶水。最受顾客欢迎的是“小碗干炸”炸酱面。后来逐步发展为饭馆，也叫“二荤铺”，有房30余间。经营数十种食品及百余种回、汉民炒菜，风味小吃特色突出。能够承接宴会、酒席等业务。荣盛轩地处朝外神路街西一带，附近“南营房”镶白旗兵丁自然就成了荣盛轩的固定“客户”。评书艺人张荣玖曾在这里说过“公案”。中华人民共和国成立后不久歇业，后改为新声戏院。

三、百货

南北大运河的开通，不仅使“漕粮”顺利入京，漕船还带来江南一带所产的“南货”。明朝天顺（1457—1464）之后，“许令附载土宜免征税钞。孝宗时限十石，神宗时至六十石”。除“自带土宜货物”外，还“附搭客商、势要人等，曲糯米、花草、竹木片板、器皿、货物”。漕船之外，尚有商船经漕河南来北往，运输商货，调剂余缺。进而促进了百货在这里的交流买卖。

中华人民共和国成立前朝外大街百货店有门牌记录的共69家。如：朝外大街2号泰和隆麻绳铺、16号义德源麻绳铺、23号德和隆麻铺均为山西人经营。27号德义祥百货店，由沈金傅及其弟弟经营，由于经营有方，该店生意兴隆，公私合营时该店并入德聚祥百货店。37号永和号烟铺，中华人民共和国成立后为糖业烟草公司。38号同聚隆布店1939年成立，有雇员20多人，1955年春与兴隆益、永兴祥联营并店，同年10月参加全市行业性公私合营。69号德记菜籽店，经理李学忠，有雇员17人。93号致盛永山货店，经理王永贵，雇员18人。283号的泰源亨纸店老板叫杨华亭，经理沈宝臣，成立于1900年，有雇员20多人。

在历史进程中，规模或影响较大的店铺有：

聚祥益布店　坐落在原朝外大街中段路北277号，开办于光绪初年（1875），3间门面，门面上有一钟表楼，装有一个大钟。东家是李乐波，河北饶阳人。店中大多数人都是饶阳县的，因此也有人称“饶阳屋子”。经理魏宜臣是李乐波的同乡，后改为常润生。经营的鼎盛时期，职工有五六十人，门面从3间扩至12间，重新整修了洋式门面。经营各种绸缎、布匹，在朝阳门外很有名气。1900年6月，八国联军进京后，经理和伙计们都外出避乱，店里被抢劫一空。后经理魏宜臣带领伙计经过两年的苦心经营，聚祥益起死回生。中华人民共和国成立后，聚祥益布店参加了公私合营，后来改名为国营中国纱布公司东部供应站，并设零售门市部。20世纪60年代，该建筑为燕丰食品商店的经营场所，原建筑上的钟楼已不见。

梧村楼绸缎洋货庄　位于原朝外大街278号，是一座二层楼建筑，是当时朝外大街的最高标志性建筑。老板是河北衡水人，员工20多人。梧村楼2间门面，有后房4间。该店于1954年被国家收购，在其原址上开办了朝外餐厅。

元发日杂店　位于原朝外大街84号。开业于清末，门面3间，后院房7间。经理张春维，雇工近10人。该店有近100年历史，中华人民共和国成立后联营并店，与双胜兴、庆成德等16家组成双胜兴联记杂品店，受东单区贸易公司领导。1956年1月公私合营双胜兴联记杂品店改为元发杂品店。1958年，元发杂品店划归市土产公司。1959年，划归关厢百货中心店。1964年4月，区供销社接管后称元发日杂商店。“文化大革命”时期，先后称东风日杂商店、朝阳日杂商店。1984年恢复元发日杂商店名称，营业面积扩大到360平方米。1995年商品销售总额达1050万元，利润100万元。后因朝外大街拆迁改造而撤销。

四、药店诊所

解放前有门牌记录的店铺共14家。如：6号宽和堂，也叫白家药铺，1间门面，销售跌打损伤等类小药品。66号宏慈诊疗所。103号庆安堂，2间门面，后有库房15间，主要经营中草药，该药店东边为神路街。

在历史进程中，规模或影响较大的店铺是：

一元堂药店　开业于清代中期，该店地处朝外大街，分为东西两店。东一元堂占地面积300平方米，西一元堂占地面积600平方米。西一元堂设有朝阳门外关厢护城河桥头路北，店铺房屋40余间，前店后厂。东一元堂设在东岳庙的西边，主要从事经营及批发业务。东店共有房屋20余间，陈设为清代药店布局。一元堂的正门牌匾是江朝宗书写，“一元堂”三个楷书大字全金制成。东一元堂的红木拦柜两头的立匾，左边是“灵苗继世”，右边是“仙草活人”。西一元堂的第二道门牌匾是四个大字“一气调元”，牌匾上反映出店名的寓意：巧得世间修治百草，可医民间诸疾之理。可谓一气调元之道也；可谓一气皆可调元，调元可医百疾。1956年公私合营后，各小药店均合并至一元堂，成立了朝阳医药公司。

五、建材仓储

南北大运河开通后，官方允许粮船捎带木材、砖等。明隆庆二年（1568）题准，凡粮船应带临清城砖。每船明例48块，随到随行。1915年开通的北京环城铁路在朝阳门设站，运来的木材主要是供给朝外二条观音寺小木场存储使用。

解放前有门牌记录的店铺有26家，其中木厂6家，煤铺18家，灰铺1家。如：21号的永安祥瓦厂1家，2间门面，后有大院，经理王智新，雇员44人。甲12号的新大木材厂，经理郑池刚，雇员13人。

六、手工作坊

朝外大街的手工作坊较多，且经营内容丰富。中华人民共和国成立前有门牌记录的店铺共计80家。如：朝外大街326号东顺铁工厂，1886年开业，是已知朝外地区最早的铁工厂且规模较大，经理为厚荣增，雇员30人。10号双山铁铺，2间门面。屋内砌有打铁炉，打制马掌及其他制品出售。8号泉顺成皮条铺，1913年开业，经理为翟松泉。自制牲口套包、龙头、缰绳等用品出售。11号和14号为祥顺染坊2间门面，有后房3间，经理赵怀玉，也是开业较早的染坊。68号最早为全顺筒铺后又改为和兴筐铺、庆丰铁庄。171号天信铁工厂，经理苏典训，开业于1937年，有雇员9人。解放后实行了公私合营。176号的志立木器厂，经理马振殿，雇员48人，规模较大。喇嘛寺、朝阳市场内也有一些店铺。

在历史进程中，规模或影响较大的店铺有：

大车店和掌铺　中华人民共和国成立前交通运输主要依靠骡、马拉的大车，大车店和掌铺随之开业，主要有朝外南河沿马家大车店、神路街北口东侧秦记大车店、芳草地海龙馆大车店，还有48号的赵家车场。50年代中期，还成立掌铺合作社。60年代以后，随着城市现代化进展，朝外各个掌铺也消失了。

铁工厂与打铁铺　朝外地区铁铺的最早记录为民国时期。当时的铁铺、铁工厂人

大车店（赫达·莫里逊摄于 1936 年）

掌铺（赫达·莫里循摄于 1936 年）

数不多，均为手工作坊式，主要居住在吉市口附近。产品以日常生活用的铁器为主，也有一些运输行业需要的零部件等。比较知名的有两家，一家是朝外大街甲 72 号的丁记修理铺，也叫“锔碗丁”，因被改编为评剧而家喻户晓。另一家为“一窝猴”，自解放前至 1989 年朝外大街改造前一直从事黑白铁加工，由于技术好而家喻户晓，在一些相声、小说等文学作品中都有提到。“一窝猴”家里人姓刘，位于新声电影院西面一排低矮的小平房最东面，以焊洋铁壶为生。家中兄弟姐妹 9 人，再加上其父母和爷爷奶奶共计十几口人，仅靠父母做黑白铁、焊洋铁壶维持生计。50 年代时，开店的“老师傅”才 30 多岁，人瘦，又蓄着山羊胡子。家里孩子多，店门敞开着，老师傅在那里敲敲打打，大些的孩子放学后，也敲敲打打。所以，人们把这个店铺叫“一窝猴”。那时候，谁家的锅烧漏了，壶穿了底，就把它交给孩子说：“送去，一窝猴！”从朝阳门到关东店，老百姓都这样叫，连他们自己也认可了。50 年代朝阳区把个体劳动者组织起来，成立几个“黑白铁合作社”，可是哪家合作社也不愿意收留他家。因为他家孩子多，月月给他们发救济，谁也不愿意背这个包袱。就这样，没有被合作化。师傅很能干，啥时候去，都能听见叮叮当当的敲打声。如果问：“啥时修好？”回答很干脆“明天！”他家价格合理，服务态度好，在朝外名气大。那些老人们只认“一窝猴”，闹得那些正经的黑白铁合作社生意冷清。“文化大革命”时，他家被定性为反对合作化的资本主义典型受到冲击，但老百姓还是喜欢“一窝猴”，改革开放后，成为第一批申请的个体户。

七、宗礼服务行业

朝外关厢地区分布着众多的寺庙，同时又有东岳庙、南下坡清真寺、日坛等，因而在周边形成了一定的从事宗礼、丧葬活动服务的商贩。如：衡麻子棺材铺、裱糊铺、棚铺、席铺、香烛店、棺材铺、打坑于记等。衡麻子棺材铺，同时还经营“轿子房”“杠房”，租赁孝袍子。街两侧的茶馆也兼有联系租用这些用品，或雇佣人员从事丧葬服务的业务。中华人民共和国成立后，殡葬改革，上述行业歇业。位于朝外大街46号德顺棚铺，也叫左家棚铺。经理左贵，为客户搭设席棚，出租脚手架等建筑用品。

洗浴、美发行业多为个体，较大的老字号有2家：原朝外大街102号的义泉堂和317号的四美堂。义泉堂澡堂紧挨着北海慧寺，澡堂的老板叫张湛如，河北定兴人，伙计40余人，均是老板的同乡。解放后均参加公私合营，80年代后为区服务公司管理。

朝外地区有记载的店铺一览表

表8-1

位置	商户名称
朝外大街南侧西向东排：2号	泰和隆麻绳铺
4号	通利山煤铺
5号	利华合金工厂
6号	宽和堂药铺
6号	通和草铺
7号	海来套包铺
8号	泉顺成皮条铺
10号	双山铁铺
11号	祥顺染坊
12号	同和长骨厂
甲12号	新大木材厂
14号	福顺染坊
15号	供销合作社废品经营处
16号	义德源麻绳铺
17号	永和轩茶铺
20号	东新隆草铺
21号	永安祥瓦厂
23号	德和隆麻铺
24号	三（东）义顺羊肉铺
26号	义聚成百货店
27号	德义祥百货店
27号	大同玻璃商店
28号	久成永粗粮加工厂

续表 8-1

位置	商户名称
29 号	三阳粮店
32 号	天元箩圈铺
33 号	裕顺斋糕点铺
34 号	和成祥布店
35 号	赵记自行车修理铺
36 号	森和木器工厂
37 号	永和号烟铺
38 号	同聚隆布店
39 号	元顺永油盐粮店
40 号	东成顺饼铺
41 号	元顺永油盐粮店仓库
42 号	福顺斋裱糊铺
43 号	义顺铁铺
44 号	文兴钟记铁工厂
44 号	文内钟记铁工厂
45 号	庆顺兴馒头铺
46 号	德顺棚铺
47 号	仲义修表
48 号	赵家车场
49 号	双盛兴矿油商店
51 号	域兴斋挂面庄
52 号	大昌食品店
52 号	兰馨缝纫业社
53 号	德宝斋钟表行
53 号	鸿兴洗衣房
甲 54 号	兄弟理发馆
55 号	永生祥箩圈铺
56 号	仁记麸料铺
57 号	钟表行
59 号	泰和成切面铺
60 号	瑞文斋刻字铺
62 号	义古斋木器作坊
63 号	摊商

续表 8-1

位置	商户名称
64 号	中兴席铺
64 号	合成永颜料店
65 号	真武庙
65 号	顺利客店
65 号	僧衣铺
66 号	宏慈诊所
67 号	积成粮店
67 号	元兴麸料铺
68 号	庆丰铁庄
68 号	全顺筒铺
68 号	和兴筐铺
69 号	双盛兴联记第一支店
69 号	德记菜籽店
71 号	东兴恒成衣铺
甲 72 号	丁记修理铺
73 号	东兴祥磁铁玻璃店
甲 73 号	鸿森山货席铺
74 号	城乡客店
甲 74 号	德隆盐店
75 号	聚顺石厂
77 号	振东号百货店
78 号	元寿桅厂（棺材铺）
79 号	荣盛轩茶饭馆
80 号	玉明王记烧饼铺
81 号	泰和成煤油纸烟庄
83 号	瑞丰和筐铺
84 号	元发日杂店
85 号	义顺兴山货庄
86 号	四合顺铁铺
87 号	兴隆益布行
88 号	兴隆号百货店
89 号	双盛兴山货铺

续表 8-1

位置	商户名称
90 号	天龙泰纸烟铺
90 号	福恒磁器店
甲 90 号	东单区自行车修理第四站
93 号	致盛永山货店
93 号	双盛兴联记总店
94 号	三义合笸铺
甲 94 号	启轮自行车行
95 号	天升永菜籽铺
95 号	合成醋酱房
甲 95 号	沛霖理发店
99 号	福寿厂
甲 99 号	天丰泰麻铺
乙 99 号	福源成山货铺
100 号	麟记煤油杂货铺
101 号	原址北海会寺
101 号	俊生笸铺
101 号	朝升铁工厂
101 号	广泰煤铺
102 号	义泉堂浴池
103 号	庆安堂药店
105 号	春德号商店
106 号	元记席铺
107 号	东兴永粮店
108 号	万意磁器店
109 号	永顺和豆腐坊
110 号	天泰楼猪肉铺
111 号	福利号公记油盐店
112 号	东顺兴羊肉铺
114 号	三泰永
115 号	东来盛
117 号	天顺成
117 号	源记煤铺
118 号	德盛居切面铺
119 号	桅厂皮铺

续表 8-1

位置	商户名称
120 号	永福本厂
122 号	弥勒院
甲 122 号	辅华合记矿药厂
123 号	永顺成车铺
124 号	天和公席铺
125 号	东来顺马掌铺
126 号	仁义猪店
127 号	海龙馆饭铺
128 号	魁记双义草铺
129 号	义兴公水井
130 号	长顺永车铺
132 号	通达居饭铺
133 号	顺成大车铺
甲 134 号	平盛
136 号	益顺大车铺
137 号	洽兴粮栈
138 号	东升大车店
甲 138 号	水果批发
139 号	东大桥兽医站
140 号	永茂铁铺
142 号	东振兴自行车铺
143 号	文兴车铺
144 号	东义和饭铺
144 号旁	东大车店
145 号	朝阳联社仓库
150 号	大同粮栈
151 号	四益轩茶馆
154 号	生产器材门市部
155 号	永顺增大车铺
156 号	三合元皮铺
156 号	景山诊疗所
157 号	顺典饭铺
157 号	两合马掌铺

续表 8-1

位置	商户名称
158 号	东发祥纸烟行
159 号	德禄车行
159 号	东单第二马车运输合作组
160 号	东天德煤铺
160 号	丰盛煤铺
甲 161 号	东郊合作社磁铁山货第一门市部
162 号	广济禅林
164 号	恒聚斋绱鞋铺
甲 165 号	东顺兴烧饼铺
乙 165 号	摊贩户
166 号	宏升号烧饼铺
167 号	头道行宫
168 号	德顺居烧饼铺
170 号	通源号烧饼铺
甲 170 号	佑德和小旅店
乙 170 号	亨大兽医所
171 号	天信铁工厂
朝外大街北侧东向西排：172 号	大兴磨豆房
172 号	隆盛和筐铺
172 号	北京市运输公司小关汽车厂第一车间
172 号	西顺大车店
173 号	西顺兴饭铺
174 号	北京市运输公司东大桥运输站
175 号	义顺号皮子铺
176 号	志立木器厂
176 号	日升酒店
176 号	和合麸料铺
177 号	朝阳铁工厂
178 号	东洪顺马掌铺
179 号	大有油盐粮店
182 号	鞋帽皮件生产合作社
182 号	东郊区手工业办事处

续表 8-1

位置	商户名称
184 号	皮子铺
185 号	德兴号粮店
189 号	义生居饭铺
190 号	天丰草料铺
191 号	三合大车店（旅店）
193 号	东来大车店（旅店）
197 号	合记砖瓦铺
197 号	新城草料铺
198 号	王兴号麸料铺
199 号	三盛永猪肉铺
甲 199 号	利华自行车铺
201 号	双合铁工厂
202 号	恒兴镰刀铺
202 号	星茂茶庄
203 号	元德兴大车铺
204 号	益群服装厂
205 号	东城喷漆厂
205 号	医疗器械厂
208 号	华盛轩饭铺
209 号	兴儒铁工厂
209 号	永顺兴小猪店
甲 210 号	来来号理发馆
210 号旁	吉兴公饭铺
212 号	顺兴铁工厂
213 号	东大桥合作社
215 号旁	东天佑油盐店
227 号	朝阳区五金交电批发部
243 号	天馨楼香蜡店
251 号	一元堂药店
253 号	制衣制鞋社
256 号	魏家绒线铺
257 号	三盛成（三义和）杂货店
259 号	正兴斋饽饽铺

续表 8-1

位置	商户名称
260 号	复大院磁器店
261 号	秦源祥纸店支店
262 号	宝记茶庄
甲 262 号	东记百货店
263 号	宝开果庄
265 号	汪正大茶庄
266 号	义和成百货店
266 号	东单区人民银行朝外大街储蓄所
268 号	合顺公油盐店
269 号	顺兴隆猪肉店
271 号	天泰涌切面铺
272 号	东郊联合诊疗所
273 号	朝外三轮委员会
274 号	鼎茂恒油盐店
275 号	裕记茶庄
276 号	乾成信铜表铺
276 号	天祥楼百货首饰店
277 号	聚祥益布店
278 号	梧村楼绸缎洋货庄
278 号	梧村楼合记布店
279 号	信义昌鞋店
281 号	瑞福来茶庄
281 号	裕隆公碱店
282 号	信诚鞋店
283 号	泰源亨纸店
285 号	双井和鞋店
285 号	坎济水会
285 号	普济禅林
286 号	仁记药店
287 号	宝亨钟表铺
287 号	元顺箩圈铺
288 号	富天成百货店
288 号	德聚祥百货店
290 号	寺庙

续表 8-1

位置	商户名称
291 号	月盛兴纸烟店
292 号	永星斋饽饽铺
甲 293 号	义顺兴度量衡业
294 号	瑞记米庄
297 号	第三磨面厂
297 号	文记家禽饲料店
299 号	谦裕和羊肉铺
300 号	缝纫社
304 号	五盛居酒铺
甲 304 号	瑞义成布店
305 号	义和煤厂
306 号	德记百货店
308 号	和义轩饭馆
309 号	泰源号肉铺
310 号	聚兴隆百货店
312–313 号	德盛猪肉铺
313 号	公顺油盐店
314 号	茂盛轩茶馆
315 号	三顺成切面铺
316 号	祥和斋饽饽铺
317 号	四美堂澡堂
318 号	康家茶馆
319 号	大隆钟表铺
319 号	庆升和布店
319 号	天成刻字店
320 号	中国人民银行
321 号	康家茶馆
321 号	永荣理发店
322 号	通和打铁铺
323 号	天德利猪肉铺
324 号	第二金属机械生产社
326 号	东顺铁工厂
327 号	羊肉铺
328—329 号	吴德利茶庄

续表 8-1

位置	商户名称
330 号	大仁堂中药店
331 号	批发部
332 号	永盛斋饽饽铺
333 号	永盛斋饽饽铺
334 号	天瑞恒
335 号	元丰碱店
337 号	永星斋饽饽铺西号
338 号	泉成涌纸店
339 号	文茂茶庄
340 号	益民电料行
341 号	泰源祥纸店
342 号	振兴自行车铺
343 号	四合草铺
344 号	阎家水果店
345 号	东升泰粮店
346 号	清洁队
347 号	清洁队
350 号	德合公烟铺
350 号	同和成麻铺
351 号	西一元堂中药店
356 号	祥复大车店
368 号	回民饭馆
北大院 1 号旁门	信诚德记煤铺
北大院 2 号	兴业号劈柴厂
朝阳市场甲 3 号	景昇隆绱鞋铺
朝阳市场 5 号	高昇理发馆
朝阳市场 7 号	义来兴煤铺
朝阳市场 12 号	顺英洗衣房
朝阳市场 13 号	利华理发馆
朝阳市场 14 号	北京第十一缝纫社
朝阳市场 20 号	兴隆理发馆
朝阳市场甲 22 号	南合顺轿子铺
朝阳市场 23 号	福德祥自行车铺
朝阳市场 27 号	三合居茶馆

续表 8-1

位置	商户名称
朝阳市场 28 号	二友居油铺
朝阳市场甲 28 号	德顺华记理发馆
朝阳市场 29 号	如意轩茶馆
朝阳市场 30 号	文兴绱鞋铺
朝阳市场 31 号	义顺理发馆
朝阳市场 32 号	兴华服装社手工局
朝阳市场 33 号	顺德斋烧饼铺
朝阳市场 34 号	明远斋豆汁铺
朝阳市场 35 号	清真堂药铺
朝阳市场 40 号	荣华制鞋铺
朝阳市场甲 40 号	福增祥制鞋铺
朝阳市场 52 号	宝聚湧豆腐干铺
朝阳市场 53 号	张记酒铺
朝阳市场 56 号	义和轩茶馆
朝阳市场 57 号	恩和堂成药
朝阳市场 60 号	新月理发馆
朝阳市场 68 号	辅周奶厂
朝阳市场 68 号	义东铁工厂
朝阳市场 69 号	菜站
朝阳市场 72 号	东城煤铺
朝阳市场 82 号	同义烧饼铺
朝阳市场 83 号	协泰木厂
朝阳市场 84 号	百货处
朝阳市场 85 号	庆丰煤铺
朝阳市场 87 号	玉和堂成药
朝阳市场 89 号	东单区副食管理处市场零售店
朝阳市场 90 号	立海织袜厂
朝阳市场 91 号	日日新理发馆
朝阳市场甲 95 号	二义和豆腐房
朝阳市场 99 号	三益元饭馆
朝阳市场 101 号	新生号烙饼房
朝阳市场 106 号	元顺磨房
朝阳市场 111 号	朝和馆猪肉铺
朝阳市场 112 号	元兴隆羊肉铺

续表 8-1

位置	商户名称
朝阳市场 113 号	德义祥成衣铺
朝阳市场 115 号	万兴织袜厂
朝阳市场 119 号	玉山理发馆
朝阳市场 122 号	两义和菜酒馆
朝阳市场 125 号	同福豆腐房
喇嘛寺 2 号	永利桌椅铺
喇嘛寺 4 号	文合木厂
喇嘛寺甲 5 号	张记酒铺
喇嘛寺 8 号	王记棉花铺
喇嘛寺 11 号	德成永旧货铺
喇嘛寺乙 11 号	同义和木器铺
喇嘛寺 20 号	信记粪厂
喇嘛寺 24 号	德成木器铺
喇嘛寺丁 24 号	冯记木器铺
喇嘛寺辛 24 号	魁盛木厂
喇嘛寺 35 号	德顺旧货铺
喇嘛寺甲 35 号	义记木器铺
南营房东门 3 号	天顺理发馆
南营房东门 6 号	仁义面铺
南营房东门 7 号	仁义隆煤铺
南营房 4 甲 31 号	永通杂货铺
南营房东门 4 号	东升木厂
南营房二甲 54 号	世巨成煤铺
南营房二甲 55 号	何记杂货铺
南营房二甲 22 号	马记烧饼铺
南营房五甲 9 号	东顺兴木厂
南营房一甲 32 号	太和号杂货铺
南营房一甲 70 号	三义隆煤铺
南中街 54 号	恩德永油盐粮店
南中街 67 号	兴隆杠房
南中街 79 号	恩顺祥零售牛下货
南中街 80 号	振兴号木器厂
南中街 81 号	庞记剪子局
荣盛夹道 1 号	得盛永灰铺

续表 8-1

位置	商户名称
荣盛夹道 5 号	同义长糖铺
荣盛夹道 10 号	顺德堂药铺
荣盛夹道甲 11 号	和顺绱鞋铺
神路街 7 号	大昌元粮店
神路街 14 号	三义公煤铺
神路街 17 号	裕丰厚煤铺
神路街 20 号	长兴木厂
神路街 27 号	同仁和杂货铺
神路街 28 号	平心增酒铺
神路街 58 号	东顺兴煤铺
神路街 68 号	同利煤铺
神路街 71 号	永盛烧饼铺
神路街 79 号	天记粮店
神路街 80 号	张记杂货铺
秀水河 11 号	巨顺永煤铺
秀水河 17 号	于记杂货铺

第二节　产业发展

一、缝纫（补活）类

解放初，有个体裁缝铺十来家，多为连家铺。城区相继组建以零活加工为主的缝纫组、缝纫部。1952 年 12 月 6 日，朝外缝纫生产组和关厢缝纫部与东郊酿酒厂联合成立北京市第十一缝纫合作社，社员 37 人。1953 年，开始生产服装，直属于市手工业生产合作联社总社，相继成立朝阳帽子厂、朝阳鞋厂。1954 年，组建朝外大街缝纫部。9 月，成立东郊区第一缝纫合作社。1956 年市第十一缝纫合作社解体，人员划归东郊灯泡厂。1958 年，区第一、第三和市五十五缝纫合作社合并成集体所有制企业朝阳服装厂，设朝外大街等 3 个管理站。同年，朝外街道麻绳加工组一部分人组成装订组，为市财经印刷厂折页、装订，后添置机器设备成立朝阳区印刷厂（70 年代划出至建外街道）。同年，朝外街道建玉器厂、组织老艺人带徒弟、发展工艺品出口。1960 年，朝外街道从事玉器、珐琅等工艺品加工的工厂、生产组有 21 个。1969—1971 年，建有补花厂及补活生产组。

为市属大厂批量加工并出口。1972 年，朝外街道建朝外大街针织厂，为市针织一厂加工背心，1974 年上收为区直属企业。1979 年从朝外服务总站又分出朝外针织一厂、朝外针织二厂。1981 年针织一厂、针织二厂、刺绣厂以及神路街、朝外二条北、朝外二条南、秀水河、头条、东光路、市场街、朝外头条、元老吉市口二条、吉市口三条、大街西、下三条、吉市口六条、芳草地等多个生产组，从事生产手套、挑补绣花、服装加工、贴画、拆洗等项目。人员少则几个人多则近百人，同年成立朝外街道联社负责管理。1981 年，朝阳针织厂乳罩车间扩建成华美时装厂。1983 年 6 月成立朝外东风针织厂，地址在神路街夏家胡同 13 号。1984 年发展出朝外缝纫加工厂、朝外服装厂、为群服装厂等。1986 年又发展出北京时装绣品厂，北京华美时装厂扩建为两处厂址，一处是吉市口 84 号，另一处是朝外头条 33 号。1990 年 3 月，朝阳针织厂与香港海纺有限公司合资建朝海服装有限公司，注册资金 21 万美元，引进 2 台日本新型电脑绣花机。同时，创出国内制售制式服装、京潮牌衬衫、T 恤衫、三重保暖内衣等系列产品。5 月，华美时装厂与香港日豪发展有限公司合资成立百利安制衣有限公司，产品女士内衣全部出口。1991 年 7 月 18 日，罗曼时装公司与美国 CG 公司合资，成立罗曼服装有限公司，位于工人体育场东路 11 号，当年产品销售收入 540 万元。1992 年，区服装公司与区修理公司合并为中新工贸总公司。至 1995 年罗曼服装有限公司年销售收入达到 4899.7 万元，被列为区级重点企业。

北京爱慕制衣厂　1993 年，北京华美时装厂和日本国有限会社横山涂装公司共同投资兴办北京爱慕制衣厂，主要生产“爱慕”牌高档系列女士内衣。厂址在朝外景升东街 108 号，职工 300 多人，年生产能力 150 万件（套）。1995 年，爱慕制衣厂销售收入达 2870.7 万元。1996 年拆迁改造，迁至望京。

燕都刺绣厂　1979 年底在刺绣生产组的基础上建立刺绣厂，厂址三处，分别为朝外神路街夏家胡同 21 号、29 号及朝外二条东巷甲 1 号。负责人吴国树，从业人员 78 人。1984 年扩建更名为北京市燕都刺绣厂，从业者 126 人。1985 年工业总产值 86.6 万元，利润总额 15.3 万元，成为联社尖子企业。1988 年，在全国首次旅游商品研评会上，该厂选送的百子送寿、汉武帝像、慈禧氅衣等 8 种绣片和仿古衣获古龙牌系列绣品银奖。1995 年在工业调整中迁往双桥。

朝外针织一厂　1975 年组建，1980 年职工达 164 人，总产值 22.1 万元，利润 1.5 万元。1985 年总产值 46.03 万元，利润 6 万元。此后因经营不善，1986 年转产，改为织布，使企业起死回生，产值利润逐年稳步上升。1988 年，该厂产值达 36.9 万多元，利润 11 万元，职工达到 298 人。厂长李秀芳 1988 年被评为区先进青年企业家。1993 年，朝阳针织厂迁至河北省大厂回族自治县。

北京芳草工艺品厂　系朝外街道福利企业，成立于1993年6月。厂长程纪永，是肢体残疾人，原系市属集体企业的厂级干部，为创建福利企业“下海”。建厂初期办事处民政科投资20万元、私人借款20万元，解决了地区部分残疾人就业问题。1993年11月芳草地拆迁，该厂迁至朝阳区八里庄慈云寺清真寺内。

二、金属加工、电子电器类

1964年基本完成对农业、手工业和资本主义工商业的社会主义改造，朝外地区工厂有五金厂、电器厂、木箱厂、螺钉厂、电机厂、金属结构厂、喷漆厂、化工三厂，人员在70—160人之间。

1969—1980年，工厂系统有医疗器械厂（医用冷藏设备厂）、汽车配件厂、朝阳可控硅元件厂、粉末厂、模型厂、农具厂、电子管厂、活塞厂、标准件一厂、朝阳区综合修配厂、朝外汽车修理厂、北京轴承研究所、北京市汽车电机厂、北京市标准件模具厂、汽车配件厂、电焊机厂、服务局修造厂、北京市无线电元件十厂、北京市摩托车制造厂。1970年，朝外大街木箱厂改名为朝阳区起重设备厂。1973年，朝阳印刷厂建电器开关车间，为市医用低温箱厂（后改名北京电冰箱厂）配套生产恒温控制器等，1981年迁至将台乡小陈各庄。1984年，成立了北京市朝阳区朝外军制联营厂、北京市东方综合经理部、朝外汽车靠垫厂。1987年，在朝外综合修配厂（曾名为纺织机械厂）原址上改建华美时装厂。1988年，朝外街道华都汽车配件门市部和区联社朝联物资供应公司成为实现销售千万元的商业企业。1992年底，朝外街道综合修配厂改名朝外印染机械厂、从事印染设备制造、改装和其他机械设备修理加工。归朝外街道劳动服务公司管理。

第三开关厂　前身为朝外大街小五金厂。1968年并入电器厂，改为第三开关厂。1971年改为变压器厂，属轻工业企业，生产变压器、稳压电源。1981年工业总产值10.94万元，利润总额1.8万元，职工62人。后迁至六里屯。

北京市无线电元件十厂　1956年成立时为北京市朝阳帽子厂，位于朝外二条67号。1975年在国家扶持下在原场地兴建无线电元件厂，原帽子厂工人、资金等全部归元件厂所接收。此时，北京市无线电原件十厂为国家大型二类企业。1981年1月，北京市无线电元件十厂将长期停产的水泥厂作为一个分厂经营。1985年，因元件十厂生产形势萎缩，水泥厂收回。发展至1995年有职工668人，为朝外街道主要工业企业，主要产品为铝电解电容器。于2005年秋，从市内整体迁移到位于顺义区的新厂址。

三、起重、运输类

早期的运输企业主要是以三轮运输和起重搬运等为起点发展而来。1971年朝外成立起重社，后改为起重设备厂，位于朝阳区工体南路东草园胡同。1981 年负责人为何广霁，有职工 42 人，利润 4.2 万元左右。1983 年朝外起重运输社扩大业务，设立水暖机械设备安装队，服务项目包括锅炉、水暖、机械设备、天车、电梯、电气设备的安装，以及各种金属件的制造等，组织技术人员 15 人，计划安置行业青年 30 人。

1981 年朝外有一家三轮社，位于朝阳区体育场路 1 号楼前木板房。负责人谢祝之，有职工人数 42 人，利润额 1 万元左右。1983 年，申请三轮运输社营业执照，长期以来企业办得很有起色。

1982 年，各区属公司相继成立，朝外地区的运输企业有北京市运输公司外事运输站、北京市东城地区运输公司、朝阳第二汽车场、北京市朝阳区建设局日坛公园管理处、朝阳运输二厂。

1986 年朝外大街的市属公司有市五建二工程一队、北京市公交运输站、北京公交九处、市五建一分公司。

以上公司均随 90 年代末的朝外大街改造而外迁。

四、煤炭、石油化工类

新中国成立后，国营零售公司在城区陆续建立网点，发展煤球生产和销售。1950 年始，各煤铺凭购煤本从东单区批发商店购进原煤。1955 年，在朝阳门外一带，由 35 户私营煤铺组成 3 个联营煤厂。1956 年 1 月，煤商实现行业公私合营，一部分煤商与市煤建公私合营，其他煤商归属当地国营商店统一领导。朝阳门外 3 个联营煤厂归属市煤建公司管理。1957 年，3 个合营煤厂合并为关厢煤厂，归属关厢中心商店领导。1958 年 3 月，全区公私合营煤柴厂全部与国营煤柴厂合并。1961 年 10 月后，煤炭供应点主要供应城镇居民用煤。煤炭逐渐实行划片定点供应。70 年代末，煤炭货源偏紧，划片定点按户发证、定量供应办法出台，以防煤炭脱销和外流。用户持证到销售点或自购自运，或登记后由销售部送货。1963—1980 年，煤炭销量稳定。1985 年，新增 5 寸（15 厘米）蜂窝煤炉瓦和引火炭生产及经营业务。1989 年起，民用煤放开供应，因价格偏低，造成煤炭外流。1990 年 7 月起继续实行凭证登记，限量供应。进入 21 世纪后，朝外大街陆续拆迁改造，煤厂相继搬出。

朝阳区属朝外地区煤厂一览表

表 8-2

店名	地址	负责人	职工（人）	备注
七条煤厂	吉市口七条	郭　造	12	1996 年拆除

续表 8-2

店名	地址	负责人	职工（人）	备注
吉市口煤厂	吉市口	郭　造	18	1996 年拆除
三佛寺煤厂	三佛寺	李全启	12	1996 年拆除

中国石油化工集团公司是 1998 年 7 月国家在原中国石油化工总公司基础上重组成立的特大型石油石化企业集团，是国家独资设立的国有公司、国家授权投资的机构和国家控股公司。中国石化集团公司注册资本 1820 亿元，2010 年总部迁至朝外街道。

第三节　商业服务

朝外关厢地区，历史上有诸多老字号、老店铺，不仅为本地区乃至京城东部民众的日常生活提供了方便，而且在更大范围产生影响。解放后，尤其是公私合营后，很长一个时期商业发展比较保守平稳。1978 年 12 月中共十一届三中全会召开后开始活跃，并创造了有史料记载以来发展速度、发展规模、发展质量、发展效果最为显著的时期。1978—1984 年为第一阶段，即改革的探索阶段。主要是调整了部分商品的购销政策，进行经营承包责任制试点。1984—1988 年为第二阶段，商业流通体制全面改革。主要以搞活企业为中心内容，以所有权与经营权分离为基本方向，使商业改革继续深入和发展。1988—1993 年为第三阶段，是治理整顿和深化改革阶段，推动企业全面走向市场。1993 年起，北京市决定开发朝外大街，将朝外商业中心列入北京市商业总体规划方案的重点工程。截至 1999 年底，朝外街道地域内按经营方式分，拥有独立商店 87 个、连锁商店 25 个、其他类型 205 个。按商业营业业态分，拥有百货商店 29 个、超级市场 3 个、其他类型 285 个。总共商业营业面积达到 116023 平方米。1999—2002 年，朝阳区政府投资 1.2 亿元，拆除了朝外大街北侧的 15500 平方米的过期临时性建筑和低矮商业房。在不到 1.5 公里长的大街上陆续建起了蓝岛大厦、旺市百利、百脑汇、丰联广场、华普超市等综合商业体。2003 年建成以昆泰国际中心为轴心，自景升东街、朝外南辅路、日坛北路、神路街至朝外大街中段的“国际品牌环绕步行商业街”。2000 年底，第三产业成为主导产业。朝外商业街有第三产业单位 239 个，占单位总数的 96.8%；从业人员 15225 人，占总人数的 95.4%；第三产业增加值年人均达到 8.1 万元。有第二产业单位 8 个，无第一产业单位。三次产业结构呈现“三、二、一”格局。2000 年有服务业单位 122 个，从业人员 6214 人，实现增加值 9.6 亿元，占全部增加值的 76.4%。从第三产业发展情况看，服务业位居行业之首，是朝外经济发展的第一重点行业。

2004 年第一次全国经济普查时，朝外街道的法人单位为 1516 个，产业活动单位为 1804 个。2008 年第二次全国经济普查时，朝外街道的法人单位为 1637 个，在全朝阳区构成比例达 2.9%；产业活动单位为 2017 个，其中第二产业 36 个、占全朝阳区构成比例 0.7%，第三产业 1981 个、占全朝阳区构成比例 3.1%，第一产业消失。2013 年第三次全国经济普查时，朝外街道的法人单位为 4965 个，产业活动单位 1201 个，从业人员为 138103 人。

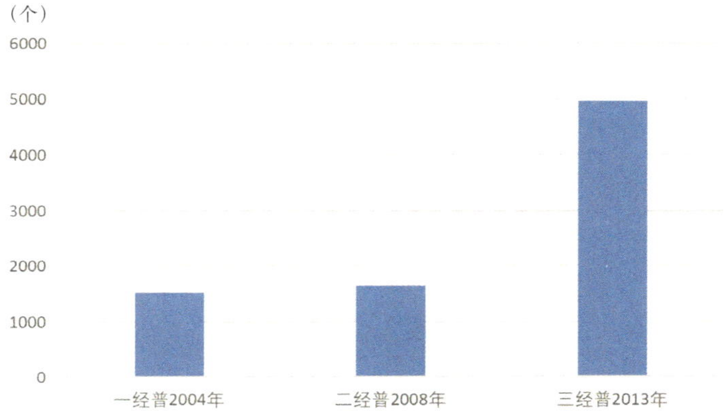

图 8-1　三次全国经济普查朝外街道法人单位总数图

至 2013 年末，从产业结构来看，朝外法人单位中，第二产业单位 45 个占 0.9%，第三产业单位 4920 个占 99.1%。整体看，法人单位数量显著增加，推动朝外经济迅速发展，经济结构呈“第三产业为主，第二产业为辅”特色。

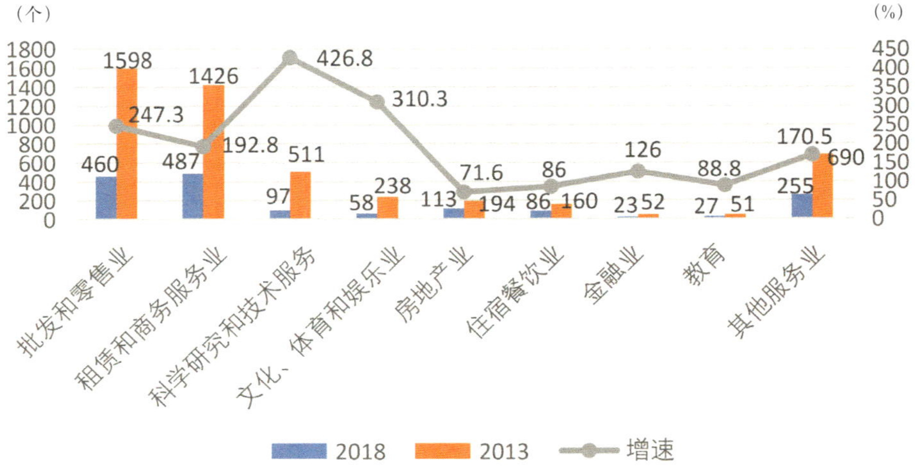

图 8-2　2008、2013 年朝外街道第三产业法人单位基本情况图

2010—2015年朝外街道第三产业主要经济指标一览表

表 8-3

年份	单位数（个）	资产总计（万元）	收入合计（万元）	利润总额（万元）	平均从业人员（人）
2010	467	69961619.0	14707307.4	6750363.4	85315
2011	463	204441527.1	15971594.8	9819117.8	79664
2012	493	242813338.7	34501725.7	8089977.4	88772
2013	522	261926115.7	49344679.4	12701899.8	107478
2014	435	361414544.0	52454767.1	14165091.9	111532
2015	413	291594035.6	47846448.1	19046727.8	109984

一、批发和零售业

综合市场　1949年6月，将东岳庙蔬菜市场移至坛口北大院，坛口就地成立综合性的朝外市场。50年代曾有朝阳门粮食市场、朝阳门畜牧市场、朝阳门外观音寺旧货市场、朝阳门外三佛寺木材市场。“文化大革命”时期集贸市场被取消。改革开放后，对集市贸易的限制逐步放宽。1983年建立芳草地市场，原址在芳草地北巷，发展至1987年有近200个地摊，到后期形成规模时摊位多达800余个，一直延续至1999年，在朝外地区的危改拆迁中，芳草地市场被拆除。1988年朝外大街改造，燕丰商场迁出至香河园街道。1988年9月，在日坛公园西侧开办了朝外鸟市，经营花鸟鱼虫。由于位置优越，人气商气旺盛，成为北京市仅次于官园、龙潭两处的知名禽鸟交易集散地。但营业时间不长，在市政府的引导下被雅宝路市场所取代。1989年9月，为向中华人民共和国成立三十五周年献礼，街道建设了一个封闭式的大型市场，俗称朝外市场、朝外大棚或坛口市场。经营内容以居民日常生活需求为主，名目繁多，很受欢迎。截至1990年拆迁改造以前，朝外地区共有7个市场，即坛口市场、雅宝路市场、东大桥市场、工体路市场、日坛鸟市、芳草地西街早市和雅宝路水果摊群。在迎亚运市场整治工作中于1990年5月21日撤销。1991年7月13日，在工体南路南口两侧开办早市和夜市，有40～50个摊位，占地160～200平方米，统一制作可装卸彩棚。

东大桥市场因百货商场改建和道路施工于1990年2月18日撤销，在朝外大街北侧规划筹建的商业用房中划出一部分租给东大桥市场部分个体户使用。1993年7月，立新菜市场迁出与其他几家一起合并组建红庙万惠商场。2000年随着朝外商业街的建设，各市场逐渐退出，截至2015年底仅保留一个工体路下三条早市仍在运营。

粮店　1949年7月，北京市粮食公司在东大桥建立国营第三粮栈。1949年10月朝阳区供销合作社成立，街道建立分销店兼营粮油，采取统一牌价、以质论价、分散就近的收购方法平抑粮价。同时政府在城镇居民区组织消费合作社，在朝阳门等地设粮食市场。1953 年，国家对粮食实行统购统销。在朝外大街、朝外秀水河、南下坡、神路街、吉市口等地分别建有国营粮店。1993 年随着物价的放开，粮票退出，加之朝外大街拆迁改造，各粮店陆续关闭，改由各副食商店、商场超市等兼营粮食销售。

朝外街道粮店一览表

表 8-4

序号	基层店	地址	负责人	职工（人）	备注
1	下四条粮店	元老下四条	赵金华	5	1991 年拆除
2	五条粮店	吉市口五条	李荣华	6	1991 年拆除
3	景升粮店	朝外景升街	张　熏	4	1993 年拆除
4	坛口粮店	朝外坛口	赵宝荣	4	1993 年拆除
5	大街西粮店	朝外大街	鲍学礼	6	1993 年拆除
6	大街东粮店	朝外大街	张树元	5	1988 年拆除
7	市场街粮店	朝外市场街	邵三品	5	1988 年拆除
8	体南粮店	工体南路	鲍建民	6	1993 年拆除
9	东光路粮店	朝外东光路	宋士民	4	1993 年拆除
10	芳草地粮店	朝外芳草地	梁国生	6	1993 年拆除
11	体东粮店	工体东路	车瑞连	6	1993 年拆除
12	神路粮店	朝外神路街	胡树平	6	1993 年拆除
13	秀水粮店	朝外秀水河	杨万良	4	1993 年拆除

菜店　朝阳门也是蔬菜进京的一个通道。1954 年 8 月，东郊区政府实行蔬菜价格统一，同时，吸引零售摊商加入供销社。当月 27 日，有 30 多人申请入社。9 月，市供销社在三佛寺建朝阳门菜站。1955 年 5 月，朝阳门菜站属市

西大桥蔬菜商亭（摄于 1989 年）

菜蔬公司领导，负责东郊及东四、东单几个区的蔬菜供应。1956 年，朝阳门菜站共购进蔬菜 4362 万公斤，销出（包括代销）5802.5 万公斤。1956 年朝阳门菜站的崔鑫荣获北京市出席全国先进生产者代表大会的先进生产者称号。1957 年，北京市蔬菜实行统购统销。1963 年 3 月，区菜蔬副食品管理处设菜蔬经理部和关厢菜站，分别负责本系统菜站、副食品基层店、经营网点的蔬菜收购、批发、调拨和经销。当年，蔬菜敞开供应，网点建设也随之加快。到“文化大革命”期间，网点建设和供应受到影响。1980 年，蔬菜购销工作从区副食品公司划出，组建区菜蔬公司，下设关厢基层店。1980 年市菜蔬领导小组决定，在加强国营商业蔬菜经营的同时，发展一批集体所有制的合作菜店，恢复 1956 年以前国营商业为主，合作联营为辅、集市贸易为补充的三条渠道，做好蔬菜市场供应。1984 年，区菜蔬公司地址位于朝外大街西头路北，实行全民所有、集体经营、照章纳税、自负盈亏的经营方式。1991 年，区菜蔬公司产销全部放开，菜农直接去市场销售。1995 年，菜蔬与副食公司合并，居民冬贮大白菜由副食菜蔬总公司和供销社负责供应，迁出朝外街道。

副食店　1956 年随着国营、合作社商业的发展和对私营工商业社会主义改造的实行，同时也对集市贸易进行了调整、改造。1956 年 12 月，执行国务院有关凡外地来的猪肉、牛羊肉不论自产自销或农民、小贩贩运，一律由收购站收购的指示，在朝阳门设肉食收购站。一般大中型百货商店除经营百货类商品外，还经营各业日用品，如纺织品、鞋帽、文化用品、五金交电商品，有些百货店开始跨行业经营食品、烟、酒、茶叶、中西成药等。据 1964 年统计多数为小型百货店、副食商店等，视当地情况经营若干类（种）百货商品。这种经营范围一直延续到 70 年代末改革开放前。1979 年，辖区内副食基层店有立新菜市场、南中街副食店、秀水河副食店、雅宝路副食店、神路街副食店、市场街副食店、燕丰食品商店、前进食品店、茶叶店、四条门市部、吉市口副食门市部、工体门市部、五条门市部、桥头门市部、荣盛门市部、朝新热食品、工体西里商店、建华副食商店、北京市牛奶公司朝阳供应处、市场代销店等。1979 年增建 3 个集市市场。1983 年 5 月，在原老字号大有商店的原址上改建的新风自选市场开业。两层楼，营业面积 400 平方米，职工 70 多人，全店共经营食品达 500 余种。90 年代开始，副食店陆续拆除或关闭，有的副食店并入京客隆商厦。

燕丰食品商店（摄于20世纪80年代）

服装百货　1954年市国营零售商店在朝外大街建网点——朝阳区第二百货门市部，即今沃尔玛超市处。1964年，区百货管理处建红霞服装鞋帽商店。1975年10月，将百货管理处所辖服装加工厂和红霞服装鞋帽商店划出，成立服装管理处。1975年由旧址迁入神路街南口，搬进了新楼。全店用房由原来的300平方米增加到1400平方米，人员也由52人增加到79人，销售额逐年增加，由1975年的70万元增加到1978年的100余万元。1988年随朝外大街改造而撤销。

1979年，朝外有朝外红霞服装店、四季针织商店、东风布店、北京市百货公司朝阳区公司、朝阳医药文化用品批发部、友谊公司、朝阳区文艺批发部。1981年5月13日位于朝外大街新生百货门市部开业，地址朝阳区朝外大街23号。1982年，新生百货门市部对面又增设东大桥百货商场并正式开业。1988年，朝阳五金交电化工商店开业，营业面积429平方米，经营五金、电料、电讯器材等。1988—1996年朝外大街拆迁改造期间，各商业陆续外迁至呼家楼、团结湖、左家庄、六里屯等地。

医药　旧时朝外大街的有“庆安堂”、“仁记药房”（西药）、“鹤龄堂”、“达仁堂”和两个膏药铺的个体商贩等。1957—1960年相继合并到“一元堂”，从业人员46人，销售额由合并前每年 18 万元增加到 36 万元。1966 年，“文化大革命”开始，“一元堂”扩建为朝阳医药公司，下设朝阳药店。1985 年时，经营品种达 2300 余种，销售额由 1978 年的 100 万元增加到 1985 年的 286 万元，药店已从一个私营小药堂发展成为北京市一流的综合性药店。1988 年，朝外大街拆迁改造，朝阳药店整体搬迁至小庙路口，更名为朝阳区医药药材公司。2000 年后，许多私营的连锁药店入驻朝外地区，如京隆堂大药房（华普药店）、同仁堂药店（丰联广场店）、北京瑞奇雅宝大药房、嘉事堂药店（工体店）、金象大药房（蓝岛大厦店）等达到 14 家。

一元堂（朝阳）药店 1956 年 1 月实行公私合营。1957—1960 年，位于朝外大街的南“庆安堂”、“仁记药房”（西药）、“鹤龄堂”、“达仁堂”和两个膏药铺的个体商贩相继合并到“一元堂”。1966 年，“文化大革命”破“四旧”时，“一元堂”改为“朝阳药店”。1975 年，由旧址迁入神路街南口，搬进了新楼。全店用房由原来的 300 平方米增加到 1400 平方米，其中营业面积 600 平方米，库房 650 平方米，其他附属用房 150 平方米，库房设在地下，人员也由 52 人增加到 79 人，销售额逐年增加，由 1975 年的 70 万元增加到 1978 年的 100 余万元。1985 年时，经营大类有中药饮片、中成药、西药和医疗器械、参茸、旅游药品等六大类，经营品种达 2300 余种，服务项目有代客加工外配、代客煎药、代客邮购药品等 13 项，全店 79 名职工，销售额由 1978 年的 100 万元增加到 1985 年的 286 万元，药店从一个私营小药堂发展成为北京市一流的综合性药店。

商业综合体　1995 年，朝外大街市级商业中心和部分区级商业中心初具规模，区属国营、供销合作商业系统有网点约 1200 个，面积约 90 万平方米。朝外大街南侧蓝岛大厦、卡玛商业、泛利大厦和北侧神路圆大酒店、华普大厦、祥业大厦建成开业。一些规模及影响较大的商业综合体脱颖而出。

蓝岛大厦　1993 年，北京市政府、朝阳区政府为繁荣首都商业，缓解市中心商业网点压力，实现顾客分流，在原东大桥百货商场基础上改建的现代化大型购物中心——蓝岛大厦。位于朝阳门外大街 8 号，建筑面积 31818 平方米，其中营业面积 18000 平方米，1994 年底有员工 2528 人。主要经营日用百货、五金交电、服装鞋帽、工艺美术、金银饰品、针织品等 8 万余种日用工业品，亦经营旅游药品、书籍、中国字画。设有歌舞厅、卡拉 OK 及冷热饮、餐厅等，是集购物、餐饮、文化、娱乐为一体的多功能综合商厦。20 多年来，实现销售总额 205 亿元，上缴利税总额 9.13 亿元。1993 年 1 月 20 日上午 10 时举行了开业典礼。商业部副部长张世尧，北京市委副书记、市长李其炎，朝阳区委书记宋维良等参加了剪彩仪式。蓝岛人以“商业未动，文化先行”的超前意

1993 年 1 月 20 日，蓝岛大厦开业剪彩

识开始谋划研究企业发展战略。为此聘请北京商业局系统有丰富经验的退休领导组成顾问团，为蓝岛出谋划策，同时还聘请大专院校的专家学者为蓝岛的经营战略提供咨询。探讨出蓝岛企业文化三十六字经营战略：商品以质取胜、经营以特取胜、服务以情取胜、购物以便取胜、环境以雅取胜、功能以全取胜。在突出名品、精品、新品经营的基础上，举办文化购物节、参与社会文化活动；推出了百余项便民服务措施。

1994 年企业精神升华为“新和一至，超越创新”，并将每年的 12 月 27 日确定为“企业精神弘扬日”。之后又转为“一片情”企业服务品牌，形成了以“一片情”为核心的蓝岛文化，使企业具备了较强的吸引力和感召力。1994 年 3 月 31 日至 4 月 1 日，北京市企业文化建设协会、北京财贸管理干部学院、朝阳区四星政治工作研究会联合举办了“蓝岛文化与企业发展战略研讨会”。这次研讨会得到了中国企业文化研究会、中国思想政治工作研究会、市委宣传部、市体改委、区委、区政府、首都各大专院校和各新闻单位等的关注和重视，中国企业文化研究理事会理事长韩天石，市委副书记李志坚，朝阳区委书记宋维良等领导到会并作讲话。会议对蓝岛“一片情”给予肯定和推广。

良好的企业经营战略和信誉文化引起了社会各界和新闻媒体的高度关注，北京市委和市领导、商业部等领导 1993 年、1994 年先后到蓝岛考察指导工作，北京各主流媒体连续报道蓝岛大厦企业文化和经营成果，扩大了蓝岛的知名度。

良好的企业经营战略和信誉文化催生了大厦的快速发展和突出业绩，1993 年蓝岛大厦开业后销售业绩从每月 90 万元起不断攀升到 200 万元，最高达到 451 万元。1994 年，年销售额达8.1亿元，跃居北京市大型商业企业第三位，全国大型商业企业第十六位。1995年1月8日，蓝岛大厦蓝桥分店正式对外试营业。蓝岛大厦蓝桥分店系蓝岛大厦创办的第一家分店，该店地处交通便利的三里屯，毗邻星级宾馆林立的商住繁华区域，中外宾客云集。试营业当天销售额高达64万元。1月18日，正式开业。分店营业面积2500平方米，于10月2日跨入超亿元商场之列。1995年平均月销售额1000万元。

1995年6月20日，大厦举行“一片情”系列服务公告誓师大会。在蓝岛“一片情”服务内容中的“能退不换、能换不修、能修不拖”的理念，在顾客中产生了非常大的反响。从此，蓝岛的信誉在顾客心中树立起来。12月29日，大厦与承德市工商局签订合作协议，筹备开办蓝岛大厦承德分店。1995年蓝岛大厦销售总额12亿元，仅次于百货大楼、城乡贸易中心、西单商场，名列北京市各大商场第四位。

1996年2月8日，承德分店开门迎宾，建筑面积8500平方米，经营面积6500平方米。5月18日，蓝岛西区隆重开业，经营面积12000平方米，共六层。9月20日，朝阳区政府批复北京蓝岛大厦组建“北京蓝岛集团”。1997年蓝岛大厦销售总额12.9亿元。名列北京各大商场第二位，全国第十七名。1998年，首次进入全国第八名。1999年7月21日，大厦注册“一片情”服务品牌，成为中国商界首例商业服务品牌。蓝岛大厦当年销售总额11.33亿元。位列北京各大商场第三。

2000年11月28日，大厦东西区二、三、四层连廊工程竣工。大厦东西经营大类进行全面调整，称之为“世纪大调整”，实现了经营结构的全面转型。12月23日在大厦门前举办“蓝岛大厦东西贯通、全新亮相揭幕仪式”。同年位列北京各大商场第三。

2003年8月30日，蓝岛首届“舞动金秋”购物街开幕

2002 年 1 月，北京市朝阳区商务委员会将北京蓝岛大厦所属蓝桥分店并入北京市朝阳区副食店总公司、京客隆商厦进行重组。2004 年，8 月 23—29 日，大厦实施对部分卖场的装修改造和部分大类商品经营布局及品牌构成的调整，初步实现了向现代都市百货的转型。蓝岛大厦当年销售总额 7.8 亿元。2005 年，大厦被中国商业联合会授予“中国商业名牌企业”；大厦“一片情”荣获“中国商业服务名牌”称号。2008 年 9 月，企业改制为朝阳区国资委单独出资的国有独资公司，企业名称变更为北京蓝岛大厦有限责任公司。2011 年 8 月，北京蓝岛大厦有限责任公司获得由北京市工商行政管理局授予的“北京著名商标（2010—2013）”资质。2012 年，公司被中国商业联合会、中华全国商业信息中心联合授予“2012 年度全国重点百货零售企业”荣誉称号。

2012—2014 年，经过中央精神文明建设指导委员会办公室复查确认，继续保留北京蓝岛大厦有限责任公司“全国文明单位”的荣誉称号。公司被首都精神文明建设委员会授予“首都文明单位标兵”荣誉称号。2015 年 12 月 24 日，“蓝岛·悦动童年国际艺术教育中心”在东区五层开业亮相，这是蓝岛实施功能转型的重要一步。

悠唐购物中心是北京兆泰房地产开发有限公司在朝外区域所开发的一处大型综合性商业项目。坐落于朝阳门外，外交部东南侧，面积 34 万平方米。2009 年 4 月 27 日一期正式开业，主要包括大型购物中心、SOHO 办公楼、酒店及高档公寓等物业功能。

2011 年 12 月 6 日二期商业开业，悠唐综合体的商业部分全部呈现。2013 年以来，悠唐购物中心致力把悠唐打造一个北京内最大的亲子乐园。

侨福芳草地由香港侨福建设企业机构主席黄建华创立。坐落于朝外东大桥路，面积 20 万平方米，2012 年正式营业，集顶级写字楼、时尚购物中心、艺术中心和精品酒店于一身。占地 87000 平方米的国际 A 级写字楼，充分体现领先科技与环保理念。冷吊顶和地板送风系统，将室内空气与置于天花板内的水管透过辐射原理作冷热交换，保持写字楼内温度的稳定与均衡。在春秋季节能源需求较低时，可关闭空调系统通过自然通风模式，在有效节约能源的同时充分确保人体的舒适感。购物中心占地 56000 平方米，涵盖四座塔楼的一至四层，汇集了世界各大知名服饰品牌、潮流餐厅、时尚家居、连锁超市和顶级影厅。

作为融合创新理念的商业建筑，芳草地用预算 1 亿元的资金汇集了西班牙的雕塑原作，及许多中国当代顶尖艺术家的作品。投入 2.8 亿元修建的斜穿建筑内部城市步道桥，创造又一个启迪灵感的创意环境。2009 年，侨福芳草地通过 LEED 铂金级预认证，并于 2013 年 9 月正式获得中国地区第一个综合商业体 LEED 铂金级认证。2013 年，获得中国国家能源地球奖和中国连锁经营协会金百合奖。

二、旅店、餐饮业

旅店业　明、清直至解放初期的旅店业以大车店为主，主要是平民百姓来京务工人员居住。大车店、斗店也有兼营住宿旅栈生意。客店为客房有单间室，可住三四人，也有大间通铺，可住十几人。客房居住条件差，并且不供饮食，服务对象主要是到京探亲访友的、做小买卖打零工的。靠近交通要道的以设大车店和牲口店为主，服务对象多是卖菜、卖粮及贩运牛、羊、马、猪的农民和商人。这些大车店院落宽敞，有马棚、马槽、水井，备有草料。各类店房全是通铺，只铺炕席，行李由旅客自备，或租用被褥。如位于原朝外大街191号的三合大车店、193号的东来大车店、356号的祥复大车店、甲170号的佑德和小旅店。

中华人民共和国成立初期，辖域内旅店均是一家一户的夫妻店，规模小，设备简陋。私营旅店经营类型，依地理位置不同而有明显区别。1956年旅店业实行公私合营后，一些客店房屋设备陈旧改作他用。大车店被逐渐淘汰。保留下来的客店，经整顿合并，增加设备，住宿条件得到改善，组建了朝外第一旅馆、朝外第二旅馆。1967年10月起，为解决外地旅客住店难，各浴池也兼营夜间住宿。

1982年11月12日，中华全国总工会招待所旅游楼筹建办公室申请在日坛路外交部宿舍东侧兴建知青服务点，占地面积约200平方米，此地系全总日坛宾馆施工临时用地范围。1984年9月12日，北京日坛宾馆开业，隶属于中华全国总工会，直属中国职工国际旅行社总社。宾馆位于朝外街道日坛路1号。宾馆集客房、中西餐厅、会议室、娱乐健身等各种综合服务于一体。拥有包括日坛总统套房、豪华商务套房等。业务范围是零售卷烟、雪茄烟，住宿，饮食服务，客运，文化娱乐服务，销售食品，美容美发服务，洗浴服务，出租写字间，销售工艺美术品、百货，机动车公共停车场服务。

朝外第二旅馆（摄于20世纪80年代）

80年代改革开放初期，政府鼓励个体经济私营经济发展，朝外地区紧靠二环路的地缘优势，又有当年曾有过大车店经验的老职工正逢退休。

于是朝外地区个体旅馆如雨后春笋般出现在大街小巷，以服务普通北京百姓价格实惠为优势，与国营旅馆相伴相生。如大宫旅馆、神州旅馆、净住旅馆、二条旅馆、市场街招待所、日坛旅店、雅宝招待所等，当年由陈强、陈佩斯父子主演的《二子开店》就是这一时期旅馆业经营情况的真实写照。而后朝外地区一些老旧工厂因改制关停等原因也参与到旅馆业的经营，以朝阳鞋厂等为代表。

90 年代初期经济发展，对旅馆业也有了更精细化、高端化的需求。在食品厂的原址上建起了具有西式风格的豪华大酒楼，除住宿外还增设了酒吧歌舞厅等娱乐设施，电影《顽主》为拍摄现代化的都市生活特意到此取景。还在工体东路 15 号建起了京泉旅馆等。1991 年朝外共有大小旅店 32 家，其中集体 21 家、个体 11 家。2000 年以后随着朝外商业街的建设，以上旅馆几乎全部拆除所剩无几。截至 2015 年，重装或新开业的酒店宾馆有：日坛宾馆，位于朝外街道日坛路 1 号。于 1984 年开业，2013 年重新装修，拥有客房总数 360 间。昆泰嘉华酒店，位于朝外大街乙 12 号。于 2005 年开业，拥有客户数 258 间，床位数 495 间，五星级酒店。悠唐皇冠假日酒店，位于北京市朝阳区三丰北里 2–3 号楼，2010 年 1 月 20 日开业，20 层拥有客房总数 360 间。日坛国际酒店，位于朝阳区日坛北路 17 号院，2008 年开业，楼高 19 层拥有客户数量 302 间。此外还有位于雅宝路街甲 5 号的吉利大厦，天福园社区芳草地西街 15 号的金质国际酒店，芳草地西街 8 号的新大宗饭店等四星级以下的宾馆酒店。

餐饮业　中华人民共和国成立初，主要是饭摊和小吃摊，部分找不到工作没有收入的市民，一口锅、一袋面，肩挑车推，沿街叫卖或有固定摊位经营，借以糊口。有的人以此为业，世代相传，出了名气。如朝外切糕杨、豆汁黑、豆腐脑许、牛蹄筋安等，但经营规模小，不卫生，店摊布局杂乱无章。

1956 年，饮食业实行公私合营，私营的小摊点被撤除，改为合营店或合并为国营饭馆，因而供应网点相应减少。而朝外地区居民日益增加，为满足群众需求，缓解网点不足，饭馆开始搞综合经营：包子、米饭、馒头、大锅炒菜，品种式样一样，味道彼此类同，不精不专，各家经营特色逐渐消失。1960 年正值困难时期，

朝阳餐厅（摄于 20 世纪 90 年代）

饮食业粮油肉等紧缺。8月份起饮食业实行凭粮票供应，连普通的“菜盖饭”也供应不足，出现了“人造肉”“叶蛋白”“小球藻”等代食品。饭馆实行粗粮细作，经营玉米面和白薯、玉米面混合制品。1963年后，经济好转逐渐恢复正常供应。1966年，虽发展了一些饭馆和代营食堂，但经营品种单调，全是家常饭菜。1975年4月办起市场街回民食堂，坐落于横街29号。1978年，有坛口代营食堂、民众饺子馆、兴胜回民饭馆、麦香回民小吃店、朝外饮食职工食堂回民部。1979年朝阳餐厅成立，同年朝阳饮食公司成立，农源饭馆、兴胜回民饭馆、南下坡食堂、二条食堂、市场食堂、体育场路食堂等纳入其管辖。

日坛莫斯科饭庄（摄于2014年）

1983年7月位于朝外日坛路路西的日坛路食品综合商店开业。1984年9月12日，原全总招待所改建的日坛宾馆开业，宾馆有中西餐厅。同时位于朝外大街102号的鸿云楼饭庄开业。1986年位于日坛公园内的渝园饭庄开业。1986年位于日坛公园西南门内的日坛饭庄开业。1988年元旦，区服务公司与朝鲜平壤市对外服务总局合资经营的北京平壤冷面馆开业。1993年底，开设在朝阳门外东大桥的新风食品店出租给“麦当劳”，西邻“肯德基”也随之开业。1994年5月朝外大街“的丽”中西式餐厅开业，营业至1997年4月并入京客隆商厦。1995年在北京经营俄餐的餐馆有10家，其中6家在日坛北路上，被称为俄罗斯餐馆一条街。它是以日坛公园为中心，由周边数条小街（日坛北路、雅宝路、光华路等）串联成的生活商圈，当时人称“俄罗斯小区”。1995年以后，朝外地区的饮食市场上，除增加了大批西餐店外，还出现了经营亚洲地区和南美地区美食的餐馆。在亚洲风味餐馆中，以日本料理和韩国料理最多，其次是泰国，再次是印度、印度尼西亚、马来西亚、越南等国家的风味餐饮。南美地区风味餐馆主要是巴西和阿根廷风味，都是经营烤肉的。

2008年日坛上街国际餐饮一条街建成，商业步行街总建筑面积7万平方米，地上建筑面积22000平方米；地下建筑面积48000平方米，其中地下一层16000平方米为大型商业区，配有中央空调和自动消防设施，并通过滚梯和直梯与地上步行街和地下停车场相通；地下二、三层为停车场，建筑面积32000平方米，可提供车位880个。以特色餐饮、酒吧为主体经营模式，配以世界各国的经典园林艺术景观，“四季恒温的舒适感受、望眼世界的浪漫情怀”成为“日坛国际广场”的惬意生活写照。白天的上街与夜晚的上街形成两种鲜明的对比，阳光与彩灯把日坛上街照耀得格外亮丽，在这里不仅可以品尝到异国风情的美味佳肴，更能感受到异国文化的博大精深。特色餐厅有新疆红柳餐厅、良仓烤肉屋、小吊梨汤、盆景重庆老火锅、达达尼尔土耳其餐厅、安妮意大利餐厅等。

三、修理、回收业

新中国成立前后朝外地区有修鞋摊 7 家、修表 5 家、修车（自行车、三轮车）7 家、黑白铁 5 家、绱鞋的 3 家。50 年代公私合营大部分都合并至朝阳区修理公司。朝阳区修理公司大楼坐落在朝外大街天福巷东口。

1978 年以后，朝外个体经济发展迅速，修理项目有自行车、黑白铁、鞋、钟表、家用电器、金笔、眼镜、汽车、修锁配钥匙日用杂品等，定点摆摊，个别的走街串巷。有东大桥修理门市部、朝外综合修配厂弹花门市部、朝阳摩托自行车修配厂自行车零件商店、东大桥无线电修理部、皮便鞋加工等门市部。

物资回收站是在 20 世纪 50—60 年代的服务站基础上建立起来的。1952 年，废品收购归区供销社经营管理。1979 年，北京市物资回收公司朝阳区公司成立，下设大街收购站、吉市口收购站、芳草地收购站。

1982 年，街道联社的黑白铁加工修理总站地址在朝外大街 10 号设立朝外大街、天福巷、吉市口七条 3 个回收点。随着朝外大街改造拆迁，上述各点均已拆除。1992—1995 年，朝阳区修理公司与朝阳区回收公司合并成立北京市东都工贸总公司，下设门市网点均外迁至朝阳区其他街乡，总公司业务也改制转型。

四、照相、洗浴、理发业

中华人民共和国成立前后，理发业多为个体走街串巷提供服务。1956 年公私合营后，私营网点调整撤并，四美堂浴池和义泉堂浴池由东单区接管。此时浴池业附设理发、搓澡、修脚、洗衣等服务项目。1963 年底，照相业职工响应为工农业生产服务的号召，以东大桥中心店为主开展外照业务，幸福村服务站、大街服务站、工农兵服务站、建外综合站、理发综合站、革命群众服务站也相继开展外照业务。1966 年“文化大革命”开始后，一些老字号照相馆牌匾被砸，各照相馆一律不准拍艺术照、生活照和结婚礼服照。理发一律剪短发、短辫，并取消烫发。解放前留存下来的义泉堂、四美堂两个私营浴池，设备简陋，四美堂不久倒闭。1967 年 10 月起，为解决外地旅客住店难，各浴池兼营夜间住宿。1970 年义泉堂经改建，设备翻新增添新式大型锅炉，改

东方美发厅（摄于 1990 年）

名为春泉浴池，升为甲级。1978 年服务基层店有：华颖照相馆、春泉浴池、向众理发店、春明理发店。1978 年 2 月，女式烫发业务恢复。1978 年 8 月春泉浴池恢复了传统的搓背服务，开设朝阳区第一家脚病治疗室。1981 年 9 月，位于东大桥的新时代照相馆开业，建筑面积 2112.5 平方米，职工 77 人。内设团体照相室、儿童照相室、彩色照相室和结婚礼服舞蹈剧照照相室，有自制遥控电快门、长条转机等先进照相设备。1982 年，新时代照相馆应用无线电遥控电子技术试制成功灯光遥控装置和照相机遥控快门获市科委新项目二等奖。位于朝阳区体育馆东路 11 号楼的风华理发馆，1988 年装修改造后改为美发厅，有职工 50 人，其中特级技师 1 人、二级技师 15 人。他们先后参加了区、市、全国的美容美发比赛，1988—1995 年获三项发型创新奖。1990 年，春泉浴池利用浴池后院地热资源开发出石灵矿泉水供应市场。1992 年 5 月 26 日，东方美容院开业。1994 年，新时代照相馆与中法合资苏州圣玛丽婚纱有限公司联营，经营婚纱礼服、饰品及摄影道具生产加工、批发零售。1999 年 9 月，阿莲新妆美容美发有限公司总经理张书林率先在自己的公司成立了团组织，成为新经济组织中美容美发行业首家团支部。他和所有员工一起积极投身公益事业，服务社区，回报社会。带领员工参加地区组织的各类义务宣传为群众义务理发上万人次。2002 年 5 月，新时代摄影中心进行国企改制，更名新时代摄影有限责任公司，成为民营企业，并获全国摄影行业百强企业、北京市摄影名店称号。企业有百种服务，其中黑白特色大头照是拳头项目。老照片翻版制作、照片人工着色也颇具特色。2002 年 6 月，东方美容美发中心由国有企业改制为东方美研文化艺术有限责任公司，下设东方美容院、东方美发厅、东方美容美肤店。

2015 年部分规模以上的服务业单位一览表

表 8-5

序号	名称	建立时间（年）	地址	经营面积（平方米）	职工（人）
1	北京蓝岛大厦	1993	朝外大街 8 号	25000	1096

续表 8-5

序号	名称	建立时间(年)	地址	经营面积(平方米)	职工(人)
2	北京旺市百利商业有限公司	2001	朝外大街 12 号	4000	1230
3	北京华普联合商业投资有限公司朝阳门超市	2006	朝外大街 19 号	6000	499
4	侨福芳草地	2011	东大桥路 9 号	200000	—
5	北京屈臣氏个人用品连锁商店有限公司	1999	朝阳门外大街 18 号丰联广场 15 层 1511 单元	—	1849
6	悠唐购物中心	2009	朝外大街三丰北里 2 号	200000	—
7	日坛国际(日坛上街)	2007	日坛公园北侧	330000	—

五、金融业

1950 年 6 月，中国人民银行北京市分行东四办事处设朝阳门外分理处。1952 年 9 月撤销，成立中国人民银行北京市分行东郊区办事处，只办理个人储蓄，以及为工会、妇代会、各机关食堂等在此开设的账户服务。1973 年区财政金融局撤销，恢复中国人民银行北京市分行朝阳区办事处，设朝外大街储蓄所在朝外大街 76 号。1984 年人民银行将社会储蓄业务剥离出来，只行使中央银行的职能。因此朝外大街关东店办事处改为工商银行朝外大街储蓄所。同年农业银行、建设银行、交通银行、中国银行相继在朝外建立分支机构。1990 年亚太大厦建成，中国银行北京分行入驻朝外雅宝路地区。2000 年 11 月 8 日，中国农业银行朝阳支行迁入朝外大街新址，连续 5 年存款余额名列中国农业银行北京市分行各支行中第一。此时已经有中国工商银行朝阳支行、中国建设银行朝阳支行、上海浦东发展银行、福建兴业银行、华夏银行等多家银行的分支机构进驻朝外地区。2002 年 8 月，北京民生典当有限责任公司在工体西路开业。

截至 2015 年，朝外地区共有 31 家金融营业网点。

2015 年朝外地区银行一览表

表 8-6

序号	名称	地址	入驻 / 开业时间(年)
1	北京银行股份有限公司雅宝路支行	雅宝路 2 号(天雅大厦一层)	2004
2	中国建设银行股份有限公司北京雅宝路支行	朝外大街头条甲 93 号	1999
3	中国建设银行股份有限公司北京朝阳支行	朝阳门外大街乙 10 号楼	1989
4	北京银行股份有限公司红星支行	朝外大街 20 号	1988
5	中国光大银行股份有限公司北京朝阳支行	朝外大街 16 号	1997

续表 8-6

序号	名称	地址	入驻/开业时间（年）
6	东亚银行（中国）有限公司北京雅宝路支行	朝外雅宝路 12 号 G02 号	2007
7	中国工商银行股份有限公司北京朝阳门支行	北京市朝阳区朝阳门南大街 8 号	2000
8	渤海银行股份有限公司北京朝阳门支行	吉庆里小区 9、10 号楼蓝筹名座 E 座首层	2009
9	交通银行股份有限公司北京建国门支行	北京市朝阳区雅宝路 8 号南华声国际大厦首层	2006
10	中国银行股份有限公司北京雅宝路支行	雅宝路 8 号 3 号楼	2007
11	中国农业银行股份有限公司北京朝阳路支行	北京市朝阳区日坛北路 17 号日坛国际贸易中心 B 座	2000
12	北京农村商业银行股份有限公司东城支行日坛分理处	日坛北路 17 号院 1 号楼 1 层 11001、11002、11083、11085	2011
13	江苏银行股份有限公司北京朝阳门支行	朝阳门内大街 8 号一层 108 号	2012
14	北京银行股份有限公司日坛支行	日坛北路 19 号	2008
15	中国工商银行股份有限公司北京日坛路支行	北京市朝阳区朝外市场街 20 号首层	1996
16	中国民生银行股份有限公司北京朝阳门支行	朝外大街 22 号泛利大厦首层	2001
17	中国工商银行股份有限公司北京中石化大厦支行	北京市朝阳区朝阳门北大街 22 号中国石化大厦 326 室	2010
18	中国工商银行股份有限公司北京王府井支行朝南储蓄所	朝阳门南大街 2 号	2006
19	兴业银行股份有限公司北京朝外支行	朝外大街 77 号	2000
20	中国建设银行股份有限公司北京东环支行	朝阳门外大街 19 号北京华普国际大厦一层 5、6 单元	2000
21	中国银行股份有限公司北京朝外大街支行	朝外大街乙 12 号昆泰国际中心	2005
22	上海浦东发展银行股份有限公司北京朝阳支行	朝阳门外大街 19 号华普大厦	1997
23	中国工商银行股份有限公司北京祥普支行	北京市朝阳区朝外大街 17 号	1999
24	中国工商银行股份有限公司北京朝阳支行	朝外大街 1 号	1997
25	交通银行股份有限公司北京朝外支行	北京市朝阳区朝外大街 16 号中国人寿大厦 108 室	2001
26	招商银行股份有限公司北京朝外大街支行	朝阳区朝外大街 26 号	2005
27	北京银行股份有限公司朝外支行	朝外大街 12 号	1994
28	平安银行股份有限公司北京朝外支行	北京市朝阳区朝外大街 18 号	2013
29	中国银行股份有限公司北京丰联广场大厦支行	朝外大街 18 号	2000
30	中国人寿保险股份有限公司	北京市朝阳区朝外大街 16 号	2003
31	标准（北京）保险经纪有限公司	北京市朝阳区朝外大街乙 12 号昆泰国际大厦 29 层	2005

续表 8-6

序号	名称	地址	入驻 / 开业时间（年）
32	国泰人寿保险股份有限公司北京代表处	北京市朝阳区东大桥路 9 号楼 B 座 6 层	2001
33	北京北盛联合保险代理有限责任公司	北京市朝阳区朝阳门外大街 20 号	2010
34	阳光保险集团股份有限公司	北京市朝阳区朝外大街乙 12 号 1 号楼	2007
35	合众人寿保险股份有限公司北京分公司	北京市朝阳区朝外大街乙 12 号昆泰国际大厦 20 层	2005
36	北京泰洋保险代理有限公司	吉庆里 6 号楼 B 座（住宅楼）	2003
37	阳光财产保险股份有限公司	北京市朝阳区朝外大街乙 12 号	2005
38	北京富达保险经纪有限公司	北京市朝阳区吉庆里 9 号、10 号（住宅）楼 B 座	2005
39	北京明生天佑保险代理有限公司	北京市朝阳区朝外大街 22 号泛利大厦 12A	2008
40	明亚保险经纪有限公司	北京市朝阳区朝外大街 22 号泛利大厦 5 层	2004
41	阳光一家家庭综合保险销售服务有限公司	北京市朝阳区朝外大街 20 号联合大厦 15 层	2011

六、信息技术

百脑汇（摄于 1998 年）

百脑汇　1998 年，台湾蓝天集团旗下的百脑汇电子信息有限公司特许授权“蓝岛百脑汇”，可以使用“百脑汇”品牌经营。百脑汇老店在东大桥蓝岛大厦北面、原朝阳工人俱乐部的原址正式开业。在中国 IT 的启蒙时代，曾有“西有中关村，东有百脑汇”的美誉。百脑汇是京城电子发烧友们的打卡胜地，不仅涵盖了售前产品培训、购买、维修等服务，还有在卖场中休闲娱乐的购买全过程。

2009 年 4 月 10 日，台湾百脑汇北京旗舰店在朝外大街 99 号正式亮相。上下 4 层，总面积达 2.2 万平方米，400 多个商家，提供 200 多个停车位。展位的大空间里惠普、苹果、戴尔、联想、东芝、索尼、宏碁、华硕、三星、华为等全球 IT 品牌无一缺席。同时，

百脑汇旗舰店（摄于 2014 年）

该卖场还引进康师傅牛肉面、呷哺呷哺等餐厅，以及嘉斯猫电玩俱乐部、Tigris 咖啡店等，以复合式 IT 商场的概念，让消费者在享受一站式便利的同时，也能感受到更多的乐趣。商场还为顺应外国人群较多的特点，不仅规划有双语标识、双语广播、热线咨询双语服务、电脑医院双语服务等，并且在商场服务台设立专门英语导购人员。百脑汇新、老两店成为北京东部地区攒机和电子爱好者的热衷地。

2010 年后，随着电子商务兴起，电子产品更新换代的速率提升，实体店的顾客少、利润低，部分商家强买强卖、调包产品……状况频出，百脑汇加速衰败。加之逐年增加的房租以及人工开支难以承受，店铺纷纷转型，直至退市，继而整个市场的经营濒临瘫痪。老店于 2015 年关闭。

七、房地产业

昆泰房地产集团　1992 年 9 月，为加速朝外大街商业中心开发建设，朝阳区成立朝外商业中心综合开发公司。开发用地范围为：东至蓝岛大厦以西，南至朝外大街南辅路中心线以北，西至朝外二条中心线以东，北临朝外大街，全长 1.08 公里，占地 11.36 万平方米。具体开发项目及建筑面积有：A 区 120377 平方米，B 区 41382 平方米，C 区 15 万平方米，D1 区 115800 平方米，D2 区 83000 平方米，D3 区 71000 平方米，D4 区 12 万平方米，1995 年 5 月公司改名为昆泰房地产集团。

北京链家房地产经纪有限公司 2001年11月12日，链家·宝业（北京链家房地产经纪有限公司前身）正式成立；2004年4月，公司正式更名为“北京链家房地产经纪有限公司”；2006年1月8日，公司总部迁至昆泰国际大厦。公司是以地产中介业务为核心全国化发展的房地产综合服务体，体系内囊括地产、金融和商业三个部分，业务范围涉及房屋全程代理、房屋租赁、房屋买卖、豪宅租售、央产房上市交易、权证办理、按揭贷款、房地产投资咨询、商铺租售、写字楼租售及商品房、空置房、企业债权房销售代理等。公司立志成为国内在住宅地产经纪、金融按揭服务和商业地产服务方面的领跑者。

八、其他服务业

北京外企人力资源服务有限公司（1993年11月入驻朝外街道）公司成立于1979年，最初为北京外企服务集团有限责任公司的一个业务部室，业务扩大后成为集团旗下人力资源分公司，2002年业务剥离正式注册成立北京外企人力资源服务有限公司，是开创中国人力资源服务行业的第一家企业，荣膺中国500强企业。公司拥有专业化的人力资源服务体系，是国内首家为外商驻华代表机构、外商金融机构、经济组织提供专业化人力资源服务的公司。客户包括众多国际知名跨国企业、外资企业、国有企业、民营企业，横跨通信、电子、信息技术、汽车、石化、医药、金融、快速消费品等多个行业，通过搭建以先进信息技术为基础，专业服务团队为核心，有效整合、管理各类资源的共享服务平台，提供全方位人力资源解决方案，成为客户坚实的合作伙伴。

第四节 雅宝路市场

1950年4月于大雅宝胡同东端城墙开辟豁口，并向东筑长485米、宽8.1米的道路，直达日坛公园西门，因位于大雅宝胡同东端，故称雅宝路。其周边多有庙宇，现在保护比较完整的“南下坡清真寺”就在它的北侧。居住在此的老辈人称这是块“风水宝地”，管它叫“押宝路”。经过70年的变迁，尤其是改革开放40多年的快速发展，雅宝路从昔日名不见经传的破旧街区发展成为世界上有很大影响力的国际服装贸易集散地，并创造了北京“外商最多、交易最快、房租最贵”的特色市场。为中国服装走向世界做出了重要贡献。

一、市场创建

改革开放初期，中国经济发展由计划经济向商品经济转变，国家支持商品生产发展和交易，出台了一系列鼓励商品生产发展和交易的政策法规。雅宝路地理位置特殊，东靠日坛公园，南接中国第一使馆区，并有北京肿瘤医院（1984年后改为首都儿科研究所）、秀水市场（改革开放起步早、影响大的成熟市场）、友谊商店、国际俱乐部和建国门国际邮电支局（简称国际邮电局）等国际市场服务行业，西邻繁华的东二环中路与东城区交界，北连出国人员服务部提货处（简称提货处）、北京外汇交易窗口和朝外市场街等。此时，地方政府有经济创收的任务指标，有较强的内生动力支持市场发展。民众渴望参与市场并希望从中获利。在天时、地利、人和都具备的1981年前后，雅宝路的路边自发出现了10多个零散摊商。雅宝路东口北侧有两处水果摊、路北有两个干果摊、在北京肿瘤医院门口有一专卖寿衣等祭奠品的摊位、路西口南侧七圣庙路口有一处人称“年糕张”专卖早点的摊铺、辖区残疾人杨玉祥在雅宝路东口紧靠日坛公园西门有个售烟摊，还有个别不定时、不固定的游商。根据客流量，摊商们大约早晨6点出摊，10点多收摊，傍晚下班时又会出现。这一时期的购买者主要是在此居住和上班的人员。后来发展至30多个摊位增加了小百货、日用品、儿童玩具、小吃等。他们是雅宝路第一批谋生者，多是五六十年代出生的本地人，由于就业困难，为了生存在此摆摊。

随着雅宝路自发摊位的增多，吸引了更多在此购物和逛街的人。雅宝路开始向人员自发聚集的市场氛围发展，同时带动了雅宝路周边一些服务行业的主动参与；雅宝路北侧的提货处和外汇交易窗口对推动市场发展也起到了一定作用。当时国内轻工商品匮乏，国家外交人员允许购买部分控购商品回国，统一到提货处提货。由于多数商品为电器类，难以转运，且在国内很紧俏，部分人员便就近在提货处私下交易，从而形成了一个很特殊的民间交易市场。后来发展到从各种渠道倒腾过来的国外货，甚至上乘的国内货也搭车在这里私下交易，客观上助推了市场的活跃。同时，外汇交易窗口对国际商品交易起到的支撑保障作用，烘托了市场氛围。国际邮电局是对外通邮物资的主渠道，极大方便了雅宝路商品的国际交易。使馆区及周边国际服务行业的工作人员对雅宝路市场的发展给予了较高关注，将有关信息在各自的国家传递，为雅宝路形成国际贸易集散地起到了媒介作用。外国人也成为市场的参与者。

1984年，国家经济体制改革重点由农村开始向城市转变。“搞活”成为很长时期经济领域的“关键词”和亮点。国家鼓励全社会人人参与经济建设。国家政策许可政府经营市场，并从中收取管理费和摊位资源费等，朝阳区政府每年都给各街乡下达经济创收指标。发展马路市场属于投资少、见效快的创收项目，街道有较高的积极性。到了1985年底，雅宝路摊位已增加至60多个。街道从每个摊位中收取部分管理和资源费，成了街道经济创收的重要项目。

1988年4月，为加强市场监管，规范经营行为，区政府安排工商所下放到办事处，参与市场管理。1988年5月，街道开展创“优质服务，优美环境，优良秩序”的活动。办事处决定采取以下措施改进市场管理：一是安排专门管理人员包括市容、工商、派出所等执法人员，维护市场秩序；二是确定摊位四至界线；三是规定统一的出摊收摊时间，对提前出摊和扰民行为进行劝说和处罚；四是对每个摊位每月收缴50元卫生费，用于雇用保洁人员清扫市场环境卫生；五是加强对无照经营人员的管理处罚力度，并对符合条件的无照人员及时办理经营执照，变非法游商为合法商户。

这一时期，街道有2000多名待业人员需要安置工作。为了解决待业人员生计，培育新的创收增长点，完成区下达的经济创收指标。街道决定投资1200万元对市场进行大规模改扩建，修路腾地，新建铁棚摊位100个，市场办照数量增加到200多个，解决了部分人员就业。

1988年8月市场升级改造完成后，街道将雅宝路马路市场正式定名为“雅宝路市场”。主营服装、鞋帽、日用小百货等，隶属朝外街道办事处。同时成立“雅宝路市场办公室”。

二、市场快速发展

1990年北京举办亚运会，主会场在工人体育场，雅宝路近水楼台，市场经营活动开始活跃。街道借机投资150万元，对商亭进行全封闭扩建改造，由原来的100个增加到了200个。

1991年2月，办事处分管领导副主任尹秀峰牵头制定了《朝外街道办事处关于对集贸市场管理工作的办法》，3月初成立在办事处领导下的市场管理委员会（简称市场管委会）。市场管委会主任由街道办事处副主任兼任。职责：一是负责对地区集贸市场进行规划，发展建设改造计划的制定、报批与实施，并负责设备的管理；二是负责组织对各市场设备租赁费、市场管理费（含市场个体管理费）市场服务费的收取，及市场管理员工资发放；三是负责完成办事处或工商业务部门的有关工作；四是负责协调市场有关交通、环卫、市容、绿化、市政通信、热力、自来水、电力、公安、煤气、规划部门的工作关系；五是负责市场协管员队伍建设；六是对有关重大问题提出初步意见报办事处研究决定；七是调查研究、总结经验、上报有关材料。在此基础上，尹秀峰深入市场调研论证提出了提振市场发展规划的新方案，经街道工委研究报告了朝阳区政府，得到了区政府的支持。这是雅宝路市场在街道推动下快速发展的重要时间节点。街道顺势而为，再次投资 150 万元扩建提升商亭品质，并增加到 350 个。

1992 年 1 月，朝外街道经济联社与北京市生产服务合作总社，在自有办公地块上联合建了 446 个摊位，朝外街道劳动服务公司自用房腾空改建 214 个摊位、首都儿科研究所建了 94 摊位、朝阳区园林局建 28 个摊位、朝阳公安分局三产建 42 个摊位、世泰茶叶公司建 22 个摊位。这次大面积市场升级改造后，市场摊位增加到 1196 个，均为白底红盖商亭，摊位租金也翻倍增长。自此，“雅宝路”外贸服装市场的品牌形象开始在社会上传播起来。

市场吸引了一批扔掉铁饭碗，下海创业经商的人才，如北京的徐强、孙国存、李亮等，浙江的胡必富、周志善、盛金鹏、周爱华、李建国、胡爱香、朱源富等，河北的王文忠、程文水、程文虎、程文龙等。其中，胡必富，中共党员，浙江三门县人，自发牵头在雅宝路成立了三门县在京创业人员党支部并担任书记，成为三门人乃至台州商人在北京的“娘家”。王文忠，退伍军人，雅宝路成功企业家，“第二届全国道德模范”，他致富不忘乡亲们，义务担任枣强县大营镇芍药村党支部书记，个人捐款 418 万元为村里修路、整田，建学校，将一个贫困村带进了“全国文明村”。汶川特大地震、玉树大地震后，他个人购买大量救灾物资带领村民兵突击队支援汶川、玉树抗震抢险，中央电视台《焦点访谈》节目两次报道了他的事迹。在朝外街道组织的扶贫济困公益活动中两次捐款 20 万元。

为了支持商户交易，1993 年街道在雅宝路管理办公室专门配备了翻译人员。对起初的市场对外交易起到了支撑作用，但市场发展迅速，对外交易成倍增长，办公室配备的翻译只能救急或解决一些纠纷，很难满足正常交易。一些退休的外交人员、外语老师，还有少数“下海”中青年和毕业生，也有部分在校学生和外国留学生在市场中做起了翻译。他们每月收入大概在 1500 元，也有 2000—3000 元甚至更多的，加上提成，在当时北京的就业人群中收入算比较高的。

1993 年，街道再次投资 150 万元对市场进行扩建、规范、提升改造，使街道自管商亭增加到 600 多个。1993 年《人民日报 · 市场报》一版报道：雅宝路服装市场这两年的崛起，与以前几年形成了强烈反差。改造后良好的环境设施，吸引了众多实力雄厚的外贸服装企业，从而招揽了大批生意，市场由此出了名气。进而又吸引了更多的外贸服装企业，引来了更多的生意，形成了良性循环。

雅宝路市场同时建立了国际国内长途电话站、国际托运站、餐饮旅馆等多功能配套服务系统。并在市场开设了水房、公用电话，改造了厕所、照明等设施。朝外街道还组建了卫生清洁队、治安维护队、打包服务队、交通疏导队、市场管理队 5 支队伍。

1994 年 1 月 11 日，国务院作出《关于进一步深化对外贸易体制改革的决定》，这对雅宝路市场又是一次重大利好。为了借势发力，提高经济收入，周边企事业单位和个体商户进一步改造房屋，腾退空间，入市经商。部分地段不断炒作几度易手，建筑物被一拆再拆、多次改建。商亭、商铺在快速增长，每天客流量达到了万人以上。平均每月的流动资金上千万元，街道一年从市场收取设施管理费就达到了 600 多万元。

1994 年白俄罗斯总理和亚美尼亚副总统访华时，专机上带了不少自费旅游者和个体商人，他们一到北京就直奔雅宝路市场购物游玩，将雅宝路作为旅游和购物的重要目的地之一。从 1994 年的市场来看，先是波兰人较多，后来俄罗斯、乌克兰、白俄罗斯、立陶宛、阿塞拜疆、格鲁吉亚、乌兹别克斯坦、拉脱维亚等国家的游客、商人也纷纷赶来，雅宝路被称为新兴的“苏联街”。

1995 年 11 月，街道又投资 300 万元改造扩建商亭，拥有商亭 1290 个。此时，雅宝路已成为北京市最大的民间涉外服装批发交易市场。据天津国际机场海关的专项统计，雅宝路市场每年通过天津国际机场转道出口到以俄罗斯为主的东北欧国家商品价值约 10 亿美元。1996 年媒体以“雅宝路的一天”为题，反映这个市场的情况，有窥一斑而知全豹之感：“整个雅宝路市场异常火爆。如果你站在马路边一眼望去，简直是一片人的海洋。不同的肤色、不同的服装、不同的语言，充满了整个雅宝路。外国人特有的香水味弥散在雅宝路的空间，人们争先恐后挑选着货物，每个摊位前都挤满了人，商户们忙得不亦乐乎。到了晚上 11 点多，雅宝路才算静下来。但在临近雅宝路的胡同小巷里却还是灯火辉煌，53 个打包站干得正欢，忙着包装白天的货，按时给外国人把货托

雅宝路服装大世界（摄于 20 世纪 90 年代）

雅宝路红色商亭（摄于 1995 年）

运出去。运输的汽车一辆接着一辆，有时还不够用。雅宝路市场从一个马路市场成功地发展成为北京最大的民间对外贸易服装基地。”

雅宝路市场创造了显著的经济效益，中国长城工业总公司国际空运部开通了北京—莫斯科专机，公司每月平均向莫斯科发送 30 架次服装等货物。整个雅宝路 1996 年包机数量达到 2640 架次（货运包机 1940 架次、客运包机 700 架次），货运包机比上一年增长 87%。这一年雅宝路市场日销售额超过 1000 万元，全年超过 36 亿元，且每年为国家创税 5000 余万元、创汇 3 亿美元。中国驻俄罗斯的商务处统计每年出口到俄罗斯的商品价值约 8 亿美元。占当时中国对俄罗斯服装出口贸易总值（约 16 亿美元）的 50%。雅宝路市场的国际影响越来越大，海外发行的《国际旅游贸易指南》曾对雅宝路市场进行专题报道，俄罗斯国家电视台也将雅宝路市场作为一个景点介绍给游客。

三、市场转型升级

雅宝路市场在快速发展的同时，也积累了一些必须要解决的问题。突出有三点：一是消防安全。马路市场，规划缺失，商亭密集，人员众多，没有消防通道。一旦着火后果不堪设想。二是扰民。许多商亭摊位已摆到居民楼下和单位门口，居民出不来、进不去，且噪声从早到晚没时没缓。尤其是儿研所北门，严重影响患者救护和人员出入，院方多次反映，社会意见很大。三是市场治安乱，案件多发。街道尽管采取措施进行整改，但一直未能从根本上解决问题，引起了民众不满并不断向各级领导信访反映。由此进入了雅宝路市场连续三年（1997—1999 年）的去留问题大讨论。开始提出的第一个意见是搬迁雅宝路市场。1997 年 11 月 21 日北京光彩新科技术开发有限公司给部分中央委员、市政府领导致函，建议把雅宝路市场迁至十八里店乡养鸡场，并易名为“北京光彩商业城”。北京市、朝阳区领导安排人员开展调查。但很快就引起了市场摊主的强烈不满，其中有部分是街道安置的就业困难人员。为此，朝阳区政府建议协商将首都儿科研究所异地搬迁，在原址改造，建设雅宝路市场。此方案又引起了首都儿科研究所的强烈不满。北京市委、市政府高度重视，认真研究并提出对雅宝路市场进行大规模就地升级改造。改变地摊式经营模式，发展楼宇大厦，“退市进厅，还路于民”，争取在两年内把它建成具有现代化管理水平、服务完善的大市场。

1999 年 3 月，为落实国家经贸委《关于党政机关与所办经济实体脱钩的规定》的通知要求，朝外街道正式退出雅宝路市场经营创收活动，但继续履行对市场管理和服务工作。退出雅宝路商场后，对街道财政收入产生了较大影响，但街道讲大局，守纪律坚决落实了通知要求。街道的财政收入由区政府从朝外辖区税收中按比例下拨。其中包括雅宝路市场形成的税收。但雅宝路税收工作一直以来是个特殊个案：它的起步是地摊、商亭，交易是现金结账，很难计算利税。当时税务是按照摊位、商厅个数、大小收税。商户上楼经营后，改为按经营面积收税。1999 年 8 月 14 日，为落实市政府整治环境，拆除“马路市场”的通知精神，区政府决定将雅宝路市场 1794 个占路摊位全部拆除，临时搬迁到朝外大街 C 区周转市场经营。

受经济利益驱使大多数摊商极力反对撤摊，强烈要求赔偿损失。办事处组织干部挨摊挨户做思想工作，向商户们说明改建后的新雅宝路市场的前景展望。同时出台优惠政策：一是退还当年的摊位租金；二是保证旧商户在周转市场的摊位；三是先签拆迁协议，搬到周转市场的免交一年租金；四是新建市场后，摊位可优先考虑老商户。这些优惠政策，再加上办事处人员的耐心工作，说服了大部分商户，20 多天的时间，绝大部分商户都签了协议。1999 年 9 月 9 日晚 9 时，市场正式闭市。商户集中搬迁到朝外大街 C 区 10 幢蓝色大棚开始了周转经营。

市场搬迁后，雅宝路各商厦进入快速建设期。1999 年第一座专门为适应雅宝路市场经营模式而建造的商厦——吉利大厦落成开业，总面积达 3 万平方米。

吉利大厦（摄于 2003 年 11 月）

雅宝路商厦开业时间一览表

表 8-7

开业时间	商厦（市场）名称	建筑面积（平方米）	市场经营范围
1994 年	雅宝大厦日月鞋城（规划停车楼）	13269	服装综合
1996 年	国星大厦	3600	童装
1999 年	吉利大厦	30000	服装综合、酒店
1999 年	瑞丰裘聚服装市场	3500	裘皮
1999 年	北京威格德纳体育服装市场中心	2112	服装综合
2000 年	奥特利玛市场	3800	鞋
2001 年	东方圣元市场	4180	服装综合
2002 年	朝外老番街服装市场	—	小商品
2003 年	万邦科贸大厦	37000	裘皮、酒店
2004 年	天雅大厦	53000	服装综合、小商品
2006 年	雅宝红城	3000	服装综合
2007 年	朝外 MEN 雅宝城	23684	小商品
2007 年	国雅大厦	49000	服装综合
2008 年	日坛国际	170000	服装综合、酒店、写字楼
2008 年	雅宝城国际大厦	64000	服装综合、酒店

2002 年，朝外大街作为首都总体规划的第三商业街开始二期改造，雅宝路周转市场朝外大街 C 区 10 幢蓝色大棚在规划红线内，雅宝路市场面临再一次搬迁。2002 年 11 月 1 日正式迁往三里屯雅秀服装市场，即麒麟大厦。出于对雅宝路市场品牌的情感和信心，许多商户没去三里屯雅秀，而是就近在与雅宝路市场一街之隔的老番街租赁摊位，使老番街近千个摊位在推出的当天就被抢租大半。

2003 年，雅宝路商户已达到 4600 多家，为了加强市场管理，发挥行业协会作用，规范经营方式，9 月 3 日，一个专门为商户服务的组织——雅宝路服装行业分会成立。雅宝路商人程文龙为第一任会长。

商户陆续进入商厦后，交易方式出现了一些变化，其中的“门帘经济”也由过去的个别商户发展成普遍现象。保护知识产权，打击假冒伪劣商品，街道和工商所一直在做这项工作，并明确规定了凡在朝外辖区销售名牌产品的商户必须持有专卖店进货单和发票，同时必须有专卖店的授权书。否则不许在市场销售，违者一律查处。但对创新款式服装的保护，政府监管有一定难度。商户各有招法。2003 年 10 月 23 日，一家报纸以《雅宝路商户拒绝国人》为题，报道了市场内一些商户在门上悬挂中文为“谢绝参观”，而外文为“欢迎光临”字样。部分报纸转载，在社会上引起争议。市场管理办公室联合雅宝路服装行业分会及时纠正了这一错误做法。“门帘事件”渐渐平息，但雅宝路商户仍有一部分沿袭着这样的传统，时至今日还悬挂门帘，只是不再有歧视性牌子出现了。

2003—2008 年，先后有万邦科贸大厦、天雅大厦、雅宝红城、朝外 MEN 雅宝城、国雅大厦、日坛国际、雅宝城国际大厦等大体量的商厦连续竣工开业，新老商户不断涌入，市场规模快速扩张。商家达到 5000 多家，创造了每年上百亿元的营业额。2007 年，雅宝路的快速扩张以及在社会上所产生的影响力也吸引了影视界的关注，由编剧韩素平，演员牛莉、丁志诚等主演的 25 集电视剧《雅宝路女人》，在社会上进一步扩大了雅宝路市场的知名度。

2008 年国际金融危机爆发，2009 年俄罗斯打击“灰色清关”，致使雅宝路部分商户倒闭，其中浙江温州商户受损最多。

2009 年 10 月 13 日在普京访华期间，中华人民共和国海关总署和俄罗斯联邦海关署签署了《关于规范通关监管秩序的合作备忘录》，标志着中俄海关合作正式启动。这一时期，适应科技进步和市场交易需求，跨国电商平台在雅宝路应运而生。北京雅宝吉利电子商务有限公司（www.yaboss.con.xn）、天雅大厦 Yabao365、139 物流网等网络开始在雅宝路活跃起来。阿里巴巴旗下的全球速卖通，2010 年也进入了俄罗斯市场。在朝阳区商务委的支持下，雅宝路的商户依托阿里巴巴旗下的全球速卖通，开始对俄语国家进行商品的网络销售，使跨国交易有了更多渠道。2010 年 3 月 10 日，北京大学经济学院与天雅集团战略合作签约仪式暨北大（EMBA）天雅总裁

2016 年 11 月 18 日，中国·新雅宝路商城在乌兰察布开业

高级研修班启动仪式在雅宝路天雅大厦举行。标志着中国第一个专门面向对俄外贸企业高管的EMBA培训项目正式启动。中国服装协会副秘书长谢青、北京市朝阳区工商学会会长魏炳林、北京市朝阳区私营个体经济协会秘书长齐兴华等嘉宾出席会议。北京大学经济学院院长刘伟为到场嘉宾做了演讲，雅宝路服装行业分会会长、天雅集团总经理程文龙对项目进行了详细介绍。“北大（EMBA）天雅总裁高级研修班”主要面向雅宝路地区企业的高级管理人员招收学员，首期培训班招收学员50名。

2012年8月，俄罗斯正式加入WTO，清关程序逐步与国际接轨，渐趋规范化。2013年3月20日，北京“雅宝路”成立国际贸易商会，100家雅宝路自主品牌企业成为商会首批会员。雅宝路企业进入了抱团取暖的新阶段，在朝阳区商务委指导下的雅宝路商会挂牌成立。

2014年，俄罗斯经济危机爆发，雅宝路市场形势急转直下。一些经历过雅宝路最辉煌时期的老商户，面对这一严峻的局面，虽然资本已有了一定积累，但由于看不到转机，开始出现打退堂鼓现象。

2015年2月，疏解北京非首都功能、推进京津冀协同发展的工作开始。2015年12月9日，朝阳区委书记吴桂英透露，在全国乃至世界都颇有名气的北京雅宝路外贸服装市场要启动疏解工作。

在朝阳区商务委指导下，北京雅宝路国际贸易商会落实北京市非首都功能疏解工作，与乌兰察布市政府对接，促成2016年11月18日新雅宝路商城在乌兰察布市成功开业。

第五节　街道经济

一、供销合作社及公私合营

1951年5月政府组建关厢地区消费合作社，旨在促进生产恢复。1953年6月，关厢合作社被更名为东郊区供销合作社。下设生产资料供应站5个、生活资料供应站5个，基层商店改称分销处。

1954年初，根据北京市公私合营工作安排，区委有计划、有步骤地开展对资本主义工商业的改造。2月3日，区委同意大有油盐粮店作为首批商业公私合营试点单位，向市委作《关于大有油盐粮店公私合营筹备工作计划报告》。大有油盐粮店是1917年开业的老字号，主要经营粮食、油、盐、酱、醋、酱菜等，在消费者中有一定的信誉。1953 年营业额 31 亿元（旧币，下同），纯利约 2.9 亿元。经理常子久是市人民代表、市工商联常委、粮食业主委、组织委员会主任。他参加了土地改革运动，拥护政府政策，爱国守法，合法经营，“五反”运动中被定为完全守法户。该户在工商界，尤其是在粮食业影响较大。1954 年 3 月，大有粮店公私合营工作开始。首先建立党组成立筹委会，组成清产核资小组。接着筹委会组织职工学习党在过渡时期的总路线和国家有关公私合营的政策，解除顾虑，统一思想，稳定情绪，启发积极性，号召全体人员在公私合营工作中发挥积极作用。然后进行清产核资，先由资本家自估自报，再由清产核资小组重研究，与资本家反复协商一致后，经筹委会讨论确定。在清产核资的基础上定股定息。国家将资本家的生产资料全部购买。随后进行人事安排，根据党的统战政策和“量才使用、适当照顾”的原则，对人员采取包下来的办法，充分发挥原有企业从业人员和技术人员作用。常子久仍任总经理，公方派副总经理，原副经理任第二、第三经理。公方派会计协助原会计工作。对于工资福利问题，除 5 名工资过低、劳动态度较好的工人予以提高外，其他人员的工资福利暂时不动。经过近 3 个月的筹备，报请市人民政府批准，5 月 1 日正式宣布大有粮店为公私合营粮店。随即，取消原大有粮店的劳资协商会，成立由公私双方及工人代表组成的民主管理委员会。公私合营后，广大职工热情高涨，工作积极。资本家有职有权，逐步扩大经营商品，营业额逐月上升。5 月份营业额为 9120 万元，比合营前的 4 月份 8400 万元提高 8.57%。11 月份营业额为 22885 万元，比合营前的 4 月份提高 172%。私营工商户从大有粮店公私合营成功过程中看到了自己的前途，愈来愈多私营工商户纷纷向政府提出公私合营申请，特别是私营工业户直接或联名向政府申请合营。国家予以大力扶植，一面给予银行贷款，一面由工会部加强该厂工会工作，发动工人整顿劳动纪律，搞好生产，生产逐渐走入正轨。资方受到教育并看到大势所趋，开始转变不愿公私合营的思想。更重要的是由于职工觉悟不断提高，经常与资本家酝酿合营问题，对促使资本家提前申请合营起到决定性作用。1954 年市国营零售商店在朝外大街建网点。到 1954 年底，申请公私合营的私营工商业户增至 42 个。

区委按照国家关于“对国营、公私合营、私营工业的生产定要统筹兼顾，要统一领导，归口安排，按行业改造，全面规划”的指示，于 1955 年成立对资本主义工商业改造 5 人领导小组。区委对木器业、文具业、百货业、掐丝镶嵌业、刺绣业、蔬菜业等 1220 户（朝外约占在 800 户）的营业状况、开支大小、家庭经济情况进行摸底排队，区别不同情况，提出或实行公私合营，或组织起来走合作化道路，或划归农业走农业合作化道路等不同途径进行改造的意见。

针对私商具体困难情况，区委采取国营、合作社撤点撤品种照顾热货、批准经销代销、加工、银行贷款、建立百货批发部调整商业网点、制定公私比重零售计划、进行爱国守法教育等措施。从1955年2月起，国营、合作社商业让出1000多种商品归私商经营，供销合作社在朝阳门关厢成立代百货批发部一处，有74户私营百货业与其建立批购关系。对49家经营困难的商户，准予赊账。通过以上措施，私营零售商基本稳定下来，大多数营业好转，扭转了流水下降情况，使私营企业及资本家获得经济效益。同时，对其代表人物也进行了安置，董化棠、鞠玉寰两位爱国资本家被选为区人民委员会委员，有的被提拔为工商联专门委员会委员。至1955年8月1日，北京市人民政府对区划进行调整时，坐商已达1417户、摊商2030户。

1955年第四季度，受“反右倾”政治运动的影响，手工业的社会主义改造步伐急剧加快，手工业者纷纷向政府提出申请，要求组织起来，走合作化的道路，接受社会主义改造。1956年1月，在手工业、资本主义工商业者联名申请入社，经过申请，采取自估、自点、自填、自报的原则，进行清产核资。仅10天的时间，就实现了工业的合作化。1月18日，手工业的管理机构——东郊区手工业合作联社成立。手工业的社会主义改造迅速完成。后由于工作速度过急，改变过快，有一些人对合作社并不了解，“随大流”入社，也造成了一些手工业者被误划为资本家，长期受到不公正的待遇。还有合作化急于追求高级形式，盲目集中生产统一计算盈亏，发展大社，而出现服务行业不适当的撤并点，工业产品质量次、成本高、返工浪费等现象，既减少了收入，又给居民生活造成了不便。区委对有些问题及时进行了调整，但手工业组织的面过宽、过大，过于集中、统得过死等问题长期遗留了下来，影响了手工业的发展，造成了城市生活的新问题。

1956年1月，私营工业企业14户全部实行公私合营；后经过整顿，至7月，手工业户实现合作化，分别参加合作社、合作小组，按其经济成分归口管理。朝阳门外大有油盐店成为全区第一家公私合营商店。此后12月8日，朝外的泰源亨、泰源祥、东长春、泉成源、义隆并为泰源亨联记。朝阳区的聚祥益等布店合营为东风布店。年底，东郊区对农业、手工业和资本主义工商业的社会主义改造任务基本完成。个体私有制基本上转为全民所有制和劳动群众集体所有制，社会主义公有制经济已居于绝对优势。

1958年城市区街各级组织在大办工业，解放妇女劳力的号召下，提出了“街街办工厂，户户搞生产，家家无闲人”的号召，将一大批妇女和社会闲散劳力组织起来，极大地解放了生产力，并对提高妇女地位起到了促进作用。这些区街企业和生产小组在创办初期，大都有以下特点：一是设备简陋。创办初期主要靠职工从家里拿出一些简单工具设备，如钢丝钳、刀、剪、桌、凳等维持生产。二是资金匮乏。区街办企业，一般由群众自力更生，自筹资金，没有国家投资。企业开办之后，靠职工劳动积累资金，扩大再生产。三是缺乏技术。创办初期，大都是手工操作，一般生产小商品或从事加工性作业，如零件制作、装配、糊纸盒和纸袋等。四是规模小，生产分散。从业人员从几个人到几十个人不等。

1960 年人民公社成立后，企业和服务行业开始与居委会分离，企业归公社管，服务行业归服务总站管。人民公社时期朝外地区主要有起重社、工人消费合作社、工人生产合作社等。后来发展成为几家区属大工厂，如起重机械厂、运输一场、运输二场、文教体育用品厂、美术厂、玻璃厂、五金厂、电器厂、木箱厂、螺钉厂、电机厂、喷漆厂、化工三厂、金属结构厂、纸制品厂等。

1963 年，原有无照经营个体户 294 户，经摸底后，取缔 199 户，未能取缔 95 户。这 95 户中，有新生的 5 户、反复的 28 户、遗漏的 10 户、迁入的 1 户、未取缔的 51 户。截至 9 月 5 日，正在经营的 95 户中，实际取缔了 43 户，其中教育停止不予安置的 34 户、限制为家庭副业的 2 户、安置适当工作以劳动再就业的 7 户。

1962—1965 年，有街道工厂 12 个，职工 1488 人，生产组 25 个，生产人员 1936 人。主要经营的品种交电器材方面有石板闸、电动机的修理安装，文教方面有黑板、乒乓球拍、体育用品、印刷装订、相角本册等，建筑材料方面有螺钉、铆钉，日用杂品有木制小农具、扁担等，出口的有玉器雕刻、盆景、葡萄，还有喷漆、模型、挑补绣花等，共 172 种产品。同时，为了适应管理机关单位和居民群众的需要，确保民房和居住安全，成立了修建队，有职工 277 人；服务站 22 个，从业人员 221 人，服务的项目主要有修车、修理、修手表、拆洗缝补、理发、弹花、雨布胶、传接电话等 21 个项目。成立托儿园站 18 个，保教人员 132 人，1962—1964 年收托儿童 1394 人。1964 年全年完成产值 455.6 万元，超额完成下达计划 400.9 万元的 13.6%，比 1963 年 337.4 万元增长了 35%，比 1962 年 260.7 万元增长了 74.8%。上半年完成产值 260.8 万元，超额完成下达计划 231.9 万元的 12.5%。在质量方面，也有很大的提高，消灭了三类质量产品。1965 年上半年，被市评为优质产品的有 2 件；被区评为一类产品的有 12 种，比 1964 年增加了 45%。

1966 年以后，家庭妇女走向社会组织生产组。后各街道把发展经济重点放在生产组上。1968 年发展起来的有下三条糊纸盒组、纺棉组、旧鞋组、神路街糊盒组、神路街挑补绣花组、芳草地协作组、市场街综合加工组、二条鞋邦、二条北贴画、二条南贴画、秀水河鞋邦、秀水河补花组、头条手套、吉市口包药、神路街火柴盒、吉市口六条纸盒、吉市口三条补花、东光路补花、市场街补花、吉市口纸盒补花、朝外头条补花、元老包药组、元老头条手套组、元老二条补花组、下三条纸盒、大街西补花、芳草地补花组。1970年前后，为响应“五七”指示，成立了数十个生产组，居委会也办起40多个服务网点，如木器社、食堂、食品店、百货店、托儿所等。

1979年5月15日，区革命委员会批准朝外等街道的“五七”生产组织和服务网点，包括街道的“三站、两代、一所”转为集体所有制单位。转制单位一律实行独立核算，自负盈亏。明确了该阶段要解决的主要矛盾，党委成员进一步解放思想，提出了搞好街道经济的新课题，建立了针织厂、晒图厂、变压器厂和32个生产组，工人由原来的806人增加到1400多人，年收入达到371万元，比1978年的200万元增加了86%。从11月开始，建立了运输、起重、木器、绒绣4个合作社，社员214人，收入1.5万元。产品质量提高，服务意识提升，消耗降低，品种增加。服务项目有木器加工、服装加工、拆洗缝补、针织绒绣、传呼电话、废品回收、医疗卫生等100多项，为满足人民物质生活的需要做贡献。不少单位为了贯彻以精神鼓励为主、物质鼓励为辅的原则，加强经济管理，任务落实到组到人，做到生产有年度、月度、季度计划，从而调动了生产服务人员的积极性。

在已有“五七”生产的基础上，重要发展城市生活服务项目建有服务站2个、校外活动站5个、红医站28个、代销点1个、代购点3个、托儿所3个、代营食堂4个、切面点2个。1974年上交部分发展为一定规模的工厂及单位为区属企业管理，后来演变为区属的几大公司，如朝阳区菜蔬公司、朝阳区饮食公司、朝阳区医药公司、朝阳区服务公司、朝阳区修理公司等，街道初具了工业规模。

二、街道服务合作联社

为加强对各生产组的统一管理和指导，1980年市委、市政府印发《关于各街道成立生产服务管理处的通知》，街道于4月2日成立朝外街道服务合作联社（以下简称联社），办公地点设在体育场东路五楼。初建时联社有变压器厂、工艺美术厂、描晒图厂、针织二厂、针织一厂、刺绣厂和建筑队。1981年联社年产值计划364万元，实际完成430万元，安置待业青年297人。1982年联社拥有工厂、生产组、修建队、三轮社、起重社等27个单位。1983年，为解决残疾人就业，联社开办了一个残疾人福利工厂。

1985年1月，街道与所属全部26个企业签订生产承包合同，并提出发展第三产业。新开办华都、瑞云、大陆、光大、东方、华光、渔阳、艺丰等8个商业网点，当年实现产值 150 万元、利润 11 万元。1987 年，通过扩大投资，加强管理，年度计划完成产值 1114.8 万元，实际完成了 1483.6 万元，增长 33%；计划完成利润 121.5 万元，实际完成 153 万元，增长 26%。1988 年联社产值达到 1955 万元，比 1987 年提高 31.4%；利润 185 万元，比 1987 年提高 21.2%。到 1988 年底，企业已经发展到 31 个，其中工业企业 9 个、商业企业 7 个、饮食业 7 个、服务业 4 个、建筑业 4 个，托儿所或幼儿园 2 个，正式职工和临时工近千名，年创产值 1967.8 万元。从 1985—1988 年连续四年被朝阳区联社系统评为先进街道联社。1988 年联社经理杜学韫被评为市总社系统企业家。1989 年联社完成产值 1570.6 万元，完成利润 174.2 万元。

1991 年联社有 37 个网点，占地面积 8900 平方米，有正式职工 400 多名、退休职工 156 名、退养职工 587 名。1991 年联社在对下属企业的调整、整顿中，共“关停并转”3 个企业、新建 2 个企业，全年完成产值 1500 万元，比区下达任务 1460 万元提高 2.7%；完成销售收入 1460 万元，比区下达任务 1456.6 万元提高 0.23%；完成利润 110 万元，与区下达任务持平。

1992 年街道成立经济领导小组，由经济办公室负责对街道联社、劳服企业进行日常管理。街道经济领导小组，坚持每季度召开经济分析会，制定切实可行的经济发展计划；重新调整企业结构，充分挖掘现有企业的潜力；积极扶持重点企业的发展，派得力干部到企业任职；利用地区优势，调整企业发展方向。1992 年初改造提高了雅宝里服装市场，建成了服装大世界，取得了较好的经济效益，同时带动了周围的宾馆、饭馆、运输、包装、旅店等各业，取得了较好的社会效益。为完成上述任务，联社拆掉了 13 个网点的临时建筑。

1992 年，区委、区政府提出用五到十年的时间在朝阳区建成“三区一街”的“三一”工程战略构想。其中，作为朝阳区加快改革开放一项重要举措的“一街”建设工程，即为朝阳门外大街改造工程。开发朝外大街，建设朝外商业中心，是北京市建设总体规划方案的重点工程。朝外商业中心是北京市新建五大市级商业中心之一。

1993 年 2 月 17 日，区委、区政府召开街道工作会议，强调进一步贯彻党的基本路线，紧紧抓住经济工作这个中心不放。转换企业经营机制，调整产业结构，大力发展第三产业。1993 年联社发展至 40 多个企业，完成产值 6500 万元，销售收入 6500 万元（包括市场销售收入），利润 330 万元，全联社有 42 个单位完成任务。1993 年，街道财政为企业贷款 110 万元，开办了 17 个具有一定规模的企业，为经济发展奠定了坚实的基础。加大了改革的力度，消灭了亏损的企业。在雅宝路全方位地开办涉外型服装市场，在原有市场基础上新增34个摊位。将原来的烟摊、食品摊等26个摊位全部改为服装销售摊位，使雅宝路服装大世界整齐划一。华祥服装厂只有2名正式职工，供养着28名退休职工。综合修配厂兼并新兴机械厂以来经济效益一直徘徊不前，于是决定走出去，与各地厂、矿广泛联系，并为山东省、河北省保定地区的一些县乡组建的印染厂提供服务。达琳时装厂是新组建时间不长的企业，产品以传统的睡衣、绣片为主。他们与加拿大海伦娜服饰有限公司合作，在王府井商业街开办海伦娜服装专营店，实现产、供、销一体，增加了企业的知名度和经济效益。同年，联社引进人才开办雅宝商贸公司、海德商贸公司、万利得商贸公司、京都工业设备修配厂、华都综合经营部、川奇餐厅等9个企业。

1994年，联社完成销售收入10117万元，比上年增长53%；利润530万元，比上年增长59%。四年的时间里撤销了描晒图厂、朝外百货经营部、紫微商店、紫微批发部、微微餐厅、南下坡食堂、芳草地经营部7个企业。利润率达不到2%的企业仍有19个。爱迪时装公司是组建时间不长的企业，在激烈的竞争中，依据准确的市场预测和灵活的经营手段，采取大店带小店的方式，向连锁方向发展，先后在商业百货大楼、双安百货商场、光明百货商场、西直门商业购物中心等开办爱迪时装专营店，并开发出“拳头”产品羊绒大衣。朝外建筑二队通过开发雅宝路市场，积累了一定资金，打破行业路线，成立雅宝商贸公司。同年，联社引进人才开办朝阳宏得气动元件器材厂、宝兰光商贸公司、微岛汽配、爱迪染料商店、惠都汽配供应站、郁金香药店等6个企业。还先后为爱迪时装公司贷款130万元、东岳商贸公司贷款100万元、华都汽配贷款80万元、华祥服装厂贷款10万元，为燕都刺绣厂借款40万元、建筑公司借款15万元、大地五金公司借款10万元，总计385万元。解决了流动资金不足的问题，帮助企业摆脱了困境，并且为针织一厂、天衡计量、大地五金、川奇餐厅、吉普餐厅、印染机械厂等企业协调各方关系。

联社收入由1980年的549万元发展至1995年的16165万元；利润由1980年的71万元发展至1995年的840万元；职工人数由1980年的592人发展至1995年的1380人；固定资金由1980年的22万元发展至1995年的239万元；流动资金由1980年的2.7万元发展至1995年的763万元；上缴税金由1985年的28.5万元发展至1995年的356万元。

1995年底，街道生产服务联社销售收入达1.6亿元，重点企业有燕都刺绣厂、印染机械厂、大地五金机电公司。

1999年3月，街道所办企业和市场向区经济组织和有关部门整体移交。

联社历任领导一览表

表 8-8

行政职务	联社职务	姓名	任职时间
副主任	主任	张　镇	1980—1984 年
副书记	书记	邢振华	1980—1984 年
副主任	主任	王崇喜	1984—1986 年
副主任	经理	刘元理	1986 年
副主任	经理	杜学韫（女）	1987—1989 年
副主任	经理	鞠正义	1990—1995 年

联社机构及编制人员情况表

表 8-9

1980 年	生产科	服务科	财务科	劳资科	主任办公室	供销社
	5 人	2 人	10 人	2 人	1 人	2 人
1981 年	生产科	服务科	财务科	劳资科	主任办公室	
	8 人	3 人	10 人	3 人	1 人	
1986 年	生产科	服务科	财务科	劳资科	经理办公室	办公室
	6 人	3 人	6 人	2 人	1 人	3 人
1987 年	生产科	服务科	财务科	劳资科	经理办公室	党总支
	6 人	3 人	6 人	2 人	1 人	3 人
	办公室					
	3 人					
1991 年	企业科	商业服务科	财务科	劳资科	经理办公室	党总支
	6 人	4 人	6 人	2 人	1 人	4 人
	办公室					
	3 人					
1995 年	企业科	财务科	劳资科	经理办公室	党总支	
	3 人	5 人	3 人	2 人	2 人	

1995年联社企业一览表

表 8-10

序号	企业名称	地址	建制时间
1	朝外区朝外针织一厂	朝外区朝外东草园	1975 年
2	朝外联社为群服装厂	朝外大街 88 号	1976 年
3	朝外二条惠民食堂	朝外二条 57 号	1977 年
4	朝阳区燕都刺绣厂	朝外二条东巷甲一号	1979 年
5	朝阳区华都汽车靠垫厂	朝外大街 226 号	1979 年
6	朝阳区现代办公用品服务部	朝阳区工体南路	1980 年
7	朝阳区旧物回收永安里点	建外永安西里	1980 年
8	朝外起重运输社	朝外东草园西口	1980 年
9	朝外建筑公司第三工程队	朝外芳草地东巷 1 号	1980 年
10	朝外建筑工程公司第二队	朝阳区雅宝路	1980 年
11	朝阳区朝外电器厂	朝外二条东巷甲一号	1982 年
12	朝外印染机械厂	朝阳区夏家胡同 13 号	1983 年
13	朝阳区联社芳草地回收点	朝阳区天福巷 1 号	1984 年
14	朝阳区吉普餐厅	朝阳区日坛路西	1984 年
15	北京华都汽配经营公司	朝外下三条 3 号	1985 年
16	瑞云五金商店	朝阳北路周转房 15 号	1985 年
17	朝阳区天衡计量公司	朝阳区三元桥南小街 6 楼	1986 年
18	朝阳区金台建筑经营部	朝阳北路 6 号	1987 年
19	朝阳区朝外百货商场	朝外大街 13 号	1987 年
20	朝阳东艺阁工艺美术商店	朝阳区神路街 7 号	1987 年
21	清真趣园餐厅	朝外东草胡同西口	1987 年
22	朝外联社兰禅食品店	朝外大街 68 号	1989 年
23	朝阳制冷设备维修队	朝阳区雅宝路	1989 年
24	朝阳华都美发厅	朝外元老胡同三条 3 号	1989 年
25	朝阳华都冷冻维修部	朝外吉市口 71 号	1989 年
26	朝阳区时代百货商店	朝外吉市口六条 3 号	1989 年

续表 8-10

序号	企业名称	地址	建制时间
27	朝外大地五金建材经营部	朝阳区田水园北街	1989 年
28	朝阳区兰瑞霓虹灯厂	朝外吉市口头条 8 号	1989 年
29	朝阳区丰隆电器门市部	朝外大街 88 号	1989 年
30	朝外筑炉服务队	朝阳区雅宝路	1989 年
31	朝阳区华祥服装厂	朝外市场街 60 号	1989 年
32	朝阳华光切削液厂	朝阳区驹子房	1989 年
33	大地五金商店	朝阳区水堆东里 3 号	1990 年
34	朝阳区华都综合服务部	朝外吉市口 71 号	1990 年
35	朝阳建筑公司	朝阳区团结湖东里 6 号楼	1991 年
36	朝阳区爱迪时装厂	朝阳区曙光西里 6 号楼	1991 年
37	朝阳区豫宝苑商店	朝外日坛公园	1991 年
38	三立综合商店	朝阳北路东侧 28 号	1991 年
39	朝阳川奇餐厅	朝阳区工体南路	1992 年
40	朝阳京安通达服务部	朝外二条 60 号	1992 年
41	朝阳京城日杂商店	朝阳区团结湖东里 6 号楼	1992 年
42	朝阳达琳时装厂	朝外荣盛胡同 20 号	1992 年
43	朝阳爱迪染料商店	朝阳区曙光西里 6 号楼	1992 年
44	朝阳区达琳百货经营部	朝阳区荣盛胡同 2 号	1992 年
45	朝阳区京东设备厂	朝阳区驹子房二分庄	1992 年
46	朝阳区东岳商贸公司	朝阳区六里屯上四路	1992 年
47	朝阳海韵托运站	朝阳区东大桥路 23 号	1992 年
48	北京海伦娜服饰公司	朝外荣盛胡同 20 号	1992 年
49	朝阳麦伦制衣厂	朝外吉市口六条 3 号	1993 年
50	北京市万利得商贸公司	朝外三丰南巷 8 号	1993 年
51	朝阳区天奇日杂综合商店	朝阳区金台里 25 号	1993 年
52	朝阳区晶达汽车配件部	朝阳北路西侧 11 号	1993 年
53	朝阳京通百货商店	朝外荣盛胡同 32 号	1993 年
54	朝阳区宝兰光工贸公司	朝阳区东风乡张北路庄	1993 年

续表 8-10

序号	企业名称	地址	建制时间
55	北京市雅宝商贸公司	朝外雅宝路甲 2 号	1993 年
56	朝阳万利得服饰商行	朝阳区日坛路路西	1994 年
57	朝阳宏得气动元件器材厂	朝阳区来广营北湖渠	1994 年
58	朝阳区惠租汽配供应站	朝阳区工体南路 6 号	1994 年
59	北京市海得商贸公司	朝阳区工体东路 5 号	1994 年
60	朝外建筑公司直属工程队	朝阳区团结湖东里 6 号楼	1994 年

朝外联社 1980—1995 年收入、利润、税收情况统计表

表 8-11

年份	职工（人）	固定资金（元）	流动资金（元）	收入（元）	利润（元）	上缴税金（元）
1980	592	224354	27177	5487719	716085	285903
1981	639	126021	55286	403333	87201	18342
1982	657	181033	190096	1215282	298204	104091
1983	662	521025	947454	8466014	997729	611794
1984	883	615796	2162657	9322250	1292735	1238870
1985	1012	729053	2719414	12106195	1459424	986271
1986	1158	661158	1425852	10357460	1227645	873015
1987	1223	836076	1467771	14549875	1525637	1102084
1988	797	924302	1410911	19678335	1869598	1335071
1989	1004	970112	1443192	15706123	1742644	1097488
1990	1218	955301	1274931	13425985	752018	908741
1991	1680	1686506	556885	14673519	1102522	851359
1992	1407	1314090	875618	30003313	2003800	1003308
1993	1154	1414000	4256000	65011000	3339000	857701
1994	1205	7119000	11362000	101173000	5300000	2854167
1995	1380	2391000	7637000	161656000	8402000	3568454
合计		20668827	37812244	483235403	32116242	17696659

联社上交企业一览表

表 8-12

	单位名称	地址	上交时间
1	螺钉厂	朝外北河沿	1970 年
2	电器厂	马家地	1970 年
3	仪表螺钉厂	东便门	1970 年
4	模型厂	朝外砖场	1974 年
5	修建队	朝外神路街	1974 年
6	化工三厂	朝外头条	1974 年
7	木箱厂	芳草地	1974 年
8	挑补绣花厂	朝外吉市口	1974 年
9	金属结构厂	幸福村	1974 年
10	喷漆厂	朝外头条	1974 年
11	可控硅元件厂	建外砖场	1974 年
12	粉末冶金厂	大北窑	1974 年
13	农具厂	建外	1974 年
14	球拍厂	建外	1974 年
15	玉器厂	永安西里	1974 年
16	体育用品厂	永安西里	1974 年
17	印刷厂	永安东里	1974 年

三、劳动服务公司

1980 年 8 月成立朝外办事处劳动服务公司，办公地点在朝外大街 31 号。主要任务是为了安置更多青年就业，劳动服务公司创办了汽车摩托车修理厂、水暖安装工建筑队、打字机修理业等各项业务，安置待业青年 186 人，组织勤工俭学 975 人，既解决了青年就业的实际困难，减少了社会压力，又满足了社会群众需要。

1980 年劳动服务公司刚成立时，从社会上招聘一些退休工人组成建筑一队、二队和钩织组。为安排地区待业青年，缓解地区就业难的状况，当年又筹建了修建工程队，有正式工人 120 名、临时工 280 名，完成工程 33 处，能单独承包五层楼的建筑任务，从工程收益中添置价值 8 万元的机械设备。1981 年，劳动服务公司新建企业 5 个。

1982年，成立北京市标准件模具厂劳动服务公司，安置当时在本厂勤工俭学的35名学员为社员，承包厂小丝锥、拉丝模两种产品和承担一些其他服务性工作，实行单独核算自负盈亏。

1983年起重修筑工程队、体育场路建筑工程队、建筑水暖安装队、南营房水暖锅炉安装队合并为朝外劳动服务公司建筑工程队，10月搬到朝外二条46号。主要完成介绍就业、输送临时工、组织生产服务、进行职业培训等任务，组织劳动力进行经济活动的职能，行使劳动部门的行政管理职能。劳动服务公司试行承包责任制，办理职工升级和工人退休退养手续，安排500名待业青年就业，同时对企业进行调整，由原来的48个服务点调整为86个，新建2个服务网点。

进入90年代，劳服面临朝外大街危房改造、企业网点陆续被拆除的困境，下大力气治理整顿，深入改革，强化企业管理模式，推行经营要素的优化组合，引进竞争机制，改组企业组织构成，加强财务监督，使企业逐步走入良性发展轨道。

1989年8月，办事处劳服公司开办的首家娱乐服务项目——“阿波罗”台球厅

1990年新辟了荔园等企业。另外在培训安置待业青年、社会闲散人员方面做了大量工作。1991年，劳动服务公司有8个企业，占地面积2500平方米，有156名职工。劳动服务公司在对下属企业进行大胆地调整整顿中，改变了过去个别企业存在的重叠、联邦式的经营方式，使经济形势有所好转。工程队、荔园餐厅、雅洁餐厅原来是三合一的隶属关系，经济效益不高。在对这3家企业的组织结构进行调整后，公司将荔园、雅洁两个餐厅实行对外租赁，收取年租金达17.5万元，远远高于原3家企业对公司年承包利润10万元的指标，全年完成销售收入682.9万元，完成利润25.4万元，均超额完成了区下达的任务。

1995年，街道劳动服务公司有14个企业，实现产值15786.8万元，利润751.7万元，上缴税金462.2万元，固定资产原值110万元，劳服资金积累达600万元。重点企业有罗丹时装公司和以经营高档大理石为主的启发贸易公司。1999年3月，街道所办企业和市场向区经济组织和有关部门整体移交，共移交企业 39 家、市场 2 家。1998 年 7 月，朝外街道劳动服务公司与联社合并成立企业发展中心。

劳动服务公司历任经理一览表

表 8-13

姓名	任职时间
孙永生	1980 年 8 月—1987 年 8 月
周振旺	1987 年 8 月—1991 年 8 月
董振良	1991 年 8 月—1995 年 12 月

1991 年劳动服务公司所属企业人员统计表

表 8-14　　单位：人

企业名称	正式	聘请	临时	合计
五金水暖商店	5	2	3	10
北方纺织零件厂	1	3	3	7
朝外工程队	2	13	59	74
荔园餐厅		1	14	15
雅洁餐厅			10	10
深远汽车配件门市部		4	2	6
北方纺织配件厂	3	10	17	30
迎神阁商店	2		2	4
合计	13	33	110	156

1995 年劳动服务公司所属企业一览表

表 8-15

序号	企业名称	地址	建制时间
1	朝外修建工程队	工体南路 1 号	1980 年
2	朝阳北方纺织机械配件厂	工体南路 1 号	1981 年
3	朝阳北方纺织机械器材经营部	朝外大街路北	1988 年
4	朝阳雅宝酒家	朝阳雅宝路甲 2 号	1989 年

续表 8-15

序号	企业名称	地址	建制时间
5	朝阳五金水暖经营部	朝外大街西大桥 3 号	1989 年
6	雅宝路服装市场	雅宝路甲 2 号	1992 年
7	雅宝包装托运服务队	雅宝路南下坡	1992 年
8	北京超伦装饰工程公司	安定门外外馆街 3 号	1994 年
9	北京银顺达贸易公司	朝阳高碑店乡太平庄	1994 年
10	朝阳亨通塑料制品厂	朝阳区大黄庄 144 号	1994 年
11	中北实业公司	工体南路 1 号	1994 年
12	北京启发贸易公司	工体南路中医院北侧	1995 年
13	罗丹时装公司	朝阳日坛北街 13 号	1995 年
14	朝阳京泉旅馆	东大桥工体东路 15 号	1995 年

劳动服务公司 1985—1995 年经济状况统计表

表 8-16 单位：万元

年度	产值	利润	税金
1985	95.9	13.5	7.9
1986	130.1	16.4	4
1987	214.7	26.9	6.3
1988	183.3	32	5.9
1989	528.3	30.7	26.9
1990	663.6	25.3	14.1
1991	682.9	25.4	23.6
1992	1947.7	133.3	13
1993	4436	247.6	61.3
1994	10701.4	521.5	375.9
1995	15786.8	751.7	462.2

四、企业发展中心

1996 年，街道理顺企业管理体制，成立经济委员会和企业发展中心，以适应市场竞争需要。1996 年，街道实现销售收入 4.1 亿元，实现利润 2800 万元，完成财政税收 834 万元。

1997年，通过对企业进行清产核资、内审监督、房产清理、规范年检、优化人员配置、挖潜开发新的经济增长点，当年成立的郦食饭庄、梦江南酒店分别取得较好经济效益。当年，街道实现销售收入4.7亿元，实现利润2233.3万元，完成财政税收1684万元。

1998年，在清产核资的基础上，开展企业产权界定工作，清理17个挂靠企业；同时购置吉祥里、太阳宫、单店3处4000平方米房产，建国里写字楼和甘露园洗浴中心楼投入资产运营；与爱慕制衣厂联合开办雅宝路市场八区，取得了当年建设当年受益的成效。全年完成经济总收入4.9亿元，实现利润2344万元，完成财政税收1080万元。

1999年，按照规定时限向区社区经济管理办公室移交街道企业，街道与经济实体彻底脱钩，实现政企分开。企业发展中心改名为社区经济管理中心，归区统一管理。

五、个体经济

1958年前后，居委会先后办了30多个社会服务网点，服务项目有拆洗缝补、黑白铁修理、托儿所、理发、食堂等，人民生活所需的服务几乎全部包揽。1960年人民公社成立后，企业和服务行业开始与居委会分离，服务行业归服务总站管。1970年前后，居委会又办起40多个服务网点，有木器社、三轮社、起重队、食堂、食品店、百货店、托儿所等。1980年街道联社成立后，这些企业又移交街道联社管理。

在改革开放搞活政策推动下，朝外地区开始出现个体经济。

1979年，朝外个体工商户登记情况为黑白铁加工有赵国禄、刘吉祥、杨天水、孙淑珍等；卖干果有刘海；修鞋有何风云、贾继刚、王风林、梁士增、黄福增、申仔路、张得禄等；磨剪刀有刘财；缝纫有张延莲；修理自行车三轮车有魏文科、黄珍代、许德海等；理发有凌根富；石膏塑像有张殿英。1980年、1981年又陆续申请登记了两批。个体经济如雨后春笋般遍及朝外街道。

1981年，国务院发布《关于城镇非农业个体经济若干政策性规定》，明确指出个体经济是国营经济和集体经济的必要补充，各级政府应在资金、货源、场地、税收、市场管理等问题上给予支持。1985年2月成立个体劳动者协会朝外分会。分会会长由朝外工商所所长刘普选担任，副会长张鼎洪，协会理事9人。分会下设个协小组，到1995年有个协小组64个，每组设一名组长，负责组内各方面工作的服务与管理。朝外个协1985年初建时有会员65户，1987年居委会福利三产也有了较快发展，各类网点有17个，1988年发展到27个，利润达到65万元。1990年居办三产行业又新增网点19个，全年共完成产值210万元，利润20.9万元。

1992年朝外街道第三产业网点增长到64个。年产值326.53万元，收入又有大幅

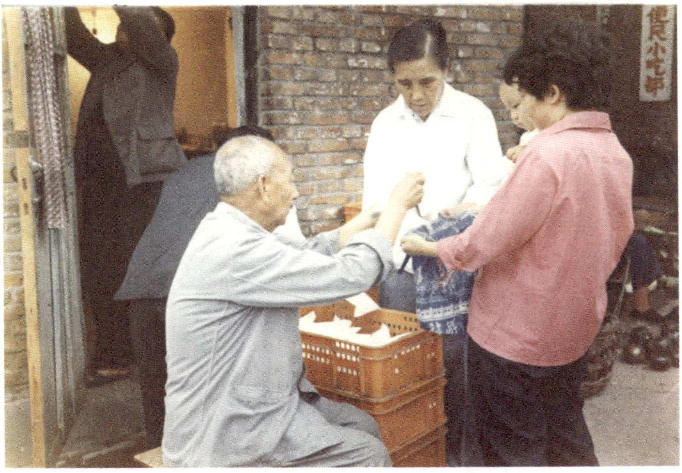

1989 年，居委会相继办起了便民服务网点

度的上升。1993 年，八届全国人大常委会通过了《中华人民共和国公司法》，区工商局制定《关于发展公司企业的几点意见》，取消了限制个体私营经济发展的不合理规定，促进了个体私营经济的发展。全区注册资金最多的华普集团达 3.5 亿元，成为全市知名企业。居办三产完成产值 476 万元。截至 1995 年底，街道有个体户 1025 户，其中商业 890 户、饮食业 107 户、修理业 17 户、服务业 11 户。

1988—1996 年朝外个体行业分类一览表

表 8-17　　单位：户

年份	总数	商业	饮食业	修理业	服务业
1988—1991	816	748	56	7	5
1992	876	786	74	9	7
1993	938	818	98	11	11
1994	1017	909	87	12	9
1995	1025	890	107	17	11
1996	1265	1153	82	17	13

1985—1995 年朝外个体户基本情况一览表

表 8-18

年度	个体户（户）	人数（人）	党员（人）	团员（人）	大专文化（人）	高中文化（人）	初中文化（人）	小学文化（人）	税金（万元）
1985	65	167	5	2	3	36	42	79	7.15
1986	109	137	5	2	7	36	42	45	12
1987	301	376	5	2	9	36	246	78	33.1
1988	769	915	7	5	17	116	359	411	84.6
1989	758	812	8	6	17	414	215	152	81.85

续表 8-18

年度	个体户（户）	人数（人）	党员（人）	团员（人）	大专文化（人）	高中文化（人）	初中文化（人）	小学文化（人）	税金（万元）
1990	777	826	8	3	19	414	215	167	84.84
1991	816	973	9	3	21	396	345	199	110.52
1992	876	979	9	2	36	424	354	154	128.33
1993	938	1311	11	2	47	315	662	274	243.9
1994	1027	1241	11	2	49	245	624	310	249.7
1995	1025	1294	11	1	52	378	569	283	332.3

2000 年，由于地区拆迁居委会合并、改善办公条件等原因，三产网点减少到 39 个。10 月，街道工委办事处决定，居办三产统一由社区进行管理。

2001 年 12 月，朝阳区个体劳动者协会和朝阳区私营企业协会合并，成立朝阳区私营个体经济协会。2003 年在雅宝路外贸服装市场成立了行业分会。经过多年的发展，逐步形成了一批如华普集团、天雅世纪等具有较大实力和较强市场竞争力的私营企业集团。

三丰里清真便民店（2005 年）

2013 年经济普查统计数据显示，朝外共有个体经营户 4768 户，共吸纳从业人员 10677 人。个体经营户中从事第二产业的有 20 户，占比为 0.4%；从事第三产业的有 4748 户，占 99.6%。从行业分类看，朝外从事批发和零售业，住宿和餐饮业，居民服务、修理和其他服务业的个体经营户较多，数量分别为 4440 户、137 户和 134 户，总共 4711 户，占朝外所有个体经营户的 98.8%，吸纳从业人员共 10515 人，占比为 98.5%。

第九章

城市建设

CHENGSHI JIANSHE

经过新旧社会的历史变迁，朝外地区的发展可以用沧海桑田来形容，从一个破旧不堪的城厢发展为一个繁华的城市街区，体现了几代人的奋斗历程，他们值得尊敬，所取得的成果值得骄傲。

第一节　市政工程

一、河湖治理

东护城河朝外段变迁　1972年市政府决定修建地铁一号线，对东护城河进行疏浚。工程范围北起东直门北城东北角，南至雅宝路桥南侧，全长4.06公里。1972年2月开工，当年汛前竣工，挖土方约15.6万立方米，投资150万元。1974—1984年因配合东二环路建设和地铁二期工程需要而逐步改为暗沟，暗沟长5.35公里。东二环路需要建建国门、朝阳门、十条豁口和东直门4座立交桥，每座立交桥均需将数百米长的河道改为暗沟，因此东护城河全部改为暗沟。

二道河朝外段变迁　二道河朝外段北起工人体育场南门东侧，南至东大桥北侧。然后向东流向呼家楼方向。1958年初为配合修建工人体育场，将二道河改成暗沟至今。

菱角坑　菱角坑在朝阳门外，是老北京人消夏乘凉的好地方。它三面环水，西依护城河，位于现在的中石化北侧靠近二环路的方位。历史上，每到夏季岸边芳草如茵，柳丝垂绿，槐荫匝地；水中荷叶如盘，随风摇摆，红莲、白莲在万绿丛中亭亭玉立；蜻蜓点水，蜂飞蝶舞，蝉鸣树梢，鸟唱花间；清风徐来，荷香扑鼻，沁人心脾。占地面积颇大的水面上长满了菱角、慈姑、芡实、莲藕等水生植物。菱角坑赏荷纳凉、品茗听琴的盛况一直持续到七·七事变前。后来由于日本侵占北平，菱角坑遭到一定破坏。平津战役时，国民党军队为修筑工事，把护城河两岸的垂柳、古槐全部砍光，菱角坑边的杨柳也未能幸免，菱角坑便随之荒芜了。1961年，菱角坑被填平，取代的是木箱厂和起重机械设备厂。

日坛公园湖　1984年底，对日坛公园西南部绿地进行重点改造，历经一年九个月，建成了人工湖景区，湖面近4000平方米，景区融汇了江南庭院的湖光山色和古朴典雅的北方园林风光，湖畔倚建着古色古香的水榭、画舫及秀巧的小圆亭，湖的南北两侧加以曲桥、拱桥连接。湖北侧是一座敦厚且气势磅礴的假山瀑布，湖四周绕有蜿蜒迂回的小路。

二、防汛减灾

朝外地势平缓，平房较多。历史上每年雨季都会出现部分居民家中进水的问题。1950年8月1日至4日连降大雨，各河道洪水冲溃堤防泛滥，大部分土地被淹泡，沿街两岸高秆作物仅露出苗尖，低洼农田积水，庄稼绝收。各河道虽经广大人民群众和解放军官兵坚守护持、奋力抢堵，终因水势浩大而漫溢决口，淹没村镇及农田，冲毁朝阳门外东大桥北石桥，交通中断。60年代朝外南营房等地区遇到几次特大降雨，不少人家都被一米多深的水浸泡，成为重灾区。为了确保地区人民群众的住房安全，1967年，在西草园建简易住宅楼3幢；1969年，将南下坡平房民宅改建为简易楼居住区，建有二至三层简易楼10幢；20世纪70年代在东大桥西北角兴建高层楼。

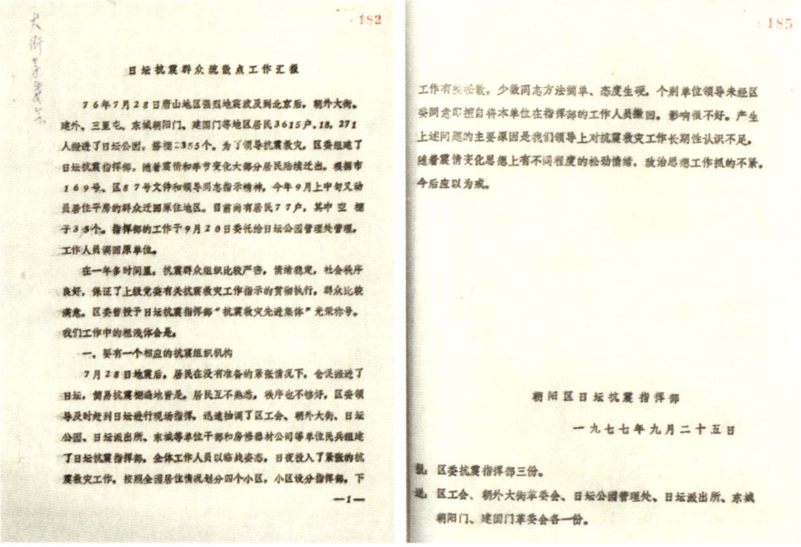

182

日坛抗震群众疏散点工作汇报

76年7月28日唐山地区强烈地震波及到北京后，朝外大街、建外、三里屯、东城朝阳门、建国门等地区居民3615户、18，271人搬进了日坛公园，搭棚2355个。为了领导抗震救灾，区委组建了日坛抗震指挥部，随着震情和季节变化大部分居民陆续迁出。根据市169号、区87号文件和领导同志指示精神，今年9月上中旬又动员居住平房的群众迁回原住地区。目前尚有居民77户，其中空棚子35个。指挥部的工作于9月20日委托给日坛公园管理处管理，工作人员调回原单位。

在一年多时间里，抗震群众组织比较严密，情绪稳定，社会秩序良好，保证了上级党委有关抗震救灾工作指示的贯彻执行，群众比较满意。区委曾授予日坛抗震指挥部"抗震救灾先进集体"光荣称号。我们工作中的粗浅体会是：

一、要有一个相应的抗震组织机构

7月28日地震后，居民在没有准备的紧张情况下，仓促搬进了日坛，简易抗震棚遍地皆是，居民互不熟悉，秩序也不够好，区委领导及时赶到日坛进行现场指挥，迅速抽调了区工会、朝外大街、日坛公园、日坛派出所、东城等单位干部和房修器材公司等单位民兵组建了日坛抗震指挥部，全体工作人员以临战姿态，日夜投入了紧张的抗震救灾工作，按照全园居住情况划分四个小区，小区设分指挥部，下

—1—

185

工作有些松散，少数同志方法简单、态度生硬，个别单位领导未经区委同意即擅自将本单位在指挥部的工作人员撤回，影响很不好。产生上述问题的主要原因是我们领导上对抗震救灾工作长期性认识不足，随着震情变化思想上有不同程度的松动情绪，致治思想工作抓的不紧，今后应以为戒。

朝阳区日坛抗震指挥部

一九七七年九月二十五日

报：区委抗震指挥部三份。

送：区工会、朝外大街革委会、日坛公园管理处、日坛派出所、东城朝阳门、建国门革委会各一份。

1977年，日坛抗震群众疏散点工作汇报

从1980年开始，朝外街道联合房管所对地区防汛排放管线进行了连年的系列开挖修建工程，较好缓解了地区排水不畅问题。从2000年开始，街道主动配合地区拆迁和道路升级改造，对防汛排水系统进行了改造，进一步提升了地区防汛能力。

朝外街道办事处人员铲冰扫雪（摄于2002年12月）

几十年来，雨雪就是命令。机关干部和社区工作者已形成了良好的习惯，一遇到雨雪天，无论是工作日还是节假日，无需通知，大家都到单位参与查看平房防汛和铲冰扫雪工作。

截至 2015 年，朝外街道仅有一处积水点——朝外芳草地 38 号院。

三、道路建设

朝外街道的朝阳门外大街、神路街、夏家胡同成路于元朝。朝外市场街、元老胡同、元老下四条街成路于明朝。成路于清朝时期的有大小街道 26 条。明清时期，朝阳门外大街是一条南北方运粮进京的重要通道，在大街西侧，客栈、粮行云集，也带来了其他商业、服务业的兴盛。

20 世纪 50 年代，陆续新修 16 条街巷，朝外街道市政建设突飞猛进，公路纵横交错，密如蛛网，堪称方便。朝外解放前为贫困的农业地区、市政建设寥寥无几，只有朝阳门外一条京通公路（石渣泼沥青路面），其余道路为走牛马大车的辙沟土路。解放后，路面展宽，改修为平坦的柏油路，路旁栽树成行，变成一条漂亮的大路。1953 年，新建护城河木桥并翻建朝阳门至东大桥一段道路。修成 7 米宽沥青碎石路面。1955 年，在朝阳门北开一豁口，护城河上架一座木桥，以解决朝阳门交通拥堵问题。1958 年，拆除朝阳门箭楼。1953—1959 年，筑成朝阳门至十里堡京棉一厂的朝棉公路。

朝外大街改造前路面狭窄，交通不便，两侧商业门店凌乱破旧。横贯东西的朝外大街经过 1988 年的拓宽、改建达到一级公路标准。1963 年朝阳门外大街两侧铺装水泥砖人行道。1987 年 11 月，朝外地区改造工程指挥部成立，开始着手研究朝外大街改扩建工程。朝外大街改造工程南起日坛北路，北至工体南路，西起二环路，东至东光路，总面积 1.18 平方公里，道路宽 60 米。随着 1988 年朝外大街道路拓宽及危房改造拆迁工程，陆续拆了 11 条街巷。1989 年 11 月至 1990 年 12 月，将大黄庄至通县路段建成四式路面，路中心有 4.5 米宽分隔带，两侧机动车道各宽 8.5 米，快慢分隔带各宽 5.5 ~ 6.2 米，非机动车道各宽 4 ~ 6 米，人行道各宽 5 米，由市第三市政工程公司施工。1990 年 9 月 2 日，朝外大街、朝阳路拓宽工程竣工。朝外大街和朝阳路是北京东郊一条重要交通干道，朝外大街西起朝阳门立交桥，东至东大桥路，改造后大街路宽 60 米，全长 1.5 公里，建有三条地下过街通道；朝阳路西起大黄庄，东至八里桥，全长 7 公里。两条路拓宽后，路面宽达 60 米，全部用沥青铺设，质量达到一级公路标准。

朝外地区有 3 条重点街道，9 条一、二类街道和 3 条三类以下街道外，另有 68 条街巷，共 83 条街巷，1988 年以后陆续拆 13 条，截至 1989 年有街巷 70 条。

1956 年，朝阳门城楼被拆除。1958 年，朝阳门箭楼被拆除。朝阳门于 1970 年修地铁时拆除，1978 年在原朝阳门处建成一座环岛形分离式立交桥，1988 年正式命名朝阳门桥。通车后，由于交通量较大，非机动车较多，造成交通不畅。仅在桥上增设快慢车道分隔设施，到 1990 年仍维持使用。朝阳门桥地处东二环，是内城通向工人体育场的重要通道，桥下的东二环主路是北京城市主干道。该桥结构紧凑，交通繁忙，是城区的重要交通枢纽。

根据区委、区政府将朝外大街建成北京市“第三条商业大道”的要求，昆泰集团于 2001 年春节前开始对朝外大街进行一期改造，经过 4 个月整体改造，完成丰联—华普过街天桥、朝外大街南侧道路铺装、照明改造，朝外大街初具“市级商业中心规模”。2002 年，昆泰集团开始进行朝外大街二期改造，改造投资 1 亿元，铺装面积 10000 平方米，建绿地面积 4200 平方米。至此，昆泰集团承建的朝外地区市政工程朝外大街、南辅路、日坛西侧路、芳草地西街和神路街 5 条道路的路面和管线全部完工，总投资 6 亿元。

2003 年 6 月，雅宝里小区道路施工现场

第二节　房屋建设

一、居民房屋

新中国成立初期，朝阳门外大街两侧多是棚房，沿街店铺破旧，古建筑多为残垣断壁。自 20 世纪 50 年代，开始翻建因辅华合记矿药厂爆炸事故而损毁的 2343 间平房，沿市

场街旧河道兴建三层简易楼14幢，在东草园建10排平房。1958年，在工体西里建排子房。60年代，在东草园建三层简易楼房8幢，沿东大桥路兴建五层住宅楼37幢。60年代中期，在工体西里建六层楼4栋。1967年，在西草园建简易住宅楼3幢。1969年，将南下坡平房民宅改建为简易楼居住区，建有二至三层简易楼10幢、平房2排。70年代，在东大桥西北角兴建高层楼，另一批多层住宅楼分散在朝外大街南侧和东岳庙东侧。

1978年后，大规模旧城区危房改造工作开启，危房改造步伐加快，朝阳门南、北大街东侧，日坛路西侧和东大桥周围建起一批内浇外挂式高层塔楼和多层楼房。拆除三丰南巷四周的破旧平房改建成8幢四至六层楼。80年代，在东草园新建六层楼2栋、高层塔楼3栋。1981年，拆除杜家楼部分平房建5幢简易楼。1985年，工体西里居住小区实施危房改造，改建用地面积2万平方米，住宅用地1.35万平方米，总建筑面积6万平方米。1986年，建五层楼1幢、六层楼2幢。1989年，朝外大街办事处拆除工体西里部分平房，建起4幢高层楼房。朝外地区从1988年大街改造到危房拆迁先后涉及21个居委会、16522户，拆迁单位281个。

1990年8月31日，北京市第22次市政府常务会议批准朝外地区吉市口、南营房、雅宝路3片危房改造计划。同年10月30日，市计委和市建委下达吉市口地区危改规划任务23.1万平方米。吉市口危房改造区南邻朝外大街，西起吉市口胡同，东至东岳庙，北到工体南路，总占地面积16万余平方米，可建设用地11万平方米。吉市口危房改造于1991年5月正式开工，至1998年底分期分批完成改造，竣工面积15.9万平方米，市住宅建设总公司综合开发部进行开发，市住宅设计院和环岛设计事务所为设计单位，住总三公司承建。

1990年12月20日，雅宝路危房改造工程正式开工。一期工程西起朝外头条，东至日坛路，邻近雅宝路、三丰胡同，规划总建筑面积18万平方米。2000年完工，竣工面积14.3万平方米。占地约11万平方米，拆除危房2101间，建筑面积34349平方米。北京城市改造建筑总公司、二分公司承建。

1993年，南营房危房改造动迁，规划建筑面积28.1万平方米。改造范围东至芳草地西街，西至景升东街，南至日坛北路，北至朝外大街南辅路。南营房危房改造区到1995年底动迁居民户1120户，累计拆除危房面积2.2万平方米，开复工面积8.4万平方米，竣工面积1.7万平方米，累计投资额32000万元。由北京市大成房地产开发公司等单位开发、承建。

至2000年，建成天福园、怡景园小区、吉祥里东区、吉祥里西区、雅宝里、三丰里小区。

芳草地危房改造区由北京市朝阳区开发公司开发，至1995年底动迁居民户759户，累计拆除面积1.59万平方米，开复工面积2.16万平方米，竣工面积0.4万平方米，累计投资额600万元。东草园危房改造区至1995年底动迁居民491户，累计拆除危房面积0.99万平方米，开复工面积3.6万平方米，累计投资额23400万元。1996年，朝外街道协调施工单位危房改造施工中减少扰民情况，因施工带来不便的居民采取临时周转补偿。1998年，开发公司在朝外居家委会危房改造区内，拆除5处违法建筑。2002年，朝阳区政府投资1.2亿元，拆除朝外大街北侧15500平方米临时建筑。2003年2月，吉庆里社区危改后建起工体西里小区、吉庆里商住区。2004年，朝外大街北片危房改造，南片仍有南营房、秀水河地区400户居民未搬离。2005年，朝外地区普查未搬迁居民200户，登记危旧房屋34户、140间。同年，对芳草地西街38号院和雅宝里16号院拆迁改造，地区占地面积2950平方米，建筑面积2188平方米，拆迁居民55户、194人。拆迁办安置南营房危房户13间。2011年，拆迁芳草地38号院33户。2015年，朝外街道城建科在防汛期间及时处理芳草地38号院危旧平房的险情。

截至2015年，朝外辖域有住宅楼房161栋、平房1处。

朝外街道住宅一览表

表9-1

序号	社区名称	详细地址	竣工日期（年）	建筑面积（平方米）	产权人
1	天福园	天福园1号楼	1975	2294.5	朝阳区房管局
2	天福园	天福园3号楼	1994	3181.6	北京天成园物业管理有限公司
3	天福园	天福园4号楼	1994	3468.5	北京天成园物业管理有限公司
4	天福园	天福园5号楼	1994	5723.9	北京天成园物业管理有限公司
5	天福园	天福园6号楼	1994	5480.8	北京天成园物业管理有限公司
6	天福园	天福园8号楼	2000	22109.02	北京华腾世纪物业管理有限公司
7	天福园	芳草地西街11号楼	1977	645.5	北京东都工贸有限公司
8	天福园	芳草地西街23号院	1984	47.3	中国国家话剧院
9	天福园	怡景园北里1号怡景园公寓2号楼	1997	1153.73	北京成荣房地产发展有限公司
10	天福园	怡景园北里1号怡景园公寓1号楼	1997	22905.75	北京成荣房地产发展有限公司
11	天福园	朝外大街乙12号楼	2004	93743.26	北京圣达连安物业管理有限公司
12	天福园	芳草地西街21号院	1995	92.6	北京市政工程管理处第二管理所

续表 9-1

序号	社区名称	详细地址	竣工日期（年）	建筑面积（平方米）	产权人
13	天福园	朝外芳草地西街 23 号院北楼	1984	2711.2	中国国家话剧院
14	天福园	朝外芳草地西街 23 号院南楼	1984	31448	中国国家话剧院
15	芳草地	日坛北路甲 4 号楼	1996	3429	
16	芳草地	东大桥路甲 37 号院	1979	414	朝阳区副食品总公司
17	芳草地	东大桥路 35 号楼平房	1967	80	
18	芳草地	东大桥路甲 39 号	1970	232.7	
19	芳草地	日坛北路（2 号院）1 号楼	1972	1147.2	北京外交人员服务局
20	芳草地	日坛北路（2 号院）2 号楼	1984	2973	北京外交人员服务局
21	芳草地	日坛北路（2 号院）3 号楼	1984	4158	北京外交人员服务局
22	芳草地	日坛北路（2 号院）4 号楼	1975	793.1	北京外交人员服务局
23	芳草地	日坛北路（2 号院）5 号楼	1985	3742.8	北京外交人员服务局
24	芳草地	芳草地西街 6 号楼	1999	35426	北京化工厂
25	芳草地	芳草地西街 8 号楼	1975	5580.5	
26	芳草地	东大桥路 43 号	1967	4946.5	北京房屋管理局
27	芳草地	东大桥路 41 号院	1967	2157	北京房屋管理局
28	芳草地	东大桥路 39 号楼	1967	2157	北京房屋管理局
29	芳草地	化家胡同楼	1980	1538.59	北京房屋管理局
30	芳草地	东大桥路 1 号楼	1967	1670	北京房屋管理局
31	芳草地	东大桥路 5 号楼	1967	2526.4	北京房屋管理局
32	芳草地	东大桥路 3 号楼	1967	2526	北京房屋管理局
33	芳草地	东大桥路 7 号楼	1967	2539.9	北京房屋管理局
34	芳草地	东大桥路 19 号楼	1967	1762.2	北京房屋管理局
35	芳草地	东大桥路 21 号楼	1967	1771.2	北京房屋管理局
36	芳草地	东大桥路 23 号楼	1967	2250	北京房屋管理局
37	芳草地	东大桥路 25 号楼	1967	4547	
38	芳草地	东大桥路 27 号楼	1967	1318	北京房屋管理局

续表 9-1

序号	社区名称	详细地址	竣工日期(年)	建筑面积(平方米)	产权人
39	芳草地	东大桥路 29 号楼	1967	1318.8	北京房屋管理局
40	芳草地	东大桥路 31 号楼	1967	1318	北京房屋管理局
41	芳草地	东大桥路 33 号楼	1967	2753	北京房屋管理局
42	芳草地	东大桥路 35 号楼	1967	2127	北京房屋管理局
43	芳草地	东大桥路 37 号楼	1967	2355.8	北京房屋管理局
44	芳草地	芳草地北巷院 1 号楼	1980	2076.08	
45	芳草地	芳草地北巷院 2 号楼	1980	1742.85	
46	芳草地	芳草地北巷院 3 号楼	1980	1728.2	
47	芳草地	东大桥路甲 27 楼	1967	1099.15	北京房屋管理局
48	芳草地	东大桥路甲 29 楼	1967	1099	北京房屋管理局
49	芳草地	东大桥路甲 31 楼	1967	1099	北京房屋管理局
50	芳草地	芳草地西街 5 号楼	1974	3574.5	北京房屋管理局
51	芳草地	芳草地西街 9 号楼	1980	5341.2	北京全路通信号研究设计院
52	芳草地	芳草地西街 10 号楼	1980	2131.6	北京全路通信号研究设计院
53	芳草地	芳草地西街 11 号楼	1984	3280.2	北京房屋管理局
54	芳草地	芳草地西街 12 号楼	1980	6480	北京房屋管理局
55	芳草地	日坛北路甲 5 号楼	1995	6216	
56	吉祥里	体育路西四楼	1986	3541	
57	吉祥里	体育场路西甲四楼	1986	5491.7	
58	吉祥里	朝外大街 17 号楼	1997	23416	北京祥业房地有限公司
59	吉祥里	吉祥里小区 104 号楼	1993	4006.21	北京住总房地产开发有限公司
60	吉祥里	吉祥里小区 105 号楼	1993	4006.21	北京住总房地产开发有限公司
61	吉祥里	吉祥里小区 106 号楼	1993	3971.52	北京住总房地产开发有限公司
62	吉祥里	吉祥里小区 107 号楼	1992	5135.8	北京住总房地产开发有限公司
63	吉祥里	吉祥里小区 108 号楼	1995	6400.26	北京住总房地产开发有限公司
64	吉祥里	吉祥里小区 109 号楼	1995	12759	
65	吉祥里	吉祥里 111 号楼	1993	13025.15	北京住总房地产开发有限公司
66	吉祥里	吉祥里 112 号楼	1993	13197.37	中国工商银行股份有限公司
67	吉祥里	吉祥里 114 号楼	1994	14238.22	中国工艺品进出口总公司
68	吉祥里	吉祥里 202 楼	1994	1845	

续表 9-1

序号	社区名称	详细地址	竣工日期（年）	建筑面积（平方米）	产权人
69	吉祥里	吉祥里 201 号楼	1994	8730.49	北京住总房地产开发有限公司
70	吉祥里	吉祥里 203 号楼	1992	9713.56	北京住总房地产开发有限公司
71	吉祥里	吉祥里 204 号楼	1992	13212.95	北京住总房地产开发有限公司
72	吉祥里	吉祥里 205 号楼	1998	3348.1	农业部优质产品开发服务中心
73	吉祥里	吉祥里 207 号楼	1994	10837.62	北京住总房地产开发有限公司
74	吉祥里	吉祥里 208 号楼	1995	12574.71	
75	雅宝里	雅宝路 2 号楼	1989	14700	首都儿科研究所
76	雅宝里	雅宝里 4 号楼	1980	2112	朝阳区房管局
77	雅宝里	雅宝里 5 号楼	1985	5566.8	朝阳区房管局
78	雅宝里	雅宝里 6 号楼	1985	1673.5	北京市城改建综合开发总公司
79	雅宝里	雅宝里 7 号楼	1983	10455.16	邮电局
80	雅宝里	雅宝里 8 号楼	1975	1235.54	北京汽车摩托车联合制造公司
81	雅宝里	雅宝里 9 号楼	1975	1036.16	北京汽车摩托车联合制造公司
82	雅宝里	雅宝里 12 号楼	1992	5263.25	北京市东城区房屋土地经营中心房管分中心
83	雅宝里	雅宝里 13 号楼	1992	5811	北京市东城区房屋土地经营中心房管分中心
84	雅宝里	雅宝里 14 号楼	1996	10196	北京市城改建综合开发总公司
85	雅宝里	朝阳门南大街 12 号楼	1997	12050.4	
86	雅宝里	朝阳门南大街 20 号楼	1996	15441.7	北京首旅集团有限责任公司
87	雅宝里	朝阳门南大街 22 号楼	1996	13499.2	北京首旅集团有限责任公司
88	雅宝里	朝阳门南大街甲 12 号楼	1989	12050.4	
89	雅宝里	朝阳门南大街甲 14 号楼	1989	12299.5	北京外企集团有限公司
90	体东	工体南路公安局宿舍院	1974	20	北京市公安局
91	体东	工体东路 1 号楼	1974	3748	北京市朝阳区房管局
92	体东	工体东路 3 号楼	1974	4034	北京市朝阳区房管局
93	体东	工体东路 5 号楼	1974	4034	北京市朝阳区房管局
94	体东	工体东路 7 号楼	1974	4034	北京市朝阳区房管局
95	体东	工体东路 9 号楼	1974	4655.5	北京市朝阳区房管局
96	体东	工体东路 11 号楼	1981	11040.6	北京天岳恒房屋经营管理有限责任公司
97	体东	工体东路 13 号楼	1981	16408.26	北京天岳恒房屋经营管理有限责任公司
98	体东	工体东路 115 号楼	1987	13450	北京市运输公司外事运输站

续表 9-1

序号	社区名称	详细地址	竣工日期（年）	建筑面积（平方米）	产权人
99	体东	工体东路甲 1 号楼	1974	2396.8	北京市朝阳区房管局
100	体东	工体南路甲 3 号院	1992	3556.23	中国银行股份有限公司北京市分行
101	体东	工体南路一号楼	1973	3636.47	北京市朝阳区教委
102	体东	朝外大街 3 号院	2007	56000	北京东耀房地产开发有限公司
103	体东	工人体育场路东甲 1 楼	1984	3010.9	北京交运投资发展有限责任公司
104	体东	东草园五巷 1 号楼	1985	3197.4	北京市朝阳区教委
105	体东	东草园五巷 2 号楼	1985	3197.4	北京市朝阳区教委
106	体东	工体南路西 6 号楼	1974	6642	北京市公安局
107	体东	工体南路西 7 号楼	1974	6642	北京市公安局
108	体东	工体南路西 8 号楼	1974	6642	北京市公安局
109	体东	工体南路 3 号楼	1985	10388.6	中国银行股份有限公司北京市分行
110	体东	工体南路 4 号楼	1993	9414	北京市朝阳区房管局
111	体东	工体南路 5 号楼	1993	9563.2	北京市朝阳区房管局
112	体东	工人体育场南路	1973	843.9	北京交运投资发展有限责任公司
113	体东	工体东路乙 9 楼	1974	1956.5	北京市朝阳区房管局
114	体东	工体东路甲 9 楼	1974	2396.8	北京市朝阳区房管局
115	三丰里	三丰里 1 号楼	1996	19354.46	北京市城市建设综合开发总公司
116	三丰里	三丰里 2 号楼	1995	3354.12	北京市城市建设综合开发总公司
117	三丰里	三丰里 4 号楼	1995	10196	北京市城市建设综合开发总公司
118	三丰里	三丰里 5 号楼	1994	4591.6	北京市城市建设综合开发总公司
119	三丰里	三丰里 8 号楼	1996	9174	
120	三丰里	三丰里 9 号楼	1994	3759	北京市城市建设综合开发总公司
121	三丰里	三丰里 7 号楼	1991	1566	北京市城市建设综合开发总公司
122	三丰里	三丰里 13 号楼	1989	1566	北京世源城市建设综合开发公司
123	三丰里	三丰里 14 号楼	1994	1556	北京市城市建设综合开发总公司
124	三丰里	三丰里 10 号楼	1994	2276	北京市城市建设综合开发总公司
125	三丰里	三丰里 11 号楼	1993	4392.6	北京北汽摩有限公司
126	三丰里	三丰里 12 号楼	1994	7354.6	北京市城市建设综合开发总公司
127	三丰里	三丰里 15 号楼	1991	5432	北京市城市建设综合开发总公司
128	三丰里	三丰里 16 号楼	1989	4866	北京东城区房屋土地经营中心

续表 9-1

序号	社区名称	详细地址	竣工日期(年)	建筑面积(平方米)	产权人
129	三丰里	三丰里 17 号楼	1989	1563.3	北京市世城市建设综合开发公司
130	三丰里	三丰里 18 号楼	1989	4859	北京市世城市建设综合开发公司
131	三丰里	三丰里 19 号楼	1970	1480	北京市市政四建设工程有限责任公司
132	三丰里	三丰里 20 号楼	1970	2890.5	北京市市政四建设工程有限责任公司
133	三丰里	三丰里 21 号楼	1970	1611	北京市市政四建设工程有限责任公司
134	三丰里	三丰里 22 号楼	1994	10196	中国中钢集团
135	三丰里	三丰里 23 号楼	1984	4195.1	北京酱菜食品工业公司
136	三丰里	三丰里 23 号楼	1994	10640.8	中国银行股份有限公司北京市分行
137	三丰里	三丰里 25 号楼	1993	9965.4	北京市城市建设综合开发总公司
138	三丰里	三丰里 28 号楼	1989	7158.6	北京市朝阳副食品总公司
139	三丰里	三丰里 30 号楼	1994	5638.5	北京市城市建设综合开发总公司
140	三丰里	三丰里 31 号楼	1977	3925.21	北京金泰恒业有限责任公司
141	三丰里	三丰里甲 15 号楼	1991	1682	北京市世城市建设综合开发公司
142	三丰里	市场街 16 号楼	1988	4047.7	北京市城市建设综合开发总公司
143	三丰里	市场街 17 号楼	1987	5680.4	北京市城市建设综合开发总公司
144	三丰里	市场街 18 号楼	1990	10200	中国人寿保险股份有限公司北京市分公司
145	三丰里	市场街 19 号楼	1992	10569.8	
146	三丰里	朝阳门南大街乙 4 号楼	1999	22000	
147	三丰里	外交部南街 8 号楼	2001	49384	恒润房地产开发有限公司
148	吉庆里	工体西里小区 1 号楼	1990	10407.9	
149	吉庆里	工体西里小区 2 号楼	1990	104947.71	
150	吉庆里	工体西里小区 3 号楼	1990	13447.1	
151	吉庆里	工体西里小区 4 号楼	1990	10521.5	
152	吉庆里	工体西里小区 5 号楼	1991	9754.1	
153	吉庆里	吉庆里 2 号楼	2001	17228.91	
154	吉庆里	吉庆里 5 号楼	2000	15060.04	
155	吉庆里	吉庆里 7 号楼	2001	30335.16	北京中关村科技发展(控股)股份有限公司
156	吉庆里	吉庆里 8 号楼	1998	22000	中国民用航空总局
157	吉庆里	吉庆里 9、10 号楼	2002	82657.7	北京中力物业管理有限公司
158	吉庆里	吉庆里 11 号楼	2000	38689.55	北京中力物业管理有限公司

续表 9-1

序号	社区名称	详细地址	竣工日期（年）	建筑面积（平方米）	产权人
159	吉庆里	吉庆里 12 号楼	2002	1333.53	北京住总房地产开发有限责任公司
160	吉庆里	朝阳门外北大街乙12 号楼	2005	38414.88	北京德源花园
161	吉庆里	朝阳门外北大街 12 号楼	1987	8942.2	北京起重设备厂

二、商务楼宇

朝外街道商务楼宇群（摄于 2003 年）

朝外大街是朝阳区的政治、商贸、金融、文化中心，具备得天独厚的地理优势及商业氛围。从朝阳门立交桥向东至东大桥 1080 米的大街两侧，建起一座座大型商厦。路南侧自外交部大楼向东有丰联广场、北京世界金融中心、昆泰大厦（蓝岛西区）和蓝岛大厦；路北侧有华普超市、北京祥业大厦、铁道部专业设计院等。1990 年朝外大街 1.2 公里拓宽市政工程完工通车，1992 年，朝外大街商业中心启动开发建设。9 月，为加速朝外大街商业中心开发建设，成立朝外商业中心综合开发公司（1995 年更名为昆泰房地产开发集团）。开发用地范围为：东至蓝岛大厦以西，南至朝外大街南辅路中心线以北，西至朝外二条中心线以东，北临朝外大街，全长 1.08 公里，占地 11.36 万平方米。1995 年朝外大街两侧商业区 66 万平方米主体建筑初具规模，蓝岛、精品大厦、华普、百事得、丰联、中国人寿、联合、泛利等现代化商厦相继拔地而起。2005 年朝外大街 C 区、西大桥 1 号地建设完工，昆泰国际中心、中石化楼群相继落成。截至 2015 年，有 41 栋商务楼宇。

中国石油化工集团公司办公楼　项目位于朝阳门立交桥东北角，西邻东二环主路与城市绿化带相连接。用地面积 1.49 万平方米，建筑面积 1.7 万平方米，建筑由 26 层的主楼和 11 层的辅楼组成，建筑高度 99.5 米，2008 年建成，主楼的南北两侧分别设有办公出入口。一层为整个建筑的交通枢纽，有容纳 800 人规模的多功能厅，二、三层为会议中心和谈判中心，四层以上是办公区域。主楼中设有 30 米高的中庭空间，其南侧为办公空间，北侧为轻型支撑点接式玻璃幕墙，使得中庭空间明亮透彻，并引入了外观景观。多功能厅西部设有跨层小型中庭，建筑顶层亦设有小型共享空间。立面设计强调对称及竖向线条处理，使建筑整体庄重挺拔，体现业主作为“世界500强”及大型国有企业应有的内敛、庄重形象。主楼对称严谨的外形与其南侧外交部大楼庄重的形象呼应。建筑外立面以石材为主，适当加入玻璃幕墙和金属材料，稳重中渗透亲和。不同质感的石材运用及特殊的岩层处理方式，隐喻了石油的提炼过程，以此展示中石化的公司形象。

中国工艺集团大厦　北京市朝阳门外吉祥里103号，占地面积8万平方米，总建筑面积4.7万平方米，楼层30层，建筑外立面为玻璃幕墙与铝板结合的方式，中国工艺集团有限公司是2007年由原中国工艺品进出口总公司和中国工艺美术（集团）公司两家中央企业联合重组成立，由国务院国资委直接管理的中央企业。2017年经国务院批准，中国工艺集团整体并入中国保利集团公司，成为其全资子公司。中国工艺集团主营业务包括工艺美术产业、贵金属产业、国际贸易、资产经营等，是中国工艺美术协会、中国玩具和婴童用品协会理事长单位，具有行业发展引领、带动和影响等重要作用；是中国黄金协会副会长、上海黄金交易所理事单位，拥有黄金饰品、白银进出口经营权和国际珠宝首饰联合会唯一认可的中国实验室；是上海钻石交易所主要股东、理事长单位；是中国工艺艺术品交易所主要股东、董事长单位；是联合国教科文组织世界手工艺理事会的中国代表。

中国工艺集团大厦（摄于2010年）

中国人寿大厦　位于朝阳区朝阳门外大街16号楼。北至朝阳门外大街，东至朝外市场街，南至朝外南街，西至联合大厦。占地面积1万平方米，建筑面积71531.31平方米，主体层数32层。1997年12月建成，使用单位是中国人寿保险股份有限公司北京分公司。有朝阳门外大街通于此。由北京中保信房地产开发有限公司于1996年开发建设。

悠唐购物中心　位于朝外街道三丰北里8号楼。东至朝外市场街，西至外交部南街，南至三丰路，北至朝外南街。占地面积40473.37平方米，建筑面积34万平方米，主体层数21层，主体高度为63米。产权单位是兆泰置地集团，管理单位是悠唐购物中心，使用单位是悠唐购物中心。有三丰路通于此。

联合大厦　位于朝外街道朝阳门外大街20号楼。东至泛利大厦，西至外交部南街，南至朝外南街，北至丰联广场大厦。占地面积2752.24平方米，建筑面积71001.34平方米，主体层数20层，主体高度为75米。1998年建成，有朝外南街通于此。

泛利大厦　位于朝外街道朝阳门外大街22号楼。东至朝外市场街，西至联合大厦，南至朝外南街，北至朝阳门外大街。占地面积2769.64平方米，建筑面积83268.18平方米，主体层数20层，主体高度为79米。1997年10月建成，有朝外市场街通于此。

泛利大厦（摄于2010年）

丰联广场大厦　位于朝外街道朝阳门外大街18号。东至中国人寿大厦，西至外交部南街，南至朝外南街，北至朝阳门外大街。占地面积5757.07平方米，建筑面积7.4

万平方米，主体层数 29 层，主体高度为 99 米。有朝阳门外大街通于此。

百事得商厦（后改为海蓝云天购物中心）　建筑高度 18 米，局部 21 米，总面积为 41382 平方米。

铂宫国际中心　位于朝外街道朝阳门外大街 5 号院 1 号楼。东至工人体育场东路，西至工人体育场南路，南至朝阳门外大街，北至工人体育场南路。占地面积 4.2 万平方米，建筑面积 20 万平方米。2005 年 10 月建成，管理单位是深圳万厦物业管理公司。有工人体育场东路通于此。

丰联广场（摄于 2010 年）

日坛国际贸易中心　位于朝外街道日坛北路 17 号院 1 号楼。东至神路街，西至朝外市场街，南至日坛北路，北至怡景园。有朝外市场街通于此。

保罗大厦　位于朝外街道朝阳门外大街 38 号。东至化家胡同，西至草芳草地西街，南至北京市陈经纶中学，北至朝外南街。占地面积 623.92 平方米，建筑面积 3760.87 平方米，主体层数 21 层。有朝外南街通于此。

日坛国际贸易中心（摄于 2010 年）

中粮福临门大厦　位于朝外街道朝阳门南大街 8 号。东至外交部南街，西至朝阳门南大街，南至京华豪园，北至朝外南街。占地面积 2547.38 平方米，主体层数 22 层。2001 年建成。有雅宝路通于此。

兆泰国际中心　位于朝外街道朝外西街 3 号。东至秀水河胡同，西至外交部南街，南至朝外头条，北至三丰路。占地面积 9623 平方米，建筑面积 96000 平方米，主体层数 24 层。2008 年 9 月建成。有外交部南街通于此。

元亨大厦　位于朝外街道朝阳门北大街16号楼。东至吉市口路，西至朝阳门北大街，南至朝外北街，北至天一辰大厦。占地面积1859.86平方米，建筑面积40738.20平方米，主体层数19层。有朝外北街通于此。

天和大厦　位于朝外街道工人体育场西路甲7号。东至工人体育场西路，西至吉市口东路，南至朝外北街，北至吉市口八条。占地面积1080.38平方米，建筑面积9997.63平方米，主体层数9层。2000年11月建成。有吉市口八条通于此。

昆泰大厦　位于朝外街道朝阳门外大街10号楼。东至蓝岛大厦，西至芳草地西街，南至朝外南街，北至朝阳门外大街。占地面积8644.31平方米，建筑面积46000平方米，主体层数23层。1996年2月建成。有朝阳门外大街通于此。

金麒大厦　位于朝外街道朝阳门外大街1号楼。东至工人体育场东路，西至工人体育场南路，南至朝阳门外大街，北至铂宫国际中心。占地面积2080.34平方米，建筑面积23000平方米，主体层数20层，主体高度为68米。1996年7月建成。有朝阳门外大街通于此。

北京华普国际大厦　位于朝外街道朝阳门外大街19号楼。东至吉市口东路，西至吉市口路，南至朝阳门外大街，北至朝外北街。占地面积4834.25平方米，建筑面积70529.65平方米，主体层数14层。有朝阳门外大街通于此。

华普国际大厦（摄于2010年）

星福写字楼　位于朝外街道工人体育场西路7号。东至工人体育场西路，西至吉市口东路，南至朝外北街，北至吉市口八条。占地面积1075.48平方米，建筑面积3948.5平方米，主体层数4层。1997年1月建成。有工人体育场西路通于此。

芳草地大厦　位于朝外街道东大桥路9号楼。东至东大桥路，西至芳草地西巷，南至日坛北路，北至芳草地北巷。占地面积16170.16平方米，建筑面积205808.65平方米，主体层数18层。有东大桥路通于此。是一座集顶级写字楼、时尚购物中心、艺术中心和精品酒店于一身的创新建筑，由综汇建筑设计有限公司设计。于2011年9月16日试营业。

住总天麓大厦　位于朝外街道吉祥里115号楼。东至吉市口东路，西至吉市口路，南至北京华普国际大厦，北至朝外北街。占地面积1237.17平方米，建筑面积2725.5平方米，主体层数5层。有朝外北街通于此。

联合置地中心　位于朝外街道朝阳门北大街18号。东至吉市口路，西至朝阳门北大街，南至朝阳门外大街，北至朝外北街。主体层数26层。有朝阳门北大街通于此。

万邦科贸大厦　位于朝外街道外交部南街10号楼。东至秀水河胡同，西至外交部南街，南至雅宝路，北至京华豪园。占地面积1936.03平方米，建筑面积32615.63平方米，主体层数24层，主体高度为63米。2002年12月建成。有外交部南街通于此。

昆泰国际中心　位于朝外街道朝阳门外大街乙12号楼。东至神路街，西至朝外市场街，南至朝外南街，北至朝阳门外大街。占地面积3万平方米，建筑面积20万平方米，主体层数27层。该房屋于2002年11月始建，2004年10月建成，管理单位是北京盛达连物业公司。有朝阳门外大街通于此。

昆泰国际大厦（摄于2010年）

国雅大厦　位于朝外街道雅宝路1号楼。东至日坛路，西至中国医学科学院医学信息研究所，南至雅宝路，北至朝外二条东巷。占地面积1万平方米，建筑面积57891.72平方米，主体层数11层。有雅宝路通于此。

国雅大厦（摄于2010年）

蓝岛大厦　位于朝外街道朝阳门外大街8号。东至东大桥路，西至化家胡同，南至芳草地北巷，北至朝阳门外大街。占地面积 5700 平方米，建筑面积 45000 平方米，主体层数 8 层。1989 年 12 月始建，1993 年 1 月建成。有朝阳门外大街通于此。

吉利大厦　位于朝外街道雅宝路甲 5 号。东至国雅大厦，西至朝外西街，南至雅宝路，北至朝外二条东巷。占地面积 3062.82 平方米，建筑面积 28850 平方米，主体层数 12 层。有雅宝路通于此。

凯威大厦　位于朝外街道雅宝路 10 号楼。东至日坛路，西至亚太大厦，南至巴西大使馆，北至雅宝路。占地面积 975.42 平方米，建筑面积 22599.18 平方米，主体层数 20 层。有雅宝路通于此。

雅宝城国际大厦　位于朝外街道日坛北路 19 号楼。东至神路街，西至朝外市场街，南至日坛北路，北至日坛国际贸易中心。占地面积 4659.73 平方米，建筑面积 67078.79 平方米，主体层数 13 层。有朝外市场街通于此。

雅宝城国际大厦（摄于 2010 年）

光耀公寓　位于朝外街道朝阳门外大街 17 号楼。东至吉市口东路，西至北京华普国际大厦，南至朝阳门外大街，北至 101 大厦。占地面积 1122.01 平方米，建筑面积 23416.93 平方米。有朝阳门外大街通于此。

亚太大厦　位于朝外街道雅宝路 8 号楼。东至凯威大厦，西至建国门北大街，南至华声国际大厦，北至雅宝路。占地面积 3876.42 平方米，建筑面积 46500 平方米，主体层数 14 层。有建国门北大街通于此。

华声国际大厦　位于朝外街道雅宝路 12 号楼。东至巴西大使馆，西至建国门北大街，南至光华路，北至雅宝路。占地面积 3740 平方米，建筑面积 46020 平方米，主体层数 22 层。有建国门北大街通于此。

塞万提斯学院大厦　位于朝外街道工人体育场南路甲 1 号楼。东至工人体育场东路，西至工人体育场南路，南至朝阳门外大街，北至工人体育场南路。主体层数 6 层。2006 年建成。有工人体育场南路通于此。

101 大厦　位于朝外街道吉祥里 101 号楼。东至吉市口东路，西至住总天麓大厦，南至朝阳门外大街，北至朝外北街。主体层数 8 层。有吉市口东路通于此。

佳汇国际中心　位于朝外街道吉庆里 6–5 号。东至工人体育场西路，西至吉市口东路，南至朝外北街，北至吉市口八条。占地面积 3510.63 平方米，建筑面积 29379.29 平方米，主体层数 15 层，主体高度为 72.8 米。有吉市口东路通于此。

北京祥业大厦　位于朝外街道朝阳门外大街 17 号。东至吉市口东路，西至吉市口路，南至朝阳门外大街，北至朝外北街。占地面积 6000 平方米，建筑面积 4 万平方米，主体层数 29 层。有朝阳门外大街通于此。

国星大厦　位于朝外街道雅宝路 7 号。东至秀水河胡同，西至外交部南街，南至雅宝路，北至易涛万邦酒店。占地面积 707.23 平方米，建筑面积 2163.5 平方米，主体层数 6 层。有雅宝路通于此。

雅宝体育大厦　位于朝外街道雅宝里 2 号楼。东至朝外西街，西至秀水河胡同，南至雅宝路，北至朝外二条东巷。占地面积 328.49 平方米，建筑面积 929.64 平方米，主体层数 3 层。有秀水胡同通于此。

雅宝大厦　位于朝外街道雅宝路 6 号楼。东至天雅大厦，西至亚太大厦，南至凯威大厦，北至雅宝路。占地面积 2688.98 平方米，建筑面积 13269.3 平方米，主体层数

雅宝大厦（摄于 2007 年）

6 层。有雅宝路通于此。

世界精品大厦购物中心 大厦总高 81 米，总建筑面积为 12 万平方米，其中商业面积 55000 平方米，写字楼 35000 平方米。

吉庆里警务工作站（摄于 2007 年）

三、办公用房

1991 年，朝外地区有 38.7 万平方米统管公房，单位自管房约 50 万平方米，共约 100 万平方米。1995 年，朝外地区有 25.8 万平方米。

2010 年，朝外办事处办公用房彩钢板改造工程，改造吉祥里社区、吉庆里社区、三丰里社区、雅宝里社区、芳草地社区五个社区。共改造社区办公用房彩钢板 980 平方米、扩建 528 平方米，共计 1508 平方米，费用 2328501.22 元。

第三节　公共事业

一、供水

解放前朝外地区居民饮用水，全靠三个水窝子（水井）。这三个水窝子分布在东岳庙门前东侧，十八狱前和坛口前。由山东壮汉从各水窝子取水装满两个木箱，用独轮车运到各家各户门前。各家各户买水牌（木制。一担水一块水牌）用水。木水箱底部有一放水孔，孔前有个挡板，用粗铁丝一提，木箱里的水即可流出。中华人民共和国成立后，有条件的在自家院里打一口压水机井，大部分还是靠买水牌吃水用水。每家都备有水缸或大水桶。

民国时期直到解放初期，已经有自来水通到朝外。朝外观音寺胡同南头下坡右侧有一间低矮水房就是自来水站，由张姓老者管理。50—60 年代，居民家中都备有水桶、扁担、水缸等器物，家家户户都去附近的自来水站挑水。冬天水龙头滴下的水结冰，还需要用斧子把冰凿开，垫上炉灰，使水桶放得平稳，人挑水时不至于打滑摔倒。水站一直沿用至 80 年代，东二环水管改造，自来水入户才撤销。

还有一些水站包送水，供附近商店、居民吃用，人们管它叫“井窝子”。

清光绪三十四年（1908）五月，农工商部筹建官督商办京师自来水股份有限公司。由外国工程师勘察设计，在朝阳区建净水厂，在东直门外建配水厂，埋设干支管。1940年凿井8座，其中一次供水井位于朝外吉市口水月庵。1942年开始，东直门配水厂改为东直门水厂，开始向城区供给地下水。

中华人民共和国成立不久，北平市人民政府提出了“为劳动人民服务、为生产服务、为党中央服务”的方针。依此精神掀起了北平市供水设施建设新的一页。至1950年底，城区用水普及率迅速提高到85.54%。朝阳门一带安装自来水后，一位70多岁的老大爷说：“我们望了水塔40年，却不知道自来水是什么味，毛主席来了我们才喝上了自来水。”1951年，兴建朝阳门到红庙直径200毫米铸铁管管线，自朝阳门内大街穿城墙过护城河，沿朝外大街到红庙。成为城区以外第一条自来水管线。为劳动人民密集的朝阳门外地区解决了饮用水问题。

至1952年，东直门水厂改称水源一厂。之后继续凿井增加水源能力。城区用水普及率达94.41%。

1959年，形成水源一厂、四厂在东南城的对置互补网络。兴建了自朝阳门经朝阳外大街至东大桥直径600毫米铸铁管干线。1960年水源五厂建成后，兴建了水源五厂与水源一厂形成的对置互补。1964年水源七厂建成后，兴建了水源一厂、四厂、七厂的对置互补。1967年，公共水站发展到顶峰，城区用水普及率达99.96%。1981年，兴建了水源八厂与一厂、五厂的对置互补。1982年，沿地铁线兴建的城区东二环直径1400毫米，长5公里钢管干线投产运行。兴建水源八厂至东直门直径2000毫米，长2.8公里钢管干线，自水源八厂向西到东直门与东二环干线连通。

进入80年代，地下水位急剧下降，水质恶化，水源枯竭且被污染。1986年朝阳区成立了节水办，要求各街乡城建科协助工作。当时的工作只是帮助节水办给辖区单位发送通知、文件等。1990年，水源一厂日产水能力衰减。

朝政发〔1990〕27号文件明确各街乡设一名专职节水员，每年由区财政拨给街乡专款2000元。节水员的工作内容逐渐增多，管理范围是辖区内有表权（由自来水公司安装认可的水表）月用水量在

多家共用自来水管（程文周摄于20世纪90年代）

2000立方米以下的单位。1986—1996年，朝外街道每年都是区级节水工作先进单位。从1993年起，全区节水工作实行了目标管理考核。朝外街道1993—1995年连续三年获朝阳区“大禹杯”，每年奖励1万元，同时也连续三年获市级先进集体或单位称号。节水员为市级先进个人。曾于1982年建成的水源八厂，自1990年开始向市区供水，暂时缓和了供需矛盾，对稳定和提高东部地区的服务，发挥了重要作用。

二、排水与污水管网

排水　辖域西部解放前曾为东护城河，自东直门闸，至东便门外鸭子嘴大通桥入通惠河。主要排泄四海一带及朝阳门外、大雅宝地区雨水。1972年开始改建东护城河，北起东直门的东北城角，南至雅宝路桥南侧，全长4006米。1973年又决定兴建朝阳门等四座桥，将桥下河道改建成暗沟。因桥下暗沟又长又深，留下的明河段所剩无几，还要再次挖深，市政决定将东护城河全部改建成暗河。东直门入口设计流量60米^3/秒，全长5230米，出口设计流量156米^3/秒。朝阳门北至建国门北，2孔宽6.5米、高4.2米，长1545米。1980年，北京护城河东段在修建二期地铁施工中，由明河道改为暗河道，主要排泄城外朝阳门外大街等东部地区的雨水。

北部曾有二道沟绕经东大桥与通惠河连接。二道沟位于朝阳门外，是亮马河与通惠河间的主要排水沟，西起东大桥一带向东，在高碑店闸上游汇入通惠河。全长约7.5公里，流域面积约18平方公里，主要排泄工人体育场、东大桥等地区雨水。1959年修建北京工人体育场水系时，其泄水道与二道沟上游连通，补充渠与亮马河相接，从亮马河向该水系补水。1965年8月建成东大桥北段雨水管。东起清洁机械队大门北侧（现日坛北路东段丁字路口），沿东大桥路东侧慢行道向北；西起日坛北路东口，沿东大桥路西侧慢行道向北向东与东侧管线汇合，再向东北入二道沟。断面为直径300～1640毫米混凝土管，1米以上砖沟，长1118米。沿余有东大桥雨水管6号支线、日坛北街等5条支线接入。管线总长3788米，流域面积62.61公顷，排水能力3700升/秒。1965年东郊热电厂修建大循环水系，二道沟下游成为大循环水系的一部分。二道沟上端在1959年疏挖成东大桥湖，1970年修建地铁时被填平，以明渠上接工人体育场湖泄水渠，下连二道沟。二道沟是工人体育场湖及周边地区的排水河道。1972—1975年，将体育场湖至东大桥一段（长401米）明渠改建成暗渠。为改善地区环境和建设城区居民拆迁周转用房，1975年，市政府决定将二道沟上游段改建成暗沟，沟上修路，两侧修建雨水、污水管，沟外侧兴建住宅楼。共分三个阶段完成。1980—1983年，为减轻高碑店闸泄洪负荷，在朝阳路北建成二道沟泄洪闸（两孔），一孔向朝阳路方沟分水，设计流量34米^3/秒，一孔仍供热电厂循环水系输水，排入高碑店湖。70年代中南部曾有秀水河为季节性河流由护城河分支经雅宝路流至三丰胡同结束。以上几条河道为朝外地区主要的排水系统。于70—80年代全部实现盖板。

污水管网　高碑店污水管网系统是以高碑店污水处理厂为尾闾的污水系统。流域范围包括朝阳区大部分地区，流域面积最大，服务人口最多。北京城的明、清旧沟和中华人民共和国成立初期新建下水道的污水，均排入护城河——通惠河。1953年，北京市规划实行雨水、污水分流制。1954年建成东郊工业区污水干线。污水管位于朝阳区原二路（今东三环路）。流域范围北至二号豁口（今东四十条豁口）外，东至水碓湖通惠路，南至建国路，西至朝外关厢。流域面积428公顷，设计污水流量2.4 ~ 12.2升／秒。管道起自二号豁口东，沿二路西侧向南穿过二道沟至京通路，再沿京通路北侧至小猪店，折向南穿过建国路，接入通惠河北岸污水截流管，全长4013米。断面为直径90 ~ 1250毫米混凝土管。由市卫生工程局设计施工。污水管经检，已达到满流。为改善城区河湖水体水质，于1956年开始沿东护城河西岸修建污水截流管，1959年修建了通惠河北岸污水截流管。60—70年代，相继修建了护城河东侧污水截流管。该系统内日排放污水量72.1万吨。1981年建成东大桥污水管。污水管西侧南北向原有合流管，为实现分流制排水，将合流管中的污水接入该污水管29号井。流域范围北至大亮马河桥，西至二环路，东至东三环路，南至建国门外大街，流域面积521公顷，设计排污水量250吨／公顷·天。工人体育场和体育馆均按集中水量计算，管道起自体育场东路东北角，向西穿过体育场东路，折向南穿过朝阳门外大街，沿东大桥路西侧慢车道至秀水南街东口，向东穿过东大桥路，向南向东至28号井，入东三环路污水管，全长2766米。断面为直径880—1550毫米钢筋混凝土加固企口管。1984年建成东护（城）暗河东侧污水管。北起东直门北城角货场西侧路污水管，沿东二环东侧向南至东便门外入前三门东段污水管延长段，汇合后接入通惠河北岸污水截流管上游。污水管断面为直径1600 ~ 2000毫米混凝土管，砖沟高1000毫米。由城建第三工程公司等单位施工。1991年建成朝外大街雨水管。由朝阳区政府集资兴建，管线起自朝阳门立交桥东端，至东大桥路口以东，全长2708米。断面为直径300 ~ 1600毫米混凝土管。同期还建成朝阳门外大街污水管，全长1688米，断面为直径300 ~ 600毫米混凝土管。

1991年，组织城区市政及房管部门对乱泼污水结水冰点进行全面调查，因没有设施而造成污水结冰的路段有多处，需修建污水支线。当年组织修建秀水街大沟等多处支线。1994—1995年，市政总公司计划处组织进行“城市市政设施普查”工作，市政处、市第一至第六市政工程公司、房地产公司、开发公司等单位参加，按全国统一要求完成普查。1995年，组建北京市城市排水公司，实施市政府对世界银行贷款有关承诺。

东护（城）暗河东侧污水系统接入管线一览表

表 9-2

名称	性质	长度	断面	修建年份
东护（城）暗河东侧	污水	5347	ф1600 ~ ф2000，1 米以上方砖沟（少量 ф200，ф600，ф900，ф1250）	1982
雅宝路（包括截污管）	污水	861	ф500，ф1050	1990
朝阳门外南中街南段	合流	360	ф300，ф600 ~ ф900，ф1250，ф1640	1980 年前
朝阳门外南二条南段	合流	224	ф300，ф600	1968
朝阳门外南二条北段	合流	247	ф300 ~ ф500	1980
朝阳门外三四条	合流			1981
朝阳门外南中街中段	合流	351	ф300 ~ ф500	1968
朝阳门外南中街新建北段	合流	146	ф200 ~ ф600	1989
朝阳门外大街	合流	921	ф600，ф700，ф1000 ~ ф1250（少量 ф200）	1980—1982
朝阳门外南中街北段	合流	608	ф200 ~ ф500	1980
朝阳门外三四条	合流	608	ф700 ~ ф600	1970
景升东街	合流	794	ф400 ~ ф900	1959
群众剧场	合流	305	ф300，ф400	1967
南营房胡同西段	合流	100	ф300	1980
元老胡同南段	合流	744	ф300 ~ ф600（少量 ф700）	1976
神路街	合流	461	ф400 ~ ф700	1967
神路街五甲支线	合流	156	ф300 ~ ф900	1980
南营房胡同	合流	461	ф300	1980
朝外北河沿	合流	819	ф300 ~ ф600	1959
杨家胡同	合流	56	ф300	1984

三、供电

清光绪三十四年（1908），电线架入朝外关厢一带。清宣统三年（1911），辖域主要大街架设路灯，并在朝外关厢建低压供电所。1952 年，在朝外关厢安装变压器。1964 年成立了北京供电局用电处朝阳营业站，负责管理朝阳地区的营业电费、小容量的用电报装、增容及装表供电。1972 年开始，在建国门外使馆区建设 10 千伏配电室 6 座，从多方供电。1987 年，朝阳区供电局位于北京市朝阳区关东店。1990—1995 年用电量平均以每年 15% 的速度递增。

1990 年 9 月 22 日至 10 月 7 日，第十一届亚洲运动会在北京举行。为确保亚运会顺利召开，北京供电局承担了保电重任。为亚运会设施配套，建设了北土城 110 千伏变

2008 年 5 月 28 日，雅宝路西口线路改造

电站等设施，为工人体育场等 43 处运动场馆接通了双路供电，并对相关供电设施进行安全检查，对重要用户进行用电监察，安排了电网在亚运会期间的运行方案及应急措施等，确保了亚运会供电万无一失。

2001 年，建成朝阳门全户内（地下）220 千伏变电站，总容量达到 2366 万千伏安。2001 年北京成功申办奥运会后，北京加快了架空线入地改造工程，并使工程成为北京市奥运配套建设的重要组成部分。

2006—2010 年间，进行了二环路架空线入地工程、工体规划一路架空线入地工程（工体北路—吉庆里）、工体西侧路架空线入地工程（工体北路—朝阳路）、工体南侧路架空线入地工程（工体规划二路—工体西侧路）。

四、供暖

北京地区以柴草为主供暖的历史源远流长。到 12 世纪后，逐渐为煤炭所取代。明清时期有一些精美的炭盆、手炉、炭炉等。19 世纪后随着朝阳门火车站的建立，主要供热资源来自京西煤矿等地。京西煤不宜作动力燃料，主要供给炊事、采暖用的小煤炉使用。北京大量工业（如发电等）用煤，包括采暖锅炉房用煤，都要从邻近的山西、河北和内蒙古等省区调入。北京小锅炉房供暖历史将近百年。

1949 年前，在朝阳门外关厢至关东店等居住人口较集中的地区，形成对居民供应煤炭的行业，由沿旧城墙铁路旁的“煤栈”和分布在居民区内的煤铺组成。煤栈和煤铺均是私人经营，有自己的字号，有两个分别由煤栈主和煤铺主发起组成的同业公会。煤铺大多是连家铺，家庭作坊式经营，常年开店铺的不多。1949 年，朝阳门外一带有 49 家私人煤铺，供应两三千户居民，关东店一带有 10 余家私人煤铺。1949 年后，国营零售公司在区内陆续建立网点，发展国营煤厂。在朝阳门外一带，由 35 户私营煤铺组成了 3 个联营煤厂。1958 年，全区公私合营的煤柴厂全部与国营煤厂合并。1963 年，成立朝阳区煤炭建筑器材管理处。1973 年，朝阳区煤炭管理处成立。1984 年，改称朝阳区煤炭公司。1987年，开始在全区大范围推广5寸（15厘米）蜂窝煤代替煤球，3年内基本实现了蜂窝煤化。1993年，民用煤销售达到高峰。随市政建设和环境整治，民用煤销量逐年下降。

1958年，北京第一热电厂投产，开始了热电联产供暖。供应朝外地区的主要单位及政府部门。居民仍以煤炭取暖为主。80年代，迅速发展起集中锅炉房供暖。

20世纪90年代居民用煤炉取暖

90年代，朝外地区拆迁改造上楼后，由方庄供热厂负责集中锅炉房供暖。形成了以热电厂为主，区域性锅炉房为辅，多种热源组成的城市集中供热格局。

五、供气

1961—1965年间，位于朝阳门外其他地区的多个单位及营业餐饮户先后使用煤气。

北京市煤气公司第一管理所成立于1974年1月，其前身是煤气管理处1960年初下设的东郊管理所，所址在朝阳区水碓子中路。至1990年底，下设5个维修站、4个营业收费组，负责民用户、公共福利用户的户内煤气管线与灶具设备的日常维修、定期中修及修、改、迁、装小型施工，承担对新用户户内煤气管线、设备的验收通气及交付使用的任务。管辖区域包括朝外街道以及周边地区。

经灌瓶厂至市建网点的瓶装液化石油气供应站对用户销售。市建网点是民用液化石油气的销售主体。1976年，在朝外元老胡同北口建液化石油气供应站。发展至1990年还增加工体西里供应站。

为实现二环路中压煤气管道的环状供气，1985年6月至1987年2月，北京市市政工程局承建了东内二环中压煤气管道施工建设。

1999年，妥善解决了吉利大厦扰民，市场街16、17号楼居民通煤气等问题。2000年，协调有关部门解决了为居民换发煤气罐，雅宝里12、13号楼供暖气等问题。进入21世纪，为了保障北京地区的环境，减少碳排放取消燃煤，原锅炉房集中改造为清洁能源天然气进行供暖。

第四节 公共交通

一、人力车

在相当长的历史中，三轮车是居民出行的主要交通工具。中华人民共和国成立前，辖域内交通运输由私人个体经营，运输工具为人力车、兽力车。1956 年，成立东郊区三轮车合作委员会，由区工商科领导。1957 年，三轮车合作委员会改为卫星三轮合作社。1958 年，有营运马车 535 辆、营运三轮车 788 辆。1959 年，成立区交通局，当年运输量为 1231 万吨公里。1961 年，增添“58−1”型三轮车 1 辆。1962 年，增加汽车 2 辆、“58−1”型三轮车 21 辆、货运摩托车 25 辆，但货物运输仍以人力车三轮车和兽力车为主。

1966 年，朝外大街有三轮客运社。

1979 年，登记有个体工商户黄珍修理自行车三轮车代修鞋（特种行业）。1980 年，登记有个体工商户金增寿平板三轮运输、王书山三轮运输、马香三轮运输、马殿清三轮运输、洪桂生三轮运输、赵连泽三轮运输、刘子顺三轮运输、王存厚三轮运输、曾振东三轮运输、宋春来三轮运输等。1981 年，登记三轮社职工 42 人，全年产值 10437.64 元，利润 5412 元。登记有个体工商户 17 家：刘占忠三轮车、于仁利人力三轮运输、桑世洪三轮车、刘永升三轮运输、金德斌三轮运输、金士如三轮运输、武福禄三轮运输、张文才三轮运输、李森三轮运输、马文和三轮运输、韩延荣三轮运输、王祥三轮运输、王义三轮运输、张连贵三轮运输、赵江三轮运输、孙大明三轮运输、朝仲锁三轮运输。1983 年工商登记朝外三轮运输站从业 51 人，总资产 17942.62 元，全年总产值 58644.17 元，利润 13973.56 元。1983 年，朝外三轮运输社申请营业执照，登记企业人数 57 人总资产 44141 元，全年总产值 95909 元，全年利润 20363 元。1984 年，工商年检朝外三轮运输合作社，从业 75 人，全年利润总额 19087 元。1997 年，朝外吉祥里开办蔬菜早市，三轮车售货，配备管理人员，早 5：30—8：00 开市，计划 100 个人力三轮车位，每人每天收管理费 3 ～ 5 元。1998 年 3 月 11—16 日在西大桥北侧开办下岗职工自力市场，占地 1000 平方米，使用简易铁棚或三轮车做摊位，经营水果、蔬菜、小商品等。当时，穿梭于雅宝路上的三轮车夫有 200 多人。为了招揽生意，三轮车老板也开始包装自己，学习简单的俄语对话，了解外贸货物运输程序。看到从批发市场出来的俄罗斯人就迎上去，用俄语招揽生意。随着雅宝路生意日渐兴隆，三轮车大军也不断壮大，不仅有拉货的平板三轮车，还增添了带遮篷的载客三轮。

截至2015年，虽然三轮车为居民出行提供方便，但是也影响交通安全，带来交通隐患。朝外街道和相关部门多次治理。

二、铁路

1915年，官办西直门至东便门环城铁路通车，与既有的3条干线构成早期北京铁路环形枢纽。1916年1月1日通车，有西直门、德胜门、安定门、东直门、朝阳门、东便门6个车站，长15.05公里。

朝阳门是一个重要车站，修建京师铁路时，将瓮城城墙拆除，火车线路从朝阳门和箭楼之间穿过。朝阳门站是北京环城铁路的车站。朝阳门站至东便门站沟通京奉铁路，终点是正阳门东站。沿线经过的各城门瓮城城墙全部拆除，仅保留箭楼及部分整修过的城墙。

朝阳门站刚通车时，朝阳门城楼、箭楼尚未拆除，而朝阳门瓮城已拆除。朝阳门站站房位于北京内城朝阳门城楼东南侧，朝阳门箭楼西南侧，朝阳门瓮城旧址以南，北京内城城墙东侧不远处。朝阳门站以北，在朝阳门城楼和箭楼之间中央设有铁路道口。朝阳门站以南不远处的铁路线下方设有涵洞，水从城里经朝阳门南水关及该涵洞通往护城河。

1954年7月，北京铁路管理局根据北京市人民政府的城市建设总体规划，计划封闭北京环城铁路的德胜门站、安定门站、东直门站、朝阳门站，以便减少环城铁路对北京城市地面交通的影响。1958年开始，西直门站至广安门站的铁路联络线停用，并改建北京环城铁路，拆除了从西直门站经德胜门站、安定门站、东直门站至朝阳门的铁路1959年北京站移址建成后，东便门至朝阳门站间线路拆除，60年代末废弃。1971年8月配合环城地铁建设，将朝阳门至西直门站（北京北站）间线路全部拆除。

三、公交车

中华人民共和国成立前，朝外地区没有开通公交线路，百姓出行多为步行，辖域内运输只能依靠人力三轮车。1958年后，辖域内有4条市区公共汽车线路通过，2路由动物园至呼家楼，9路由前门至红庙，均途经朝阳门。60年代，在辖域内共开辟11条公共电汽车线路。70年代开辟13条线路。1980—1985年开辟12条线路。1985年增开招手停车小公共汽车线路。截至2015年底，朝外街道境内行驶的公共电汽车计有15条。形成纵横交错的公共交通网络。

2015 年朝外街道境内公交车线路一览表

表 9-3

序号	线路号	起点	终点	经本地区车站
1	112	亮果厂	十里堡	朝外大街、神路街、东大桥
2	109	西客站	东大桥	东大桥、神路街、朝外大街
3	120	天坛南门	左家庄	光华路、东大桥
4	110	天桥	左家庄	朝外大街、神路街、东大桥
5	101	红庙	阜成门	朝外大街—东大桥
6	908	北京站东街	六里屯	日坛路
7	403	北京站	环形铁道	光华路、东大桥
8	44 外线	新街口豁口	新街口豁口	雅宝路、朝阳门
9	43	团结湖	五间楼	光华路、东大桥
10	28	东大桥	左安东路	东大桥、芳草地
11	29	东大桥	日坛路南口	俱乐部、芳草地、六十四中、日坛公园
12	特 2 外线	亚运村	前门	雅宝路
13	118	平安里	红庙	东大桥
14	202	十里铺	花园村	朝外
15	75	康家沟	和平东桥	神路街

四、地铁

1965 年 7 月 1 日开工建设北京地铁一期工程。地铁一期工程是“一环两线”的一部分，即环线中长椿街站到北京站段，加上“一线”中古城站到南礼士路站段。全长 23.6 公里，设有 16 座车站和 1 座地面车辆段。1969 年 10 月 1 日，地铁一期工程竣工。1981 年北京地铁一期工程正式运营。1971 年 3 月，开始建设北京地铁二期工程。地铁二期工程自复兴门起，经西直门、东直门至建国门。1983 年 9 月 19 日，在地铁建国门站召开北京地铁二期工程建成通车典礼。1984 年 9 月 20 日，北京地铁二期工程复兴门站至建国门站正式通车运营。为了发挥地铁一、二期工程的功能和效益，在经过规划、设计、施工等方面的专家论证后，市政府决定修建复兴门折返线，同时打通建国门站与北京站的线路，使地铁一期工程列车在复兴门站折返，二期工程实现“环线”环起来。1986 年 8 月 15 日，复兴门折返线工程开工。复兴门折返线和建国门连接线于 1987 年 12 月 15 日正式竣工。1987 年 12 月 28 日，北京地铁环线正式投入运行。此后，地铁环线命名为地铁 2 号线。截至 2015 年北京地铁 2 号线全长 23 公里，设 18 个车站，途经朝外地区朝阳门站。北京地铁2号作为连接北京二环交通的重要交通工具，承载东城、海淀、宣武、朝阳4区人口流动。

北京地铁6号线于2007年正式开工建设，2012年12月30日开通运行。6号线是横贯北京市区的一条东西向地铁线路，连接北京城市副中心、运河商务区、定福庄边缘集团、CBD、金融街、内城商业旅游区和石景山地区，由北京市地铁运营有限公司第一分公司负责运营。全线长52.9公里，起于金安桥站，止于潞城站。途经朝外地区朝阳门、东大桥站。

朝阳门地铁站A口（摄于2007年）

第五节　市容管理

解放前，朝外地区位于城门外，这里的居民主要为城市贫民，居民垃圾任意倾倒，无人收集清除，城内垃圾也运往城外关厢一带，造成这里垃圾堆积如山。北京市于1949年3月至6月、1949年11月和1951年3月先后动员全市人民开展三次大规模的清洁卫生运动，朝外地区在区政府的领导下，发动群众投入清扫街巷，清理填埋积存的垃圾，取缔关厢一带私人晒粪场200余处，整修道路，疏浚沟渠。

解放初期的市政管理主要由公安部队、武装民兵和各类积极分子负责，当时的朝外人口少，在户口管理非常严格的社会背景下，整个辖区几乎没有什么流动人口，在以政治运动为社会主流的计划经济体制下，社会经济活动比较困乏，城市管理的矛盾不突出。环卫工作是当时城市管理的日常重点工作。

1950 年 2 月公布了《关于北京市街道清洁管理暂行办法》，规定本市街道的清洁管理由专业部门负责，主次要干路以外的街巷居民划地段清扫保洁，单位驻地周围的清洁卫生由各单位自行负责。街巷的清扫保洁工作实现了专群结合，人人动手搞好环境卫生的局面。

1953 年 3 月 1 日，经市人民政府批准，从东单区清洁队调给东郊区部分人员，组建 23 人的东郊区清洁队。清扫管理朝外大街一带干线街道卫生，办公地点在朝外大街 159 号。

1955 年，每天有专人进行收集清除。收运方法十分落后，清洁工人每人拉着一辆两轮小土车，手持铃铛，走街串巷，摇铃倒土，当时共有小土车 8 辆。1956 年以后，陆续改用汽车收运垃圾。

1958 年，全部淘汰人力小土车，并开始设立垃圾站，居民每天将垃圾在路灯亮后倒入地撮垃圾站，由清洁队进行收运，日产日清。

1973 年，在工体南路设第一个吊链式自动升降垃圾台。1982 年开始使用密封式自动装降卸垃圾车，在垃圾站设置金属垃圾桶。

1974 年，开始使用清洁车辆对重点马路和使馆区的街道进行夜间冲刷作业。

改革开放后，市场经营逐步放开，社会经济活动开始活跃，人口流动加速发展，市场秩序原有平衡被打破，以扩大拓展市场为目的的违法建设开始出现；围绕市场周边的散摊游商赶不走打不散；市场及其周边环境脏乱差的问题群众多有反映；临街社会单位和居民住房拆墙打洞开办商铺，店外经营，造成门前脏乱影响市容等各种城市管理问题不断出现。传统的管理方式开始失灵，急需增加管理力量和出台管理办法。

1982 年 7 月，市政府决定设立市容卫生民警，负责市容环境卫生执法检查工作。朝外办事处有 10 个编制。

1983 年，市政府决定撤销市容民警建制，改编为市容监察员，继续履行市容环境卫生执法检查职责，编制数仍然为 10 个。这是第一支隶属街道直接管理的城市专门管理队伍，也是街道开始系统研究管理城市的重要节点。当年北京市开始推行“门前三包”责任体制管理办法。要求全市所有的机关、部队、企业、事业等单位及居民住户积极搞好“门前三包”。朝外街道积极跟进，辖区 245 个单位包括中央、市属、区属各局处所属单位、联社、劳动服务公司以及 26 个居委会全面开展“门前三包”责任制，当年被评为“门前三包”工作区级先进单位的有34个。市容监察队伍成立后，拆除违建也成了街道城市管理的重点工作，当年拆除违章建房和劝阻违章建房共24户，对314户个体商贩进行了整顿，取缔无照经营、乱摆商摊362次，处理影响市容的商店摊棚46个。在环保工作中，街道利用了三个月的时间，检查督促相关单位对73台锅炉、49台茶炉进行了改装。

1984年，为落实市长要求在朝外恢复市场的意见，街道对景升东街简易楼外和楼档内的违章建筑进行全面、细致的摸底调查，根据市场的需要拆除违法建设379.5间，1070平方米。

1985年12月17日，北京市人民政府发布《北京市“门前三包”责任制管理办法》，实行包卫生，包绿化，包社会秩序的“门前三包”责任制管理办法，对“门前三包”工作予以规范，明确义务和责任。

1986年，办事处开始专设“门前三包”检查员和卫生监督员，检查“门前三包”单位，对未落实“门前三包”的单位下发违章通知书，并进行罚款处理，推动了“门前三包”工作的有效落实。

1988年，在城建科设立环保员1名，主要任务是对水、气、噪声污染的监督检查，开展环境保护工作。当年，摸清了垃圾站、厕所、污水口1113处，开始重点加强这些污染源的管控，并在芳草地西巷修建了朝外街道第一个垃圾楼，1990年又在朝外二条，区武装部、下四条建立三个垃圾楼，实现了朝外地区的居民垃圾全部完成集装箱式垃圾楼清运。

1989年1月28日，迎接“市环卫杯”第一次卫生大检查，城建科与居委会发动群众，共清理渣土105吨，清扫绿地1500平方米，清理堆物堆料3500平方米，清垃圾50吨。至1995年，全地区专业保洁员67人。清除张贴744起，纠正随地吐痰568起；制止乱投、乱倒卫生事件151起。发动286个单位铲冰扫雪90854平方米。

1990年，芳草地集贸市场摊位商贩增至300余个，导致交通堵塞，环境脏差，严重影响朝阳中学（现陈经纶中学）的建设，为了迎接亚运会，街道办事处从整治入手，取消地摊和简易台棚商贩150个，配备管理人员6人，街道投资70万元，设置185个商亭，为百姓提供整洁的购物环境。当年在亚运会期间，办事处联合执法部门拆除体育场南路两侧的违建临建1256平方米。拆除陈经纶中学围墙外违建7处，强制拆除雅宝路违建1起。

1992年9月，地区降尘领导小组在雅宝路在建工地召开现场会，检查32个场地施工情况和降尘工作。为争办奥运会，实现黄土不露天，街道将迎宾线、朝外大街等重点道路上进行了绿化铺装，对百余棵圈树违章建筑进行了拆除。在整治东大桥路和三丰南巷居住区的违章，拆除了 20 栋楼间 1200 平方米的违章建房和棚圈。

1993 年，街道制定了创建无违章地区，共拆除违章房 64 间，1866 平方米。在拆除违章工作中严格执法，对拒不拆除的钉子户，按照法律程序，积极配合区人民法院进行了二次强行拆除，电视台进行了报道，对那些私搭乱建的顽固户起到了威慑作用。借势扩大战果，又连续拆除了辖区内东光路中、工人体育场东路、工人体育场南路公安家属区、工人体育场西里、芳草地西街、雅宝路外交部宿舍、天福巷、三丰里等居民区违章 6053 平方米，拆除雅宝路违建临建 2665 平方米，取消违章摊点 35 个，罚没款达 7000 余元。

1994 年，在深入宣传市、区政府各项法规、规章的基础上，加强对新建小区的超前管理，做到建管同步，依法对体东路小区、芳西街小区的环境进行综合治理，拆除违章建筑、棚圈 160 余处，拆除三不管地片、棚、圈 1230 处。

1995 年，完成拆除朝外二条东巷 1 号、2 号楼间违章建筑、天福园小区、吉市口新区、公安家属院、吉市口五条沿街南侧、二环路城建三装饰队、景升东街违建房、私搭乱建 80 处 719 平方米；限期拆除施工 2320 平方米。市容所纠正违章 275 起，罚没款 4 万余元，收缴无照经营三轮车 54 辆，拆除违章建筑 80 余处、719 平方米，制止新建违章 4 起 98 平方米。

1996 年初，在区政府的支持下，街道先后 11 次组织公安、工商、巡警等执法部门人员 760 余人次对雅宝路市场和市场周边地区进行大规模整治，共清理滞留在雅宝路市场的各类闲散人员 1351 人次，收容审查 76 人，收缴无证运营黑三轮 367 辆，清理无主自行车 273 辆，取缔 28 家出售盒饭的餐车，整治市场内外乱设摊点 81 处，处罚违法经营、场内吸烟 153 人次，罚没款 10313 元，查封雅宝路市场周边 11 处严重扰民和阻碍交通的打包站，取缔学校周围的托运站。在环保检查执法中，监测辖区 50 个单位、800 余辆燃油汽车的尾气，对排放不达标的汽车限期改正。

1997 年，在迎接香港回归活动中街道组织相关执法部门对雅宝路外交部宿舍区、工体南路公安宿舍区和三丰里小区、芳草地西街北口、朝外头条、秀水河违法建设进行集中拆除，共拆除违法建设 163 处、3800 平方米。并对群众反映强烈的吉祥里市场扰民问题，拆除摊位 44 个，腾退便道 300 平方米。在实施雅宝路市场整改期间，办事处投资 120 万，对日坛路西侧安装造型护栏 300 平方米实现人车分离；调整市场摊位 12 个，撤销美国使馆商务处东墙外摊位 18 个，迁移冷饮摊点 15 个，缓解了交通堵塞，改善了市场秩序。针对朝阳门地铁口外交部便道上违法经营问题，街道组织联合执法，取缔无

1998 年 12 月 5 日，新成立的城管监察队在东大桥开展宣传活动

照摊商 3200 人次，罚款 50 余万元。全年查处三轮车无照营运 1027 人次、收缴无照三轮车 323 辆。

1998 年街道根据群众反映组织力量分三批撤销了辖区日坛北街、雅宝路、工体南路、蓝岛周边地段占路摊商 128 个，改善了辖区的面貌。当年在创优美环境活动中，获得市级迎检工作先进奖和区级迎检工作一等奖。在市容所和执法队的基础上，新组建了城管监察分队，实行了轮班制的“全天候”巡查，加大了对街面违章行为的监控和处置力度。全年共查纠各类违章 11980 起，清理无照商贩 1790 个，清除有碍观瞻的广告牌匾 240 块，清除残标 1579 张，批评教育 1210 人次，罚款 11.2 万元，日坛早市做到了划线设摊，准时收市，市散场洁。撤除坛口集贸市场、中纺里小市场和街面的棚、亭、阁占路摊点。规范雅宝路市场、芳草地市场和日坛早市。建立雅宝路地区市场管委会，整顿市场内和周边货运车辆停车秩序。芳草地市场撤摊 34 个，亮出市场南、北口和使馆旁门，所有摊位统一经营农副产品。

1999 年，充分发挥城管监察队、清扫保洁队的重要作用，通过实施“全天候”巡查。在迎接全国城市卫生大检查和迎国庆环境整治过程中，取缔占路摊商 118 个；查处无照经营摊点 3047 个；规范中小餐馆 100 余个，拆除乱设灯箱广告、牌匾 420 余块；取缔路边烧烤摊点 501 个。在打击百脑汇门前非法兜售盗版软件光盘行动中，查抄散摊 391 个，罚款 15950 元，没收无照三轮车 248 辆。在开展大规模的城市环境整治中拆除了南下坡、秀水河、南营房、市场街违法建设 27129 平方米，拆迁雅宝路市场违法建设 13896 平方米。

在落实治理大气污染工作中，完成了17台茶炉、73台大灶、15台取暖锅炉的改造任务。

2000年城管队推行了队员进社区分段包片责任制，采取步巡与车巡、日查与夜查、巡查与值守相结合的方法，对辖区环境进行了全方位监察执法。取缔无照经营1866个，打掉露天烧烤69个，没收街头乱发小广告1.1万张，查处霓虹灯断亮34起，拆除乱设招牌，广告78块，拆除了吉市口、雅宝路、南下坡、日坛东一街、东草园等处共128间、6247平方米的违法建设，撤除了朝外最后一个占路市场芳草地早市。国庆节后，又对工体南路占压管线的39间、2370平方米的违法建筑进行了拆除。

2001年，查处各种违章现象3202起，罚款31.4万元。拆除违法建设2618平方米，使朝外进入无违法建设街道之列。在开展“门前三包”工作中与责任单位建立了审登记和连片责任制度，促进了城市管理长效机制的形成。

2002年，街道创“无违法建设街道”工程，街道办事处组成24人拆除违法建设指挥部，先后拆除了下三条小学周边、吉祥里东区、南河沿地区、日坛公园内，打包站等多处35842平方米违建。

2003年，街道以“优化环境促发展”为要务，加大环境整治力度，多次会同公安、工商实行“三警”联动，查处无照经营1215起，没收非法报刊950份和盗版光盘8640张，没收非法运营三轮车155辆，清理“三无”人员146人。为了提高保洁水平，街道向社会公开招标引进专业保洁公司。

2003年4月14日，芳草地社区保洁社会化启动仪式举行

2004年，对公交车站、日坛公园、东岳庙交通枢纽、旅游景点及其周边地区、无照商贩追逐游客兜售商品、强买强卖、黑车揽客进行整治，重点打击华普、丰联广场周边、雅宝路、百脑汇无照经营、黑三轮揽客、贩卖盗版光盘，采取对盲时段监控力度，实行弹性工作制，加大中午和晚间对无照经营打击取缔力度。街道城管队共查处各类违法违章案件2311起，拆除南营房开墙打洞建设80余平方米，取缔无照经营摊点1215个，没收街头散发小广告35400张。

2005年，朝外大街，百脑汇贩卖盗版光盘猖獗，在朝外街道办事处的统一领导和协调下，联合城管队，综治办、派出所、大街办等部门，对朝外大街的环境进行综合整治，投入大量人力、物力、财力、城管队对朝外大街、雅宝路地区死盯死守，派出所派民警专人盯守，环境秩序得到了根本性扭转。当年拆除了“雅宝天地服装市场”和“鸿发盛世打包站”两处违章建筑，改建为一处可停放300余辆机动车的停车场，缓解该地区停车难问题。

2006年，城管队集中对百脑汇、华普、朝阳门地铁口的贩卖盗版软件及图书的非法游商进行清整，查处各类违法违章案件4230起。取缔无照经营摊点605个，打掉露天烧烤、明火制作19个，没收街头乱发小广告43700余张，查处盗版软件、黄色光盘8200余张，查处修复霓虹灯断亮61处，没收黑三轮157辆，端掉非法小广告窝点60个，实现了市场管理无死角。在《中华人民共和国治安管理处罚法》实施之后，与派出所联合执法，对辖区内的黑车、黑摩的进行拍照取证留档案，对教育处罚两次以上的黑车运营者由派出所对其实行拘留处罚，共行政拘留37人，有效地规范了出租车和人力三轮车市场秩序。

2008年，全力以赴做好工体赛事期间的外围保障工作。加大对工体南路、工体东路、工体西路、下三条早市周边无照经营、非机动车、机动车占道等违法行为，清理游商和无照经营人员1125起，取缔“十黑”经营场所“小玉发屋”及昆泰大厦703室内涉嫌非法医疗美体美容的“盛妆名朵”。在落实北京市政府《关于发布2008年北京奥运会残奥会期间本市空气质量保障措施的通告》精神，街道对餐饮业使用安装油烟净化装置情况进行排查和自查，共排查和自查118家餐饮单位，其中81家餐饮单位对油烟净化装置进行保养，有88家餐饮单位对油烟净化装置的管道进行清理，提升了奥运期间地区环保质量。

2009年，朝外城管分队联合朝外派出所依法查封了三丰里25号楼南侧利用临时搭建简易房进行无照经营的违法行为。当年取缔无照商贩2120起，清理乱张贴乱涂写小广告800余处，暂扣街头非法散发宣传品30000余份，依法没收客、货运三轮车125辆。

2010年，街道全面推行“门前三包”责任制，实施机关科室分包16条街巷、16片区域监督管理。对朝阳门地铁口、华普超市地下通道、百脑汇地下通道等重点点位实行全天候、全覆盖巡查，重点整治无照经营和散发小广告等违法行为。全年取缔无照经营1900余起。

2011年，街道城管队加强巡查、提前介入，有效自拆帮拆除芳北巷2号楼西侧、工体东路9号楼南侧、雅宝路儿研所宿舍楼、侨福工地南侧、工体4、5号楼停车场内等6处违法建设，城管队依据《城市道路管理条例》相关规定联合公安、交通等执法人员，对朝外地区占用城市道路私自设置地锁行为进行了集中整治，拆除地锁28个，拆除违章牌匾标识 23 块，擅自设置指路牌 12 块，取缔 3 个非法停车场，清除 50 个停车位。累计拆除违法建设 6 处、共 76 平方米，有效维护了居民权益和辖区环境秩序。

2012 年，对涉及政治敏感问题，及时向领导汇报，及时与建设人沟通，促其自拆，维护辖区的稳定。拆除朝阳门地铁 A 出口南侧、朝外芳草地北巷 1 号楼西侧、芳草地西街 4 号楼下、吉祥里社区 203 楼艾克造型理发店、吉庆里 2 号楼门前、儿研所北门及芳草地西街 16 号院内等 12 处违法建设，6 处安全隐患的打包站。拆除三合一违法搭建 8500 余平方米。完成年内存量违建 50% 的拆除任务、实现新增违建“零增长”。

2013 年，对区委区政府周边、雅宝路商圈、百脑汇文化市场治安、交通和环境秩序，开展“净路、净园、净夜、净源”常态化整治。净路行动收缴黑摩的、黑三轮 300 余辆；净园行动清运整治堆物堆料 1000 余处；净夜行动清除路边大排档，露天烧烤等夜店 20 余家。较好地完成了“四净”任务。

2014 年，实现对无证无照经营行为工作的统一部署，朝外街道成立无证无照指挥领导小组，针对重点街巷、校园周边无证照餐饮、打包站、非法运营黑三轮摩的等，进行反复治理打击，净化地区的经营秩序，坚持“综合治理、标本兼治”的原则把学校周边区域为工作重点，加大无证无照经营清理工作的宣传，引导无证无照经营户申办证照，合法经营；与工商等多家执法部门密切配合，开展联合执法行动 30 余次，清理区政府周边天福园社区及老番街市场无证商户，强制关闭 25 家，查处 62 家，发放告知书 132 份，震慑了无证无照违法经营，维护了社会经济秩序。并拆除了芳草地国际学校民族小区 5101.17 平方米违法建设。

2015 年，城管队摸排朝外辖区违法行为，形成“盯、清、停、罚”整治方案，全年城管队累计出动执法人员 326 人次，对朝外大街、雅宝路、东大桥等重点路段开展拉网式执法，深入社区，消灭死角。共计清除非法张贴、没收非法广告 10000 余张，拆除违规广告牌匾 125 块，规范店外经营 210 次。暂扣烧烤车 25 个，烤鱿鱼车 8 个，烤炉 9 个，桌子 125 张，椅子 180 余把，羊肉 100 余公斤，辖区内无露天烧烤、夜市排档，同时，市级挂账点位三丰胡同、日坛宾馆门前盯守良好，无露天烧烤反弹现象。全年，检查企业及“六小门店”1100 余次，清理整治非法经营企业 13 家，收缴非法光盘 100 余张，处理各类网格事项 6972 件。

第六节　绿化美化

解放前，朝外地区以松树、槐树、柳树为多，居民院内多种枣树，菜地、义地、苇子坑等周围散见柳树。朝外地区集中明、清所建的20多座寺庙，寺庙内外种植几株松、柏树。朝外北河沿一带解放前是一片菱角坑，周围垂杨柳绿，有高大的洋槐。朝外三丰里胡同一带解放前有一片莲花池，周围绿柳成荫。

日坛南侧和西侧虽古木参天，树木繁茂，但由于缺乏管理和养护，恣意生长，杂乱丛生。解放后，辖区群众响应政府号召，积极开展义务植树造林、爱国卫生活动，整修道路，清洁便道，改善了辖区环境面貌。随着辖区的朝外大街、芳草地西街、体育场南路、日坛北路、日坛西路、日坛东路、雅宝路七条大街的整修改造，引进国槐、毛白杨、桧柏等新树种作为行道树，统一间距标准，美化绿化质量得到提升。

1985年，根据北京市园林局第146号文件遵照市政府指示普查全市园林绿化，朝外地区38条街巷绿化树木共868株，914个居民院中，乔木、灌木1618株，普查出大街地区绿化单位和居民区总面积1383212.97平方米，有各种树木共6917株，绿篱1331.3米，草坪2883.5平方米。

1986年，街道设立绿化办公室。重点对三丰南巷、秀水河两条街巷和协助10个单位的内部进行绿化美化。栽种各种树木1900余棵，种花4800多株。

1987年，绿化朝阳区供销合作社宿舍和外交人员服务局宿舍。栽种常绿乔木76株，落叶乔木134株，常绿灌木1132株，落叶灌木670株。

1994年，投资15万元完成吉市口小区绿化铺草坪4000平方米，铺路400平方米，建亭5个，种植乔木灌木9956棵。在神路街北口，摆设标语花坛摆花24000盆。

1996年，街道投资230万元新增绿化面积28740平方米。

1998年，新增绿化面积4130平方米，改造绿地8000平方米，种植乔木698株、灌木3787株。

2000年街道投资46万元，新建绿地3080平方米。投资34.1万元，改造绿地5010平方米。

2001年，新建芳西街心花园、工体南路健身休闲园、神路园门前和中医院北墙高档绿地，新增绿化面积7925平方米。

2003年，完成了东大桥迎宾线拆墙透绿任务。街道与住总集团共建完成吉庆里小

日坛南门景观（摄于 2007 年）

区 16164 平方米绿化美化工程。

2007 年，加强奥运场馆周边的环境建设，种植奥运花卉 30000 余株，建设工体周边 2 座奥运景观墙、345 米。迎接亚运、世妇会、香港回归等盛事创造整洁优美环境，种植树木 76608 棵。

2008 年，朝外地区新增绿地 1200 平方米，铺装广场 1300 平方米。

2011 年，投资 305 万元，对三丰里 27 楼小区、东光路小区、天福园小区及吉祥里西区等 7 个社区进行绿化升级改造，对朝外大街、朝外北街、朝外南街等街巷绿地进行补植补种，绿化改造面积共计 22500 平方米，补种乔木 17557 株。

2012 年，工体西里小区绿化升级改造面积 2500 平方米，种植乔灌木、宿根花卉品种达 45 类，铺设园路 20 平方米。

2013 年，城建科协调朝园弘绿化公司在吉庆里社区工体西里小区补栽大叶黄杨绿植；对朝外社管中心、朝阳门北大街 12 号楼、吉祥里社区西草园等地树木进行修剪，解决社区居民长期反映的树木遮光问题。

2014 年，对因节能改造工程破坏的工体西里小区和三丰里小区的两块绿地补种恢复，实现绿化补栽补种 2113 平方米。

截至 2015 年底，绿化总面积为 27 万平方米，绿化覆盖率为 40%，绿地 52 处，古树 55 棵。

第七节　节约用水

1986 年朝阳区成立节水办公室，主要包括宣传、监督、检查，规范化管理地区节水工作。

一、节水宣传

1990 年，在认真落实市区政府节水工作指示精神，城建科发动地区单位和广大居民开展人人爱惜水，人人节约水活动。对不达标单位反复检查督促节水措施的实施。并利用亚运会倒计时 200 天、倒计时 100 天、宣传高潮日等，开展 4 次节水宣传咨询活动，举办节水有奖问答等。

从 1991 年开始，街道节水办公室充分利用街道组织的各类宣传活动，主动开展节水宣传，并形成了一个好的习惯长期传承。每年 6 月 5 日的“国际环境日”及 6 月 25 日的“国际土地日”等开展街头宣传活动中，向过往群众发放宣传节水材料。

1992 年，街道节水办以辖区 300 个单位为基础组建节水检查监督网络，挑选 50 名工作者担任组长，开展“节水小卫士”活动，北京电台进行了宣传、报道，受到社会关注。

1994—1995 年，街道节水员连续三年荣获北京市“大禹杯”市级节水先进个人称号。

1998 年“节水宣传周”，街道投资 60 万元在东大桥设立了节水宣传公益广告。

2004 年，街道节水办在蓝岛大厦的大力支持下，将“绿色奥运、节水先行”横幅高挂在广场上，成为辖区一个公益宣传亮点。

2006—2015 年，在贯彻执行《北京市节水管理办法》中充分利用“世界水日”和“中国水周”宣传周，在朝外大街布设宣传展板、标语开展节水宣传。

二、节水管理

1989 年，按照“总量控制、综合平衡、适当压缩、以供定需”的用水培植原则，对非居民用水实行严格的定额管理、超用加价的管理制度。单位用水指标根据全区年度用水计划、相关行业用水定额和用水单位生活、生产需要进行核定，并在每年年底之前将下一年度的用水指标下达到用水单位。用水单位按照定额用水，超出的用水量，则根

2004 年 5 月，朝外街道在丰联广场门前开展节水宣传活动

据单位用水执行的水价标准进行倍数收取累进加价费用，促使非居民用水单位提高用水效率，降低全区用水总量。

1990 年，街道节水办对地区 90 个单位进行了节水检查。对不达标单位反复进行检查，督促节水措施的实施协助区节水办核对用水指标发放工作。1991 年在加强在深入宣传节水法规的基础上，严格执法，查处 18 个违章案件，罚款 3000 余元，征收加价水费，上缴率为 99%。被评为区级先进地区。

1992 年，检查单位 740 个（次），查处违章案件 18 个，罚款 9000 余元。并对违规的吉市口工地、雅宝路工地、南营房建筑工地、京保工地进行了处罚。

1993 年，节水办举办了三期节水法规培训班，推广了节水小卫士活动成果，提高了节约用水的法律意识性，在全区评比中 15 项考核内容全部名列前茅，获得区节水一等奖。

1994—1995 年，朝外辖区改造节水器具 708 套件，安装橡胶垫圈 900 个。到 1996 年，街道已连续 10 年被评为区级节水先进单位。

1997—1998 年，全年完成节水 12.8 万立方米，执法检查 420 户次处罚 12 户，改造节水设施 95 套（件），更换节水龙头 1400 个。

2000 年，发动地区物业公司和各居民区志愿者队伍义务上门为居民发放和安装节水龙头 1.8 万个。2006 年更换了 7 个社区 700 余户居民的节水龙头。2008 年，街道先后共为 70 户低保家庭安装了节水器具。

2011 年，街道免费为居民更换坐便器水箱水芯 120 套。2012 年，下达用水指标通知 140 份。普查 35 个单位的工业、建筑业及第三产业用水调查表，发放节水办下发用水指标执行情况告知书 16 个单位。

2013—2015 年，连续开展对辖区洗车行业、洗浴行业、餐馆等行业对水源浪费和不达标的水具进行检查整改。

第十章

法治建设

FAZHI JIANSHE

清末至1927年，辖区的检察事务由京师地方检察厅掌管。1927年10月1日裁撤检察厅，检察官配置到地方法院。1949年，北平和平解放，辖域内审判、检察事宜由市审判、检察机关担负。1949年6月建立起人民公安，区设公安分局，街道设有派出所管理辖区治安工作。1952年12月区成立人民法院，驻辖区神路街，管理辖区审判工作。1955年8月成立区人民检察院，驻辖区神路街，管理辖区检察工作。1996年中华人民共和国司法部迁移至辖区朝阳门南大街。经过几十年的发展，公安和司法机关进行一系列的改革，经历合并、重置、迁移、撤销的过程，截至2015年12月，区人民法院、区人民检察院先后迁离辖区，辖区驻有司法部、公安朝阳分局出入境管理大队、公安朝阳分局朝阳门外大街派出所、北京市朝阳区朝外街道司法所等公安和司法机关。

第一节　治安管理

辖区的治安管理机构成立时间较早。早在清乾隆年间，辖域就有治安管理部门，当时地区治安受辖于京师稽察，其东城副指挥署设在朝阳门外吉市口。光绪三十一年(1905)，清政府谕令设外城工巡局，同年十二月十五日，更名外城巡警总厅，辖域部分地区受东分厅辖制，分厅有知事（正五品）1 人，分设三课六所，课长正六品，副课长正七品。

1913 年 2 月，北洋政府下令将京师内外巡警总厅合为京师警察厅，下设不变。1925 年 1 月，北京设四郊警察署，辖域为东郊警察署管界。1937 年 2 月，改称为北平市警察局东郊分局，辖区隶属东郊分局。

1945 年 8 月，调整区划，辖域有郊一分局、郊二分局。郊一分局办公地点设在辖区元老胡同，郊二分局办公地点设在芳草地。

1949 年 6 月，辖区隶属北平市公安局东郊区分局，辖区有第一派出所，所长为江波；第二派出所，所长王荣喜。7 月，辖区废除中华民国户口制度，建立人民的户口管理制度。将户口三簿制改为一簿制，改民政、警察两局分办为统一由公安部门办理。9 月，改北平市为北京市，辖区第一派出所改称为北京市人民政府公安局东郊分局第一派出所；第二派出所改称为北京市人民政府公安局东郊分局第二派出所。11 月 21 日，根据市政府统一安排，公安部门统一封闭辖区东森里一带妓院 8 所，对解救的妓女经医治后分配到工厂务工，并相继建立家庭。11 月 24 日，实行以户为单位的户口制度，建立起迁出、迁入、出生、死亡、失踪、寻回、收养、认领、雇工、解雇、分户、并户、店铺、开张、歇业、更换户主、结婚、离婚和其他 18 种登记项目和变更、更正登记制度，户别为住家、工商、寺庙、锅伙、公宿、公共 6 种。

1951 年，派出所召开群众大会，宣传、组织群众配合派出所挨门挨户填写信息，开始更换新户口簿。下半年，根据公安部颁布的《城市户口管理暂行条例》，统一城市户口登记管理制度，建立新型户口簿。规定迁出、迁入、出生、死亡、婚嫁、收养、临时户口的申报制度。

1952 年 9 月，撤销编号派出所，开始以驻地命名，辖区有北京市东郊区朝阳门外大街派出所、北京市东郊区朝阳门外市场派出所、北京市东郊区神路街派出所。与此同时，成立街道治保会，协助人民政府肃清反革命、防奸、反特、防谍，保卫国家和维护公共治安。

1955 年 9 月，地区划归北京市东单区管辖，辖区派出所称为北京市公安局东单分局朝阳门外大街派出所、北京市公安局东单分局朝阳门外市场派出所、北京市公安局东单分局神路街派出所。

1956 年，开始建立成年人口卡片。街道组织派出所、治保会进行除奸反特，镇压反革命，清理反动会道门工作。

1958 年 6 月，随着市区划调整，辖区重新划归东郊区管辖，并改东郊区为朝阳区，东郊分局改称为朝阳分局，辖区派出所改称为北京市公安局朝阳分局朝阳门外大街派出所、北京市公安局朝阳分局朝阳门外市场派出所、北京市公安局朝阳分局神路街派出所。

1959 年 4 月，朝阳门外市场派出所、神路街派出所并入朝阳门外大街派出所。

1960 年，根据市公安局要求，再次全面更换户口簿，实行一人一张的人口卡片。同年 9 月，成立北京市公安局朝阳分局日坛派出所，专门负责朝阳门外第一使馆区的治安管理工作。

1960—1965 年，辖区盗窃案件比较突出，公安机关、治保组织坚持以“阶级斗争为纲”，坚决打击投机倒把，取缔投机倒把活动，严厉打击盗窃钱、粮面补助票、衣服、大小钻头、工业券等物品。

1966 年，街道派出警力维护辖区人大代表选举工作，确保选举工作顺利进行。

1970 年，派出所协助 87 个单位 11501 人进行“一打三反”（打击反革命破坏活动、反对贪污盗窃、反对投机倒把和反对铺张浪费）运动。“一打”方面，挖出各类阶级敌人嫌疑对象 504 人，核实各类阶级敌人 476 人。“三反”方面挖出贪污、盗窃、投机倒把 327 人，赃款 47258.73 元，粮票 12428 斤（6214 公斤），布票 7302 尺（2434 米）。

1974—1978 年，派出所以党的基本路线为纲，开展阶级斗争，对“文化大革命”中受到批判的人员进行复查，为 217 人复查定案，落实党的政策。

1979 年，派出所协助街道开展揭批查运动，清查与江青反革命集团阴谋活动有牵连的人和事，严厉打击各种违法犯罪分子的破坏活动。街道落实市委〔1978〕324 号文件，关于“为了把人民内部纠纷及时解决在基层，各工矿、企业、商店、街道……基层单位，都要建立人民调解组织”的规定，成立“朝外大街地区人民调解委员会”，在各居委会成立“民事调解委员会”，每个居委会配有一名副主任，负责治保工作。采取以老带新，全年共培训出 250 名新的积极分子，做到楼楼有骨干，院院有力量，落实主任抓面，委员抓段，骨干管院的治保工作制度。辖区建立帮教小组 46 个，对 76 名帮教对象进行全方位帮教。建立起 630 人巡逻大队，分散到大街小巷执勤巡逻，进行社会面控制。全年，治保组织揭发检举违法犯罪 480 件，人民群众、治保委员成为打击违法犯罪的主力军。

1980 年，成立朝外治安联防队，办公地点在工体南路甲 1 号，联防队员从辖区社会单位抽调职工人员组成。治安联防队对辖区治保队伍进行整顿，25 个治保会建立岗位责任制，实行“三定三包”（定人、定位、定任务；主任包片、委员包段、小组长包楼、包院）责任制。

1983—1984 年，街道配合公安机关进行第一次“严打”。其间，向群众宣传中央、国务院关于打击刑事犯罪活动的方针政策和有关材料，召开各种会议 416 次，87800 余人次参与，使党中央、国务院有关方针政策在群众中做到家喻户晓，人人皆知，提高认识，打消顾虑，积极行动起来，同犯罪分子做斗争。群众主动参加看门护院，值班巡逻，大胆提供情况，揭发检举线索 124 件。按照中央、市、区委的统一部署，全年组织治安大清查 24 次，对盲流进行收容，对精神病人和枪支弹药加强管控。开展禁赌活动，收缴赌具，对赌徒进行登记。8 家单位被评为社会治安先进集体，192 人被评为先进个人，8 个居委会全年无案件发生。社会治安实行“综合治理”，落实居委会、治保组织“三定三包”责任制。组织 3378 名治安积极分子看楼护院，值班巡逻，达到院院有人看，条条街道有巡逻。社会单位实行“三包”（包内部人员思想教育，包安全措施落实，包治安秩序良好）。组织 16 个教育小组，对有轻微违法行为的青少年进行帮教。按照市公安局、区公安分局决定，开始为辖区 16 岁以上常住人口办理身份证。

1985 年，居委会、治保会落实“三定三包”责任制，组织 3837 名治保积极分子和 82 人组成的巡逻队进行值班巡逻，看家护院，做到院子有人看，街巷有巡逻。街道采取治安岗亭 24 小时执勤，安排 3 个巡逻队、8 个蹲守组，配合公安机关在西大桥小公园抓赌博、抓投机倒把、倒卖鸽子等违反治安管理行为。全年综合治理工作成效显著，20 个居委会全年无案件发生，东光路北居委会被评为区先进单位，吉市口二、三条居委会主任苗树清被评为区先进个人。派出所被市公安局荣记集体二等功。

1986 年，街道实行指挥部、队长、岗亭组负责制，严格执行“五四三”（五讲：讲文明、讲礼貌、讲卫生、讲秩序、讲道德；四美：心灵美、语言美、行为美、环境美；三热爱：热爱祖国、热爱社会主义、热爱中国共产党）活动安排，严格辖区治安管理。街道组织力量整顿朝阳门立交桥鸽子市场，整顿非法倒卖、扰乱社会治安人员；将 12 辆无主自行车上交派出所处理。派出所先后被市委、市政府命名为精神文明先进单位、北京市先进党支部、北京市先进单位。

1987 年，街道成立综合治理委员会，由街道党政领导，派出所所长及有关部门 5 人组成。设立综合治理办公室，定编 3 人。建立群防群治网，对新建小区及时与有关部门磋商实行封闭式管理。学习市政府文件，落实《公安人员八大纪律十项注意》《职工群众治安联防队员的职责和纪律》，充实、调整联防指挥领导机构，严格队伍管理，研究解决各种问题，扭转松、散、乱的工作作风，队员的精神面貌焕然一新。成立朝外大街商业、饮食业等服务网点行业联防队、旅店业管理委员会、施工队单位检查监督小组，制订商业、服务业及施工队管理规章，组织工商、税务、市容、城建进行联合执法，全年共出动457人次、15车次，共清查集贸市场、无照商贩、个体餐馆、旅店等11次。9个治保会连续3年无案件、无灾害事故发生。新建279个治保会和治保小组，治安积极分子达到2533人。派出所“2·02破案组”被市局荣记集体二等功。

1988年，街道开始聘用离退休人员充实联防队伍。街道被市综治办评为综合治理先进单位。根据市、区政府有关除“六害”（卖淫嫖娼、制作贩卖传播淫秽物品、拐卖妇女儿童、私种吸食贩运毒品、聚众赌博和利用封建迷信骗财害人等）的指示，对个体图书市场进行整顿，文教科、工商所、综合治理办公室、司法科等部门先后召开170余次会议，研究部署除“六害”工作，其间有12700余人受到教育，365人参与值班巡逻，4000人参加看楼护院行动。组织250人次进行联合执法20余次，使地区的社会风气有很大的转变。年底，辖区治保组织规模达296个，治保积极分子达10372人。

1990年，街道成立亚运会安全领导小组，成立机关25人的应急小分队，对工人体育场（馆）等亚运会场地按照200米内净化管理、400米内强化管理的原则，严格管控人、地、物三个方面。年内开始对辖区外地来京人员实行暂住证管理，严格要求办理暂住证。办事处亚运警卫组被市局荣记集体二等功。

1991年，街道重新调整充实地区综合治理委员会，成立地区44个治保会，每天安排40余支巡逻队500多名治保积极分子看楼护院巡逻值勤；100人的治安联防队分成10个分队24小时巡逻在大街小巷，有效地控制地区的治安、刑事犯罪。年内，街道综合治理工作先后被评为区级、市级先进单位；派出所被公安部评为廉政爱民先进集体，被市精神文明建设领导小组评为首都精神文明建设先进单位，被市委命名为北京市先进党支部。

1992年，街道落实《北京市社会治安综合治理条例》，制定适合地区情况和有利开展工作规章制度，坚持“打击与防范并举，治标与治本兼顾，重在治本”的方针，注重群防群治队伍的建设和目标管理，与驻地253家社会单位和39个居（家）委会签订了综合治理责任书。居（家）委会做到主任包片、组长包段、积极分子包楼院，保证辖区安全稳定。年内，派出所破获30起刑事案件，破案率75%，被市公安局评为廉政爱民先进集体，并荣记集体二等功。

1993年，街道利用黑板报、横幅等形式进行《北京市社会治安综合治理条例》宣传，印发1500份条例知识问卷发给地区企业单位和居（家）委会，社会治安综合治理工作“主任包片、组长包段、委员包楼院”效果明显，与252家社会单位、41个居（家）委会签订《社会治安综合治理责任书》。12月1日，《北京市关于禁止燃放烟花爆竹的规定》正式实施，街道成立禁放工作领导小组，进行禁放工作宣传和执法禁放。为每户发放一封禁放公开信，为居委会制作悬挂横幅30条，街巷张贴标语400余条，使禁放规定达到家喻户晓，人人皆知。年内，派出所被评为市精神文明标兵单位。

1994—1995年，街道开展“扫黄和除六害”斗争，在全市街道系统首次举办地区歌舞厅服务员“自尊、自信，自主、自强”培训班，提高歌舞厅服务员的法制观念和思想、道德、文化的修养，受到市精神文明办公室高度赞扬。其间派出所党支部被评为北京市先进党支部十面旗帜之一、市精神文明标兵单位。

1996年，辖区派出所在依法严厉打击各种严重危害社会治安的犯罪分子过程中，抓获各种犯罪嫌疑人267人，破获各类案件104起。由于功绩突出，被中共中央组织部授予全国先进基层党组织，被北京市委授予先进党支部十面旗帜之一，被朝阳区委授予“十面红旗”光荣称号。

1997—2000年，街道组织开展创建安全居（家）委会、安全社会单位（简称双“创安”）活动，实行社会治安综合治理目标责任制管理，把双“创安”和“安全一条街”建设有机地结合起来，落实社会治安综合治理责任制，居委会达标率为85%，社会单位“创安”达标率为75%。街道建立综治委工作例会、综治工作协作组及居民区主任包片、委员包段、积极分子包楼院的综治网络，与200余个社会单位、居（家）委会签订综治责任书，协调安排综治办、派出所、城管队对重点地区秩序进行综治整治。2000年，日坛派出所撤销。朝阳门外大街派出所承担起辖区使馆区治安管理。公安分局的出入境管理处迁入原日坛派出所地址办公（日坛公园东南侧）。

2002年10月，治安警察在朝外大街执行任务

2001—2002年，街道落实中央关于打击黑恶暴力犯罪的指示，集中兵力，重点打击爆炸、涉枪、杀人、抢劫、绑

架等严重暴力犯罪，开展反邪教斗争。实行“警务进社区”和发案率与社区居干、保安收入挂钩机制。开展吉祥里西区科技“创安”试点工作。坚持人防、物防、技防相结合，实现“一站一警”体制，调整充实地区社区治安综治委、各片协作组和社区治保积极分子队伍，分两批建立82人的社区保安队。组织人大代表和社区代表对派出所工作进行评议和整改措施跟踪监督。

2003年，街道以抗击“非典”为契机，在社区开展“无案月”竞赛活动，组织2460名治保积极分子进行义务值班巡逻，协调解决旅游局宿舍、吉祥里东区、三丰里小区封闭管理难题，为吉庆里、吉祥里、天福园的438家住户安装门禁对讲系统；会同公安等部门启动辖区重点部位监测系统改装工程。

2004年，街道利用吸取密云安全事故教训和全社会高度重视安全稳定工作契机，开展安全隐患大检查，制定突发事件应急预案和处级领导责任制。采取白天查与夜间查相结合、职能科室查与社区查相结合、街道查与区职能部门查相结合（简称“三个结合”）的方法，上下联动，相互促动，举一反三，将安全工作落到实处。多警联动在百脑汇设立12小时专岗，实施“红袖标工程”，及时发现并快速帮助解决问题。启动“治安防范工程”，临街居民楼全部安装楼宇门禁对讲系统，全面完成朝外地区安全防范电子监控系统二期安装工程。

2005—2006年，街道以创建安全社区活动为抓手，对体东社区4个楼门48个住户安装楼宇门禁对讲系统，对商厦、包站、工地、人防等重点部位持续不断进行安全检查，联合165家社会单位，成立11个安全生产协作组，建立自下而上、主动防范、相互促动、齐抓共管的安全生产管理长效机制。实施“红袖标”巡逻工程，完成重要时期的安全保卫任务。街道投资20万元，在旺市百利东侧新增一处由公安、城管、武警、保安工作共驻的综合治安警务室。

2007年，街道以深入推进平安建设为抓手，对6栋楼的11个单元门安装门禁对讲系统。党的第十七次全国代表大会召开期间发动各种社会力量近万人次，实施“红袖标”巡逻工程。针对雅宝路社会治安、交通、环境秩序问题，成立雅宝路地区综合管理办公室，增设8名交通管理员，维护雅宝路市场周边的道路交通秩序，建立职能部门常驻雅宝路进行综合治理的长效机制。招募“扫黄打非”义务监督员50名，清整贩卖盗版软件及图书的非法游商28次，取缔非法贩卖人员70余人，暂扣盗版盘3400余张、盗版书籍100余本，净化辖区的文化市场。

2008年，街道投资150万元，建成并启动地区城市综合管理指挥中心，对344个居民楼单元安装门禁对讲系统，使老旧小区科技“创安”率达到100%。建立职能部门五方协调会制度，联合交通、公安、综治等部门成立综合执法队，对朝外大街、区政府和雅宝路周边、华普地下通道等重点部位进行全天候执法，对影响环境秩序的各种痼疾顽症实行多警联动、高压震慑、综合执法。将落实奥运安保工作与街道的平安体系建设有机结合，加大社会面控制力度，落实“红袖标”工程，完成“好运北京”奥运测试赛、奥运会、残奥会、创建全国文明城区迎检、亚欧峰会等重要时段的维稳保障任务。

2009年，街道以国庆平安行动为载体，以发挥街道平安体系功能为抓手，传承和借鉴奥运安保工作经验，“下好先手棋，打好主动仗”。强化职能部门五方协调会制度，协同公安派出所对本街道集结疏散路线进行熟悉踩点，制定防控、保障措施预案，全天候专人盯守监控、对影响环境秩序的各种行为进行综合执法，确保辖区集结疏散线路、国庆花车经过线路等重点部位及其周边环境秩序良好。探索建立符合辖区实际的“1157”社会应急管理体系，完善街道与社会单位、社会组织、社区志愿者等多元主体共同参与的应急管理机制。以央视配楼火灾为警钟，对辖区商厦写字楼、地下空间、人防工程、建筑工地、打包站、娱乐场所等898个重点部位进行严格细致的安全检查；招募“和谐促进员”807名，开展系统培训，明确任务、定人定岗，制定《和谐促进员管理办法》和《和谐促进员星级考核办法》，激励和引导“和谐促进员”积极参与社区建设，“和谐促进员”作为联系党和人民群众的桥梁纽带，保障基层平安建设的作用得到充分发挥。建立起周五警情会商制度，办事处主管处级领导与公安、交通、工商、社会治安部、城市管理部、公共卫生部、指挥中心、安全生产监察科、社区工作部等各部门负责人一起警情会商，对一周警务工作进行汇总，商讨解决遇到的各种问题。组织机关干部、和谐促进员、单位内保、专业保安、非公单位志愿者、停车管理员、绿化保洁和维修等人员为辅警力量，统一着装，佩戴袖标，定人定岗，路、段、点布控到位，确保国庆活动安全稳定。

2010年，街道投资10余万元，更换百脑汇和华普大厦前两个治安岗亭。对411个居民小区单元门的破损门禁系统进行维护保养，门禁系统完好率达到90%以上。以建立和促进安全生产、公共安全、校园安全、社区群众安全的预防和持续改进为主要内容，开展安全社区创建，提高居民在安全及健康方面的生活质量。落实巡防力量实名制、问责制，实施“红袖标”巡逻工程，发动积极分子及各类安保力量9200人次，确保街道安全稳定。

2011—2012年，街道建立起120名专职巡防保安员、807名社区和谐促进员、1136

名社会单位的人员和200名从事修鞋、修车、配锁、保洁等服务行业人员为主体的社会治安志愿者队伍建设，营造“人人可参与、处处有力量”氛围，开展社会治安综合治理。建立“1245”工作模式，发挥“六小门店”自律协作组作用，对流动人口多、人员流动量大、难管理的单位，采取自律协作组协同有关部门定期逐户走访的形式，及时为流动人员办理居住证，并以十户为一组，成立治安联防小组，负责组织本小组守护和轮流巡防工作，为构建安全稳定的辖区社会环境做出贡献。街道顺利通过全国安全社区评估专家的验收，被命名为全国安全社区。街道对芳草地西街城中村进行综合整治，实现居民自觉配合拆除违建21间1200平方米，搬迁外来人口21户65人，自行关闭非法商户7家、拆除打包站4个。

2013年，街道投入150万余元经费，新建改造3个警务室（芳草地、雅宝里、三丰里），为各警务室更换老旧办公设施，改善服务条件；向居民发放民警联系卡，为没有设置宿舍警务室的民警租房，做到工作办公、生活居住在社区，方便居民报警求助；配齐“一警三专”（1名民警、1名专职文员、1名专职辅警力量、1名专职流管员）人员队伍，坚持24小时“开门亮灯”值守，随时向群众提供咨询服务；在街道网络问政平台设专门举报信箱，收集居民意见建议和方便居民举报监督，促进见警率、管事率和满意率提升，减少“110”警情；总结推广吉祥里警务室试点工作经验，有效整合社区、警务工作室和社会单位治保力量，织密防控网。开展风险评估，落实“三包一”措施办法，解决重点人员失管失控问题。建立“1144”工作机制，落实矛盾排查、红袖标巡逻、应急处突、处级领导包社区四项制度，最大限度整合公安、城管、交通和社会单位四股力量，减少工作环节纰漏，促进地区安全平稳。实施“家园计划”管理模式，探索在吉祥里社区党委的领导下，结合各小区的物业管理现状，实施居民自治和项目化管理，协调政府、社区、物业、产权单位、社会单位等多元主体共同参与治理，解决老旧小区物业管理问题，促进带动居民群众安全感提升。党员、干部、驻区民警深入小区楼门，走家串户知民情，帮民困，解民忧，争取民众更多理解支持。整合民警、辅警、民兵、治保和社会单位内保力量，加大对主干道及其他易发案件背街小巷、重点单位、要害部门及案件高发地段的巡逻防控力度，发挥治安巡逻员震慑作用，向民众提供安全和谐保障。街道协调职能部门，按照集体会商机制、分类整治机制、联合执法机制和常态巡查机制四项治理机制要求，对存在三合一、严重隐患、无照经营问题的一律关闭。证照齐全有安全隐患的，停业整顿；对于拒不执行整改的单位、公司，从严从快联合执法整治到位，其间共计取缔违法经营打包站27个，清理群租房23户，拆除三合一违法搭建8500余平方米。

2014年，派出所工作人员张贴民警温馨提示

2014年，街道指导社区划分不同的楼院小区进行自治管理。在吉祥里社区按照东区、西区、西草园三个小区试点“家园式”“和谐式”“居家式”自管模式。依托居民小组和党支部力量，组建楼委会，通过自治公约、喝茶议事等方式开展楼门文化建设、环境监督、民意搜集和邻里帮扶。组建自管会和专项问题管理小组，实行“三分”社区治理模式，一级问题通过楼委会、自管会自治解决；二级问题通过自管会、社区居委会、社会单位、政府等共商共治解决；三级问题主要是倒逼主管单位履职解决，与职能部门和水、电、气、暖等公共服务部门建立责任人“一对一”制度，公式服务让我先，居民在发生问题时第一时间联系到主管单位，实施小区家园计划，对48个巡逻警务站进行升级改造，配备348名专职保安防弹玻璃墙、爆闪警灯、24小时服务灯箱、警用门条、统一标识门头，建立巡逻警务站（也称“站巡制”）勤务模式，24小时值守，将警力固化在街头、驻守在街头，实现工作岗位前移、实战警力前置，更好地掌握控制街头，更好地为市民提供服务。

2015年，街道坚持党政群共商共治，采取“三上三下”反复问需于民，协商确定完成街道级14个项目、社区级4个项目，解决辖区城市建设、治安、养老、救助、帮扶、出行、停车等一批涉及居民切身利益的问题。编写形成《朝外街道党政群共商共治工程操作手册》，制定完成《街道机关支部参与社区共商共治工程实施办法》《社区居民支部参与社区共商共治工程实施办法》《非公支部参与社区共商共治工程实施办法》，起草《朝外街道深化党政群共商共治推进基层协商民主指导意见》。街道为社区民警配备警务巡逻车9辆，加大巡逻密度，提高见警率。在世锦赛外围保障、“9·3”阅兵和两节安全保卫工作中，形成全员上岗、各有分工、点线面全覆盖的社会面防控机制，投入各类社会面防控力量37700人次，各项维稳保障万无一失。

截至2015年12月底，辖区驻警为1个派出所、1个出入境管理大队。

1949—2015年朝阳门外大街派出所主要领导一览表

表 10-1

派出所名称	职务名称	姓名	任职起止时间
北平市公安局东郊分局第一派出所	所长	江　波	1949年6月—1949年9月
北京市公安局东郊分局第一派出所	所长	江　波	1949年9月—1952年9月
北京市公安局东郊分局朝阳门外大街派出所	所长	江　波	1949年9月—1953年3月
	所长	山　博	1953年3月—1953年8月
北京市公安局东单分局朝阳门外大街派出所	所长	山　博	1953年8月—1954年3月
	所长	张浩生	1954年3月—1955年9月
北京市公安局朝阳分局朝阳门外大街派出所	所长	赵建忠	1958年6月—1960年11月
	所长	马国瑞	1960年11月—1964年1月
	所长	田振玉	1964年1月—1967年2月
	军代表	姜兆成	1967年2月—1971年4月
	军代表	贾志和	1967年2月—1968年初
	军代表	杜实诚	1971年12月—1973年9月
	军代表	魏士杰	1970年3月—1973年9月
	所长	田振玉	1972年10月—1972年12月
	所长	孙　立	1973年1月—1974年8月
	所长	周居芬	1974年8月—1976年6月
	所长	毛玉群	1976年6月—1978年7月
	所长	施铁良	1978年10月—1988年8月
	所长	李德森	1988年8月—1995年5月
	所长	李呈保	1995年5月—2000年7月
	所长	刘　斌	2000年7月—2002年8月
	所长	刘汉卿	2002年8月—2007年7月
	所长	张增义	2007年7月—2009年4月
	所长	南庆军	2009年4月—2010年6月
	所长	任洪海	2010年6月—2014年3月

续表 10-1

派出所名称	职务名称	姓名	任职起止时间
北京市公安局朝阳分局朝阳门外大街派出所	所长	赵萌萌	2014 年 3 月—2015 年 12 月
	指导员	白永年	1961 年 5 月—1968 年 9 月
	指导员	杜实诚	1973 年 1 月—1976 年 6 月
	指导员	周居芬	1976 年 6 月—1978 年 10 月
	指导员	谭景泉	1978 年 10 月—1981 年 4 月
	指导员	刘茂林	1988 年 12 月—1989 年 4 月
	指导员	李立新（女）	1989 年 4 月—1990 年 9 月
	政治委员	李立新（女）	1990 年 9 月—1996 年 3 月
	政治委员	纪连伟	1996 年 3 月—2000 年 7 月
	政治委员	尚金仲	2000 年 7 月—2001 年 8 月
	政治委员	任洪海	2004 年 8 月—2010 年 6 月
	政治委员	王　晴	2010 年 6 月—2011 年 5 月
	政治委员	张　强	2011 年 5 月—2015 年 12 月

朝阳门外市场派出所主要领导一览表

表 10-2

派出所名称	职务名称	姓名	任职起止时间
北平市公安局东郊分局第二派出所	副所长	程爱福	1949 年 6 月—1949 年 9 月
北京市公安局东郊分局第二派出所	所长	王荣喜	1949 年 9 月—1952 年 9 月
北京市公安局东郊分局朝阳门外市场派出所	所长	王荣喜	1952 年 9 月—1954 年 6 月
	所长	杨振武	1954 年 6 月—1955 年 9 月
北京市公安局东单分局朝阳门外市场派出所	所长	杨振武	1955 年 9 月—1958 年 6 月
北京市公安局朝阳分局朝阳门外市场派出所	所长	杨振武	1958 年 6 月—1959 年 4 月

神路街派出所主要领导一览表

表 10-3

派出所名称	职务名称	姓名	任职起止时间
北京市公安局东郊分局神路街市场派出所	—	—	—
北京市公安局东单分局神路街派出所	—	—	—
北京市公安局朝阳分局神路街派出所	所长	李培玉	1958 年 6 月—1959 年 4 月

日坛派出所主要领导一览表

表 10-4

派出所名称	职务名称	姓名	任职起止时间
北京市公安局朝阳分局日坛派出所	所长	成永昶	1960 年 9 月—1968 年 9 月
	军代表	杜实诚	1967 年 2 月—1969 年 1 月
	军代表	张　福	1968 年 9 月—1971 年 6 月
	军代表	董振兴	1970 年 3 月—1973 年 9 月
	军代表	潘　荣	1972 年 8 月—1973 年 9 月
	所长	龚瑞武	1973 年 9 月—1978 年 2 月
	所长	张　鑫	1978 年 2 月—1985 年 8 月
	所长	刘东风	1986 年 6 月—1987 年 2 月
北京市公安局朝阳分局日坛派出所	所长	徐　桐	1989 年 6 月—1991 年 12 月
	所长	田景亮	1992 年 8 月—2000 年 7 月
	所长	张立强	2000 年 7 月—2000 年 8 月
	政治指导员	龚瑞武	1967 年 2 月—1968 年 9 月
	政治指导员	李万灵	1973 年 9 月—1977 年 11 月
	政治指导员	牛文秀	1973 年 9 月—1974 年 7 月
	政治指导员	成永昶	1977 年 12 月—1980 年 9 月
	政治指导员	徐　桐	1986 年 8 月—1998 年 5 月
	政治委员	齐保家	1997 年 4 月—1998 年 5 月

第二节　司法行政

新中国成立初期，辖域内审判、检察事宜由市审判、检察机关担负。

1952 年 12 月 1 日，东郊区人民法院成立，办公地址设在辖区神路街区政府院内东小院，另有一处在神路街北口福利院西院。1954 年 7 月，法院增设人民接待室，法院集中到辖区真武庙原址办公。

1955 年 8 月，东郊区人民检察院成立，办公地址设在辖区，与法院相邻。

1958 年 6 月，辖区内的区人民检察、区人民法院改称为朝阳区人民检察院、朝阳区人民法院，办公地址仍在辖区原地址。

1958—1966 年，区人民检察院、区人民法院依据《中华人民共和国宪法》《中华人民共和国人民检察院组织法》《中华人民共和国人民法院组织法》履行检察、审判职能，打击犯罪，维护人民群众合法的生命财产安全。辖区内的各项司法活动都由区人民检察院、区人民法院直接负责处理。

1966—1979 年，受“文化大革命”的影响，司法机关受到冲击，区人民检察被撤销，区域内的检察工作一部分由公安部门负责，一部门由区人民法院兼理。

1979 年，街道将司法工作逐步纳入日常工作范围，以五届人大二次会议通过的七部重要法律（《中华人民共和国刑法》《中华人民共和国刑事诉讼法》《中华人民共和国地方各级人民代表大会和地方各级人民政府组织法》《中华人民共和国全国人民代表大会和地方各级人民代表大会选举法》《中华人民共和国人民法院组织法》《中华人民共和国人民检察院组织法》《中华人民共和国中外合资经营企业法》）为依据，举办党委常委、支部书记、居委会主任、机关干部 100 余人参加法制教育学习班，宣讲法制重大意义，介绍七部法律的主要内容，特别是刑法等法律的主要内容，有 2 万多人次受到教育。8 月 22 日，成立“朝外大街地区人民调解委员会”，各居委会也相继成立“民事调解委员会”。建立调解纠纷信息网络，实行主任包片、委员会包段、组长包院的三包制。成立居（家）委会企事业单位和个体共 51 个“民事调解委员会”，配备调解员 249 人，信息员 1051 人。

1985 年，街道举办“遵纪守法、争做文明青年”专题报告会，聘请区法律顾问处主任、律师陈宝珍和派出所指导员于文奇，为全体团员及部分青年做法制宣传报告，100 余人受到教育。

1986年开始，街道利用5年时间，进行“一五”普法。成立朝外街道普法领导小组。普法对象：工人、农民、知识分子、干部、学生、军人、其他劳动者和城镇居民中的一切有接受能力的公民。普法内容是“十法一条例”，即宪法、刑法、刑事诉讼法、民法通则、民事诉讼法、经济合同法、婚姻法、继承法、兵役法、义务教育法和治安管理处罚条例。“一五”普法两个阶段4296人参加。

1988年7月，街道成立司法科；10月21日街道成立法律服务所。年内，为地区帮教对象57人找对象、找出路、办执照、解决摊位，使地区安置率近100%。当年，街道被区普法办公室批准为先进单位。

1989年，落实最高人民法院、最高人民检察院《关于贪污受贿、投机倒把等犯罪分子必须在限期内自首坦白的通告》，街道党委、街道办事处成立打击经济犯罪办公室，设立举报箱，动员和组织群众坚持打击“官倒”行为。街道成立帮教小组150个，帮助“两劳”释放及倒流回京人员935人办理个体执照、办理结婚证、安置工作等。

1991—1995年，街道利用5年时间，进行“二五”普法。组织机关干部、社区居民重点学习宪法、刑法、刑事诉讼法、民事诉讼法、经济合同法、婚姻法、继承法、兵役法、森林法、治安管理处罚条例“九法一例”。39个居（家）委会分别与所辖住户签订《相邻公约责任书》，印制《邻里十二忌》《邻里歌》。其间，共宣讲法律72场次、受教育人数30853人，协办经济公证6件，协办其他公证24件，诉讼代理72件，非诉讼代理449件，承担法律顾问8家，代写法律文书193份，法律咨询1271人，挽回经济损失173万元，避免经济损失5020万元，创收8.17万元。办个体执照92份，办理结婚证9份，安置工作136人。1992年，街道对在押服刑人员进行大墙内外联合帮教，并成为街道社会治安综合治理工作的一种制度进行推广。通过法律调解婚姻纠纷927件，有关继承问题192件，赡养、抚养问题155件，邻里纠纷1009件，房屋纠纷80件，债务纠纷74件，生产经营纠纷33件，赔偿纠纷83件，其他170件。调解成功2615件，调解成功率96%。调解民事纠纷为法院受理民事案件的2.5倍以上。与上级司法部门合力做好在押服刑人员、刑满释放人员教育转化、安置和帮教工作。1994年，司法所被北京市司法局评为“二级法律事务所”并颁发标识铜牌。

1996年开始，街道利用5年时间，进行“三五”普法。辖区民众以学习宪法、基本法律和社会主义市场经济法律知识为主要内容，开展法律、法规宣传21场次，受教育人数1300余人；协助有关部门帮助、教育、安置释放8名“两劳”人员；调解民事纠纷502件，调解成功率达96%。芳南人民调解委员会，由于安全防范、民间纠纷专项治理和防止矛盾激化工作成绩突出，北京电视台《钟鼓楼》节目专题进行报道；街道司法科被评为北京市人民调解工作先进集体；法律事务所顺利通过区司法局验收。对刑释解教人员的矫正和安置帮教工作进行调整，由街道综合治理办公室移交给街道司法科，并做到“四个落实”（组织落实、机构落实、人员落实、计划落实）。街道开展为本地区70岁以上老人免费义务法律咨询服务活动，为行动不便的老人，专门入户服务，受到老人们的欢迎，《朝阳报》《生活日报》《北京日报》进行专门报道。通过协调有关部门，深入群众做耐心细致的思想工作，妥善解决在建项目扰民、民扰问题，化解集体上访6起，先后为3处居民争取和发放工地扰民费230万元。

2001年开始，街道采取集中学习与自学相结合的方式进行“四五”普法。利用文明市民学校、板报、橱窗广泛进行宪法、刑法、刑事诉讼法、公务员法、行政复议法等基本法律和社会主义市场经济法律知识为主要内容宣传教育；开展法律知识竞赛，提高全民参与能力；协调公安、综治、劳动、计生、城建、宣教等部门，对辖区学校、外来人员用工单位及流动人口进行法制宣传教育；健全安置帮教工作领导小组，成立安置帮教办公室，采取逐人建档、登记造册的方法，实行电脑化管理；街道与8个监管分局签订《安置帮教协议书》，为服刑人员发放法律书籍和生活用品，宣读《致服刑人员的一封信》，并为其播放反映朝外地区近年来巨大变化的录像片，鼓励他们知错即改，早日回归社会，采取“一对一”谈心方式对其进行帮教；法律服务所与6个社区结对，担当社区的义务法律顾问，每月两个半天深入社区提供法律宣传、咨询与服务；引入北京市东泽律师事务所，开展地区法律服务工作，举办法制教育进校园、“12·4”全国法制宣传日宣传咨询活动，参与工委办事处重大经济问题、法律问题的决策，参与重大活动方案、规章制度的制定，帮助审核签订的各种经济合同，参与每周三处级领导信访接待日，结合基层司法行政工作实际，全力推进司法所制度化、规范化；落实《北京市司法局关于进一步加强法律服务进社区工作的意见》，建立以司法所为依托，律师、公证、基层法律服务“三位一体”的新型基层法律服务工作格局。加强对外来人员法制观念的教育，对雅宝路200余名商户进行法规培训；开展“三所两队”（派出所、工商所、司法所、城管监察队、社区保安队）进社区，全年送法进社区活动授课36次，受教育群众1000余人次；按照市区政法委、综治委《关于开展社区矫正试点工作的意见》和《北京市社区矫正工作实施细则》要求，重新对本地区的安置帮助人员进行普查，了解帮教人员家庭及本人的情况，开展深入细致的思想教育，对67名刑释解教人员和3名服刑人员实施社区矫正，为10名安置帮教对象解决低保和廉租房问题。

2006年开始，街道利用5年时间进行“五五”普法。街道干部、辖区居民以学习宣传宪法、经济社会发展的相关法律法规、与群众生产生活密切相关的法律法规、整顿和规范市场经济秩序的法律法规、维护社会和谐稳定、促进社会公平正义的相关法律法规为主要内容，坚持普法与法治实践相结合，大力开展依法治理，全面开展“民生法律大讲堂社区（村）行”、“基层法庭公开审判进社区（村）”、“法律六进”（法律进机关、进乡村、进社区、进学校、进企业、进单位）等活动，整合地区法律服务资源，广泛开展“法律服务进社区”活动，实现法律服务与辖区居民“零距离”接触。组建朝外街道人民内部矛盾调处分中心，将街道总值班室、地区社会治安、城市管理指挥分中心职能统筹共享，健全司法调解、行政调解、人民调解相结合的矛盾排查调处工作网络，指导和协助本地区调解工作。聘请10名地区人大代表、政协委员、宗教人士作为特邀调解员，参与地区的矛盾纠纷调解工作。按照《矫正工作实施细则》要求，对社区矫正7人实行分类管理，实现辖区内的矫正对象“无脱管、无漏管、无重新犯罪、无影响国庆安全事件”的“四无”佳绩。在七个社区建立法律服务室，为辖区居民提供法律服务，调解民间纠纷等，健全地区法律服务体系。

2011—2015年，街道利用5年时间进行“六五”普法。街道按照区委要求，以宪法、基本法为主要内容，开展“人大代表进社区”活动之“六五”普法惠居民系列讲座，在各社区法律服务室开展“一事一法”的服务活动。开展律师进社区进行法律知识讲座、法律咨询等法律服务。在办公用房极其紧张的情况下，增设100平方米办公用房，作为人民调解委员会专用调解室和阳光矫正中心。建立高素质的调解队伍，辖区建起1个街道调委会、7个社区调委会。全年累计接收社区矫正对象38人、帮教对象49人，社区服刑人员重新犯罪、脱管失控、刑释解教人员重新犯罪均为零。街道进行“和风”矛盾纠纷排查化解行动，全年共调解纠纷208起，调解率100%，调解成功率97%。专职调解员任建友参与北京电视台《第三调解室》“我的亲兄弟”“半路夫妻”“我要我的家”等14起纠纷的调解，其工作认真出色，第三调解室还为其录制了专题节目《人民调解员之别样的退休生活》。以“法律六进”为载体，着力建立长效机制，推动法制教育向纵深发展。采取讲座、培训以及考试等形式，通过每季度对机关公

2013年1月，司法所向外来务工人员宣传法律知识

务员开展一次法制讲座的方法，提高公务员依法行政水平。建立法制宣传员队伍、普法志愿者队伍，配合法制宣传主题月活动，组织法制宣传资料、法制信息、法制文艺和法律服务进社区，推广“旁听式”调解法，选择典型案件，组织居民旁听，结合案件调解，向居民宣传相关的法律知识；制定学校法制教育计划，实现计划、教材、课时、师资的“四落实”，使

2015年6月11日，任建友（前排左一）调解工作室获得北京市人民调解优秀品牌

学生在潜移默化中学习掌握法律知识。依托家庭和社会开展青少年法制教育，通过《致学生家长的一封信》《致青少年家长的一封信》的形式，构建家庭、学校、社会“三位一体”的法制教育宣传网络。以群众性法制宣传教育活动为节点，增强法制宣传的针对性、专业性、全面性。利用学雷锋日和“三八”妇女节，以维权活动为主要内容，以法律咨询、法律援助为重点，宣传妇女权益保障法、婚姻法、劳动法等法律知识，提高群众知法、守法、用法的能力，把“六五”普法推向深入。

第三节　安全生产

街道组建初期，辖区没有安全生产管理部门，大多采取自我生产，自我管理模式进行企业生产。消火、防火则有地区群众性消防组织兼管。

清政府时期，辖区建有消防组织——水会。在朝外大街路北中段有一家从清朝沿袭到新中国成立时的水会叫“坎记水会”。

“坎记水会”是一个群众性的消防组织，其主要职能是组织救火，兼做维护朝外大街治安、调解商店与顾客的矛盾及解决财产纠纷等，该会会长为王桂林，其活动经费由各店铺摊派。“坎记水会”在朝外双井和鞋铺门前设有两口水井，在鞋铺的后院，有个瞭望台，昼夜随时有人查看朝外地区有无火情及其他安全问题。

新中国成立后，辖区的消防工作主要由市公安局和公安分局行政股、治安股负责，在关厢地区建立起群众性消防组织。并陆续在关厢地区设置防水缸 22258 口，沙袋 9521 个，配置灭火弹 146 枚。

随着辖区企业的增加，消防工作以家庭用电用煤安全为主，电器安全检修为主要内容，对照明用电、房屋及生产用电设备进行检修，安装安全接地线，建立健全安全制度，保证安全措施执行。用煤主要防止火灾的发生并向安全生产方面延伸，特别是对辖区一重点监控企业——辅华合记矿药厂安全生产和消防工作倍加重视。

解放前，北京朝阳门外神路街，有一家火药作坊，掌柜叫王念维。北平和平解放后，这家作坊同华北军区 208 师生产委员会签订合同，合作经营，改名为辅华合记矿药厂。经理是李英华。

1950 年 5 月 19 日，该厂发生碾药爆炸起火，造成 1 死 1 伤的重大事故。公安部门针对该厂药量多，危险性大，又处在居民密集区的情况，提出立即将该火药厂迁移到市区以外的建议。但该厂未予采纳，不但没有搬迁，还于 6 月 11 日从河北保定市运来中、日、美式地雷共 97 枚，存放在有 1 万公斤炸药的仓库内。

1950 年 6 月 14 日 5 时 20 分，辅华合记矿药厂发生大爆炸，消防一、二、三、四、五中队，北京市公安局，北京市民政局，北京市委干部训练班，公安总队，公安学校等单位的工作人员、战士、学员约 2000 余人都相继赶到现场参加灭火和抢救伤员。

这次爆炸，造成 39 人遇难（其中市民 32 人、辅华合记矿药厂职工 7 人），406 人受伤，全部倒塌的房屋有 497 间，部分倒塌的有 1928 间。

事故发生后，公安部部长罗瑞卿和北京市委书记彭真、市长聂荣臻分别指示北京市公安局迅速查明爆炸原因。北京市公安局立即部署，组成了专案组。经过侦破，查明的原因是工人用铁斧拆卸地雷时，撞击火花引起火药爆炸，造成了这次巨灾。

北京市人民政府对这次事故的善后事宜十分重视，特地成立了“善后委员会”。有计划地开展了对灾民的救济和慰问工作，前后计发房屋迁移、修缮及安置费近4亿元（旧币，下同），减免受灾工商户工商业税款3368万余元，减免摊贩地租和牌照税50多万元，补助重灾户25万元，各种贷款15亿余元，发放抚恤费计小米30520公斤，修复房间2300间。

政务院对这次爆炸定性为安全责任事故，并对军队、市政府、公安部、市公安局、公安分局、制药厂等15名有关人员分别追究刑事责任和行政责任。公安分局分局长被撤职，治安科长、管制股长、派出所所长等分局多名干部受到处理。

1959年6月27日，街道党委选举产生第一届委员会，明确党委书记王海会主管重点生产，党委委员秦焕然主管生产安全。设立生产部负责生产安全管理。

1960年，朝外大街成立人民公社，贯彻党的建设社会主义总路线、“大跃进”、人民公社三面红旗的关键。在安全生产上坚持关心群众生活，大抓劳逸结合，公社党委根据街道工厂生产不同情况提出重体力劳动实行二六制，即劳动生产6小时，学习开会等活动2小时，轻体力劳动一七制，即劳动生产7小时，学习开会其他活动1小时，除烧窑化工等某些特殊项目外，一般执行一班或两班制不打夜班。

1961—1962年，街道建立起民主管理生产，民主管理财务制度，建立民主管理生产机构及核心，逐步确定小组所有制、小组的分配与积累的比例，调动生产小组及生产人员的积极性。成立评比检查互助验收小组，结合五好评比和五好评奖活动，对安全生产单位和个人进行现金奖励。

1963年，公社共发生大小工伤事故129起，机电设备事故4起，共损失2261元。

1964—1965年，街道坚持“教育为无产阶级组织服务，教育与生产劳动相结合的社会主义教育方针”，进行“三定”（定机、定人、定岗位），建立流水作业线，建立专人选料、半成品检查、成品验收、环环紧扣、层层设卡检查验收制度。在所属企业开展一帮一、一对红的安全生产活动，在学习背篓、大庆、大寨活动中，安全生产成效明显，事故问题明显减少。

1966—1972年，“文化大革命”初期，街道成立革命委员会，组建办公组、政治组、生产组、居民组等，生产组负责辖区生产安全。

1973—1975年，街道以路线斗争为纲，把学习和生产统一起来，改计件为评工记分。

减少工作安排压力，组织191名青年上山下乡。注重“五七”生产安全、人防工程安全，解决“五七”生产中的“只抓钱，不问钱”“学生干活挣钱”等问题为主要内容，强化街道党委对安全生产的领导。

1976年7月28日，唐山发生大地震后，街道在日坛公园搭棚抗震防灾，安全生产以确保搭建防震棚安全为主要内容，组织各方力量在日坛公园搭建2355个防震棚，个个符合防震标准，防震期间没发生任何问题。

1978年7月27日、8月8日、8月28日，地区先后发生大暴雨，地区道路、井口发生险情，街道及时组织人力抢险排险，机关、居委会干部全部参加抢险救灾，用草袋子、沙石填堵各种险段，排除各种险情，确保辖区居民人身和财产安全。

1979年，街道党委把原有的“五七”生产组、服务站、卫生防疫站代所划为集体所有制经济，建立针织、晒图、变压器厂和32个生产组，建立运输、起重、木器、绒绣4个合作社，街道严格以五届人大二次会议通过的七部重要法律为依据，管理安全生产。

1980年，撤销生产组，增设交通安全委员会、联社、劳动服务公司，管理各自安全生产。在国庆、春游、人大会议、政协会议期间和冬季运输工作中，地区各单位召开干部职工和居民动员宣传会议，利用图片、高科技、广播、漫画、标语等形式，进行安全生产宣传教育，对1007个单位的2444名职工进行安全大检查。开展交通安全月活动，组织单位与单位、司机与司机之间的安全行车评比竞赛，举办1564人次的司机训练班，整顿司机的驾驶作风，结合全市发生的8次恶性重大事故，进行交通事故分析会，对发生事故、安全工作不落实的32个单位56起责任事故及时进行追查，配合单位建立健全各项规章制度和预防措施，进行定期和不定期的车辆安全检查，使车辆合格率达到99%。

1981年，街道坚持每月自查一次安全生产，根据季节变化进行重点抽检，夏季重点查食堂、托儿所的卫生，及时处理安全隐患。如：南下坡食堂夏季买进50公斤羊杂，由于没有及时售出而变质，街道对50公斤羊杂做无害化处理。

1982年，街道安全生产以17个生产组和12个商业服务网点的组织、机构调整、转产、合并等问题为主要内容，进行组织整治、加大检查、加强物资管理，保证企业和服务网点生产安全。

1983年，街道贯彻交通法规，开展纠正违章，交通先进单位和先进个人评选活动，全年共评出37个交通秩序先进单位，23个交通先进个人。

1984年，街道根据区委、区政府的布置，对26个居委会、376个居民小组的生产安全组织进行调整，明确分工，包干负责，采取一级抓一级的方法进行交通安全管理，对391个单位的1229名司机进行集训，确保交通秩序进一步好转。

1985—1987年，街道把安全生产与提高服务质量结合起来，开展“文明教育、礼貌待客、优质服务、方便群众”竞赛活动，教育职工自觉执行道德规范，进行安全生产。对辖区职工进行交通安全、政策法律和“五四三”教育，加强对锅炉房及工作人员安全管理，对取暖和用水设备进行维修，保证地区取暖及用水安全。建立健全厂长责任制、书记责任制，干部职工奖惩条例等一系列生产、计划、统计、技术、检测、物资、供销、设备、劳动人事等各项台账、记录、手续和管理制度等六大类36种制度，形成较为合理的管理规范，为企业科学化管理，振兴集体经济打下良好的基础。

1988年，地区成立防火安全委员会，由办事处有关科室，辖区派出所、个体协会等共同参与。街道把建筑工地安全检查和农民工安全教育列入安全生产的主要内容，进行严格管理。建立防火领导小组51个，义务防火队员219人，购置防火器材190件，42个单位制定防火措施。对朝外地区26个施工单位进行核实，检查1000平方米以上工地7个、1000平方米以下工地19个。

1989年，街道在迎接亚运会和40周年国庆期间，建立192个防火小组，培训群众消防员668人，提高居民安全生产意识。全年共召开防火会议120余次，进行火灾隐患摸底检查5次，清除9000余个火灾隐患，减少辖区火灾的发生，街道被区评为安全生产先进集体。

1990年，街道成立由党委书记、办事处主任、派出所所长和主管主任组成的朝外地区亚运会安全领导小组，先后就亚运会期间的各种安全召开20余次会议，成立由机关干部组成的25人应急小分队，在充分调查的基础上绘出重点控制区方位图，研究具体防范措施。在秀水河市场召开失火现场会，组织防火知识竞赛，发放防火宣传材料24000余份。在亚运会安保工作中，朝阳区第十一届亚运会消防安全朝外联社获得先进集体。

1991年，安全生产贯彻市政府17号令，开展多种形式的交通安全宣传、考试、评比等活动，形成“各负其责、人人有责”的全民抓交通安全的形势，做到逐级承包、层层把关、目标明确、奖惩兑现。对单位机动车管理进行4次严格的验车，开办5个收费停车场，完成自行车换发牌照工作，乘车秩序被评为区级先进单位。地区25个外地施工队1445名外地民工没有发生施工安全事故，办事处被评为市级先进单位。组织防火漫画巡回展，举办大型防火展览和宣传活动5次，对383家社会单位进行467次消防安全检查。

1992年，街道针对居民区发生火灾较多的实际情况，强化对外来人口施工现场和劳动安全管理，认真审核施工单位施工资质，发现问题事故隐患，及时处理，全年没有发生伤亡事故。

1993年，街道对施工工地人员进行安全知识教育，组织320人答题，为14个施工单位办理安全施工许可手续。对地区各单位使用临时工情况进行定期和不定期监察，为联社62人、劳服5人、三产82人办理外地进京务工人员做工证，使他们有合法的在京务工手续。

1994年，街道组织各方力量参加区消防运动会，增强全民消防意识。宣传市政府关于禁放烟花爆竹规定，地区在禁放烟花爆竹方面没出任何问题。

1995—1996年，街道将安全生产责任落实到综合治理办公室、交通安全委员会、市场办公室、联社、劳动服务公司等职能部门管理。对各居家委会主任、楼门院长、积极分子进行消防知识培训。各居家委会设置宣传展板、宣传栏、对居民进行消防意识提示和宣传。有条件的单位成立义务消防队，组织消防演习，发现问题及时与防火科沟通，进行限期整顿和处罚。

1996年，街道对分散在各职能部门的应急管理职责进行统一梳理，建立综合协调机制和社会动员机制，逐步形成工委领导、办事处主导、部门联动、社会共同参与的应急管理体系。地区安全生产管理由街道劳动部门负责监督管理，街道与建筑工地负责人签订社会治安责任书。调整充实地区防火安全委员会，开展群众性的普法和消防、宣传教育活动。消防工作被评为区级先进，并获组织奖。

1997年，街道落实社会治安综合治理责任制和消防、交通安全、生产安全等措施，先后开展创“双安”（安全社会单位、安全居委会）、“安全一条街”活动。严格工地管理，配合有关部门调解建筑工地扰民和民扰问题，保证重点工程的顺利开工。10月18日，法制日报社记者虞能祥以“这是什么市场？”为题，在《法制日报》头版头条针对雅宝路市场严重的火灾隐患、管理混乱、乱收费等问题予以曝光。对此，副市长刘敬民、区委书记蒋效愚先后于11月24日、11月30日做出批示，组织有关方面研究解决。地区在蓝岛大厦门前开展“11·9”宣传日活动，发放宣传资料2000份，悬挂条幅20条，摆放板报22块，清除易燃物331吨，消除火灾隐患。组织人员对华鑫旅馆、日化仓库、京九旅馆、京泉旅馆、雅宝路旅馆、汇阳大厦等单位进行防火检查，提高社会单位的防火意识。

1998年5月12日，北京市消防局致函朝阳区政府就秀水市场、雅宝路市场存在重大火险隐患，提出整改措施，从消防安全的角度提出对市场要重新规划，彻底改造或选址重建。根据领导指示，街道对雅宝路市场进行整治，公安、巡察加大对市场内“三无”人员的清理整顿，强化“十摊一保”责任制的落实，增强个体经营者的治安防范意识和自我管理意识。拆除违法建设，净化市场周边环境。加强消防安全检查，更新市场摊位全部灭火器，由1.3公斤改为8公斤，并增设10个大型移动35公斤灭火器，竖立8个消防井标志，杜绝市场内乱拉电线等，消除消防隐患。

1999年，街道把社会治安综合治理责任制和消防、交通安全、生产安全等措施有机地结合起来，开展创“双安”和“安全一条街”活动。居委会“创安”达标率为85%，社会单位创安达标率为75%，全地区未发生交通死亡事故。

2000年，街道与200余个社会单位、居（家）委会签订安全生产责任书和防火安全责任书，与160多个交通立户单位签订交通安全责任书，并对责任书执行情况进行定期考核评议。综治办、派出所、城管队协调对重点地区秩序进行综合整治，解决百脑汇门前、蓝岛后街、陈经纶中学周边、华普至地铁路段治安秩序问题。

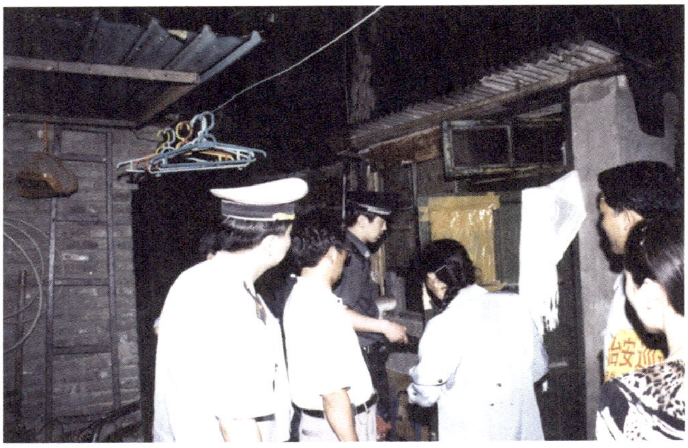

2000年6月，朝外地区整顿外来人口及出租屋屋

2001年，街道利用“四五”普法教育活动，组织20余次法律培训和消防知识培训。加强各部位安全检查，先后消除安全隐患58处。启动吉祥里西区科技“创安”试点工作，完成朝外大街治安电视监控报警系统一期工程。

2002年，街道安全生产实行“首问责任制”，并列入每个月目标管理考核，与每个人、每个月的奖金挂钩。

2003年，街道成立以工委书记、办事处主任为主要责任人的安全生产领导小组。明确一把手为第一责任人，领导班子一级抓一级，一级对一级负责，逐级落实，领导干部全员抓安全的责任机制。利用社区板报、专栏等多种宣传工具，广泛宣传，大造声势，并积极开展安全月、安全季、百日安全生产竞赛等活动，强化单位安全意识。健全社会单位、无主管单位、个体门店、社区消防安全责任制，组织日坛宾馆、吉利大厦、中国工艺等4个单位和天福园社区5次消防演练和逃生自救活动，在吉祥里体东社区举办第一届社区消防运动会。

2003年9月，吉祥里体东社区举行第一届消防安全运动会

2004年6月，街道建立总值班室，主要负责对辖区整体情况24小时的掌控。同期，从街道机关各个部室（包括城管分队）精选38名年富力强的干部，建立街道办事处应急小分队，随时听候调遣，处置辖区内可能发生的各类突发事件。街道办事处总值班室和应急小分队的配套成立，初步奠定辖区应急体系建设的基础。办事处和派出所共同对朝外大街的电视监控系统进行升级改造，提高辖区防火等安全监控能力。

2005—2006年，街道对安全生产存在的问题先后进行6次排查，对存在的问题进行专题分析、分解、分层进行解决。4次联合区安监局、朝阳交通支队、分局防火处、派出所、城管队对地区打包站（库房）、工地、重点单位进行安全检查，消除各类安全隐患。组织社区居委会主任、消防主管、流动人口协管员参观麦子店街道办事处枣营北里社区消防安全工作。中非论坛期间，房管局、区安监局对雅宝路市场等大厦、重点单位、地下空间、打包站、娱乐场所和无主管单位的美发店、小餐馆进行安全检查4次，消除隐患107处。

2005年2月，举行消防演练

2007年，街道落实安全生产责任制，与293家单位签订安全生产责任书。对辖区消防重点单位、“六小”（小加工、小餐饮、小旅馆、小仓储、小娱乐、小商店）企业、

施工工地、地下空间、人防工程、打包站以及机关、社区自有房产进行持续不断的检查，消除安全隐患。组织辖区256名重点单位法人、消防主管及特殊工种人员进行奥运消防安全培训，制作消防宣传幻灯片在朝外大街电子屏幕上滚动播放。

2008年2月，街道在备战奥运工作中，从6个部室抽调人员参与地区应对突发事件处置。4月，朝外街道社会应急管理办公室正式挂牌成立。街道从提高群众消防安全意识及逃生自救能力出发，会同消防监督警在7个社区、30余个社会单位举办多种形式的消防安全讲座和演习演练，受教育群众1000人。北京奥运会期间，与消防重点单位签订责任书4110余份。对雅宝路23个大厦分组开展自查互查，消除安全隐患。将绿化队车辆投资改装成消防应急车，随时准备处置突发事件。全年街道为单位配置灭火器1000具，加压、维修500余具。

2009年，中央电视台配楼发生火灾后，街道以此为警钟，对辖区商厦、写字楼、地下空间、人防工程、建筑工地、打包站、娱乐场所等近900个重点部位进行严格细致的安全检查；与1202个单位签订安全责任书，消除各类安全隐患321处。邀请专业人员在社区、社会单位举办消防安全常识讲座培训12次，受训人员3000余人。举行消防应急演练9次，参加和观摩人员达万余人，组织1350人观看消防宣传影片《火海逃生》，全年新置、更换、维修灭火器800具。4月25日，街道安全监察科挂牌成立，并按照“八个一”（一套安全生产管理制度、一套安全生产监管台账、一张辖区企业分布平面图、一个企业基本情况数据库、一张安全生产分类管理动态表、一份重大危险源调查摸底统计表、一套辖区内安全生产应急救援预案、一个向社会公开的安全生产监督举报电话）标准进行安全生产监管。街道将应急管理与社会管理结合起来，探索建立符合辖区实际的“1157”社会应急管理体系，完善街道与社会单位、社会组织、社区志愿者等多元主体共同参与的应急管理机制，为社会应急管理办公室配备高档照相机、摄像机、打印机、录音笔、电脑、急救箱、应急包等应急物资和物品。制定《朝外地区突发事件应急预案》5大类57种，成立135人组成的应急队伍（街道应急小分队58人、街道专业保安队53人、街道绿化队19人、街道抢修队5人），随时应急处置各种突发事件。

2010年，街道按照“安全生产年”各项工作措施和目标要求，先后制定《朝外2010年烟花爆竹经营零售网点安全监管工作方案》等各类方案，完善安全生产长效管理机制，开展建筑工地、消防安全等专项检查。全年共计出动425人次，检查辖区内社会单位436家次，下发整改通知书32份，整改隐患60余处。街道开展消防安全“防火墙”工程，提高社会单位“四个能力”（检查消除火灾隐患的能力、扑救初级火灾的能力、组织疏散逃生能力、消防宣传教育能力），社区“六个一”（召开一次消防安全动员部署大会；上一节消防安全课；组织一次消防逃生演练；开展一次以“消防安全，从我做起”为主题大讨论活动；组织一次“我在家里讲消防”家庭教育活动；组织一次“消防技能竞赛”活动）建设能力。组织协调人寿大厦、旺市百利及体东、吉庆里社区等单位进行消防安全演练，社会单位安保负责人、员工、社区居民现场观摩学习；按照区消防支队的要求，在每个社区设立消防工作室，配备消防器材。

2011年，街道在“安全生产月”中，开展“四进”（进社区、进学校、进工地、进人员密集场所）活动，针对不同分管对象进行针对性的宣传。成立领导机构，细化14个相关科队站所安全生产工作职责和工作标准，制定安全生产办公室定期调度、联动检查、联席例会等统筹管理制度，规范现场检查记录、备案录入基础数据库、问题限期整改、定期查看结果的工作路径；形成各成员单位日常工作各负其责、重点工作统筹联合、难点工作定期会商的机制。全年拆除违法建设14处，拆除面积665.4平方米，与安全生产主体签订责任书867份，检查生产经营单位681家次，查找各类安全隐患309起，督促整改222起，立案14起，处罚金额9.5万元，检查人防工程541处。带领社区居干、社区民警、流管员等多次开展强排热水器置换工作入户调查，协调生产厂家为符合条件的居民及时置换强排热水器。先后10次组织辖区重点单位、居民进行消防演练，提高辖区居民安全防范意识，掌握对突发火灾的应变、逃生技能，增强自我保护能力。春节期间，由处级领导、机关和社区干部及治保积极分子组成“三组一队”（街面巡查组、社区防范组、后勤保障组、应急小分队），并实行处级领导包片负责制，对居民住宅楼、工地、包站库房、地下空间、液化石油气场所、彩钢板场所等1071处目标进行检查，汲取“4·25”大兴旧宫重大火灾事故教训，以“大排查、大整治、大宣传、大培训、大练兵、大建设”为主要内容，开展“平安朝外消防安全”活动，发动居民委员会、社会单位、治安巡防队伍及消防志愿者等多种力量参与消防工作，实现消防安全管理网格化，形成全民关注消防安全、共筑消防平安的良好局面。

2012年，街道根据《关于春节期间加强安全保卫工作的通知》、两节两会期间单位自检自查通知、《2012年朝外地区两会期间社会面火灾防控工作方案》、《朝外地区“平安社区”消防安全专项行动工作方案》、《朝外地区消防平安三号行动工作方案》，办事处主任与辖区重点单位领导及社区主任签订2012《朝外地区消防安全责任证书》，坚持每日对辖区单位进行检查。全年，检查辖区“六小门店”452家、地下空间10家、重点单位90家、网格处理596次，液化石油气使用专项检查92家、包站专项检查100余家（包括大厦底商所管包站）。组织50余家单位及社区组织消防演练、消防培训及消防知识问答等活动。

2013年，街道进行交通、消防、食品卫生、安全生产领域综合治理，加大对“三合一”（居住与生产、销售场所相通连家庭作坊式场所）场所、学校、物流寄递、高层居民楼、煤气罐使用单位、商市场、娱乐场所、皮草经营场所、小门店小门面、地下空间、人防工程等违法违规行为的查处力度，取缔秀水河、三丰胡同等非法临时占道停车场车位80余个，处罚违章停车1917辆次，处理各类网格事件3000余件。

2014年，街道本着“安全第一、预防为主、防消结合”的消防工作方针，树立“隐患险于明火、防范胜于救灾、责任重于泰山”的思想，以消防工作为重点，预防和减少辖区火灾事故、遏制亡人火灾事故为目标，全面推进社区消防安全工作，落实各项安全防范措施，保障广大居民生命、财产安全。办事处专门成立安全工作领导小组，定专人分管日常消防事务，明确消防管理责任，把消防安全工作任务层层分解到各部门、各社区。实行网格化管理、建立起防火例会、消防安全工作汇报制度，推动消防安全各项工作有效开展。对辖区小酒吧、小歌厅、小舞厅、小宾馆、小饭店、小网吧等“六小”场所进行不间断检查，对机关单位、公共场所、居民楼道、楼院、屋顶、阳台等犄角旮旯可燃物进行清理和检查，共清理各类杂物10余吨。在APEC会议召开期间，办事处防火委印制《朝外街道防火办APEC会议期间要求》，并下发至各单位保卫负责人，提示做好APEC会议期间的自检自查及值班增岗工作，对煤气罐使用单位、地下空间、皮草经营单位、包站进行专项排查，完善各类检查档案。

2015年初，街道安排10人配合全市开展第一次企业安全生产条件普查，共采集数据信息4286家，录入系统1200余家，对辖区安全生产做到底数清、情况明。坚持安全生产日常检查不放松、重大节日密集执法、重要节点日蹲守执法。全年共检查社会单位1368家，发现并排除各类隐患847项，下达执法文书68份，立案9起，行政罚款7.2万元。在“5·12”防震减灾日、“5·19”消防宣传日、“1·24”宪法宣传日期间，街道组织辖区有关人员在悠唐生活广场、蓝岛大厦和街道两个橙房子门口，举办安全体验互动式安全知识教学活动，发放宣传画册，宣传安全知识。“8·12”天津滨海新区爆炸事故发生后，世界田径锦标赛和“9·3”阅兵活动期间，街道组织联合力量，开展集中检查，把地区79家消防重点单位列为必查对象，把人员密集场所和安全生产基础薄弱的单位列为重点（如老番街服装市场，从业人员密集，经营条件密闭，消防设施陈旧），坚持紧盯不放，确保不出问题。采取“四不两直”（不发通知、不打招呼、不听汇报、不陪同接待，直奔基层、直插现场）、联合排查和聘请安全专家等方式，开展执法检查，全年共检查社会单位3368家，发现并排除各类隐患2015项，下达执法文书68份，立案9起，行政罚款7.2万元。检查“六小”生产经营单位2000余家，消除消防火灾隐患89处。

第四节　交通管理

新中国成立初期，辖区的车辆、交通管理，由分驻所治安巡逻警员负责。

1950 年 12 月，东郊区成立市郊一分局交通队，留用表现好的旧警察 30 人，负责管理本地区交通。

1951 年 1 月，负责本地区交通管理的市郊一分局交通队改称市公安局东郊分局交通队。12 月，市公安局东郊分局交通队改为交通直属六分队，隶属市公安局。年内，区政府在朝阳门外大街设 3 处固定岗，在东大桥至红庙、东直门至关厢路上设巡逻岗，管理交通和治安。

1952 年，负责本地区交通管理的交通直属六分队并入交通一中队。

1953 年 11 月，交通一中队改编为交通直属五分队。

1954 年 7 月，交通直属五分队改称交通十中队。年内，在辖区东大桥路口、神路街、吉市口 3 处路面镶嵌铜钉作为人行横道标志，在使馆区路面施画交通标线（分道线）。

1958 年，在辖区东大桥、建华路、日坛路口等处设立指挥岗，民警用指挥棒指挥交通，其他路段为巡逻岗，民警一律步行巡逻。

1959 年，北京站建成并开通，朝阳门火车站拆除，辖区火车的客、货运情况结束，交通运输逐步向市政交通运输发展。街道主要协助主管部门管理好辖区的交通安全。在建华路口、日坛路口安装使用手动信号灯指挥交通，民警在岗楼内手扳电钮变换灯色控制车辆行驶。

1978 年，开始按照“主要干路优先放行，易堵方向优先放行，特殊情况特殊处理”的原则，辖区内所有路口采取信号灯和交通民警手势指挥相结合的方式疏导交通。

1979 年，交通安全工作以东城区八面槽等兄弟单位为榜样，学先进，找差距，不断开展宣传教育、整顿纠正违章，召开各种会议 86 次。深入机关、学校、企事业等 100 多个单位和交通要道进行宣传，分析事故原因，根据不同对象提出安全要求，45000 人受到教育。年内，检查自行车 30200 辆，纠正违章，举办学习班达 1283 人，其中有 370 人罚款，罚款达 429 元。因违章打人被拘留 7 人。全年地区共发生交通事故 78 次，伤 59 人，死亡 2 人。

1980 年，街道在交通安全宣传教育和组织管理工作中，围绕“搞好首都交通秩序，减少伤亡事故，保证四化建设”为主要内容开展各项活动。在保卫春游、人大会议、政协会议、国庆期间的交通安全和冬季运输工作中，地区各单位利用图片、高科技、广播、漫画、标语等形式宣传交通安全。组织 1007 个单位的 2444 人进行安全工作大检查，开展交通安全月活动。组织单位与单位、司机与司机之间的安全行车评比竞赛，举办 1564 人次的司机训练班，整顿司机的驾驶作风，结合北京市恶性重大事故 8 次组织交通事故分析会，对发生事故、安全工作不落实的 32 个单位 56 起责任事故及时进行追查，配合单位建立健全各项规章制度和预防措施，执行交通奖惩制度，使车辆合格率达到 99%，全年没有发生重大的死亡事故。

1983 年，街道贯彻交通法规，派出专业人员上街执勤，维护交通秩序，纠正违章，使交通安全形势和交通秩序有明显好转，年终评比时评出交通安全先进集体 37 个，先进个人 23 人。

1984 年，街道组织专门力量对辖区桥梁、公路的等级及长度、宽度、高度等交通设施、各单位机动车辆的种类和载重量进行调查摸底，为全面宣传贯彻交通法规打下基础。新的交通法规颁布以后，街道组织 250 余人上街值班巡逻，建立 8 个宣传站，悬挂横标 373 条，制作黑板报 184 块、图片 8 套，使新法规家喻户晓，人人皆知。全年纠正违章 1131 起，对 391 个单位的 1229 名司机进行集训，辖区交通秩序进一步好转。

1985 年，街道交通安委会及办公室正式设立，交通办公室作为办事处常设科室。办事处不设专人任职，由交通民警到社会单位借调 1 ～ 2 人协助工作。办事处安排 1 名副主任负责本地区交通安全宣传和管理。全年举办司机学习班 10 期，有 2540 人次参加，召开经验交流会 4 次，对 1148 名司机进行年审，纠正违章 10698 起，对地区车辆进行 2 次验车。

1986 年，街道配合社会各方力量，整顿售票员服务员态度不好，对抱小孩乘客不让座，到站不报名、不停车，以及首都机场给乘客介绍私人旅馆多要钱，出租汽车挤公共汽车使公共汽车不能到站停车等问题，全年处理违反交通法规 692 起。

1987 年，街道坚持“大小会议相结合、办学习班和宣讲相结合、考试和比赛相结合、走访检查和集中验车相结合”的方法将交通安全列入议事日程。

1989—1990 年，街道加强对地区交通安全的领导，逐级落实交通安全责任书。注重树典型、抓先进、带动地区交通安全工作。严格各项检查、学习制度，重点做好私车主的交通法规宣传，慢行车的交通安全检查，使司机、骑车人和居民群众自觉提高遵守交通法规的自觉性。以整顿自行车秩序为主要内容，进行交通秩序大整顿。交通安全委员会结合半年百分制验收，举办司机安全教育学习班，每个司机写出安全保证书，对全辖区居民群众进行亚运意识和交通安全测验。开展百日无事故竞赛活动，与各单位、个体经营者和当地居民签订交通安全责任书18083份。组织交通安全执法队，在全地区17个路口12个车站设置值班队员，纠正违章2万余起，罚款8000余元。街道筹集20000余元，新建9个汽车站候车棚，方便群众候车乘车。街道获评“1989—1990年朝阳区交通安全先进街乡”。

1991—1993年，每年12月31日，安委会全体成员和办事处主要领导，坚守岗位，坚持到元旦钟声敲响，向区政府和朝阳交通大队，汇报全年交通安全概况。

1994年，街道强化交通管理，严查交通违章和乱停车现象。全地区查处违章39起，停车管理费收入24万元。街道获评“1989—1994年朝阳区交通安全先进地区”。

1995年，在日坛路口、建华路口安装大型伸臂式信号灯。按照市区部署，在辖区内开展争做首都文明骑车人、行人活动，制定“各行其道、遵守信号、红灯不越线、行驶不猛拐、骑车不带人、停车不乱放、行人不乱穿”的行为标准，在居民中广泛宣传。组织各单位进行“五查三公布”（查安全计划措施、查安全落实情况、查安全制度、查违章隐患、查奖惩，公布违章人姓名、公布违章情节、公布处理结果），开展“夫妻双把方向盘”演讲，建立小学生路队制和小黄帽教育评比竞赛，推广中小学生交通安全丛书，广泛订阅《首都交通安全报》，与宣传部门配合开展文艺演出，出漫画、板报，进行交通安全征文活动。将中小学生安全教育纳入学校和老师政绩考评，每逢学生班会、队会、放假前，开学典礼都有宣传交通安全内容。当年，办事处再次获评“北京市级交通安全先进集体”。

1996—1997年，街道投资120万元，对日坛路西侧安装高档造型护栏300余米，实现人车分离，打通儿研所东门北侧的市场第二通道，对市场周边小区进行车辆限行封闭，雅宝路市场的整体面貌得到改观。街道与各社会单位交通安全负责人签订交通安全承包书，进行群众性的普法和交通安全知识宣传教育活动，辖区交通一般事故率比规定减少61%。

1998—1999年，街道落实交通安全措施，开展创“双安”和“安全一条街”活动，加大巡察力度，取缔雅宝路市场无证运行三轮车，禁止机动车乱停乱放，以减少交通堵塞，全地区未发生交通死亡事故。

2000—2003年，办事处与160多个交通立户单位签订交通安全责任书，并对责任书执行情况进行定期考核评议，协调综治办、派出所、城管队对重点地区秩序进行综合整治，解决百脑汇门前、蓝岛大厦后街、陈经纶中学周边、华普至地铁路段交通秩序。把解决小区居民自行车存放问题当作为民办实事之一，安排专人、专部门具体负责，全年共解决5个小区存放自行车问题，每个小区自行车存放量都在100辆以上。对交通秩序进行整治，收缴“黑三轮”85 辆，没收非法运营三轮车 155 辆，清理“三无”人员 146 人，对 13 名沿街乞讨人员实施护送救助，使辖区城市街貌发生明显变化。

2004 年，街道以宣传贯彻落实道路交通安全法为契机，加强重大会议、节假日的交通安全，做好“三见面”（与单位领导、司机、车辆见面）、“三把关”（把住领导关、车辆关、司机关），逐级签订交通安全责任书，特别是国庆 55 周年期间，街道与各单位签订“十一”交通安全责任书，127 家立户单位签约率达到了 100%。全年辖区内没有发生任何重大事故，保持 3 年交通死亡“0”指标。

2005 年，首都儿科研究所门前交通状况得到改善

2005—2006 年，街道在两节、两会、“五一”、“十一”、世青赛、中非合作论坛等重大活动、节日及交通宣传和整治黑车等各项活动中，组织立户单位和朝外大街周边单位签订节前、会前责任书，加大宣传教育、监督、检查的力度，加强对车辆维修保养，保证单位交通安全事故为 0。两会期间对民建中央等上会单位的 20 余辆车进行安全检查，削减地区上路车辆 1650 辆，将《致首都市民的一封信》2000 份下发到社区和社会单位。两会和中非合作论坛峰会期间，组织立户单位交通负责人和 200 余名司机在主要路口维护交通秩序。召开地区违章超标单位工作会，控制违章数量。办事处与有关部门协调，在外交部、人寿大厦门前安置百余米的自行车架，规范朝外大街自行车存放问题。邀请交通民警为办事处、工地、学校、社区、单位宣讲交通安全法，直接受教育人数 1000 余人。将交通事故展板在 7 个社区进行巡展，3000 人接受教育。组织地区 180 人（其中流动人员 70 名）到农展馆参观北京市举办的道路安全法宣传画展，提高交通安全意识。

2007 年，街道组织开展交通安全“五进”（进社区、进农村、进学校、进企业、进家庭）活动，邀请交通民警为社会单位、学校、社区等单位授课 12 次，将交通安全系列宣传展板在 7 个社区进行巡展，受教育人数达 25000 余人。在好运北京测试赛和两会、党的十七大期间，削减立户单位运行车辆 1950 余辆。测试赛期间组织社区、社会单位 350 名交通义务宣传员进行机动车单双号行驶宣传，维护交通秩序。协助交通队对 6 辆长期停滞在社区、路侧的机动车进行清理。会同交通队、残联、医院对地区 132 个残疾人驾驶的摩托车进行审核、登记、换证。对 20 余家季度违章超标单位进行走访，督促整改，其中 1 家单位停车整顿。

2008 年，街道对私人大客车、大货车、黄标车、危险物品运输车分门别类登记备案，签订交通安全责任书。与交通立户单位、上会车辆单位、驾驶员等 100% 签订责任书。会同交通民警对两会、奥运会用车进行安全检查，削减立户单位上路车辆 1500 余辆。协调管片交警民警到社区、社会单位开展讲座培训 10 余次，受教育群众 600 余人。奥运期间组织 70 余名社会志愿者在交通路口维护交通秩序，疏导交通。由于监管到位，宣传到位，2008 年实现交通安全宣传全覆盖，交通死亡事故 0 发生。

2009 年，街道调动社会单位共同参与管理，重新调整交通片组长单位，由原来的 6 个增加到 25 个，交通立户单位由原来 128 个，增加到 400 余家。与立户单位签订元旦、春运、“五一”、国庆期间交通安全责任书，落实工作责任。全年，举办交通安全宣传 9 次，举办违法司机培训考试 3 次，发放各类宣传材料万余份。走访违法单位 53 家，停车整顿 5 家，对非法停车管理人员执法 10 余次，对交通堵点、乱点、难点联合整治 10 余次。全年实现交通死亡事故 0 发生。

2010 年，街道根据区市政管委的工作要求，会同区市政管委、发改委对地区路侧临时占道停车位多次进行实地走访，核实数据，公开招标，委托管理公司管理占道停车。在机关、学校、单位举办交通安全宣传 9 次，发放图书等各类宣传材料万余份。走访违法单位 60 余家，停车整顿 40 余家。配合交通队对日坛上街、朝鲜大使馆西侧等处安装机非护栏。

2011 年，街道利用宣传橱窗、《朝外时讯》和丰联广场、昆泰大厦户外电子显示屏等载体，引导广大市民绿色出行、文明出行、规范停车。设置宣传站点 6 个，制作展板 30 块，横幅 10 条，发放各种宣传材料 16500 余份，宣传疏导交通安全。对辖区内的 3 大类 17 种停车资源状况进行调查统计，绘制停车资源图。协调区交通支队，对设置不合理的机非护栏和标志标线等设施进行调整，加装交通设施（护栏、探头、红绿灯、禁停标志），加装自行车地龙 922 延米。投资 73.636 万元，铺设地砖，浇筑沥青、水泥等方式，对辖区内所有的破损路面进行整修，为辖区社会单位、居民创造一个安全、整洁的交通出勤环境。全年开出交通违章处罚单 2000 余次，处理“黑三轮车”200 余辆，教育人次 800 余人。

2012 年，街道与两会服务车辆、驾驶人员及社会单位实行“三见面”“三把关”，确保两会交通安全万无一失。组织外来人口交通安全法律法规及心理健康培训讲座，实施拉网式调查摸底，建立工作台账，制定工作机制，将外埠客、货运车辆和驾驶员全部纳入本地化交通安全监管范畴。在蓝岛大厦门前开展“杜绝涉牌、珍爱生命”“倡导文明礼仪之风，共建和谐礼仪交通”为主题的交通宣传活动，发放各种书籍、画册及宣传手册700余份，发放交通宣传品700余份，致居民一封信50余份，现场摆放展板20余块、悬挂条幅6条。联合派出所、城管、交通队在地铁口、老番街、雅宝路周边对“黑三轮车”、非法运营机动车进行20余次联合整治行动，查扣“黑三轮车”150余辆，劝阻教育机动车司机40人次。走访违法超标单位、对严重违法单位进行追查，降低违法超标率。对7家酒后、闯红灯、涉牌等严重违法单位发放禁止机动车上路通知书，责令停车整顿，全年停车整顿40余家、限期整改170余家。

2012年8月17日，“倡导文明礼仪之风，共建和谐礼仪交通”整治活动

2013—2014年，街道与辖区所有社会单位签订年度交通安全责任书。利用宣传橱窗、《朝外时讯》和丰联广场、昆泰大厦户外电子显示屏等载体，引导广大市民绿色出行、文明出行、规范停车。通过“以证管人”“以物管人”“以房管人”的工作模式，加强对流动人口中驾驶员的管理，对外埠在京人员基本情况进行“拉网式”调查摸底，确保“人员、车辆、驾驶证”三摸清，登记备案40人，做到每车一档。在朝阳门地铁口开展“文明礼让出行、畅通美丽北京”“自觉摒弃十大交通陋习、严厉打击十大交通违法行为”为主体的交通安全宣传，街道领导、交通协管员、社区干部参加活动，进行现场宣传。

2015年，街道配合全市开展的“交通、治安、环境三大秩序”和“行人、非机动车秩序”整治活动，采取交通民警带班，协管分组排班，分片循环查巡措施，加大交通疏导，加大交通宣传力度，指导各社区成立交通自治组织，向居民宣讲交通常识，倡导文明出行，摒弃不良交通陋习，提升民众文明素质。出动警力、机关干部和安保力量3280余人次，对车辆违法停车、占路装卸和非法载客等进行查处，收缴“黑三轮”678 辆，处理 6 辆无证营运的车辆。针对辖区老旧小区停车难的问题，不断挖掘停车资源，提高停车场位利用率；动员社会单位开放 200 个内部车位，用于群众错时停车；规范小区周边胡同、小巷整治，排除障碍，取缔非法收费停车场 3 处，处理街坊路中僵尸占道车 5 辆，打通微循环，还路于民，方便群众出行。

1985—2015 年驻地单位立户与机动车情况表

表 10-5

年度	立户单位（个）	机动车（辆）
1985	205	1100
1986	208	1100
1987	247	1100
1988	204	1290
1989	204	1400
1990	179	1400
1991	179	1480
1992	179	1500
1993	156	1650
1994	156	1650
1995	137	1700
1996	132	1750
1997	200	1000
1998	200	1000
1999	230	1100
2000	250	1100
2001	300	1300
2002	300	1300
2003	340	1500
2004	350	1500
2005	390	1500
2006	320	1590
2007	320	1600

续表 10-5

年度	立户单位（个）	机动车（辆）
2008	330	1600
2009	330	1600
2010	330	1610
2011	350	1610
2012	350	1619
2013	350	1619
2014	360	1630
2015	360	1630

1985—2015 年交通工作统计表

表 10-6

年度	大型宣传（次）	社会单位站岗（人）	地区路口（个）	交通违章（次）	交通事故死亡（人）
1985	4	30	3	19	1
1986	3	30	3	18	2
1987	4	40	4	15	0
1988	5	120	4	12	0
1989	6	150	4	10	1
1990	12	620	5	6	0
1991	9	500	3	10	1
1992	8	550	3	9	0
1993	8	550	2	8	1
1994	9	400	2	7	0
1995	9	320	2	4	0
1996	3	380	1	2	1
1997	7	120	5	—	0
1998	8	40	4	—	0
1999	9	40	4	—	0
2000	11	40	4	—	0
2001	10	80	5	—	0

续表 10-6

年度	大型宣传（次）	社会单位站岗（人）	地区路口（个）	交通违章（次）	交通事故死亡（人）
2002	8	80	5	—	0
2003	7	80	5	—	0
2004	7	60	4	—	0
2005	11	60	4	—	0
2006	8	60	4	—	0
2007	10	40	4	—	0
2008	9	40	4	—	0
2009	10	40	4	—	0
2010	11	20	2	—	0
2011	12	20	2	—	0
2012	11	16	2	—	0
2013	10	16	2	—	0
2014	11	20	2	—	0
2015	10	16	2	—	0

第十一章

民生保障

MINSHENG BAOZHANG

1949年“三街”人民政府成立后，特别设置了民政委员。1979年成立了街道民政科至今。

1996年，社区志愿者服务队成立，对地区民政对象进行重新核实，建立了残疾人特困户档案，为地区民政对象、低收入下岗人员调整最低生活保障金，发放粮油帮困卡，定期走访地区优抚、社救对象，帮助他们解决生活中的困难。

进入21世纪后，围绕应保尽保、进一步调整和规范街道社会救助体系。建立便民、利民流动服务队，实现街道社区服务中心由单纯自办公益性服务向引进多样化服务组织的角色转换，并正式开通了社区服务热线。

2009年，以促进充分就业和完善社会保障体系两项民生工作为重点，开展社会救助规范化助老系列工作。当年朝外街道再次被区民政局评为“社会救助规范化建设示范单位”。

2012年，街道将涉及民生的各方面工作统一纳入“大民生”体系格局，加大了对困难群众的救助力度，有针对性地开展养老助残，结对助困工作。

2015年，完善退役军人优抚安置制度，做好因公殉职人员抚恤，扩大失业保险保障范围，扩大低保保障范围，对因病遭遇暂时困难的人员，实施救助，保障所有困难群众基本生活，助力更多失业人员再就业敢创业。

第一节　社会救济

一、生活救助

新中国成立以后，朝阳区政府每年给缺吃少穿的困难户发放衣物、粮食等生活必需品。按照国家规定，政府对地区孤、老、贫等人员发放救济粮、救济款及介绍工作等多种形式救济。1952年享受国家救济的定期救济320户900人，享受临时救济600户1800人。1954年救济380户1000多人，为贫民修房15间，全年支出救济费200元。自此，旧社会遗留下来的救济对象的问题大部分得到解决。

1957年，朝外地区孤老残幼和特殊困难定期救济户80户160人，全年救济费10000元，临时救济户120户270人次，全年救济费12000元。

1958年，为进一步贯彻“生产自救，群众互助，辅之以政府救济”的城市救济方针，建立了福利生产组18个，项目有拆鞋、缝帽子、补活、缝纫、打铁、钉马掌、做锯条、收购站、食堂、托儿所等，安排贫民25户16人，减轻了国家负担。

1959年开始，连续三年经济困难，使国家进入困境，国民经济被迫进行调整，大批职工被精减，人民生活又出现了新的困难。社会救济对象又有回升。1960年，对孤寡老弱贫苦市民进行救济2040户次5042人次，共用款76969.02元。

1963年，为保证孤老无劳动力或劳动力少人口多生活困难居民的生活，根据不同情况进行定期或临时救济。社会救济户140户340人，其中定期救济50户62人，临时救济90户278人，参加生产自救45人，另外各单位精减下来只领取30%救济金的老弱残退休职工及家属16人。全年救济3272户次6623人次，支出救济金额32626.43元，其中定期救济的1384户次2935人次16697.80元，临时救济的1023户次3037人次7847.55元，另代办退休职工320户次462人次5290.61元，敬老院12户次189人次2794.47元。

1964年，国家试行了“领导掌握，群众评议，当众公布”的方法，纠正救济对象不准的偏差，使政府有限的救济金确保困难群众的基本生活。全年支出救济费170元，解决了15户36人次吃饭、医病等问题。

“文化大革命”期间，朝阳区民政科被撤销，除按原有的救济对象名单发放救济款，其他工作处于停顿状态。

1969年3月，朝民字44号文件《朝阳人民委员会关于城市街道办事处冬季棉衣救济工作的通知》规定：凡享受定期补助的孤老、烈属、烈士遗孤生活困难的军属和尚未就业的残废复员军人；靠政府救济生活困难的困难户；收入较少的又无其他收入的生活困难退休人员及其家属，可享受棉衣救济。救济标准一般以不超过个人下半年布棉票供应定量，每人不超过5元的标准给予救济。享受孤老救济的45人，每人救济5元。享受生活困难的31人，每人救济5元。

1976年6月，城市救济工作得到恢复和发展，特别是党的十一届三中全会以后，人民生活得到改善，社救对象主要是享受定期救济的孤寡老人，根据物价的调整，从1978年开始由9元调整为18元，1981年由18元调至23元，1985年调至35元，房租、水电费另外给予报销。重大节日、四季换季还给予临时救济补助。朝外街道根据区民政局的各项指示精神，随时调整孤寡老人的救济标准，做到不错不漏，由办事处民政科干部及时把救济款送到孤老家中。孤寡老人的房租、水电费、临时性救济，可给予及时报销。

1979年，救济户29户31人508元。

1982年，朝外地区接收安置原国民党县团级以下被宽大释放人员5人，从同年10月起，每人每月发放25元生活补助。

1983年，对地区85户孤老户实行居委会与群众相结合的“全包”活动，经常走访慰问，包买粮、菜、煤等生活必需品，包搞卫生，帮助理发、看病、实行送医送药上门，中秋节前后街道普遍走访五保户和孤老户，有的人还自己买“团圆月饼”去看望孤老人，使他们深深感到社会主义大家庭的温暖。春节前夕对81户孤寡老人，分别由居委会包干负责，定期走访，帮助他们解决困难。地区的20户五保户、6户孤老户、78户困难户，冻不着、饿不着，幸福愉快地度过晚年。

1984年，为改善孤寡老人的生活条件，办事处干部分成5个组，每组20人，拆除了孤寡老人的土炕，同时重新收拾孤寡老人的屋子，又添置了桌子、椅子、被子、水壶、暖瓶等生活必需品。

1984年，朝外地区接收安置原国民党起义投诚人员3人，每人每月补助30元。从1988—1995年对原国民党县团级以下被宽大释放人员和原国民党起义投诚人员的生活补助标准先后调整了11次。其中，被宽大释放人员的生活补助标准从每人每月30元增至153元。

1985年，为孤寡老人、困难户、军烈属送方便、送温暖，全年为其搞卫生1009次，买东西434次，拆洗缝补282件。

1986年成立由5人组成的抚养孤寡老人领导小组。5月30日，街道办事处与遗赠和包户抚养的个人和单位签订协议书。6 月 12 日，街道召开光荣抚养孤寡老人大会，地区社会单位、居（家）委员会、街道办事处和区民政局领导参加会议。抚养方式包括亲属遗赠抚养、领养、邻居代养、包户扶养等。

1987 年，朝外大街开始改造，办事处民政科先后为孤寡老人搬家 14 次，把孤寡老人的房子布置妥当，让孤寡老人满意为止。

1988—1993 年，先后 11 次对社会救济对象的救济标准进行调整：孤老户，每人每月 30 元调至 171 元。困难户，每人每月 42 元调至 135 元。每五年为救济对象全面体检一次。地区的居委会和由居委会便民三产员工、居民组成的义务服务队，他们常年到救济对象家中，为他们买煤、买菜、安烟囱、拆被褥、洗衣服、看病等。辖区内的中小学生也经常到救济对象家中搞卫生。部分社会单位，如蓝岛大厦、国税局、幼儿师范学校、儿研所、公安分局等，也经常到救济对象家中做好事。

1994 年，办事处为地区 9 名孤寡老人购置 12 英寸黑白电视机，为每人购置 1 台电风扇的事迹，被北京电视台报道。

1995 年，为了解决地区见义勇为好市民王煜的家庭生活困难，街道免费为其提供经营摊位。任志大看病报销困难，街道为其解决 1000 元医疗周转金。组织社会单位与边远山区开展手拉手扶贫助学活动，朝阳幼师捐赠 30 台风琴和 1 套价值 2 万元的语音教学设备，爱迪时装公司赠送密云县和怀柔县山区学校学生服装 240 套。

1996 年，建立地区社会保障基金，向最困难的人伸出援助之手，全年收取社会保障基金 20500 元，每月给每位孤老增加 50 元的生活补贴，为一名特困残疾人支付看病费用 10000 元。同时，开展“百户送温暖”及“党员连民心”活动，对特困户和优抚对象进行慰问。

1998 年，春节慰问地区特困户 50 户，发放慰问金 3000 余元和价值 2000 余元的慰问品。为辖区内特困户及部分符合标准的单位保障对象共 8 户 17 人申请最低保障金。

1999 年，街道共慰问走访特困户 98 户，发放慰问金 17000 余元和价值 10000 余元的慰问品。地区有享受最低生活保障人员 68 户 103 人，新审批 20 户 42 人。

2000 年，街道民政科为 40 户 89 人办理最低生活保障金手续，办理 431 个居民房租减免手续。

2003 年，围绕社会优抚、应保尽保、扶贫济困民政中心工作进一步调整和规范街道社会救助体系。为 83 人办理低保。为 5 户特困户办理特困扶助金近 2 万元。在抗击“非典”期间，为一线医护人员捐款 44.8 万元。

2006 年，依托地区慈善分会，通过举办“呼唤义举献爱心、扶贫助困创和谐”文艺活动，发动驻区社会单位以捐款、结对的方式，向辖区290名特困、880名残疾群众伸出援助之手。全年收到130余家社会单位的捐款15万余元；蓝岛大厦、陶然居、旺市百利等15家单位分别与辖区15个特困家庭结成帮扶对子。扩大“爱心帮困卡”的发放数量，使辖区享受帮困的户数增加到54户。为地区8名享受低保的残疾子女、3名残疾学生发放总计7000元的资助金。

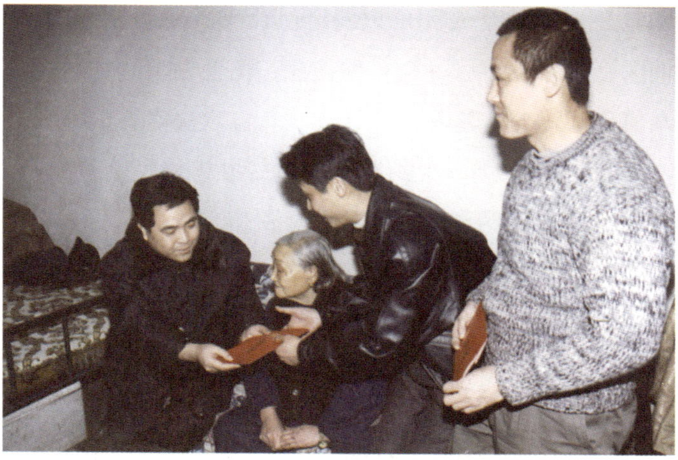

2003年12月，区民政局领导慰问田氏三兄弟

爱心家园（摄于2003年）

2008年，开展“手拉手共创和谐朝外”送温情慰问周活动。街道慈善分会出资5.4万元为地区27名重大疾病患者送去救助金2000元；办事处出资2万元慰问辖区154户低保边缘家庭；街道机关干部与辖区80户困难家庭“亲情岗”进行逐户走访，深入了解民意，送去价值1万元的慰问品；为地区7名困难家庭子女办理金额为2.4万元助学补助。

2009年，对10户特困家庭进行临时救助，发放救助金7.1万元；对地区30名慢性疾病患者和29名重大疾病患者发放慈善救助金10万元；对地区2名困难老人和10名困难武警战士发放慈善救助金1.3万元。街道被区民政局评为“社会救助规范化建设示范单位”。

2010年，受朝阳区慈善协会和朝外慈善分会委托，吉祥里社区在朝外大街楚香锅餐厅隆重举行“朝阳慈善情——新春大联欢”活动，邀请吉祥里社区各类困难群体代表、捐赠企事业负责人等150余人参加。朝阳区委副书记宋连娣出席并讲话。

2012年两节期间，办事处出资105万元，辖区社会单位捐物捐款约27万元，对地区优抚对象及困难人员进行慰问。“爱心成就未来”助学项目募集善款14820元，党员献爱心45052元，其他善款60937.3元，通过“爱心成就未来”慈善助学项目，对地区低保和低收入家庭中正在就读初三、高三的11名学生每人发放1500元的助学金。通过“厚德暖心”工程进行一对一结对帮扶12户困难家庭。在“7·21”暴雨灾害期间，街道民政科收到社区居民和企事业单位捐款33769元，捐赠衣物4281件。12家企业，500多人参与救灾捐赠活动。

2013年两节期间，开展“爱心助学，成就未来”助学项目、“大病医疗救助”助医项目、“突发自然灾害救助”项目、“助残就业”项目、“为老助困”等慈善项目。地区有近60家企业参与到慈善公益活动，全年筹集善款34万余元，发放慈善救助款9.8万元，缓解30个家庭的燃眉之急。中粮集团分三次为地区低保家庭发放食用油近600桶。中粮惠民店向地区贫困群众开展4次送优惠活动，优惠800人次，开展各类公益帮扶活动10项，覆盖人群近300人次。

2014年，街道继续开展慈善公益事业项目，救助500人次。举办“百姓新春大联欢慈善饺子宴”，地区各类群众100人参与。

2015年，春节前夕为47名低保边缘困难老人发放慈善救助金2.35万元；“春风送暖”慈善捐赠，募集善款2.8万元，中粮集团两次向困难人群发放食用油400桶；爱康国宾体检中心为12名贫困老人发放免费体检卡。联合区慈善协会“六一”儿童节为22名低保家庭儿童发放各类礼物。

二、募捐援助

大力倡导一方有难八方支援的社会主义新风尚，每次募捐前成立办事处为首的领导小组，召开地区社会单位和居委会动员大会，让灾区人民充分体会社会主义大家庭的温暖。做到宣传到位，各级领导重视，亲自抓亲自带头捐衣捐款。

1986—1996年部分年份募捐情况表

表11-1

年度	援助地	金额（万元）	衣被数（万件）
1986	山西临汾		2.0
1987	黑龙江大兴安岭地区	0.2	1.8
1990	内蒙古		6.2729
1991	安徽		2.8663
1991	北京怀柔、密云		3.0

续表 11-1

年度	援助地	金额（万元）	衣被数（万件）
1994	贵州	0.22	3.5941
1995	河南	5.79	2.7
1996	内蒙古	14.3	6.0

1997 年，用 4 天时间完成全年的募集衣被工作，共募集衣被 132 大包 10000 件，超额完成任务。

1998 年，为支持全国抗洪救灾，地区群众和街道机关干部共向灾区捐款 62 万元，募集衣被 7.4 万件，企业发展中心还向内蒙古地区捐助 30 万元。

2000 年，朝外街道各社会单位和居民区群众万余人踊跃为内蒙古灾区捐款 7.3 万元，捐衣被 3.1 万件。

2001 年，完成地区扶贫赈灾向内蒙古、江西贫困灾区募集衣被 5.1 万件，捐款 5.8 万元，向甘肃桥西小学捐款 2900 元，捐书 1000 册。

2002 年，通过红十字会向灾区和特困户捐款 2 万元。

2003 年，向内蒙古赤峰市、乌兰察布盟和江西省吉安市捐助衣被献爱心活动，募集衣被 40300 件，捐款 2 万元。

2008 年，南下坡清真寺为四川地震灾区捐款

2008 年，街道 2 月份为南方雪灾收捐款 309580.81 元，募集衣被 39 包、2300 件；5 月份为四川地震灾区收捐款 127.6 万元；10 月份为四川灾区募集新衣被 828 包 10021 件，收捐款 7.2 万元。

2011 年，开展以“春风送暖”为主题，辖区企事业单位和社区居民帮助对口支援的新疆和田。向内蒙古、江西和青海玉树地震灾区，捐款 90844 元。

第二节　婚姻管理

1953 年，建立“东郊区人民政府婚姻登记处”，并开展《中华人民共和国婚姻法》的宣传教育。1955 年 9 月，结婚登记工作交街道办事处办理。离婚、复婚、回汉民结婚、外侨结婚登记仍由区政府直接办理。婚姻登记工作由办公室内勤代管，主要负责结婚登记和离婚登记。1959 年朝阳区民政局将复婚、回汉族结婚登记工作移交街道办事处，扩大办事处婚姻登记范围。

1979 年，中共中央提倡晚婚和终身只生一个孩子的号召。地区办理结婚登记 1250 对，晚婚率达 97% 以上。1980 年 1138 对结婚登记的青年男女除了个别因病残照顾外全部实行晚婚，晚婚率达 98%。1983 年，办理结婚 724 对，晚婚率 91.9%。1996 年，办理结婚登记 356 对，离婚登记 33 对，离婚调解成功 26 对。

2003 年 4 月，朝阳区民政局婚姻登记处集中管理区婚姻登记工作，街道办事处婚姻登记工作结束。

第三节　殡葬管理

1965 年，内务部提出“坚决依靠群众，积极推广火葬，改革土葬，破除旧的丧葬习俗、节约办丧事、建设社会主义精神文明”后，朝外街道殡葬工作火化工作发展较快。其间，地区的殡葬工作由主管主任和民政助理员负责。

1981 年 12 月，民政部在北京召开第一次全国殡葬工作会议。居委会人员主动入户走访，宣传国家和北京市殡葬政策，引导大家正确认识和执行火葬规定。

1986 年 8 月，街道成立红白理事会。具体承担殡葬改革的具体落实，坚持对于有违背政策的人员进行说服教育，落实相应的政策。

1990 年 4 月，北京市政府实施《北京市殡葬管理办法》第 5 号令。办事处召开居（家）委员会主任会议，学习宣传《北京市殡葬管理办法》第 5 号令。清明节前，办事处民政科布置节前宣传，每个居委会以黑板报、横幅、开小型座谈等形式进行殡葬宣传，每个居委会出黑板报、横幅、标语进行宣传。

1991 年，民政科在处理孤老户老人去世后殡葬工作中，耐心细致，不怕苦，不怕累。

殡葬工作，全年火化率达 100%（少数民族除外）。

1992 年，5 月 15 日街道成立殡葬改革理事会。其职责是依据市政府 5 号令精神，对出现土葬（规定少数民族土葬除外）或搞封建迷信活动的进行综合清理、整顿，妥善解决，及时制止。朝外地区属回民居住区，根据民族风俗习惯，地区清真寺为回民殡葬服务所，专门为回族居民按回族礼节进行殡葬服务。朝外地区建立三级网络殡葬管理体系，全部达到市区要求死亡火化率 100%，未发现少数民族以外的土葬现象。

第四节　就业安置

1963 年，朝外街道成立劳动管理所，办公地点在朝外大街 31 号，1971 年改称劳动管理组，主要负责地区闲散劳动力的登记和介绍工作。1975 年成立知识青年上山下乡办公室，主要负责办理知青返城手续，1979 年 6 月撤销知识青年办公室和劳动管理组合并为劳动知青科，主要任务是安置待业青年和返城知青。1980 年 8 月根据中共中央关于转发全国劳动就业会议文件的通知精神，成立劳动服务公司，与劳动知青科一套人马、两块牌子。1983 年 10 月，办公地点搬到朝外二条 46 号。1989 年更名为劳动科。1992 年 1 月，劳动服务公司独立办公，劳动科延续至今。1996 年 11 月，街道联社和劳动服务公司合并，成立街道经济发展委员会和企业发展中心，对街道集体经济实行集中领导和管理。2001 年 12 月，根据《北京市人民政府印发〈关于完善本市城镇社会保险体系意见〉的通知》精神，街道社会保障事务所（简称社保所）成立，为全民所有制、全额拨款正科级事业单位，隶属街道办事处，编制 21 人。社保所在业务上要同时接受区民政局和区人力资源社会保障局的指导。

一、知青安置

“文化大革命”期间招生考试制度被废除，毕业生分配亦无方向，1966—1968 届初、高中毕业生（俗称“老三届”）分别到山西、陕西、东北、内蒙古等地插队落户的达 604 人。朝外地区朝阳中学、雅宝路中学 1969 届毕业生，除少数去三线工厂外，大部分到农村插队或到生产建设兵团共计 2214 人。

1977 年 11 月 28 日，国务院批转公安部《关于处理户口迁移的规定的通知》后，街道办事处根据北京市政府对知青“困退”“病退”的规定，为大批知青陆续办理回京手续。1977—1979 年办理返城入户知青 936 人。

1981—1987 年，根据上级文件精神，街道重点解决“大龄未婚”和“多子女插队”“身边无子女”及“丧偶”的老知青回京180人。1988—1993年因为本人有病或在京双亲无人照顾，通过单调、对调等多种渠道先后办理回京385人。

1988年，北京市劳动局、公安局、教育局、粮食局联合发出的京劳青发字〔1988〕496号文件《关于解决在外地原北京下乡青年子女回家就读入户问题的通知》，明确每户知青允许一名未婚、未就业子女将户口迁到北京，当年办理下乡知青子女回京手续185份。1989—1995年，办理知青子女回京手续609人。文件还规定，知青子女除一名可以回京入户外。其他子女可以在京借读。1988—1995年，共办理知青子女回京借读近百人。

1991年，安置待业人员1878人，为知青子女办理回城手续70人。1992年，办理知青子女回京13人，知青本人回京45人，随迁29人。1993年，落实外地的北京知青的回京工作，劳动科办回知青22人，随迁家属11人，子女回京6人。

2001年，办理知青返城户口11人。2008年，办理12名老知青或子女回京手续。2010年，共办理返城知青5人。2012年办理返城知青5人。

二、培训就业

区劳动局每年下达分配指标，1977—1985年共安置就业2200人，主要就业单位是国棉一厂、二厂、三厂，印染厂，公共汽车公司一厂、五厂等。

1983年，为待业青年开办各种培训班7期，培训372人，安置待业青年3181人，占应安置的96.2%。

1985年，培训266名待业青年，安置944名待业青年就业。

1986年，劳动制度改革，推行招工合同制，区劳动局不再下达安置就业任务，1986—1995年共办理合同工2325人。

1989年，与101个单位安置294名临时工，签订用工合同，办理临时工退休养老手册。

1990年，调查302个单位使用临时工的情况。核实本地区待业人员在临时工组成中的比例。全年办理求职证470份，办理招工301名。举办应届初高中毕业生培训100余人。

1991年，做到底数清，情况明，在工作面广、政策性强、手续烦琐的情况下热情接待，积极安置，全年安置待业人员1878人。

1992年，接待待业人员3700人次、辞职人员197人次。为本地区1930名待业人员办理各种手续，招工209人，接待辞职人员档案197人，办理待业人员出国手续53人，办理求职证1311人，办理高考报名23人，录取15人。对地区100名应届初、高中毕业生进行就业前培训，对领取待业救济金的50人进行登记核发等管理工作，有待业人员 1811 人。

1993 年，接收辞职人员 1111 人，领取待业救济金 87 人，劳动科管理的待业人员总数为 1803 人。为 20 人办理出国公证材料的手续证明，对地区 1497 人进行求职证的年审工作，出具各种证明等工作。

1996 年，安置失业、残疾人、两劳释放人员就业 100 余人。

1997 年，成立职业介绍所，启动再就业工程。通过与社会单位联系，举办和参加招工会等形式，先后为华普大厦、丰联广场等 48 家单位输送 513 名下岗、待业人员，60 余名下岗职工被外交部办公楼物业部录用为电工、水暖工及后勤人员，27 名下岗人员走上了居委会的领导岗位。

1998 年，先后对 292 人进行就业指导培训，872 名下岗和失业人员得到安置，实现再就业。通过开办朝外广场和雅宝路八区市场，安置下岗和失业人员 235 人。当年，街道荣获市级“再就业红娘”称号。

1999 年街道成立职业培训分校，开办三期转岗培训班，58 名下岗职工取得结业证书。职业介绍所先后为 322 名下岗、失业人员重新安排了工作。

2000 年，街道职介所为 552 名失业、下岗人员进行求职登记，新代存档案 1403 份，推荐就业成功 233 名，为 107 人进行就业指导。

2001 年，地区有 992 名失业人员实现再就业，就业率达 78.1%。

2002 年，社保所先后举办 6 次职介招聘会，为 587 人提供就业指导，开发社区就业岗位 209 个，成功安置下岗、失业人员 760 人，失业再就业率达 60.1%。

2003 年，在全区率先建立地区再就业联席会制度，与辖区 15 家单位签订用工责任书，提供空岗信息 1020 个。全年累计共为 82 名“4050”就业困难人员提供再就业援助，有 49 人经援助实现再就业。搭建社区劳动保障工作平台，招聘社区劳动保障协管员 14 人。与辖区社会单位联手促失业人员再就业，为 128 名就业困难人员提供再就业援助，95 人得到安置。

2004 年，深入开展针对“4050”就业困难人员的再就业援助工作，为解决群众就业难问题，扩增再就业联席会成员单位，通过联席会，建立挖掘岗位、吸纳就业的快速反应机制。举办“阳光就业行动”招聘会 16 次，参加单位 150 家，再就业 229 人，就业率 94.6%，有 21 家单位与街道签订用工责任书，天雅大厦一次安置失业人员 66 人。失业人员存档 3850 份，失业人员参加免费培训，培训人员 570 名。实施阳光早餐、净菜销售、便民店、再生资源回收“四进社区”工作，使 36 人实现社区弹性就业。

2004 年 5 月，朝外街道社保所举办失业人员专场招聘会

2005 年，在发挥地区促进再就业联席会成员单位作用的基础上，深入社会单位，广泛挖掘用人单位空岗信息，举办 15 场招聘会，对 617 人进行就业技能培训，开发就业岗位 2126 个，使辖区 626 名下岗、失业人员实现再就业。

2006 年，召开地区再就业联席会，开发就业岗位 2572 个，成功推荐就业 679 人。

2007 年，实施劳务派遣、开发社区就业岗位、开展创建充分就业社区活动等，设立就业助理员，通过政策咨询、职业指导、再就业援助、岗位推荐等就业服务，开展零就业家庭帮扶活动，全年开发就业岗位 3058 个，其中社区就业岗位 660 个，有 566 人实现再就业。

2008 年，与区劳动保障局合作，在社会管理中心设立就业培训基地，开展失业人员就业服务。对 1328 人次进行职业指导，组织 150 名失业人员参加职业技能培训；开发就业岗位 1957 个，其中社区就业岗位 691 个，安置 358 人。征集创业项目 3 个，4 个社区被认定为充分就业社区。

2009 年，全年登记 628 名失业人员实现就业。

2010 年，以深化为民服务为着眼点，加快完善就业和社会保障工作。组织参加招聘会，为 90 名失业人员进行职业技能培训，开发就业岗位 2464 个，推荐 385 名失业人员实现再就业。开发社区就业岗位 319 个，社区就业岗位安置失业 215 人。

2011 年，组织失业人员小型招聘会 3 次。组织 85 名失业人员进行职业技能培训。推荐 191 名失业人员实现再就业，开发就业岗位 2876 个，对 500 多人次进行职业指导，开发社区就业岗位 1378 个，社区就业岗位安置失业人员 200 多人。

2015 年 11 月 10 日，朝外地区举办 2015 年度服务行业技能风采展示活动

2012 年，针对外来农民工开展“春风行动”，提供职业介绍 80 人次，成功 6 人。开展社会单位用工调查 180 家。开发就业岗位 2880 个，对 1456 人次进行职业指导，实现 330 名就业困难人员再就业，推荐 290 名失业人员实现再就业。开发社区就业岗位 520 个，社区就业岗位安置失业人员 161 多人。

2013 年，为失业人员做失业登记 268 人，完成开发就业岗位 1758 个，推荐失业人员就业 147 人次，免费技能培训上报 130 人，基础职业指导 300 人次。

2014 年，联手香河园街道手拉手专场招聘会进社区，30 多家单位，提供 43 个工种，400 多个就业岗位，供求职人员选择，吸引近 200 名各类求职人员参加，有 53 人与用人单位达成就业意向。

2015 年，在朝外社管中心召开以“百姓就业进社区再就业援助月”为主题的失业人员专场招聘会和体东社区招聘会，30 多家单位，提供 55 个工种、400 多个就业岗位，吸引近 200 名各类求职人员参加，有 30 人与用人单位达成就业意向。

第五节　劳动监察

改革开放以后，国家制定一系列劳动法律、法规、条例等。在劳动市场发展的同时，及时加强管理，建立健全市场规则，建立和完善监督机制，以保障劳动者的权益，调整企业与劳动者之间良性关系，维护劳动力市场正常运行和社会稳定。

1986 年开始劳动监察工作，从对建筑施工安全监察，逐步扩大到对来京的外地务工经商人员用工监察和对个体及私企的用工监察等。1993 年，街道抽调 3 名干部接受监察专业培训，并领到监察证。1994 年 3 月，朝阳区劳动局与街道办事处签订劳动监察委托书。街道办事处正式行使监察权力。

一、对外地来京务工经商人员用工监察

根据北京市人民政府〔1995〕14 号令《北京市外地来京人员务工管理规定》和〔1995〕40 号北京市人民代表大会常务委员会公告《北京市外地来京务工经商人员管理条例》，劳动科对辖区内的外地务工人员进行定期检查和不定期的抽查，检查是否按规定办理就业手续，用工单位是否按规定向劳动部门申报雇用外地工指标。1992 年，劳动科为联社、劳服公司、居委会三产管理的企业 205 名员工办了做工证。1993—1995 年，共计办理做工证 10470 余人次。

二、对个体和私企的用工监察

按照北京市人民政府第 16 号令《北京市个体工商户、私营企业雇工劳动管理暂行法》的规定，对辖区内个体工商户和私营企业的雇工情况进行定期检查。禁止雇用未满 16 周岁的未成年人。自 1989 年 5 月 1 日起，执行对发现的问题予以 3 小时内解决处理的规定。

1993 年，地区个体户 157 户 320 人均办了用工簿。并集中对雅宝路市场的个体户进行用工簿的年审工作。

2006 年，共检查社会单位 155 家，受理投诉（举报）71 起，查出违法事实 187 件，立案处理 90 起。为劳动者讨回工资 19 万余元，为劳动者追补社会保险费 12.7 万余元，补签劳动合同 327 份，对其中存在严重违法事实的 4 家单位合计处罚 3.4 万元。

2007 年，完成 1105 户企业劳动合同管理台账情况检查汇总报表工作；组织地区 100 人参加区劳动局举办的劳动合同法讲座；完成“迎奥运风采暨职业技能大赛和优秀高技能人才选评”的报送工作；完成 10 起投诉案件的结案工作；协调处理祥业大厦、雅宝城、中铁项目部、麒麟大厦、国雅大厦共计 509 名民工工资支付问题。

2008 年，巡查社会单位 458 家，其中 195 家做了现场检查笔录并报送，超额 95%；检查辖区 17 处在建工地，进行 8 次劳动用工和支付民工工资情况检查。

2009 年，确定朝外佳汇中心作为开展“劳动用工规范一条街”工作对象，成立专项工作领导小组，制定实施方案，推进“劳动用工规范一条街”工作。举办“依法加强劳动用工管理，保障劳动者合法权益”、“3·15”劳动合同法宣传等活动，并于上半年、下半年分别组织举办劳动合同法专题培训会；组织劳动法知识竞赛活动，联合劳动、工商、综合治理、派出所、安全生产等部门开展专项检查工作。

2010年，劳动科举办了由14家建筑工地负责人和辖区各企业负责人参加的“依法加强劳动用工管理，保障劳动者合法权益”宣传活动。当年成立街道安全生产委员会，接待群众来访200多人次，来电咨询300多人次，立案84宗，结案72宗。处理劳动保障群体性突发事件9宗。案件涉及劳动者31人，罚款金额20960元，为劳动者追回工资待遇478573.96元。审查各类用工单位41个，涉及职工746人。

2011年8月26日起，对辖区用工单位开展用工情况书面审查工作，审查重点为辖区内用工单位社会保险参保情况。至9月底，共审查各类用工单位170家。培训辖区48家用人单位共计61人。

2012年，充分发挥劳动保障监察的职能作用，对辖区42家用人单位56人进行劳动合同法、社会保险法培训，审查各类用工单位350家。接待群众来访60多人次，来电咨询100人次，处理劳动保障群体性突发事件7宗。全年处罚案件12件，处罚金额28000元。

2013年，处理劳动保障群体性突发事件25宗。审查三丰里社区的悠唐、泛利大厦、人寿大厦、联合大厦、丰联广场内700家单位。

2014年，审查用人单位500多户，有效规范地区人力资源市场秩序，圆满完成劳动用工书面审查和规范一条街工作任务。畅通举报投诉渠道，热情接待群众来访，注重服务企业、服务群众，全年共巡查用人单位1258户。妥善处理职工讨薪事件14起，涉及职工330余人，为职工讨回工资534.9万元。主动监察、巡查各类用人单位1100多家，涉及劳动者1万多人。

2015年5月12日，悠唐生活广场举办平安星安全体验互动式安全知识教学活动；10月份，组织地区105家餐饮单位负责人开展安全生产培训。全年共检查社会单位3689家。

三、对建筑施工安全监察

1986年街道在劳动科设一名兼职建筑安全监察员，负责辖区工地施工安全的监督检查，根据《中华人民共和国劳动法》的规定与有关法规，在辖区内施工单位（区级以下的施工队伍）施工前必须办理施工安全许可证。检查其开工手续是否齐备（施工队的营业执照、施工许可证、外地工进京指标批件、特种行业上岗证），手续齐备的可办理施工安全许可证。在其施工过程中，按工期长短安排定期的施工现场安全检查。

1991年，街道为贯彻国务院41号令及市区有关文件精神，对地区单位进行劳动监察。1980—1995年，对在朝外地区施工的工地进行300余次安全检查。

1993年，就工地的安全检查和单位使用临时工的监察工作，对工地的人员进行安全知识教育，组织答题320人，为14个施工单位办理了安全施工许可证手续。为联社62人、劳动服务公司5人、居办三产82人办理了外地进京务工人员做工证。

2001年，为地区127家企业办理劳动年检手续，为5家企业代存职工档案，为5

家企业颁发“绿色通道”证书。

2003 年，街道成立了以书记、主任为主要责任人的安全生产领导小组。明确一把手为第一责任人，领导干部全员抓安全的责任机制。

2004 年，在辖区内根据地域划分为十片，成立安全生产检查协作组。通过开展大规模的专项劳动保障监察活动和查处群众举报案件工作有机结合，组织开展签订劳动合同和参加社会保险情况结合执法检查。与地区 168 家单位签订安全生产责任书和定期检查工地、物业公司及社会单位。全年检查各类用人单位 391 户，查处违法案件 85 件。

2006 年，检查社会单位 155 家，受理投诉（举报）71 起，查出违法事实 187 件，立案处理 90 起。为劳动者讨回工资 19 万余元；为劳动者追补社会保险费 12.7 万余元；补签劳动合同 327 份；对其中存在严重违法事实的 4 家单位处罚 3.4 万元。

2007 年，建立安全生产领导小组，配有 1 名专职、2 名兼职安全生产检查员。并将办事处所有科室平均分配到七个社区，联合社区开展每月一次的安全生产检查工作。同时将辖区分成十组（片），各组（片）选一组长单位，负责组织本组（片）内社会单位日常的安全生产检查工作。彻底形成朝外地区纵向联系，横向结合的安全生产检查管理网络。

2008 年，开展了“隐患治理年”活动，及时调解施工工地拖欠民工工资 22 次，协同区建委、城建、城管、综治部门联合执法，检查 17 家工地的安全、防火、工人工资发放情况，采用定时与不定时方法到施工工地检查安全隐患及指导整改工作 67 次，协同办事处其他部门处理解决 27 起施工工地因拖欠工程款、劳务费、工资引起的事端。

2009 年，成立安全生产监察科，全年按照“三项行动”和“三个建设”要求，狠抓隐患治理整改，落实安全管理责任。

2013 年，开展“贯彻工伤保险法律法规，保障职工工伤保险权益”为主题进行宣传活动。朝外街道劳动科分会场在通产日坛俱乐部工地内进行宣传活动。现场就《工伤保险条例》法规政策做了展板、宣传画、宣传折页、悬挂横幅等，发放宣传材料 150 余份。

2015 年，共巡查用工单位 132 家，其中立案 85 家、处罚 5 家。处理职工讨薪突发事件 7 起，依法为职工讨薪 90 余万元。

第六节　社会保险

一、待业保险

1986 年出台待业保险制度，北京市人民政府转发《国务院关于发布改革劳动制度四个规定的通知》，其中包括《国营企业职工待业保险暂行规定》自 1986 年 10 月 1 日起施行。保险范围：宣告破产的企业的职工；濒临破产的企业法定整顿期间被精减的职工；企业终止，解除劳动合同的工人；企业辞退的职工。

朝外街道1991年开始向辖域内8人发放待业救济金，到1995年，为70人发放待业救济金。

1991—1995年朝外地区发放待业救济金情况表

表11-2

年份	人数（人）	金额（元）
1991	8	4418.52
1992	22	17467.32
1993	33	96261
1994	63	9537
1995	70	147864

二、职工待业保险基金的收缴

根据北京市劳动局《关于变更招用合同制工人的市级国家机关、事业单位、社会团体缴纳职工行业保险基金办法的通知》。市级国家机关、事业单位、社会团体招用的合同制工人，向所在街道劳动服务公司缴纳职工待业保险金。街道自1992年开始收缴有合同制工人的职工待业保险，以前单位没有合同制工人。

1992—1996年朝外地区收缴职工待业保险基金情况表

表11-3

年份	单位（个）	人数（人）	金额（元）
1992	5	10	341.7
1993	3	14	513
1994	2	53	2944
1996	5	98	7843

三、临时工养老金收缴及发放

养老金的收缴。根据市政府〔1990〕16号令《北京市实施〈全民所有制企业临时工管理暂行规定〉细则》及京劳管发字〔1990〕317号《北京市劳动局关于执行国务院〈全民所有制企业临时工管理暂行规定〉和〈北京市实施《全民所有制企业临时工管理暂行规定》细则〉若干具体问题的通知》，实施细则规定，单位使用一年内临时工须签订劳动合同，同时执行京劳险字〔1988〕550号《北京市城镇临时工养老保险暂行办法》，办理缴纳临时工养老保险金手续。比例是个人缴纳工资部分的3%，单位缴纳个人的5倍及向街道缴纳管理费5%。缴纳后记载临时工养老手册。1994年1月1日起，根据京政发〔1994〕29号《北京市人民政府贯彻国务院关于调整企业离退休人员离退休金的通知》，养老金比例调为个人交工资总额的5%、单位交19%。

1990—1995年朝外地区收缴养老金情况表

表11-4

年份	人数（人）	个人金额（元）	单位金额（元）
1990	1	36	180
1991	1	36	180
1992	3	115.2	576
1993	4	1052	4651
1994	12	3264	13410
1995	12	1864	7405

1996年，社会保障进一步落实。重新核实了地区社救、优抚对象情况，建立了残疾人、特困户档案。向社会筹集解困基金20500元，收缴残疾人就业保障金73万元。

2000年，街道劳动科召开辖区社会单位动员会，查找需追缴企业信息，全面监察需追缴企业，完成追缴任务。

2001年，办理26户52人最低生活保障，发放帮困卡33人，办理57户特困户房租减免手续，办理28名残疾人生活困难补助，向社会单位收缴残疾人就业保障金178.1万元。

2004年，社会保险扩面征缴，完成30个新增单位、每月500人的征缴任务，街道劳动科通过年初的劳动监察加大检查力度，仅旺市百利一家，通过监察，一次就上保险240人，保护劳动者的权利。

2006年，区劳动和社会保障局下达的扩面指标均是6000人次，街道完成6800人。在10月25日全区2005年度社会保险扩面征缴总结会上，朝外街道被评为先进单位。

2007年，地区认领扩面征缴单位420家，并逐一进行核对，摸底54家单位15个职业（工种）持证上岗情况，对地区参加社会保险登记但未缴费的10家社会单位进行逗缴检查。

2008 年，完成社会保险扩面征缴 15 户，增加缴纳社会保险费人数 480 人。

2011—2013 年，通过社会保险监督系统对本辖区企业缴纳社会保险情况进行跟踪监控，督促 90 户欠缴社会保险的企业单位及时缴纳社会保险。

2014 年，清理已办理社保登记而没有申报缴费的用人单位。坚持每月对区人社局下发的已办理社保登记而没有申报缴费的用人单位进行及时认领和上报，督促相关用人单位按时缴纳社会保险或出具已缴费凭证，完成其基本信息录入申报缴费的用人单位 164 户，超额完成区人社局下达 30 户的任务指标。

四、合资企业中方退休人员统筹管理

根据北京市劳动局《关于印发〈贯彻关于外商投资企业中方职工退休养老基金统筹有关问题的通知中若干问题的自理意见〉的通知》。自 1989 年 5 月，街道劳动部门除负责中方退休职工统筹项目内各项费用的支付、报销工作外，还要积极创造条件，组织中方退休职工开展必要的学习、娱乐、家访、慰问等活动。1989—1995 年，转至街道退休人员 29 人。由街道每月支付工资，100%报销药费，资金由区统筹办如实下拨。

1996 年，按期向退休、退养和失业人员发放养老金和失业救济金，健全青年志愿者和“三八”服务队伍，坚持常年上门为孤老、特困户服务。办理 70 岁以上高龄老人优待证 297 件。

2009 年，全面开展退休人员领取养老保险金的认证手续，确保养老保险基金的安全。开展高龄老人津贴和居民丧葬补贴的发放工作；开展城乡居民养老保险的参保工作；为参保的城镇无保障老人、自谋就业、灵活就业人员开始报销门诊急诊医药费；为 55 ～ 60 周岁女性办理无保障老人登记及发放福利养老金的工作。

2011 年，有社会化管理退休人员 1981 人，管理档案 1810 份。接收 95 人，接收退休关系 168 人，接收退休档案 157 份。为 142 名退休人员补发养老金 682648.39 元，为失业人员办理正式退休 21 人，病退休 21 人，特殊工种退休 14 人。

2012 年，有社会化管理退休人员 2200 人，管理档案 2026 份。为 781 位退休人员变更医院，为 300 余名退养老人报销药费。

2013 年，有社会化管理退休人员 2327 人，管理档案 2153 份。为 22 名退休人员申请自采暖补贴共计 19353.3 元。

2014 年，有社会化管理退休人员 2609 人，管理档案 2420 份。为 64 名退休人员申请自采暖补贴共计 58949.7 元。

2015 年，有社会化管理退休人员 2794 人，管理档案 2573 份。为 60 名退休人员申请自采暖补贴共计 55248 元。

第十二章

社区服务

SHEQU FUWU

朝外社区各级组织把如何做好服务工作不断探索，创造了独具特色的服务方法和内容，1999 年，社区服务中心成立，并建立了为辖区人民服务的组织——志愿者队伍。社区服务是政府、社区居委会以及数字社区等其他各方面力量直接为社区成员提供的公共服务和其他物质、文化、生活等方面的服务。朝外地区的社区服务是有指导、有组织、有系统的服务体系，同时，还包括社会自发性和志愿性的服务活动。在以社区全体居民的参与为基础，以自助与互助相结合的社会公益活动。社区服务的项目和内容已基本涵盖广大居民物质生活和精神生活的各个领域，服务对象包括妇女、儿童、老年人、残疾人、青壮年人和优抚对象、驻社区单位等各类群体，社区卫生、社区文化、社区环境、社区治安、社区保障等服务项目普遍展开，多种便民生活服务圈不断涌现，社区居民需求得到不同程度的满足。

第一节　机构组织

一、社区服务中心

1999年，社区服务中心成立。社区服务中心位于日坛东路光华路小学东侧，有4名工作人员。下设10个分中心，主要职能包括家政服务、电器维修、健身娱乐、居室设计、保健咨询、婚姻介绍、职业介绍、洗熨衣服、美容美发、花卉医生等，功能辐射辖区40个居（家）委会。21世纪后，逐步制定了规章制度，配备专职工作人员，成立社会管理中心“一站式”服务大厅及居民事务代办站等社区服务机构和场所。2001年建立6个社区居委会，将原居委会整合改建为21个居民工作站。2002年，对社区服务的家政、医疗等项目进行委托管理试点。各社区也建立社区服务分中心等组织。实行政府指导，依托社区中介组织、政事、政社分开、多层次、多渠道、多项目的社会保障体系逐步形成。全年，社区服务中心共接待群众2.7万余人次，提供家政、就业、医疗、培训、娱乐等服务。2003年又增设1个社区居委会，撤销各居民工作站。

2004年，街道设立“一站式”服务大厅，整合公安、工商、税务、电信等10个职能部门，承办17项政务代办和12项居民事务。2007年，街道成立社会管理中心，中心下设5个功能协会，开展为社区居民服务工作。2009年建立7个社区服务站，形成“三位一体”的现行社区管理体制。

二、志愿者队伍

1994年，社区志愿者服务队成立。1996年，健全青年志愿者和“三八”服务队伍。1998年，在开展社区服务供需双向调查基础上，建起1个服务中心、10个分中心、1086名愿意无偿或低偿服务人员和30余家愿为社区提供服务社会单位组成的社会服务网，提供家政、保健、就业、文化等方面的服务。

21世纪后，志愿服务者队伍不断壮大，由党员发展到群众，由团员发展到青年，由社区群众发展到社会单位，志愿者队伍由几十人发展到上千人，并形成制度化志愿服务。2003年，通过建立便民、利民流动服务队，实现街道社区服务中心由单纯自办公益性服务向引进多样化服务组织的角色转换，整合辖区资源，成立6支社区志愿者服务队，包括家政、婚介、职介、图书、培训、健身、娱乐等服务项目。2005年，依托社区志愿者协会，成立邻里一家亲、健康服务队、真情互动队、私企青年服务队等42支各具特色的志愿者队伍，并且将房屋租赁、家电维修、家政服务等20余家中介组织引

三丰里社区 2008 年平安奥运志愿者合影

进社区，针对居民的需求开展近距离服务，使辖区各类专业服务队伍和志愿者得到有机整合。

2008 年，街道完善各类志愿服务，成为服务奥运工作的特色品牌。形成以党员为主力、团员青年、妇女姐妹和各阶层人士参与的志愿服务体系，党员成为志愿者队伍的主力，志愿服务的先锋。

2011 年，街道积极发挥“和谐促进员”（社区志愿者）作用，地区 950 名和谐促进员全年累计服务时数达 96840 小时，报告信息 1724 件，协助解决社区各类矛盾纠纷 258 起，为地区的重大活动提供了保障，为基层矛盾化解赢得了先机。

2012 年，朝外地区志愿者协会进行整体形象设计，推出朝外志愿者协会形象标识和口号，“关爱、环保、文化、平安、畅通”五大志愿服务队及五色会旗，制定协会章程及管理办法。8 月 8 日，街道启动“心朝阳光、外化雨露”志愿者活动季，发布朝外地区志愿者视觉形象识别系统。“关爱志愿服务队”主要从事照料空巢老人、陪伴低保家庭儿童、残疾人扶助等工作；“畅通志愿服务队”主要从事地铁、公交车站引导，路口交通指挥等工作；“平安志愿服务队”主要从事社区巡查、应急值守，维护安全保障等工作；“环保志愿服务队”主要从事垃圾分类、环保知识宣传等工作；“文化志愿服务队”主要从事文化宣传、民俗博物馆讲解、“一庙一寺一坛一街”民俗游、地区文化小剧场等工作。地区引进曙康、惠心、七彩昀 3 家社工事务所协助街道开展“陪伴成长”

2013年6月17日，劳动科在橙房子举办宣传活动

等志愿者项目，更利用地区总工会，将志愿者宣传、招募触角深入地区民营企业，有200多名企业的员工加入朝外地区的志愿者队伍当中，成为朝外志愿者中不可或缺的重要力量。为了使地区志愿者队伍更专业、服务管理更有效，朝外街道引入爱心家园义工联、老百姓国学会等北京市级志愿者组织，创新管理模式、深化项目组织内容，通过在朝外地区建立分会的形式，吸引地区青年参与，高效运转服务项目。

到2015年，7个社区共组建37支志愿服务队伍，有橙房子志愿服务队、“邻里守望”志愿巡逻队、环境建设志愿服务队、“六小门店”志愿服务队等，在社区橙房子内值班，开展社区辖区安全巡视、环境整治、社区月末清洁活动，免费为老年人、残疾人量血压、理发，为困难老人提供家政服务等公益志愿服务。同时发动社会力量充实社区志愿者队伍，地区志愿者近两千人，培育发展社会单位开展志愿服务，涌现出“银发互助队”“新居民志愿服务队”“爱心我帮您服务队”“彩虹服务队”“残疾人按摩服务队”等一批品牌志愿者队伍，为地区老人、残疾人、流动人口提供便民服务。同时，坐落在朝外大街一东一西的橙房子志愿岗亭不仅为地区居民提供便民咨询服务，同时也为外地游客、行人提供全面帮助，是朝外地区志愿服务的标志。

第二节　便民服务

1988年8月4日，办事处主任办公会议决定将天福巷五间木板房作为社区服务中心。后因为地方小且不临街，活动的人越来越少。经主任办公会研究将社区服务中心改为福利厂。

20世纪90年代，街道工委、办事处开展了“连心工程”，健全便民服务设施，主动为地区百姓和社会单位办实事。1996年，街道开始推行社会服务承诺制，在全市率先向地区居民、社会单位公开10项服务承诺。1997年，推出社区微型便民服务措施，将20辆统一制作的新型早餐车分布于各个居民区中，解决居民吃早餐难的问题。1998年，在广泛开展社区服务供需双向调查基础上，建起1个服务中心、10个分中心、1086名志愿无偿或低偿服务人员和30余家愿为社区提供服务社会单位组成的社会服务网。新开办的社区服务中心和医疗服务中心，面向居民推出的图书、阅览、婚姻介绍、法律服务、少儿托管、医疗保健、小时工介绍等服务项目。1999年，依托社区服务中心，推行“一站式”服务理念，开展多种形式的便民利民服务。

2000年，建设1万余平方米的雅宝路健身园和2000余平方米的社区服务中心，建成160平方米的老年活动中心和残疾人康复指导站，为5个地区管委会分别建成100平方米左右的社区活动站。在新建成的社区服务中心又设置职业介绍、政策咨询、保险服务、暂住证办理等14个窗口的“一站式”服务大厅和棋牌室、台球室、健身房、书画室、民间工艺制作、文明市民学校等服务设施。

2001年，完善社区服务中心设施，增设便民售货和邮政服务，服务项目达到38项。为雅宝里、吉祥里社区分别新建200平方米和700平方米的社区活动站。

2002年，建成吉祥里西区、天福园精品休闲园，社区万册图书馆，天福园社区活动站。设立了体东、下三条、南下坡便民菜站和3个再生资源回收亭、4个报刊亭、3个自行车棚及13个便民早餐点、6个老年日间照料室。

2003年，开通社区服务热线，全年累计接到求助热线2000余次，为居民提供帮助服务652次。全年增置便民早餐亭5个，早餐车2辆。

2003年3月，96156社区服务好帮手宣传咨询活动举办

2004年，街道使用专项资金解决八难问题。先后新辟临时停车场4处，增辟停车泊位557个；新建便民菜站2个；增设便民早餐点4处，其中包括与紫光园合作在三丰里、雅宝里2个民族社区设立的清真早餐亭。

2005年，朝外街道社区建设网正式投入使用。信息量超过3000条，访问总量达9

万余人次。朝外社区服务中心引进中介组织增加服务项目。免费为地区 60 岁以上老人办理借书手续，并增加了居民事务代办上门服务。年内，先后协调开发单位新开辟朝外 MEN 市场门前，区委、区政府南侧，儿研所南侧 3 处停车场，新增车位近 500 个；新增芳草地、三丰里便民菜站 2 处；改扩建芳草地、吉祥里社区卫生服务站。

2006 年，协调区民政局为 39 户高龄、多病的特困老人安装与市急救中心联网的紧急求助呼叫系统。

2007 年，在 4 个社区建立“便购连锁菜站”，并延伸爱心家园救助功能，对孤残特需家庭提供爱心上门代办服务。同时，推出改善民生的“一六五”工程，即大力整合地区近 20 家公共服务商，为地区的低保人群、残疾人、困难群体、空巢老人等特殊群体和普通群众，发放一张享受众多服务项目与服务设施以及优惠和便利服务的公共服务卡；开展“六送项目”，即以政府购买服务的形式，开展送菜、送医、送文化、送教育、送技能、送家政服务，满足社区群众的基本生活需求。年末，以社会管理模式创新为契机，推出“一刻钟便民服务圈”概念。

2008 年，制定了“因地制宜，依托连锁、改旧建新、便民利民”的筹建思路，建成天福园、吉祥里、体东 3 个社区便民菜站。在体东、吉庆里社区开办老年人饭桌，解决 120 名老年人吃饭问题。全年，为辖区 38 户老人家庭安装“一按铃”救助系统。

2009 年 7 月，社区服务站成立，街道所辖 7 个社区累计提供公共服务 9032 人次，公益服务 17305 人次，便民服务 3680 人次，居家养老服务 1151 人次。依托社区社会组织、动员社区志愿者、联合社区社会单位广泛开展各种便民利民活动，发动社会各方力量开展“献爱心、送温暖”活动，帮助贫困家庭和弱势群体排忧解难，推出磨刀日、老年人开心港湾聊天室、百姓沙龙、歌咏会等特色活动。年内，在对“一刻钟便民服务圈”加以提升和改造的基础上，提高社区综合服务功能，全面推进“一刻钟社区服务圈”建设。吉庆里社区开展“六小门店”互助组工作试点获得成功。

2010 年，重点开展了“一刻钟服务圈”和“六小门店”互助组建设便民项目。“六小门店”互助组建设在 7 个社区全面铺开，覆盖全地区 534 家门店。探索出“1245”互助组工作模式，即搭建一个组织平台，搞好制度和体系两项建设，明确监管、自律、履责、共建四项职责，做好政策扶持、资源共享、人员培训、安全稳定、党建工作等五项服务，全面推进“六小门店”互助组建设，构建“枢纽型”社会组织管理体系，更加有效地动员“六小门店”在改善城市环境，维护社会稳定，推进文明城区创建工作中发挥积极作用。在此基础上，吸纳辖区 120 余家餐饮单位成立地区经济协会餐饮分会，进一步规范、提升服务，发挥协会在本行业的业务引领和资源凝聚作用。

2011—2015 年，社区便民服务方面主要是增设便民服务网点，增加便民服务商，拓展“一刻钟服务圈”。2011 年，建立便民网点，新增 67 家便民服务商。设立“社区集中便民服务日”，新增悠唐博纳影城居民优惠卡、蓝岛大厦便民服务、家庭过期药品回收、政协委员普法进社区等形式多样的惠民项目。2013 年，居民通过热线和网站联系服务商、社区，预约上门服务。通过新媒体技术实现公共服务、公共信息、公共政策的实时同步共享，让辖区居民享受到便捷的网络服务，构建社区网络家园。2014 年，打造“一刻钟法律服务圈”和“一刻钟社会组织专业服务圈”，为居民提供个性化和专业化的服务。2015 年，加强“一刻钟服务圈”的信息化建设。对服务圈的服务商进行摸底调查。并通过与社会组织合作，在社区开展各种社区服务。

第三节　志愿服务

志愿服务是从学雷锋活动衍生而来的，起初主要是为孤老、残疾人、特困户提供无偿服务。1996 年，街道开始实施“心连心”工程。21 世纪后，志愿服务项目不断增多，每年开展不同形式的活动。党团员“先锋岗”以“我为身边群众做好事”为主题，开展党、团员结对帮困助残，走访行动不便老党员，为辖区老干部提供上门服务。

2006—2008 年，开展了多次以“迎奥运”为主题的宣传活动。2006 年 3 月，街道在 7 个社区同时开展主题为“学雷锋、迎奥运、志愿者服务日”宣传活动。150 余名志愿服务者在社区为居民服务，主要服务项目有：义务理发、修车、义诊、量血压，以及法律、计生、劳动政策、家庭理财、治安消防知识等咨询服务，活动有 1500 余人次接受志愿者提供服务，拉开志愿者服务月活动的序幕。2008 年奥运会期间，广大党员以“先锋岗”为载体，参与“平安奥运与我同行”主题实践活动，参与社区奥运志愿活动 1700 多人次，累计 4300 多小时。招募 500 名城市志愿者每天 8 点至 20 点轮流在街道各个奥

2003 年 3 月，芳草地社区开展学雷锋活动

运服务站点为国际友人和过往群众提供信息咨询、语言翻译、医疗救护及各种应急服务。组建一支主要由26家社会单位70名人员组成的交通志愿者，每天上午7点至10点和下午5点至8点在朝外地区的三条大街的8个主要路口进行维护交通秩序、指路等服务。组建36人的“金玫瑰”姐妹指路队，共同完成奥运会期间的服务工作。

2012—2015年，志愿者们开展了多项志愿服务项目。开展了空巢老人陪读服务，东岳庙、北京民俗博物馆义务讲解员等项目活动。依托“6620”关爱空巢老人、朝外残疾人按摩师培养计划、“四点半”关爱课堂、橙房子朝外志愿者服务站等服务内容。

2013年，“朝外残疾人按摩师培养计划”、橙房子志愿者服务站获评“令人赞赏的”志愿服务项目；为朝外老人撰写回忆录团队、“6620”关爱空巢老人志愿服务团队获评“令人感动的”志愿服务团队；游本昌、刘颖、鲁秉铃、乔文英被评为“令人尊敬的”志愿者。获奖的还有6个志愿服务项目、10支志愿服务团队、13位志愿者。5月18日，街道举办志愿者招募活动，现场发布志愿活动项目，将青年汇这一新型志愿形式与传统志愿模式相结合，介绍给地区的行人及志愿者，有效地推广青年汇并吸引一批志愿者。10月，社区青年汇启动“2013年西部温暖计划”，向西部困难地区捐赠衣物及教育物资活动。社区青年汇通过QQ群、短信平台等途径广发活动信息，充分发动社区、社会单位、社会组织及志愿者共同进行活动宣传，街道居民纷纷将家里闲置的衣物捐出，用以帮扶西部灾区的青少年。志愿捐赠活动为西部困难地区募集衣物1039件。并将捐赠物资由朝外地区社会管理中心运往西部灾区。

2014年，朝外地区志愿服务工作以“完善志愿者管理，提升品牌内涵，走专业化、合作式发展道路”为工作方针，开展16个志愿服务项目，并与多家社会组织、企事业单位合作，开展百余项志愿服务活动。与北广传媒合作拍摄的朝外志愿服务纪录片得到《北京社区报》《朝阳报》等多家媒体的深入报道，让朝外志愿者阳光向上的形象和精神理念得到了有力传播与展示。8月，朝外街道启动“心朝阳光、外化雨露”的志愿者活动季以后，开展百余项志愿活动，几千名朝外志愿者以实际行动帮助上万人次受益。12月12日，街道召开总结表彰会，北京志愿服务中心副主任陈炳具、团市委社区部副部长陈斐、区文明办副主任吴志伟、区社会办副主任时春岗以及区社区服务中心、区志愿者协会等部门领导参加表彰会。表彰会对朝外志愿服务工作进行总结，也激励朝外地区志愿者们更加努力地弘扬志愿精神，推动朝外地区志愿者活动深入开展，让志愿服务温暖人心。

第四节　为老服务

1985 年 6 月，街道召开光荣扶养孤寡老人座谈会，街道党委书记温清海（中）向孤老户颁证

1985 年 2 月 15 日街道成立“朝外街道办事处老龄问题委员会”。办公室设在民政科，老龄工作由民政科设一名专职干部负责。

1986 年，街道有老年人 7304 人，其中离退休人员 5393 人，无职业老年人 1911 人，90 岁以上 11 人，105 岁高寿老人 1 名。街道老龄委由 7 人组成，外聘人员协助日常工作，下设 28 个老龄分会（以居委会为单位）。成立 5 支老年门球队，定期活动，参加演出或比赛。老龄委组织多项老龄活动，春节游园、夏季田径、乒乓球、羽毛球、门球运动会，167 名 75 岁以上老年人参加。为老年人订阅报纸杂志；参加区老龄委组织的书画展，获二等奖一名，三等奖二名；为 105 岁老人找护工。

1987 年，老龄工作由民政科交文教科管理，1991 年又由文教科交劳动科管理，1995 年老龄工作再次由民政科负责管理。在办事处成立“老龄委”的同时各居委会成立了老龄分会。个别居委会还成立了老年服务组。

1991 年，地区 33 个居家委员会对地区所有对 60 岁以上老年人进行调查核实造册，根据名册上的出生日期，建卡 9244 人（其中高龄老人 118 人），为 70 岁以上高龄老人办理“优待证”。在重阳节时对 90 岁以上高龄老人进行慰问，并热情地为老年人排忧解难，举办有益健康的活动。

1992 年，成立老年活动站、老年婚姻介绍所、老年人聊天站。9 月，成立“朝外中老年时装艺术表演队”，组织老年人知识竞赛、金婚老人联谊会（《北京晚报》、北京

1993 年 3 月，朝外地区举办老年金婚联谊会

电视台均报道了该项活动）、共度“五节”游园活动，带领老年人到航空博物馆、游览九龙宫、爱犬乐园、天津等地参观。

1993 年，组织开展老年人卫生保健知识讲座 2 次。组织时装表演、跳棋、象棋比赛，“逛北京、爱北京”、春游、登天安门城楼活动，以及老年人“巧手绘新图”作品展等活动，受到老年人的喜爱。

1994 年，为 252 位 70 岁以上高龄老人办理老年证。街道以 60 岁以上老人为服务对象，从精神、健康、生活、应急救助、文化、法律 6 个方面为空巢老人做 20 件实事。通过开展配发“小帮手”“庆重阳、送吉祥”第三届老年趣味运动会等系列活动为 81 户 137 名老人提供服务。在 7 个社区分别建立日间托老所，新开辟“宏状元”“大粥锅”两个老年餐桌，为地区 18 户 70 岁以上重病老年人安装“一按铃”，逐步构建街道—社管中心—社区—包楼居干—志愿者“五位一体”的为老服务体系。

1995 年，地区总人口 62038 人，老年人口有 9655 人，占人口总数的 15.6%，超过规定的老龄化地区标准（为 10%）。

1996 年，街道组织部分居家委会召开关于老年人权益保障法及条件的座谈会；重阳节在东大桥举办大型咨询活动，近 500 名老年人参与；全年为老年人办理 297 个老年人优待证。

1998 年，建立 40 张床位的托老所。朝外地区 60 岁以上老人 4805 人，其中 70 岁老人 1206 人、80 岁以上老人 381 人。办理老龄证 260 份，为地区 5 户老年人安装救助门铃；5 个居（家）委会被朝阳区老龄委评为区级敬老先进居（家）委会。

1999 年，组织 15 家辖区社会单位，深入居民小区进行义务服务 2300 余人次。投资 120 万元，新建老年活动中心 2 所；投资 10 万元，新建康复中心 1 处；投资 60 万元，建立医疗保健站 1 处，全年为老年人义务体检 6000 余人次。2000 年，建成 160 平方米的老年活动中心和残疾人康复指导站。

2002 年，加强对老年人的服务工作，完善社区老年活动站和日间照料室建设，丰

2000年9月“重阳节”前夕，民政科慰问朝外地区百岁老人

富老年人晚年生活，积极维护老年人合法权益。

2003年，街道提出在社区创建“学习型老龄组织”工作思路，在全市率先成立雅宝里社区老年人协会，成立老年之家。搭建“老有所学、老有所教、老有所求、老有所乐”的为老服务平台。

2004年，街道老龄委和社区居委会联合举办3届老年人书画交流活动，共有300多人次参加，展出作品120余幅。2005年，街道成立“朝阳区朝外街道居家养老服务分中心”，为辖区90岁以上老人开展居家养老服务。2006年，街道为辖区39户特困、多病、高龄、空巢老人家庭安装了“120”紧急呼叫系统。10月再为13户困难老人安装求助门铃。

2007年，街道成立社会管理中心，下辖6个协会，其中的互助协会下设老年人协会，进一步开展为老服务和推动居家养老工作。组建社区关爱行动队，根据不同弱势群体的特点和需求，特别是对老年人群体，提供送家政、送医疗、送文化、送法律、送陪聊、送资助优质服务。继续完善为老服务设施，新建成老年活动室200余平方米，新建日间照料室两间40余平方米，增设床位4张。为地区80岁以上多病老人安装“120”呼叫器35台（36人）。启动“居家养老”试点工程，依托社会管理中心对地区90岁以上老人实施政府补贴购买服务。

2008年5月启动地区空巢老人调查工作。6月，在吉庆里、体东社区分别举行朝外街道社区老年饭桌启动仪式，解决120余名老年人的吃饭问题。完成15户80岁以上老人家庭安装“一按铃”救助系统。

2009年，全面启动地区居家养老工作，依托社管中心和社区工作站，打造街道和社区两级服务圈，414名地区特殊老人开始享受“居家养老”政府补贴的居家养老服务。为地区4106名65岁以上的老人办理老年优待证。

2010年，依托社管中心，落实北京市“九养”政策，牵头推进街道“关爱空巢老人 6620 行动”，探索建立“6620”空巢老人志愿服务体系；建立关爱行动服务监测网络，每月收集空巢老人信息。服务监控网覆盖辖区 109 名空巢老人。在 7 个社区及社管中心建立近 460 平方米的日间照料托老所。投资 35 万元对社管中心的电梯进行更新，将社管中心近 2500 平方米的空间作为老年人活动场地，涵盖图书阅览、文娱活动、健康讲座、康复训练、生活照料等服务内容，有 17 支社区活动队伍常年在中心活动。年内，街道发展服务商 23 家，居家养老服项目涉及 6 大类 52 小类近 70 项服务，涵盖生活照料、日常维修、医疗康复、心理慰藉、老年饭桌、服务咨询等方面。当年，注重动员和发挥地区资源，与中粮集团达成协议，由中粮集团设立“中粮食品爱心专项基金”，当年，中粮集团为地区困难家庭捐助慰问金 10500 元，粮、油等物品价值 45000 余元，发放到近 300 户困难老人手中。朝外地区志愿者协会人员在陪护空巢老人时发现，除了心理慰藉外，许多老人想把自己人生历程以某种方式存下来，给亲朋好友留个念想。“为老人写回忆录”项目由此启动。志愿者协助老人整理老照片、老物件，将老人的口述回忆整理成文字，最终编辑、出版一本老人认可的回忆录。

2011 年，组织社区对辖区空巢老人进行全面摸底，逐一走访 1290 位辖区高龄老人，为有服务需求的 127 位老人建立服务档案、联系辖区社会单位、确定志愿者与老人结成一对一服务对子。针对 80 岁以上孤老、空巢老人的特殊服务需求，推行“一对一菜单式服务”。为辖区 9 名特困人员办理了临时救助，发放救助金 47460 元。为 70 岁以上重病老年人报装“一按铃”11 户。为 39 户空巢老人建立帮扶家庭结对。街道日间照料室顺利通过规范化验收，成为朝阳区第一批 64 家规范化试点托老（残）所。

2012 年，为有需求的老人配备“小帮手”服务器 79 部；厕所扶手 49 个，“一按铃”19 个，三丰里社区居家养老服务中心，增加日间照料床位 6 张，使日间照料床位达到 16 张。

2013 年，为 9 名老人配发小帮手，安装一按铃 30 户，办事处领导入户慰问地区老红军和入住养老院的孤寡老人。在政府购买服务项目申报工作，获得 30 万元的项目资金，为“6620”关爱空巢老人活动的开展创造条件。发动爱康国宾为地区的 13 名困难老人免费体检。发动阿莲美容美发厅为地区 8 名困难老人全年免费理发。

2014 年，安装“一按铃”61 户，两节期间，区委书记、区长慰问天福园社区和体东社区困难老人。重阳节期间，街道领导入户慰问辖区百岁老人，为他们送去慰问品。

2015 年，为辖区 30 户行动不便老人家中安装“一按铃”，配套安装烟雾报警器。10 年累计为 303 户老人家中安装“一按铃”。完成录入 2333 人老年优待卡换银行卡前期数据库建设的信息核对及录入工作。

第五节　助残服务

朝外街道的残疾人服务工作始于1984年，共有残疾人175名。有劳动能力的67名，其中听残24人、智残20人、其他残疾23人。1985年成立朝外街道残疾人联合会，每个居家委员成立残疾人工作分会。分会组织有劳动能力的残疾人就业，对无劳动能力的残疾人、困难户予以补助。

1986年5月31日，街道召开“朝外街道残疾人第一届代表大会”，同年成立朝外地区残疾人协会分会。第一届残疾人代表大会代表共31名，残疾人代表18名，占代表总数58%，健全人代表13名，占代表总数的42%，代表中有干部工人、工程技术人员、各企业事业单位的工作人员、个体从业人员、少数民族代表、华侨等。当年街道共有残疾人175人，已安置68人，把有劳动能力的残疾人安排到居民生产组中，使他们能够自食其力，在生活上有保障。

1987年1月14日开始按市区部署，对残疾人进行抽样调查，抽查吉市口、南下坡和大街东3个居委会，并确定朝外街道为试点单位，经过三个月紧张工作，共登记477户，登记人数1761人，有残疾人的户数为68户，共计284人，其中视残32人、听残88人、智残21人、肢残54人、精神病26人、综合残63人，最终由专业医生定性为残疾人的有73人。

1987年8月，朝外地区召开首届残疾人代表大会

自1991年开始，每年5月的最后一个星期日为助残日活动，在东大桥设宣传站（后改为蓝岛大厦广场），在开展助残宣传的同时，免费设立理发、修车、修表、裁剪、康复咨询、法律咨询等项目为残疾服务。成为受地区残疾人欢迎的时间节点。

1993 年开始规范残疾人认定标准：有本市户口，有指定医院确诊诊断证明的，街道办事处民政科负责为残疾人办理残疾证。1993—1995 年共办理 486 个残疾证。

1994 年安排残疾人到芳草工艺品厂就业，生产的高档被罩打入本市 10 余家大型商厦。

1995 年，对残疾人家庭进行摸底，对 73 户人均月生活费低于 120 元的家庭每人补足 120 元。

从 1996 年开始执行最低生活保障线 170 元的标准。街道建立残疾人档案，向社会筹集解困基金 20500 元，收缴残疾人就业保障金 73 万元，安置包括残疾人在内的特殊群体 100 人就业。同时按照国家政策从 8 月开始收取残疾人保障金，全年收取残疾人保障金 241152.74 元。

1998 年，重新选举朝外地区残疾人联合会，选出代表 5 人，对 488 名残疾人重新进行调查建档、建卡。收缴残保金落实社会单位达到 98%，金额 120 万元。安置残疾人 3 人。

2000 年，安置残疾人 3 人，参加技能培训 20 人，年内按照国际惯例要求建成 130 平方米的集残疾人劳动就业、职业技术培训、残疾人康复训练及地区综合性残疾人文体活动为一体的残疾人康复指导站。

2001 年，动员 3 家社会单位安置残疾人 4 名。6 月，在全区率先建立社区残协组织——吉祥里社区残疾人协会。2003 年，民政科登记伤残人员 53 名。为 132 名残疾人置换环保型车辆；完成区残联“无障碍”设施建设任务。

2004 年，动员社会单位安置残疾人就业 8 名，社区安置残疾人 5 名。当年为 2 名

2003 年 9 月，街道为残疾人置换环保车辆

困难精神残疾人办理特困住院补助；办理重残鉴定 46 人；为 1 位残疾人办理了免费安装假肢事宜；赠送 4 名困难残疾人轮椅。完成三丰里 1 号楼、4 号楼、8 号楼的无障碍改造。

2005 年，助残日期间吉祥里社区举办了“爱心编织社”启动仪式；以党员先进性教育为契机，建成街道扶贫帮困的“爱心超市”，并以此为载体，实现爱心传递；启动辖区“双育”工程；组织开展残疾人春节文艺汇演、残疾人象棋比赛、精残人员采摘和游园活动，组织本辖区残疾人参加朝阳区第二届残疾人运动会和朝阳区残疾人文艺会演。全年收缴残疾人就业保障金 210 万元，安置残疾人就业 112 人，街道安置 4 名残疾人进入社区工作。

2006 年，启动创建三丰里社区区级残疾人“温馨家园”和芳草地市级残疾人“温馨家园”工作。三丰里康复站被评为市级先进。组织辖区 7 名肢残人参加区残联组织的百人轮椅团体操《轮椅与奥运同行》的排练和在北京市第七届残疾人运动会开幕式上表演，受到多方好评。5 月 16 日，举办街道残疾人运动会和朝外街道老年人运动会。为 2 名贫困重度肢体残疾人捐赠了轮椅，为 10 名残疾人捐赠了拐杖、助行器等辅助用品用具。

2007 年，启动创建全国残疾人社区康复示范区工作；组建一支康复协调员队伍；顺利完成残联换届选举工作；组织地区视力残疾人参加盲人按摩职业技能培训和盲人按摩职业技能比赛，吉庆里社区的盲人按摩师刘卫东获得全国第八名、北京市二等奖的佳绩。为地区 41 名贫困残疾人发放了轮椅、闪光门铃、助行器。

2008 年，实施“五助服务”，以社会公益服务的形式，实施助老、助孤、助残、助困和助学服务，帮助困难群体解决其所面临的生产、生活和学习等问题，先期启动的 1047 张公共服务卡、送药服务和上门体检服务、暑期托管班以及青少年素质拓展夏令营，将民生工作落到实处。创建 2 个市级温馨家园。建立职业康复劳动项目基地，并通过了市专家评估小组的评估。

2009 年，关爱残疾人健康，组织辖区内的近百名残疾人进行健康体检。为 69 户重度肢体残疾人家庭卫生间的无障碍设施进行改造。投资 6 万余元为多年未解决的体东社区 4、5 号楼进行无障碍坡道的改造。

2011 年，街道启动“爱心传播朝外”主题实践活动。春节前，中粮集团、蓝岛大厦、清真寺、侨福工地、伊藤料理等 40 余家社会单位出资 8 万余元慰问地区低保户、残疾人等 800 余户困难家庭。

2012 年，街道发放“九养助残服务券”1128 人次 112800 元。为肢体残疾人免费配发辅助轮椅车 3 人。

2013 年，安置残疾人就业 5 人。为 34 户残疾家庭安装了无障碍扶手。

2015 年，为 35 户肢体残疾人家庭进行 7 无障碍改造，为听力残疾人家庭安装闪光门铃及防火报警装置 37 户；改造坡道 11 个、安装扶手 71 个。为地区近 200 名残疾人免费体检。

第六节　服务品牌

一、一刻钟社区服务圈

朝外街道是北京市首批“一刻钟社区服务圈”建设试点街道，一刻钟社区服务圈，是指社区居民从居住地出发，在步行 15 分钟范围内，能够享受到方便、快捷、舒适的社区服务，主要包括由政府提供的基本公共服务，社会力量和居民个人提供的志愿互助服务，市场机制提供的便民利民服务以及特色服务等。2007 年末，以社会管理模式创新为契机，推出“一刻钟便民服务圈”概念。

2009 年围绕居民需求，按照北京市公共服务建设目标要求，对“一刻钟便民服务圈”进行提升和改造，提高社区综合服务功能，全面推进“一刻钟社区服务圈”建设。在做好居民需求和辖区资源双摸底的基础上，按照“7+10+N”工作模式，通过“功能社区”（街道层面）和“地域社区”（社区层面）相结合的形式，分层次推进“服务圈”工作。本着“缺什么补什么”的原则，协调建立便民网点，优化商业网点布局，认定 40 家“一刻钟社区服务圈”挂牌服务商，并建立动态管理机制，实现服务资源跨社区共享；编制《一刻钟社区服务圈服务手册》，将首批 4000 册向

“一刻钟社区服务圈”服务（摄于 2010 年）

辖区老人、残疾人、困难家庭发放；创新“集中服务、预约服务、上门服务、直通信息服务、应急服务”五大服务方式；积极培育“六小门店”协作组、地区餐饮协会、志愿者组织参与社区服务，形成多方式开展、多渠道参与、多方面配合的新型服务格局。“一刻钟社区服务圈”逐渐成为汇集各方资源的“蓄水池”，为民服务载体不断丰富，以公共服务为基础，搭载各类商业、公益、便民服务，内容囊括5大类、86项服务的朝外社区综合服务体系逐渐形成。

2010年10月11日，国家发改委副主任徐宪平一行领导在区委书记陈刚陪同下对街道“一刻钟社区服务圈”进行全面考察；10月12日中央电视台《焦点访谈》栏目进行报道；10月18日《北京日报》头版以《不出社区能享百项服务》为题，对街道“一刻钟社区服务圈”进行专题报道。

2011年2月12日上午，市委书记刘淇、市长郭金龙等市领导到朝外街道芳草地社区调研“一刻钟社区服务圈”建设情况。朝阳区委书记陈刚，区长程连元等领导陪同调研。调研组一行实地察看了芳草地社区“一刻钟社区服务圈”服务目录、网站、标识，以及社区服务站、社区综合执法站、社区卫生站、温馨家园等公共服务设施，朝外街道工委书记武清林做随行汇报。调研过程中，刘淇详细了解了“一刻钟社区服务圈”认定服务商提供优惠服务项目和运行情况，并亲切地与大学生社区工作者代表交谈，了解工资待遇和工作生活情况。刘淇对朝外街道“一刻钟社区服务圈”建设所取得的成效给予充分肯定，他表示，朝外街道通过完善社区公共服务设施、整合地区社会资源，创新服务模式，不断提高社区综合服务功能，给老百姓带来了实惠，是切实的便民举措，朝外的做法和经验对其他地区相关工作具有重要的参考价值和示范借鉴意义。

2011年2月12日，市领导调研“一刻钟社区服务圈”工作

2012年，本着“公共服务查缺补漏，便民公益突出特色，监督管理注重长效”的思路，将“一刻钟社区服务圈”建设与公共服务管理相融合，成为北京市建立服务型政府为民

服务的品牌项目。11 月 14 日 12 点，朝外街道的“一刻钟社区服务圈”在中央电视台综合频道滚动播出，在全国产生了较大影响，成为国家推动为民服务的重要项目。

2013 年，街道依托“一网一线一平台”不断深化“一刻钟社区服务圈”工作，实现社区服务向“五化”（规范化、标准化、信息化、人性化、体系化）迈进。印发便民服务手册 4743 本，累计发展认证服务商 216 家，建立农社对接菜站 5 个，整合规范社区综合维修点数 15 个。

2014 年，按照《朝阳区“一刻钟社区服务圈”拓展计划》的要求，以满足居民特色需求，提供更加优质便利服务为目标，逐步实现“一刻钟社区服务圈”的深化和拓展。

2015 年，完成“一刻钟服务圈”信息化建设。对一刻钟服务圈的服务商进行调查摸底，对经营范围变更、服务质量较低、证照不全的商户实行退出机制，共退出 62 家；经过认证，在天福园、体东和雅宝里社区新增 9 家服务商，为地区居民提供更周到更便捷的服务。此外，还与歌华有线合作，探索朝外生活圈。2015 年 9 月，街道启动朝外一刻钟服务圈与歌华有线合作项目，科室对接歌华有线项目组，尝试在歌华有线电视上增加朝外地区服务信息。截至 2015 年底，朝外街道“一刻钟社区服务圈”开展八年间，实施成效直接影响和体现朝外街道社区服务水平的发展状况。

“一刻钟社区服务圈”服务内容　朝外街道“一刻钟社区服务圈”构建了有效的政务服务、便民服务、公益服务等内容，全面形成了十大便民服务圈，使一刻钟服务圈成为辖区居民的“宜居幸福生活圈”。

政务服务。此项工作由街道为民服务大厅和 7 个社区服务站承接，为社区居民提供人口计生与公共卫生、社会福利保险与劳动保障、社区治安综合管理等公共行政服务，为社区居民解答各类行政服务政策咨询，并负责指导居民办理相关业务。

基本生活需求。邮局、电信局、银行提供电信金融服务，大型超市、便利店、便民菜市场、餐饮、生活娱乐提供商业服务，家政、维修、美容美发、再生资源回收站提供家政服务，形成多辐射的社区服务圈形。

基本医疗站点。以朝阳区中医院为中心建立 5 个社区卫生服务站，覆盖 7 个社区。向居民提供基本医疗服务和上门诊疗服务。卫生服务站定期在社区开展健康咨询和诊断体检、组织义诊和讲座以及建立家庭医生档案。为有特殊需要的居民提供上门服务，基本实现了小病不出社区。辖区内的儿研所、东区口腔门诊、东大肛肠医院、天伦不孕不育医院均为地区居民提供专业的医疗服务。

警务。街道建立“一区一警”的治安管理模式，7 个社区都设立有警务服务站和综治维稳工作站，每个社区配有民警和协警，全天候为居民的平安生活服务，随时接警和出警，为群众、企业和社会单位提供“零距离”的安全保障服务。

文化娱乐场地。形成以街道文化中心为旗舰、社区文化活动室为依托的“一刻钟文化服务圈”。街道、文化中心和社区共有12个居民活动室、8个图书室面向居民开放，在朝外大街的南北两侧分别设有两个自助图书借阅屋，提供各类杂志、报刊、期刊和小说等书籍的借阅，满足居民日常阅读的文化需求。组织居民开展文体活动，成立书画、京剧表演、舞蹈、编织、剪纸、空竹等各种居民文体、健身队伍；协调陈经纶中学游泳馆和羽毛球馆、芳草地小学球场、日坛晶华会所等社会单位的公共服务设施、文体活动设施有组织地向居民开放。使居民一刻钟之内都能走进邻近的公共文化服务点，乐享“文化幸福”。

老弱病残生活保障。朝外街道常住老年人数量近9000人，占到了常住人口的20%。签约7个老年饭桌，每月服务人次达到3000多，满足老年人的就餐需求。每年发放养老助残券约160万元，惠及地区1000多名80岁以上的老人。居家养老服务涵盖生活照料、日常维修、医疗康复、心理慰藉、老年饭桌、服务咨询等方面。朝外街道将关爱空巢老人的“6620”行动委托社会组织承接，为空巢老人提供居家养老的家政、心理辅导等服务，为老年人撰写回忆录，每月为老年人组织健康生活讲座等。朝外街道常住残疾人八九百人，根据残疾人的不同需求，分别在7个社区建有6个康复站、2个温馨家园和1个职业康复站，为残疾人提供身体保健、康复和文体活动等服务。

法律服务。朝外地区有30多家律师事务所，四百多名律师，他们利用业余时间为公众做法律宣传，进行普法教育，提供免费咨询服务，并义务参加人民调解工作。在朝外大街一东一西建有两处法律服务站，分别于2013年4月和2014年3月成立。在7个社区成立人民调解工作室，预防和解决民间纠纷，维护社会和谐稳定。为了方便居民获得法律服务信息，专门绘制了法律地图，标注出律师事务所、法律服务站、人民调解工作室等的位置，方便居民需求。

民族食品专店。朝外街道居住着回族、满族、蒙古族等13个少数民族，其中穆斯林有6000多人，集中居住在三丰里社区和雅宝里社区。为了解决穆斯林购买清真食品难的问题，由街道办事处将三丰南巷市场改建成清真超市，引入清真品牌——月盛斋专卖、牛街超市等，产品以直营的方式送到居民手中，为少数民族居民提供更便利、更安全、更优惠和品种丰富的清真食品服务。在“开斋节”“宰牲节”等穆斯林传统节日，日坛公园、南下坡清真寺都举办“社区邻里节暨民族小吃展卖”活动。组建穆斯林红白喜事服务队，义务为穆斯林居民提供符合其教义的婚丧嫁娶服务。2007—2015年，“三丰里社区邻里节暨民族小吃展卖”活动已经连续举办九届，成为三丰里社区常态化服务品牌。

2007 年，首届“三丰里社区邻里节暨民族小吃展卖”活动举办

公益服务专业化。街道先后引进 19 家专业社会组织参与社区治理和社区服务事务。服务对象包括老年人、残疾人、儿童、青少年、外来人口等，服务内容涵盖社会治理、社区教育、安全、法律、文化和志愿服务等。

“一刻钟社区服务圈”服务方式包括：社区有一站式、预约、代办、上门、信息咨询、中介、公益、市场专业八种服务方式。社区服务站为居民提供一站式服务，设置有劳动保障、计划生育、党团服务、民政等窗口。每个窗口都有专职社工，居民生活中遇到的大事、小事都能在“一站式服务平台”得到受理和解决。在探索过程中，重点创新三大服务方式：一是预约服务。针对上班族不便在工作时间来社区办理保障性住房、计划生育等手续，推出预约服务。通过提前预约，服务站指派专人值班，接待社会单位员工，为其提供一站式办理服务。二是上门服务。针对高龄老人、残疾人等行动不便人群，社区打破坐等式服务，推出上门服务，入户为他们办理各种公共服务，便民服务。协调辖区超市、小五金店、照相馆、理发店、洗衣店为老年人、残疾人提供免费上门服务。三是直通信息服务。将政府公共服务机构，专业服务机构，品牌家电售后等社区不能直接服务的项目，开设“社区服务一线通”热线电话，为居民提供需求直通信息服务，实现专业服务与社区服务的有效衔接。

“一刻钟社区服务圈”服务措施体现在：编制便民服务手册，涵盖辖区各类服务资源的服务项目、服务内容、服务地址、服务时间等；共印发便民服务手册 2 万多册到社区居民手中。

绘制覆盖 7 个社区的“一刻钟社区服务圈”地图。标绘包括餐饮单位 111 家，停车场 82 处，便民理发店 34 家，洗衣店 13 家，医疗医药单位 21 家，超市便利店 36 家；

张贴在社区公告栏等显眼位置，便于居民浏览和查阅。

在社区和居民小区内设置电子服务信息屏。及时公示各类便民服务内容、工作流程、联系方式。

开通“一刻钟社区服务圈”网页。发布服务信息和服务资源，实现信息的网上查询、咨询和意见交流。

开通便民服务热线“81890”。作为街道的服务管家和管理助手，可以为居民提供各项服务咨询服务，是拓展社区服务的重要手段。通过对接居民需求，调度辖区资源，建立服务信息更新机制，实现社区服务资源整合、电话接转、业务流转、意见收集、活动管理、决策辅助等功能。

“一刻钟社区服务圈”服务保障　为使“一刻钟社区服务圈”工作能够有效运行，朝外街道构建了组织领导和管理制度等相关保障机制。

组织保障。成立由党政一把手任双组长的“一刻钟社区服务圈”建设领导小组，负责领导街道“一刻钟社区服务圈”建设工作，做好辖区资源的统筹，协调机关科室和社区。下设办公室，办公室设在社会工作部，督办和调度“一刻钟社区服务圈”建设工作。在社区由书记担任“一刻钟社区服务圈”工作领导小组成员，负责开展本社区服务圈建设工作。朝外街道“一刻钟社区服务圈”工作开展有序，人员到位，各司其职，运转顺畅。

制度保障。辖区居民需求调查登记和意见反馈制度，社区每半年至少召开 2 次居民需求调查座谈会，并采取上门走访、问卷调查等形式收集民意，登记服务需求，更新服务项目，优化服务内容，对服务资源底数和居民需求底数做到了动态管理；服务商准入制度，制定朝外街道“一刻钟社区服务圈”服务商认定管理办法，明晰认定条件，规范认定方式，签署服务协议；服务商监督制度，为了保证认证服务商的服务质量，各社区设立“一刻钟社区服务圈”服务商监督小组对服务商的服务效果进行监督回访，以求不断完善服务体系，提高服务质量；服务商评估激励制度，定期激励服务商的服务热情，使服务质量、工作效率和居民满意度得到提高。

二、“家园计划”

2012 年，针对老旧小区基础设施薄弱、公共资源私占现象严重、物业需求与物业管理矛盾、居民自治组织化程度低等问题，街道统筹居民自治及准物业管理工作，提出了“家园计划”。主要是通过居民自治的手段解决老旧小区的物业管理难题，逐步培养居民的家园意识，探索自治服务模式。2013 年，吉祥里社区进行了试点探索，取得了初步的成果：一是细化了自治单元，开展楼门自治，以楼委会加党小组的模式在楼门内形成了一支以党员、居民代表为主的居民自治队伍，使居民在最小的自治单元内形成组织化的参与，有效处理、化解了底商外摆、餐饮业扰民、下水道堵塞、餐饮烟筒安装等多件纠纷和问题；二是分类分块治理，开展特色楼院自治，结合西区、东区、西草园三个自然小区现有资源、管理现状及存在问题，探索形成了西草园“居家式”、西区“和谐式”、东区“家园式”三种自管会模式，积极发挥居民主体作用开展自治，解决了小区内多项物业问题；三是强化资源整合，建立自治支持系统，社区层面从组织居民自治向管理、支持自治转变，通道整合辖区单位资源，项目化解决具体实际问题，撬动产权单位资源，解决了 4 栋居民楼多年下水道堵塞的问题。随后，街道将吉祥里社区“家园计划”成功经验在全地区推广，掀起了地区居民自治热潮，先后成立了 16 个居民楼院自管会，开展居民自治，解决了地区物业管理诸多问题，受到地区居民的普遍称赞，也引起了社会和各级领导的高度关注。《朝外街道“三分”社区治理模式推进家园计划》的经验，被收入《美丽社区　幸福朝阳案例集》，荣获街道系统社会治理创新优秀项目。

在实施过程中，基层党组织通过需求牵引、问题导向、服务先行、项目化运作，不断提高整合社会资源利自治、凝心聚力惠民生的能力。全区层面开展党政群共商共治工程建设，为全面推进基层社会治理体系和治理能力现代化谋局部篇；街道层面坚持把社区自治作为基层社会建设的核心和基础工作来抓，围绕党的十八届三中全会提出的“基层社会治理”理念，出思路、给指导、强支持、建机制、找规律；社区党委、居委会坚持主体角色，围绕社区治理创新理念，按照《家园计划指导规则》及《居民自治管委会章程》，大胆探索、广泛宣传、深入参与、循序渐进、强化执行，摸索出了加强基层民主、基层政权建设以及社区治理、自治的实现路径。

在开展社区治理、居民自治工作中，坚持以基层党组织为领导，使社区自治组织沿着既要带头履行义务又要引导群众正确行使权利的正确自治方向推进，逐步培养居民的“主体角色”，提高居民的“两个（责任、参与）意识”“三种（自我服务、自我管理、自我监督）能力”；逐步确立社区居委会组织者角色，提高协调、整合资源的能力；特别是，逐步建立基层党组织服务者角色，从“为民做主”向“助民做主”转变，实现服务型党组织职能归位。

广泛的群众基础和有效组织群众参与是必要条件。在开展“三分”社区治理中，特别注重调动发挥党员队伍、先锋模范、自治领袖的作用，有意识地培养民意守望者。通过网络问政平台，激活了地区 391 名居民代表力量；通过召开“开放空间”会议，解决一件件居民纠纷，挖掘了一批善做、会做群众工作的党员；通过自管会的自组织、自运转，培育了一批热心社区事务的自治骨干；通过多年口碑的积累和公共事务的参与，树立了一批享有社区威望的自治领袖和道德模范，这些居民骨干发挥影响辐射的带动作用，夯实了社区治理、居民自治的根基。

小区楼院居民民主选举自管会，自主决策自治模式，各项问题管理制度共同商议，各类资源利用公开讨论，各种收支全程公示，问题解决方法自主制定，小区自治中的每个决定都沿着严谨规范的民主程序，体现的是集体意识，是在行动中践行着朴素的民主理念，实现了小区自治的阳光模式，加强基层民主、基层政权建设。西草园小区不以营利为目的，根据小区现有资源状况，测算收支平衡点，每年需资金 34620 元，年度预算收入 43600 元，年终结余 8980 元，基本实现财政收支平衡，保持了小区自治的生命力，每一笔开支都做到了公开透明。

“三分”社区治理模式始于居民自下而上的民主选择，政府、公共服务部门行政资源自上而下地对接，物业、产权单位等横向单位的联合支持，在实践工作中各方面相互约束、相互监督，在互惠基础上调动各方面的积极性，形成了多方参与、资源统筹、成果共享的共商共治局面，夯实了社区治理体系和治理能力建设的基础，是实现城乡基层社会治理体系和治理能力现代化的根本前提。

主要做法 吉祥里社区占地面积 0.4 平方公里，由吉祥里东区、西区、西草园三个自然小区构成，常住人口 2622 户 7386 人，流动人口 364 户 3012 人。因为社区物业多样、人员构成复杂、居民需求不同，一度各类问题突出，使如何激发社区居民责任意识和参与热情，做好日常社区服务，建立长效社区治理机制，成为整个社区发展亟须解决的迫切课题。吉祥里社区在探索“三分”社区治理模式过程中，坚持从整个社区实际出发，围绕区、街党政群共商共治工程总体布局，与政府网络问政、为民办实事紧密结合，从解决居民最关心、反映最强烈问题入手，形成从组织架构、规章制度、工作流程、后期监管的社区治理体系，有效推动了社区自我服务、自我治理及其良性运行。

分类治理小区。吉祥里社区党委、居委会在深入调查研究基础上，经过认真分析，确立了社区治理不能“一刀切”的思路，应该因地制宜，从人口结构、地域关系、资源环境、感情链接、居民诉求、存在问题入手，探索适合各个小区的自治模式，分类进行治理。针对吉祥里社区由东区、西区、西草园三个自然小区各自特点，经过广泛征求意见、民主议事，分别在吉祥里东区成立“家园式”管委会、吉祥里西区成立“和谐式”管委会、西草园成立“居家式”管委会，组织居民有序自治，使居民感受到“我的地盘我做主”的家园氛围。

分层推进自治。为重构社区自治组织框架，吉祥里社区将社区划分为楼门、自然小区、社区三个层级，形成楼委会、小区管委会、社区居委会“三级自治”的社区治理格局：以楼门为单位，成立了13个以党小组和楼门长为主体的楼委会，开展纳凉议事、喝茶议事，商讨解决楼门内的问题；以自然小区为单位，成立了3个以党员和居民代表为主体的自管会，自管会选举产生主任、常务副主任各1人，下设车辆组、安全组、财务组、环境组各1～3人，在居委会的指导下，开展小区议事、规范管理等共商共议共治；在社区层面，居委会充分发挥自治功能，并以社区党委班子为主体建立资源支持系统，通过项目协商共治，盘活产权单位、物业公司及政府部门、社区草根组织等各类资源参与社区共商共治。

分级解决问题。居民反映的问题千差万别，社区通过逐级汇总梳理问题，形成三级问题解决清单，建立分级解决问题机制：一级问题清单是居民自治解决的问题。主要是发挥楼委会等社区草根组织自我服务、自我管理作用，通过自治公约、自我议事决策解决的事项。二级问题小区自我解决。主要是发挥自管会的自治功能。三级问题清单是社区共商共治解决的问题，主要是社区党委、居委会有效整合物业公司、产权单位、政府部门、驻区单位等资源进行项目化解决的事项。三级问题清单是一个动态的不断丰富的清单，它使各类问题有了明确的处理主体和解决路径。

为保证"三分社区"治理体系的有效运行，吉祥里社区专门构建相应保障机制。主要措施涉及：一是健全制度，先后制定了《居民自治管委会章程》《自治管委会工作制度》《自治管委会选举办法》《停车管理办法》等规章制度，总体规范了自管会的运行方式、路径；二是加强培训，通过组织社区工作者和自管会成员走出去参观、邀请北京国际城市发展研究院等有关专家授课、开展物业管理知识培训等，学习先进经验，提高工作能力；三是加强监管，自管会下设车辆组、财务组、安全组、环境组负责人每季度进行工作汇报，实行楼委会居民代表问责机制。

取得成效　吉祥里社区实施社区"家园计划"、开展"三分"社区治理工作以来，在解决社区公共事务问题、反映社情民意、改善物业服务等方面，取得了良好成效。

一是社区环境明显改善。各个自管会发挥主观能动性，根据小区实际，定期开展环境清洁日活动，组织发动小区居民进行义务劳动和环境整治，达到了无白色垃圾、无堆物堆料、无小广告的"三无"标准，规范了小区环境卫生秩序。西草园小区根据将保洁员工资由700元调整到1260元的要求，测算出平均每户每月多交2～3元卫生费，刚开始大部分居民不乐意交，为此，小区自管会积极动员和入户做居民工作，并反复召集楼委会、居民代表开会征求意见，经过多次讨论、反复协商，终于形成了交费方案及卫生管理制度，从公示收费到交费，一周时间就完成了96%，同时社区居民参与社区事务意识明显增强。在发挥居民自治与互助作用的同时，社区还形成与产权单位、市容环卫、公安、市政、民政等职能部门和水、电、气、暖等公共服务部门责任人“一对一”联系对接制度，并协调街道办事处和有关部门对社区破损道路进行修缮，绿化进行升级改造，美化了社区环境。

二是社区秩序明显改观。西草园小区自管会通过申请并得到街道办事处和产权单位支持，对小区进行封闭管理。建成监控室，增设探头，实现了技防全覆盖；施划停车位43个；通过四方会商，由产权单位出资聘请保安2名，全天候在小区进行治安巡逻和停车管理工作，社区治安明显好转；成立了志愿者队伍，由小区居民自行在每天早8点至晚6点进行安全巡逻，提高了社区动员能力。

三是便民服务更加便捷。吉祥里社区按照居民需求，借助“一刻钟社区服务圈”拓展和“81890”服务平台，提供“农社对接”、医疗保健、餐饮理发等服务项目，满足居民个性化需求；成立邻里互助小组，对孤老、残疾等特殊家庭提供送货上门、结对帮困等服务，志愿服务深入人心。

四是项目化管理更加规范。吉祥里社区根据工作中的热点、难点问题和居民服务需求实际，在物业公司、产权单位支持不足的情况下，向街道办事处申请项目资金支持。东区下水道堵塞是困扰居民生活近20年的老大难问题，在社区“家园计划”推进过程中，自管会发挥作用，以“畅通工程”项目申报书的形式向需要整合的相关资源方提出资金支持申请，最终得到街道办事处支持项目30万元、物业公司出资40万元的经费支持，项目实施后由社区工作者、党员代表、居民代表、和谐促进员代表、楼门组长代表组成的“畅通工程”监管会具体负责项目的监管工作，保证了工程质量和进展，解决了难题，赢得了民心。

第十三章

教育事业

JIAOYU SHIYE

朝阳门外地区的教育是在私塾教学的基础上发展起来的。清道光二十九年（1849）碑刻记载，道光年间辖区东岳庙住持马宜麟建立起义学，也是辖区最早建立起具有学校性质的教学机构。清光绪三十四年（1908），京师督学局在朝阳门外南营房镶白旗兵营附近建立起辖区第一座真正意义上小学——京师第二初等小学堂，专为镶白旗官兵子弟服务。新中国成立后，人民教育事业飞速发展，小学、中学、职业教育、幼儿园、成人教育如雨后春笋，茁壮成长。截至 2015 年 12 月，辖区有中学 2 所，分别是北京市陈经纶中学、体育场路中学；小学 3 所，分别是北京市朝阳区芳草地国际学校日坛校区、北京市朝阳区芳草地国际学校民族校区、下三条小学；幼儿园 3 所，分别是朝阳建筑公司幼儿园、朝阳区政府幼儿园、三里屯幼儿园等。

第一节　学校教育

一、学前教育

中华人民共和国成立前朝外地区基本没有幼教事业。中华人民共和国成立后，地区的幼教事业从无到有、从低级到高级、波浪式地向前发展，到50年代随着各行各业的蓬勃兴起，街道幼儿园发展到18所，幼教事业发展解放了许多妇女劳动力，走出家门奔赴生产第一线。

1954年，在朝外日坛北路7号成立朝阳区百货公司幼儿园。

1958年，辖区建立800多个家庭托儿所，其标准是1名老师带3名孩子为1个托儿户。年内，北京汽车电机厂幼儿园成立，隶属于北京汽车电机厂，面积60平方米，幼儿入托44名，有教职员工7名；北京职工体育服务中心幼儿园成立，位于工体西路。

1960年，街道公立托儿组织经过大规模的发展与不断地整顿提高，辖区有托儿所23个、幼儿园17个、街道幼儿园9个，共有保教人员263名。

1962年，街道成立幸福村、三里屯和东光路幼儿园，均是2层小楼。建楼经费是由市、区政府和妇联资助街道的，用以奖励街道托幼工作取得的成绩。1964年，辖区有1225名孩子入托，其中整托330名、时托875名，18个园所（9个园、9个所）共有保教人员129名，平均托管率达到100%。

1965年，辖区有家庭托儿所200多户。

1967年，在东大桥路13号成立朝阳区建筑公司幼儿园。

1970年，在朝外大街53号成立中国工商银行朝阳办事处幼儿园。

1971年，在朝外东大桥芳草地东巷成立朝阳区修理公司幼儿园。

1973年，街道实行行业归口管理，地区内公立托儿所全部被市区接收。共有托儿园、所14个（有11个只收本单位职工的孩子），收托儿童990名。由于园所减少，私托户增多，辖区有私托户413户，收托儿童447名。

1974年，在辖区东大桥路13号院成立朝阳建筑公司幼儿园，隶属于朝阳建筑公司，面积750平方米，有教职员工28人，入托幼儿230人，幼师24人。

1975年，街道根据区有关部门安排，街道相继建立19个街道园所和家庭托儿所，入托儿童达2000余名，保教人员200多名。

1978年，在朝外东光路2号成立北京市电车公司二厂幼儿园。

1979 年，街道根据全国托幼工作会议精神和市妇联的要求，由教育局、卫生局、区妇联、朝外大街妇联抽调 10 人组成调查小组，对朝外大街地区私托户情况进行调查。朝外大街地区共有居民 1500 户、6500 人，学龄前儿童 3008 名。其中，3 岁以上儿童 1300 名，3 岁以下儿童 1708 名。有 2 个街道民办园所，收托儿童 180 名；6 个区属厂矿企事业单位园所，收托儿童 361 名。经过调查，急需入托的儿童有 80 名，私托户有 141 户。私托户中看孩子的人年龄 60 岁以下的有 68 名，60 岁以上的 57 名，70 岁以上的 16 名，接收儿童 142 名，其中日托 131 名、整托 11 名。3 岁以上儿童 10 名；2 岁到 3 岁儿童 16 名；2 岁以下儿童 115 名，占私托户接收儿童的 81%。私托户接收儿童收费标准：日托 17 ～ 22 元，整托 30 ～ 35 元。

1980 年，成立神路街幼儿园，隶属于朝外街道办事处，面积 267.32 平方米，入托幼儿数人 52 人，有教职员工 11 人。

1982 年，成立朝阳环卫局幼儿园，隶属于朝阳区环卫局，面积 530 平方米，现有教职员工 28 人，入托幼儿 130 人，正式幼师 6 人、有培训合格证人员 22 人。在朝外东中街 2 号成立北京市灯泡厂幼儿园。

1983 年，街道响应市、区委的号召，采取国家、集体、个人三结合的形式，大力兴办托儿园所，解决本地区入托难问题。成立吉市口二条、芳草地西街托儿所，收孩子 224 名。

1984 年，辖区大力发展家庭托儿所，做到保质保量、让每个孩子都能健康幸福地成长。全地区有家庭托儿所 184 个，联办的 12 个，独办的 172 个，共收托儿童 414 名。全地区共收儿童 1272 名，基本上缓和地区入托难问题。成立中国银行北京分行幼儿园，隶属于中国银行北京分行，面积 720 平方米，有教职员工 27 人，入托幼儿 110 人，幼师 18 人。成立首都儿科研究所幼儿园，隶属于首都儿科研究所，面积 260 平方米，有教职员工 19 人，入托幼儿 62 人，正式幼师 11 人。在朝外大街元老胡同成立朝阳公安分局幼儿园。

1985 年，辖区有街办园所 9 个，132 名保教人员，收托 846 名儿童。托户 164 个收托 399 名儿童。各园所均建立规章制度，一日生活、消毒、晨午检、伙食管理、财务等都有制度规定。

1986 年，在朝外大街荣盛胡同原群众剧院成立朝阳区文化局幼儿园。辖区家庭托儿所 8 个，街道园所 10 个，共有保教人员 220 人，收托 1353 人，有私托户 152 户。18 个托儿园中，评出先进集体 6 个（芳草地幼儿园、二条中心园、水门关幼儿园、东光路中托儿所、下坡托儿所、头条托儿所），先进个人 35 个（包括独托 3 个），市区先进个人7个，市区街先进服务员、管理员6个。

1987年，辖区有街道园所11个，加上10个家托共收托孩子1343人，有保教人员22人。1988年，辖区有21个托幼园所，其中街道8个、企业4个、家托9个，共有保教人员201人，收托孩子1239名，此外还有200个私托户。1988年6月，街道六一家庭托儿所被评为“市先进托儿所”，刑淑敏所长被评为市级“先进教师”。1989年，辖区有18个园所，1812个儿童入托，保教人员202人。

1988年，街道六一家庭托儿所所长刑淑敏（右一）在跟孩子们互动

1991年，街道加强幼教事业管理，努力为幼教事业办实事，为3个园所配备保健医生，给5位教师办理养老保险。朝外街道工委被评为北京市儿童少年工作先进集体。

自1991年开始，随着城市危旧房屋改造，大部分幼儿园外迁或合并。

1996年，辖区有6个联办托儿所，有婴幼儿180名，有私托户200户。

2012年，街道筑起0～3岁婴幼儿早教工程。街道投入4.4万元启动资金，对110个有0～3岁早教指导需求的家庭信息登记造册，建立“支点亲子早教室”，印制“小鸟腾飞的一翼”宣传折页，提高群众对早教的知晓率。在日坛公园举办纪念“5·29”计生协会会员日活动暨首届“幸福家庭”亲子游园会，辖区100多个0～3岁独生子女家庭参加。与首都儿科研究所携手开展庆“六一”婴幼儿免费义诊暨早教宣传活动，提供儿童体格、营养、常见病等咨询服务，发放早教知识折页，主动宣传早教的重要意义，介绍街道开展的早教活动。举办早教知识培训班，邀请早教机构的老师重点就婴幼儿智力开发、母婴交流、婴幼儿适宜活动等进行讲解，30个家长通过教学道具以互动的方式亲身体验心灵家园工程。投入4万元启动心灵家园工程，缓解独生子女伤残、死亡家庭生活困难，抚慰其寂寞的心灵。在元旦、春节期间，慰问计生困难家庭51户。

2015年，街道制定《朝外街道0～3岁婴幼儿早教工作计划》，确保早教活动开展有序，提高早教工作服务质量。深化与专业早教机构的合作，拓宽早教工作的能力和范围。全年开展早教活动13场，其中进行科学育儿指导，组织家长讲座3场，开展宝宝趣味活动5场，宝宝绘画、情景模式活动5场，利用“5·29”计生协会日，在日坛公园举办主题为“感恩父母”的早教活动，吸引30多户婴幼儿家庭参加。

截至2015年12月，辖区有3所幼儿园：

朝阳建筑公司幼儿园　地址在东大桥路13号院。始建于1967年7月，隶属于朝阳建筑公司，面积750平方米，组建时5个班，160多个孩子入园。2005年重新装修改造，使用面积略有增加，截至2015年12月，发展到3个年级、一共6个班，教职员工28人，入园孩子数量达到250人左右。

朝阳区政府幼儿园　地址朝阳门外雅宝里11号，1958年在北三里屯成立，面积1000多平方米。当时5个班，160多个孩子入园。1996年迁至朝外雅宝里11号，面积增加到2290平方米。截至2015年12月，幼儿园共有3个年级、6个班，入园孩子180人左右。

三里屯幼儿园　地址辖区朝外大街吉庆里3号楼，1958年建园，当时位于南三里屯东17楼，有4个班，幼儿总数约110人，教职工约20人。20世纪70年代起招收外籍儿童，是朝阳区政府指定的涉外幼儿园。1991年，北京市体委确定朝阳区三里屯幼儿园为体育特色幼儿园、“示范幼儿园”。1998年5月，通过北京市一级一类幼儿园验收。1999年被列为“北京市对外重点参观单位”。2005年1月，因建设用地，迁至朝外大街吉庆里3号楼。2006年9月，全国妇联确立幼儿园为“心系好儿童‘三优’家长学校教育基地”。2006年10月，三里屯幼儿园通过北京市市级示范幼儿园验收，总成绩排名第一。2007年1月，正式确立为北京市语言文字规范示范园。2013年被评为朝阳区外事窗口园。截至2015年全园教职工45人，开设10个教学班，其中小班4个、中班3个、大班3个，在园幼儿总数291人。

2014年9月1日，三里屯幼儿园举办开学典礼

二、小学教育

朝外地区历史上最早的教育是在元老胡同、南北营房等处有几家私塾，收少数儿童读书、认字。

清道光二十九年（1849）碑刻记载，道光年间东岳庙住持马宜麟，扩建东岳庙的东西廊进行义学，旨在扶助邻近的贫苦子弟，学校名为“同善堂”义学。“同善堂”义学既有道教“齐同慈爱”的思想底蕴，不论贫富贵贱、亲疏远近、花木鸟兽，皆给予相同的爱，无分别之心和差别之念。同时也体现儒家深厚的思想，将道德与利益的关系进一步提升到对人的生命终极关怀的高度。马宜麟受儒家义利观影响，芸芸众生、孜孜致力于开展救困扶危的慈善事业。当时义学由官绅个人捐助，没有固定的经费，义学艰难地维持着。

清光绪三十四年（1908），京师督学局，在朝阳门外南营房镶白旗兵营附近，为该旗官兵子弟入学，设立京师第二初等小学堂。

1910 年前后，朝阳门一带居民受城里“废科举、兴学堂”的影响，一些开明人士募资在神路街 67 号租用民房 20 余间创办一所新式学堂，学堂规模小、学生少。由初小到高小共有 6 个班，收纳儿童 100 多人。

1921 年 5 月 28 日，由清水安三、王廷良、杨宝元等人联合在北平市朝阳门外碑楼胡同 8 号组织募捐创办崇贞工读女学校。有女学生 60 多名。学生上学不收学费和杂费，所用书籍和文具均由校方提供。学生每天上午读书，下午手工挑补工艺劳动。募捐和售卖的手工艺品收入用于维持学校的开支。

1923 年，崇贞工读女学校改校名为私立崇贞小学校。在京师学务局登记立案，教职员 3 人，3 个班，72 名女生。

1924 年，朝阳门外开明人士募资在神路街创办东郊公立第一小学。从初小到高小，共 6 个班，收纳儿童 160 多人。

1928 年，东郊公立第一小学归市管，按序列改名为市立第五十六小学，位于辖区南营房。其间在东岳庙、南中街等居民较多的地方开办单式班的民众学校和识字班。清末至民国初期，朝外关厢南北营房有 4 家私塾。

1929 年，东岳庙道士郑吉年在辖区元老胡同下三条 2 号，创办东郊区私立东岳庙民众学校，有学生 40 余人。

1930 年 5 月，私立崇贞小学校开始筹建新校舍。6 月，私立崇贞小学校改校名为私立崇贞女学校（小学部），在北平市教育局重新登记备案。全校共 6 个班 185 人。年内，在东大桥锅碗胡同成立东大桥小学（东郊区东大桥简易小学）有初小 4 个年级，2 个复式班，学生 50 余人，教师 3 人。在朝外南中街清真寺建东郊区私立清真第一小学，只有不分年级的一个班，以识字读书为主。

1931 年 4 月，私立崇贞女学校（小学部）在北平市朝阳门外芳草地购得约 30 亩地，建西瓦房 3 间、北瓦房 9 间为校舍，并于本年迁入新址。教育学制为四二制完备小学。学校地址前门为朝阳门外大街甲 144 号（现朝阳门外大街 38 号），学校后门地址为朝阳门外芳草地 2 号。1936 年 3 月，私立崇贞女学校（小学部）经多方筹款募捐，陆续建起南、北两层小楼各一座，东边有风雨草场（小礼堂）一座，西边有地下、地上两层图书馆一座等共计 168 间房的校舍。学校成为当时朝阳门外唯一一处近代化的建筑，人称东郊第一楼。同年 10 月，校名改为“崇贞学园”，校内设“私立崇贞小学”和“私立崇贞中学”，小学 6 个班 377 人。年内，在南下坡清真寺回民子弟识字班的基础上建立的东郊区南下坡小学。东岳庙民众学校改为公立寺庙短期小学，有学生 313 人。

1937 年，东郊区私立清真第一小学改称私立穆慎小学，增为 2 个班。1946 年，私立穆慎小学改为北平市十四区第一保第二国民学校，设一至四年级 4 个班，校址迁至朝外南河沿 25 号。1949 年，改为北平市十三区南中街第二小学。

1938 年，将市立第五十六小学改为神路街小学。是年，东大桥小学迁址广济庵后院。

1940 年，南下坡小学并入秀水河上坡的南中街简易小学，有初小 4 个年级 4 个班，学生 100 多人，教职工 5 人。1946 年，南中街简易小学改为北平市十四区第一保国民学校。1949 年，北平市十四区第一保国民学校重新改建，改名北京市十三区南中街第一小学。

1947 年，成立私立东光小学。

1949 年，人民政府接管学校，公立寺庙短期小学更改为东岳庙小学，当年下半年改名为北京市十三区第一中心小学。年内，在辖区吉市口二条建立吉市口二条小学。在辖区朝阳门外大街南侧的喇嘛寺胡同内，将喇嘛寺改为黄庙小学。将私立东光小学改名吉市口头条小学。东大桥小学改为完全小学。

1950 年，按政府要求，组织附近 5 所小学对旧学制、旧教法进行改革试点。在神路街小学、吉市口头条小学、黄庙小学设低年级部，吉市口小学设中年级部，在下三条（区中心小学）小学设高年级部，由区文教科长兼任中心校校长，各部设部主任，共 36 个班，学生 1450 人，教职工 58 人。

1951 年，西中街小学成立，后更名为菱角坑小学、朝阳小学。

1952 年，撤销中心校，5 所小学建成完全小学。1954 年，在朝外大街北侧东草厂建立草厂小学。1955 年，草厂小学、第一中心小学划入东单区，第一中心小学改名东单区第二中心小学。

1956年，成立芳草地外交部子弟小学。1958年，外交部子弟小学改名芳草地小学。东单区草厂小学、第二中心小学划归朝阳区，并将第二中心小学改为朝阳区下三条中心小学。1962年，建立芳草地小学分校，有一至六年级23个班，学生960人，教职工47人。教师、学生主要从芳草地、神路街、南中街、黄庙等小学调来。1963年，芳草地小学分校改为日坛小学，独立建置。1965年，草厂小学迁址至东草园新楼，改为体育场路小学。

1967年，在东大桥路15号楼成立东光路小学，有一至六年级6个班，学生240人，教职工18人。在辖区朝外大街杨家胡同3号成立朝阳小学，有一至六年级13个班，学生510人，教职工19人。

1968年，日坛小学与北京六十四中合并，成立北京市朝阳区东风学校。

1971年，吉市口头条小学并入下三条小学。

1972年，东风学校中小学分开，恢复日坛小学校名。

1973年初，朝阳门外草厂小学更名为北京市体育场路中学。

1975年，撤销神路街小学，神路街小学师生分流到日坛、东光路两小学。

1978年，芳草地小学被确定为市重点小学，下三条中心小学被确定为区重点小学。1979年，黄庙小学并入南中街第二小学。1983年，吉市口二条小学并入下三条小学。

1984年，南中街第一小学改为南中街民族小学，学校尊重回族风俗习惯，形成民族和睦的优良校风。南中街第二小学开设2个弱智生辅读班，有90名智残儿童先后入校得到补偿教育。

90年代，教育发展高峰期朝外共有小学10所，称为下三条学区。后因地区拆迁改造陆续外迁或合并。

1996年，东光路小学撤销。1998年，南中街第二小学撤销。1999年10月，朝阳小学撤销，其人员合并到下三条小学。2003年，体育场路小学撤销。2004年，东大桥小学撤销。

2005年，日坛小学离开辖区，迁入通惠家园新建校舍。

2008年，芳草地小学更名为芳草地国际学校。

截至2015年12月，辖区有3所小学：

北京市朝阳区芳草地国际学校日坛校区　位于辖区日坛北路1号。1956年成立朝阳区芳草地外交部子弟小学，招收外交部出国人员子女。学生走读、寄宿各半，有6个年级，4个教学班，学生180人，教职工70人。1958年移交朝阳区教育局管理，改为芳草地小学。继续招收外交部家属宿舍区学生，也收附近居民子女，并接纳朝鲜、柬埔寨等外国少年儿童入学。1970年，因校舍被占用，学生迁到建国门外永安里，改名永安里第三小学。1973年原校址重建芳草地小学，增设外国学生部6个年级，招收外国驻华领事馆人员及在京工作的外国侨民子女入学。学校环境良好，师资力量较强，办学设备齐全，电教手段先进，1980年，被列为北京市重点小学之一。学校教学工作，适当照顾外国学生的特点，注意密切中外学生的友谊。87个国家和地区的几千名儿童在校就读。2010年共有教学班12个，教师30名，学生300人。

2014年，芳草地小学中外学生在抖空竹

1984年起，一、二、三年级为北京市教育局教研部小学语文教学试验班，使用试验教材，连续五年进行注音识字，提前读写的试验。语文阅读、数学、自然常识、手工制作等课均做过市、区教研课，交流教改经验。

2008年，芳草地小学更名为芳草地国际学校。

截至2015年12月，芳草地国际学校占地面积15506.6平方米，建筑面积9871平方米。有6个年级49个班，174名教职员工，在校学生1534人。学校以开设计算机，英语课为特色。设有：专业教室，多功能厅、图书室、阅览室、藏书48682册。

北京市朝阳区芳草地国际学校民族校区　位于辖区朝外秀水河甲82号。1936年在南下坡清真寺回民子弟识字班的基础上建立的东郊区南下坡小学。1940年并入秀水河上坡的南中街简易小学，有初小4个年级4个班，学生100多人，教职工5人。1949年后重新改建，改名北京市十三区南中街第一小学。1980年在南下坡原校址上建教学楼一座，改善办学条件。1984年改为南中街民族小学，学校尊重回族风俗习惯，形成民族和睦的优良校风。1993年有6个年级19个班，学生599人，教职工42人，其中教师35人。学校占地面积3225平方米，操场面积900平方米，建筑面积2325平方米，教室20个。2014年改为北京市朝阳区芳草地国际学校民族校区，校址朝外大街雅宝里1号。

截至2015年12月，芳草地国际学校民族校区占地4032平方米，建筑面积1391平方米，体育所（馆）面积1749平方米。14个教学班，30名教职员工，280名在校学生。

下三条中心小学 位于辖区元老胡同下三条2号。下三条中心小学是在东岳庙住持马宜麟义学的基址上，于1929年由道士郑吉年创办东郊区私立东岳庙民众学校，有学生40余人。1936年改为公立寺庙短期小学，有学生313人。1947年由于庙内驻兵，学校暂停上课。1949年人民政府接管，并更改为东岳庙小学，当年下半年改名为北京市十三区第一中心小学。1955年，学校划入东单区，改名东单区第二中心小学。1958年重回朝阳区，改为朝阳区下三条中心小学。1993年，学校设有6个年级20个班，教室28个，有学生777人，教职工61人，其中教师51人，学校占地面积7496平方米，操场面积2127平方米，建筑面积2681平方米。

三、中学教育

1936年3月私立崇贞女学校经多方筹款募捐，陆续建起南、北两层小楼各一座，东边有风雨草场（小礼堂）一座，西边有地下、地上两层图书馆一座等共计168间房的校舍。1936年10月17日校名为崇贞学园，设立“私立崇贞中学”。这是辖区第一所中学。

1955年，辖区日坛北路19号建立第六十四中学，系三年制初级中学。当时因校舍未建成借女四中教室上课一年。建校时招初中一年级6个班，学生270人，教职工20余人。

1967年12月，在朝外七圣庙路12号，建立北京市雅宝路中学，系三年制初级中学，有初中3个年级24个班，学生960人，教职144人。学校占地面积6147平方米，建筑面积5532平方米，操场面积1240平方米，教室17个，专业教室12个，图书33198册，教学仪器2464件。1968年与日坛小学合并，校名东风学校。1972年，东风学校中小学分开，恢复六十四中学、雅宝路中学；成立北京市新中街中学，为六年制普通中学。

1973年，北京市体育场路中学建立，系三年制初级中学，有初中一年级10个班，学生480人，教职140人。1976年，体育场路中学设高中班，同年学校迁入工人体育场南路。

1980年，雅宝路中学停办高中，转办职业高中，设房屋管理专业。新中街中学改为旅游职业学校。1982年，雅宝路中学设幼儿师范教育，小学音乐专业，小学英语师训班。1983年，体育场路中学停办高中班。

1987年，雅宝路中学改名北京市朝阳区幼儿师范学校。

1998年8月，经北京市教委批准将陈经纶中学高初中分离，初中部对六十四中学进行体制改革，创建北京市首批办学体制改制试验民办助校，六十四中学改制为陈经纶中学分校，并迁入望京地区。

2002年，教育资源整合，新中街中学停办职业高中，将初中部迁址到朝阳区望京西园三区 313 号，更名为望京实验学校。

截至 2015 年 12 月，辖区有 2 所中学：

北京市陈经纶中学　位于朝阳门外大街甲 144 号（现朝阳门外大街 38 号）。1936 年 10 月 17 日在私立崇贞女学校（小学部）的基础上，扩建组建而成的“崇贞学园”中的“私立崇贞中学”。是经北平社会局（时教育局被撤销）第三科（初为第四科）登记立案的。设 3 个班，在校学生 68 人。1937 年 3 月崇贞学园成立学校董事会，确立校训“老实　宜强”。1940 年在校学生 240 余人，其中有 30 余名日本学生。1943 年 4 月崇贞学园部分爱国青年学生成立读书会，参加进步组织民主青年联合会。

1945 年 11 月 8 日将私立崇贞中学改名为“北平市立第四女子中学”。教职员工 10 多名。1946 年 2 月北平市立第四女子中学正式开学，设有初中 4 个班，在校学生 200 多人。1947 年北平市立第四女子中学本年度开始增设高中班。1949 年 2 月北平市立第四女子中学从初一到高二，全校有 5 个班，每班学生不足 40 人。1949 年 4 月人民政府派遣 3 名共产党员干部接管学校。

1949 年 9 月，校名改为“北京市第四女子中学”（简称女四中）。1950 年毗邻学校西侧的东郊区政府迁走后，旧址留给女四中。1950 年 7 月女四中第一批高三学生毕业。1951 年女四中舢板队获北京市舢板比赛冠军。同年女四中在校内南侧增建二层教学楼一座，增加 8 个教室。1953 年女四中在学校南侧增建二层宿舍楼一座，安排住校学生 400 多人。同年女四中学生刘馥在全国田径运动会上，以 47.82 米的成绩获女子手榴弹投掷第一名，打破全国纪录。1954 年北京市第四女子中学被批准为北京市重点中学。女四中在学校西侧增建三层教学楼一座，增加教室 18 个。1955 年女四中在进行革命传统教育中总结出“一个时期、一个中心、一个人物、见思想、见行动、见效果”的教育方法。在全校掀起向英雄学习、争做英雄班的热潮。女四中高三（1）班被命名为吴运铎班；女四中高三（3）班被命名为保尔班。1956 年女四中张秀芳同学在全国第一届少年体育运动会上，获体操甲组女子全能第一名、单项女子自由体操第一名、单项女子高低杠第一名、单项女子平衡木第三名。女四中李荫明同学在全国第一届少年体育运动会上，打破女子跳远全国纪录。女四中学校舢板队获北京市舢板比赛冠军。体育运动逐步成为女四中的特长，在全国的比赛中多次获奖。1966 年 5 月“文化大革命”开始，女四中停课。

1967 年 12 月，北京市第四女子中学改名为北京市朝阳中学，成为完全中学。1968 年 1 月，经朝阳区教育局批准，恢复初中招生，兼收男女学生，按连队编制，学制三年，寒假毕业。收小学六年级学生，共 18 个班，按 2 连队编制，定为一连、二连；收小学五年级学生，共 6 个班，定为三连；收小学四年级学生，共 3 个班，定为四连、五连、六连。2 月，由于受“文化大革命”影响，学校受到冲击。下半年朝阳中学根据上级的指示精神，成立“分配组”，开始做老三届毕业生上山下乡的安置工作，大批学生被分配到东北兵团、内蒙古兵团、云南兵团及其他省地插队落户。高中老三届学生周鲁凤、孙玉香、杨淑珍、李变云、宋立英、严毕露等被朝阳区教育局、劳动局批准留校任教。1969 年 4 月，按照中央和北京市的安排，北京空军部队派出军宣队、北京市毛巾厂派出工宣队进驻朝阳中学，接手学校的组织领导工作。1970 年 1 月，朝阳中学按照朝阳区教育局的指示，第二次招收初中生，仍按连队编制，定为七连、八连、九连、十连。2 月，朝阳中学按照区教育局的要求复课闹革命，开门办学，学生要学工、学农、学军。学校在朝阳区双桥公社大鲁店村开办学农分校，建立学农基地。在校学生分批参加学农劳动。1971 年 1 月，朝阳中学按照朝阳区教育局的指示，第三次招收初中生。撤销连队编制，改为按年级、班级编制。12 月，朝阳中学由北京市毛巾厂扶持成立校办工厂，编织毛巾和手套，制作民用食用碱。胡恩、兰学春、樊振和、秦榆 4 名初中毕业生留校成为校办厂工人。组织在校学生分批参加校办厂的劳动。1972 年 1 月，朝阳中学根据朝阳区教育局的通知，恢复高中招生，所招学生均是朝阳区各校保送的，学制二年，寒假毕业。1977 年 2 月，根据北京市政府和区教育局指示，北京毛巾厂工宣队撤离朝阳中学。1977 届高二毕业生参加高考。1978 年朝阳中学被朝阳区教育局评为朝阳区教育系统的先进单位。1981 年，批准沈正德老师为北京市劳动模范、全国优秀体育教师。12 月 12 日，中国女排在日本夺得世界杯赛冠军，郎平回母校朝阳中学与全体师生见面、合影留念，并作《努力拼搏勇夺世界杯女子排球赛冠军》的报告。1982 年，朝阳中学经

北京市朝阳中学大门（摄于 20 世纪 80 年代）

北京市体委、市教育局批准，被评为北京市实施《国家体育锻炼标准》先进单位。1983年，“老实　宜强”的校训修改为“老实　宜强　勤奋　创新”，并由著名书法家刘炳森题写。1987年4月，朝阳中学与外交部签订合作办学协议书。

北京陈经纶中学（摄于20世纪90年代）

1989年1月13日，北京市政府常务会决定：接受香港实事家陈经纶赠款，用以改扩建朝阳中学。当月，陈经纶捐资2700万元改扩建朝阳中学，原东大桥中学并入朝阳中学。学校实行校长责任制、工资总额包干、发展校办企业的三位一体的改革。1991年6月1日，北京市朝阳中学改建完工，经北京市政府批准，校名更改为“北京市陈经纶中学”。1992年经北京市教育局批准，高中面向全市招生，按市重点中学待遇。

截至2015年12月，学校占地102234平方米，建筑面积20000平方米，有教学楼四座，设初中部18个班，576名学生，55名老师；高中部27个，学生968人，教职工149人。教学楼内有音乐、美术、劳技专用教室。一座综合楼，内设卫生、化学实验室、计算机教室、语音教室、演播室，四层楼上建一座天文台，供学生观察气象之用。学校图书馆藏书5万册，有教师资料室，学生阅览室。各类工具书、教学参考书、音像资料基本满足需要。学校南面是可容纳1800人的大礼堂、游泳馆和室内体育馆。

体育场路中学　位于辖区工人体育场南路。1973年初北京市体育场路中学建立，系三年制初级中学，有初中一年级10个班，学生480人，教职140人。1976年设高中班，同年学校迁入工人体育场南路。1983年停办高中班。1994年有初中三年级12班，学生456人，教职工75人，其中教师38人。截至2015年12月，学校占地面积2959.6平方米，建筑面积2838.6平方米，操场面积896平方米，教室21个，专用教室2个，图书17136册，教学仪器1810件。学校1990年被评为北京市教育系统综合治理先进单位，1992年获北京市中小学合唱节先进集体奖。

截至2015年，学校占地面积2879平方米、建筑面积3144平方米，体育场（馆）

面积 850 平方米。图书馆（室）藏书 2 万册，电子图书 4 册，订阅杂志、报刊 47 种。固定资产总值 2498 万元。全年教育经费投入 2350 万元，其中国家拨款 2350 万元。学校信息化经费投入 34 万元，多媒体教室座位 420 个，校园网出口总带宽 100Mbps，“信息技术”课程每周 4 课时。普通教室 10 个，专用教室 11 个，实验室 3 个。拥有计算机 163 台。教职工 40 人，其中高级职称 5 人、中级职称 12 人，专任教师 33 人，包括本科以上 38 人。开设初中教学班 7 个，毕业 37 人，招生 17 人，在校生 109 人。

四、成人教育

20 世纪 50 年代开始，辖区内有多所成人教育学校和机构。1958 年 9 月，成立朝阳区教师进修学校。1959 年秋，建立朝阳区干部业余学校。1976 年 2 月，成立朝阳区“七 · 二一”工人大学。1980 年 9 月，将朝阳区“七 · 二一”工人大学改名为“北京市朝阳区职工大学”。1984 年，成立北京市广播电视中等专业学校朝阳区工作站。1987 年，将雅宝路中学改编为朝阳区幼儿师范学校。1993 年，区百货公司与蓝岛大厦

20 世纪 50 年代开展扫盲教育

20 世纪 60 年代工艺美术厂开展职工培训

合并后，区百货公司职工学校称蓝岛培训部，这是辖区商业企业经办的第一所成人教育机构。后随着辖区建设，成人教育学校和机构逐步外迁或撤销。

朝阳区教师进修学校　1958 年 9 月，成立朝阳区教师进修学校。建校时教职工共 5 人，办公地点设在芳草地小学校院内。主要任务是提高在职小学教师文化业务水平，使文化程度不足中师的教师达到中等师范毕业的水平，同时组织全体小学教师和干部开展教育教学的培训与教研。1968 年 12 月朝阳区教师进修学校被撤销，到 1973 年 3 月恢复朝阳区教师进修学校。办公在新中街中学校内。1975 年，朝阳区教师进修学校迁至永安里。主要职能是对朝阳区在职的中小学教师进行学历补偿教育和教育教学研究。使中小学教师分批达到中师或大专毕业程度。1982 年 4 月，根据北京市教育工作会议《关

于整顿和提高中小学教师队伍的意见》，朝阳区教师进修学校改为朝阳区第一教师进修学校、朝阳区第二教师进修学校两个单位（以下简称一进修、二进修）。一进修负责中学学科教师进修工作，在永安里。二进修在朝阳区吉市口二条办公，负责中小学教研和小学教师进修工作，中、小、幼教研室工作。1985—1987 年，第二进修学校先后开办辅导班 32 个，有 3000 人参加学习。1992 年，二进修迁至左家庄街道的柳芳南里 14 号楼。

朝阳区干部业余学校　1959 年秋，在朝外大街 290 号建立朝阳区干部业余学校。学校是专为提高朝阳区干部队伍文化水平而开设的，第一任校长为区委书记单昭祥兼任，教务主任王岩斋，有专职教师 13 人，专职干部 4 人，兼职教师 16 名。设有中文专业班 1 个，英语班 1 个，高中语文班 4 个，高中数学班 1 个，初中语文班 12 个，初中数学班 6 个，高小班 4 个，在校生最多时达 1000 多名，最少时有 600 人。区许多老干部都曾在该校就读。1963 年 7 月，朝阳区干部业余学校迁到原神路街小学。

北京市广播电视中等专业学校朝阳区工作站　1984 年，成立北京市广播电视中等专业学校朝阳区工作站，为独立法人机构，编制为 13 人，隶属于朝阳区成人教育局。1997 年，朝阳区成人教育局撤销后，北京市广播电视中等专业学校朝阳区工作站于 2000 年 7 月与朝阳区成人中专、朝阳区成教中心三校合并，成立朝阳区职成中专。2003 年 7 月，朝阳区职成中专与北京市将台路中学合并更名为北京市电气工程学校并撤址。

朝阳区幼儿师范学校　1987 年，在辖区建国门北大街路东，将雅宝路中学改编为朝阳区幼儿师范学校。学校占地面积 6147 平方米，建筑面积 5532 平方米，操场面积 1240 平方米，教室 17 个，专业教室 12 个，图书 33198 册，教学仪器 2464 件。1989 年，幼儿师范学校对 606 名新教师进行继续教育培训，至 1990 年 7 月，完成教学计划，举办美术，音乐，英语三个学科五个班的岗位培训，为农村教师举办专题讲座班。其间，共开讲座 186 次，累计听讲人次 19000 人次。1998 年，经市教委批准，将朝阳区幼儿师范学校更名为北京市朝阳区艺术学校。设有音乐、广告、影视表演、服装表演、影像制作、茶艺表演等专业。2004 年 3 月，北京市朝阳区艺术学校与北京市民族职业高中合并为北京市民族文化艺术职业学校。2006 年 7 月，北京市民族文化艺术职业学校撤离辖区。

北京市朝阳区职工大学　1976 年 2 月，朝阳区委决定在雅宝路 5 号，成立朝阳区“七 · 二一”工人大学。直属区委领导，由工交城建组分管。学校是成人高等学校，采取长短班结合的办学方式培养人才。1980 年 9 月 15 日，经北京市人民政府验收批准，将朝阳区“七·二一”工人大学改名为“北京市朝阳区职工大学”，并在教育部备案。区职工大学是朝阳区人民政府主办，立足本区，面向全市的综合性成人高等学校。设有中文、外语、政法、工商管理、建筑工程、机械等6个系10个专业。并设有函授、培训部，占地面积8424平方米。有讲师74人，其中副教授9人、助教5人、讲师23人、中专职教师37人。2007年7月，由于国家用地，雅宝路校址取消。

第二节 校外教育

1958年8月，朝阳区少年宫（原名少年之家）在辖区朝阳门外大街成立，并陆续开辟日坛公园具服殿、朝外天齐庙等地活动站。设有群众文化组、科技组、文艺组、二部制组、阵地组等。1966年“文化大革命”开始，少年之家停止活动。1972年区少年之家重建，1974年改名为朝阳区少年宫，各项活动逐渐展开。

1974年，辖区成立政治学校。

1975年，街道为解决教育事业发展快，校舍累缺，教学实行二部制问题，6月11日办事处成立“校外办公室”，工作受区教育局校外办公室领导，机构编制5人，并从朝外中小学校抽出34名教师。1个人负责一个居委会，建立校外活动站。

1977年，辖区建立起31个校外活动站，分布在朝外地区各个居委会。从社会单位抽调部分辅导员，组织家庭活动站、家庭学习小组，教师和辅导员按时到各小组检查学习和活动情况，对孩子们进行爱国主义教育、讲革命传统故事，从小培育热爱祖国、热爱社会主义，德、智、体全面发展的合格人才。开设无线电维修、书法、美术、手工、合唱、足球等课程，帮助学生复习功课，完成作业后开展、文艺、体育活动。当年有辅导员205人，学生6218人。

20世纪70年代位于朝外大街的朝阳区少年宫原址

1979年，校外教育广泛开展学雷锋，树新风活动，引导青少年以雷锋为榜样，刻苦学习，攀登科学高峰。年内共收到科技样品 77 件，其中辖区单位制作的电风扇、风向斗等设计参加展览会，获参展人员好评。

1983 年，辖区二部制教学逐渐减少，学生恢复全日上课，各活动站逐步撤销，“校外办公室”也随之撤销。

1985 年，街道采用多渠道、多部门、多层次共同做好青少年工作，建立三个辅导站。配备 12 名辅导员，共辅导儿童 679 名，培训 266 名待业青年，安置 944 名待业青年就业，促进地区的安定团结。

1987 年，街道在“义务教育法”实施一年之计，按照区文教办指示精神，进行义务教育法检查。

1988 年，朝外大街道路拓宽，辖区内的朝阳区少年宫搬离辖区，迁到小庄。

1990 年，街道获市级青少年教育工作先进集体称号。

1991 年，街道根据区委区政府要求，工委研究决定成立业余党校和业余政校。业余党校由工委书记任校长，两名副书记任副校长。下设教务组。党务工作骨干、机关及下属企业居委会的全体党员、各级领导干部和非党积极分子为业余党校轮训对象；主课堂设在天福巷社区服务中心；以脱产轮训和上大课为主，自学、讨论、形象教育为辅；采取计划办班或临时办班相结合的方法进行。业余政校办事处主任任校长，主管居民和主管经济的两名副主任和政工副书记任副校长，下设教务组。政校的教育对象主要是机关干部、企业职工（重点是 38 岁以下的青工）居委会主任和企业单位负责人等；轮训内容，主要是党的方针政策，有关法规法纪和相关业务知识。

1992 年 6 月、10 月，街道分别获得两个区级校外活动组织奖。1993 年 10 月，街道获评区级校外活动先进集体。1994 年 9 月，街道获评区级校外活动先进集体。

1996—1998 年，街道依托文明市民学校，对居民群众进行经常性地教育培训，内容涵盖生活常识等多个方面。

1999 年，街道开展以“崇尚科学、文明生活”为主题的宣传教育活动，组织 3000 余名群众观看科普纪录片，举办大众科普知识宣传和揭批“法轮功”挂图宣传，增强地区群众抵制邪教、崇尚科学的自觉性。

2001 年，街道加强文明市民学校建设，制定和实施全年教育计划，先后举办 120 余次形式多样、内容丰富的教学活动，使万余居民群众受到教育。2003 年，街道配合区教委语言文字办公室，对大街沿线单位规范用字情况检查、评比，使本地区用字规范化。

2004 年，街道面对“禽流感”疫情，采取致全地区居民一封信形式，普及防治禽流感知识，引导群众养成良好的卫生习惯，避免恐慌心理，维护社会稳定。与朝阳中医医院联合举办“中医院杯”健康知识竞赛，加大防控“禽流感”知识宣传，使防控工作运转顺利、各项措施落实到位。

2005—2006年，在全国数字化管理试点中朝外大街试行标准化管理模式进行街道管理，街道利用此机会，组织机关干部学习数字化管理知识。

2009年，街道借助“三合一”筹资模式，筹集科普阵地建设资金15万元，为5个社区新建和完善科普文化宣传阵地。吉庆里社区被选评为“北京市优秀科普社区”，吉祥里社区冯俊华、芳草地社区汪学银、吉庆里社区马凤君等3人获“优秀科普社区宣传员”称号。街道以社会管理中心为依托，按照《科普益民的计划》，结合辖区居民知识层次、需求特点，开展“送科普下社区”“计生培训”“健康知识讲座”“摄影知识讲座”“计算机网络知识讲座”“急救知识讲座”等一系列活动，满足辖区广大居民群众对现代医学、保健、生命健康、生活服务等方面的知识需求。

2010年，街道坚持把科普工作纳入街道整体工作之中，与街道各项事业的发展同研究、同部署、同落实。开展科普周、科普月活动，组织开展近百期社区教育大课堂，推选“朝阳学习之星”“社区活动明星”，为辖区群众提供优质文化教育服务。同时，以申报朝阳区市民学校品牌、科普示范社区、科普示范家庭和科普节能环保个人为契机，促进地区文化教育事业的发展。探索引导社会力量参与特色图书馆、专业图书馆建设。

2015年1月23日，北京青少年“动手做”科技季赛颁奖暨总结会在辖区芳草地国际学校教育辅助中心举办。辖区参赛选手在“快乐搭建”项目上获得4个一等奖，在“我有一双灵巧手”项目上获得3个一等奖。2月1—3日，在“第15届北京青少年机器人竞赛”中辖区陈经纶中学等单位参加机器人综合技能比赛、机器创意比赛、机器人足球比赛、FLL机器人挑战赛、VEX机器人工程挑战赛、VEX机器人工程挑战赛和ASC能力挑战赛，获得14个一等奖、6个二等奖和2个三等奖，其中8个项目荣获全市冠军。10月31日，在“第六届中鸣杯区际机器人联赛”中陈经纶中学高中组获季军。12月13日，在区第八届青少年微型机床创意大赛中辖区陈经纶中学初中组和高中组一等奖。

第三节　社区教育

1960 年，公社文化学习以联合职工业余学校为骨干力量，进行文化学习，辖区有教师共 106 人，其中专职 23 人、兼职 53 人、义务教师 30 人，参加文化学习的生产服务人员和街道居民共 1724 人。年内扫除文盲半文盲 554 人，结业学员绝大多数可计入高小或巩固班，文化水平大大提高。广大职工社员结合生产生活进行编写创作，有诗歌、剧本、快板、相声等作品，对提高社员思想认识，促进工作有很大的推动作用。居委会利用业余时间，不断组织文艺活动，有话剧唱歌舞蹈等项目。

1963 年，辖区有 1 座文化站，范围小，不能满足更多儿童的需要。扩建建国里、三里屯、南中街 3 个文化站，增加接待量。全年文化站接待小观众 76000 人次，平均每月接待 6333 人次，每天接待 208 人次。

1985 年，街道以改革教育为中心，组织全体党员、群众学习党中央《关于经济体制改革的决定》和《改革与建设有中国特色的社会主义》一书。对联社所属的 192 名青年职工进行脱产轮训，及格率达到 100%，通过学习大家提高对经济体制改革的必要性和迫切性的认识，明确改革的任务和要求，增强投身于改革的信心和自觉性。

1986 年 9 月，区委区政府本着“增长知识，陶冶情操，康乐益身，余热生辉”的宗旨，成立朝阳区老年大学，校址在原朝阳区体育场路小学校内。朝阳区老年大学为离退休干部和中老年人开设文史、烹饪、装裱、书法、绘画、裁剪、花卉、健身、舞蹈等专业班，学员结业后，仍可留校继续学习。

1992 年 1 月，朝阳区老年大学搬出朝外街道，迁到朝阳区团结湖南门，与老干部活动中心合址办公。

1996 年，街道建立地区文明市民学校，并在居民区和建筑工地设立 7 所分校，授课 40 余次，受教育 6600 余人次。

1997—1998 年，街道依托文明市民学校，对居民群众进行经常性的社会公德、时事政策、行为规范、家庭美德、生活常识等方面的教育。全地区 24 所分校采取多种形式授课 306 次，受教育 7000 余人次。

1996 年，街道建立地区文明市民学校，并在居民区和建筑工地设立 7 所分校，授课 40 余次，受教育 6600 余人次。

1997 年，街道以基层党校、文明市民学校为教育阵地，利用各种机会，多种形式，对居民和机关干部有针对性地进行社会公德、职业道德和家庭美德教育。还对居民群众进行经常性的社会公德、时事政策、行为规范、家庭美德、生活常识等方面的教育。全地区24所分校采取多种形式授课306次，受教育7000余人次。

1998年11月，街道社区服务中心在芳草地组织学生运动

2000年，街道以“建首善、创一流”为目标，把开展群众性创建活动作为街道工作的根本任务之一。2001年，街道突出教育为本，大力推进地区精神文明建设。4月5日，辖区的马骏烈士墓被中共北京市委、北京市人民政府命名为“北京市爱国主义教育基地”。

2002年2月，学生参加吉祥里社区组织的寒假活动

2006—2009年，街道围绕朝阳区建设学习型城区、全面推进素质教育和打造人文奥运的总体要求以及街道各年度的工作思路，有效地将实施素质教育与强化干部队伍建设、提高机关干部队伍综合实践能力相结合；与深化精神文明建设、提高地区居民综合素质相结合；与固化机关部室和社区执行力、促进街道发展与稳定相结合；与催化街道开拓创新能力、探索全方位实施素质教育的新途径相结合。深入开展以思想道德、政策法规、人才培养、科普常识、健康教育、安全培训、人文奥运、文明礼仪等内容为主题的居民素质教育和实践活动。

2010年，街道紧紧围绕街道文明城区创建这一中心工作，将素质教育纳入街道文明城区创建整体工作之中，统筹规划，统一部署，通过创建文明城区，努力带动地区素质教育水平的全面提升。加强硬件、环境、队伍三项建设，加大投入与整合资源并举，着力夯实素质教育工作基础。突出朝外特色，借势借力推进素质教育工作。

2012 年，街道强化志愿服务和道德讲堂的领航作用，推进“道德讲堂”活动开展，以“身边人讲身边事”的形式开展“爱老孝亲、以善为乐、以诚兴业、传承美德”等主题宣讲活动 17 期；强化网络文明宣传作用，围绕“一网、一博、一微”开展文明宣传引导活动，在中国文明网发帖 60 条，新浪博客发帖 77 条，更新“文明朝外”政务微博 975 条，并在首都文明办举办的“雷锋在我心中”微博征集活动中获得“最佳感人奖”。

2013 年，街道对街道文体中心重新设计装修，对 7 家社区文化活动室进行硬件升级，改造出十余个功能活动室，新配备图书 35000 余册，建 3 个电子阅览室，配备电脑 25 台，建造“24 小时自助图书馆”2 台，改造大型户外活动场所设施 7 个，实现设施完善、制度上墙、管理有序，居民步行一刻钟就可享受优质文化服务。

2014 年 1 月 2 日，街道文化服务中心、朝阳区图书馆、悠贝亲子图书馆三方正式签署《社会力量参与朝外地区图书馆运营合作协议书》，建立北京首个由社会力量参与管理的街道图书馆。为 0 ～ 8 岁家庭提供专业的亲子阅读服务，包括：专业的亲子阅读指导、丰富的亲子阅读主题活动、故事会、上千册优秀精美图书借阅；旨在帮助家庭建立良好的亲子阅读习惯，在亲子阅读中增进亲子感情开阔孩子们的视野。春节期间，在

2014 年 7 月 28 日，朝阳区开展道德模范“身边好人”基层巡演活动。图为朝外游本昌工作室演员在现场表演自编节目《济公办学》

辖区北京民俗馆内举办“童年恩物——中国民间传统玩具展”“十二生肖话民俗——生肖展”“崇善尚德文物展”3项展览活动，向市民展示老玩具文物、跨越多个时代的生肖样展品，提出具有代表性的反映传统道德观的实物，供给游客欣赏、观瞻。在辖区日坛公园宣传“老年法”“孝星”典型事迹，举办朝阳区老龄摄影作品展。建设孝亲敬老园主题公园，开展老龄工作宣传及活动，打造朝阳特色孝文化的主阵地。

2015年，街道依托枢纽型社会组织，扶植社区型社会组织，引进服务型社会组织，培育公益型社会组织的基本服务理念，协同惠泽人公益发展中心，把握社会组织孵化培育、专业服务机构引入、专业培训与服务指导、项目评估等几个关键节点，开展社会组织服务基地建设试点工作，推进项目服务。21家专业社会组织落地朝外，有14个社区社会组织在中心开展经常性成人教育培训活动，中心依托服务基地，为惠泽人、七彩昀、惠心、游本昌工作室、社区青年汇等组织提供各种培训活动752次。

第十四章

文化体育

WENHUA TIYU

北京是元、明、清三朝古都，朝阳门是北京九门最繁华的城门之一，由此催生了朝外关厢地区文化、体育等事业的长期繁荣与发展。

北平解放后，北平市委对文艺的指导方针是“普及第一”。文艺要向城市工人、郊区农民、人民解放军和机关干部及大、中学校的学生普及，并在坚持业余自愿的前提下，吸引他们积极开展小型、多样、积极向上的文化娱乐活动。北平一解放，军管会文化接管委员会就接收了原民众教育馆，改称人民教育馆，并在人员、机构、方针、任务以及活动内容方面进行改造，后改称文化馆。文化馆再向基层下派或下设文化站。

“发展体育运动，增强人民体质”一直是新中国体育工作的指导方针，朝外街道贯彻这一方针，通过开展多种多样的体育活动，活跃文化氛围，提高群众的参与度。同时，加大体育活动场所、场地、设施器材的投入，还组建了相应的体育活动兴趣组织和队伍，使地区群众体育活动蓬勃开展起来。

第一节　组织机构

新中国成立初期，朝外地区没有专门负责文化体育工作的机构。文化体育工作由党（工）委副书记分管，党委办公室或共青团兼管，下属各党支部或团支部的文体委员具体负责。

1983 年组建文化站，将原有东光路、南营房和下三条 3 个校外活动站合并为朝外街道办事处文化站，一站两用，负责文化和体育方面的活动。

1983 年，朝阳文化艺术辅导中心成立，邀请到李德伦、吴祖光、尹瘦石、袁世海等著名艺术家出席成立大会，40 多位艺术家担任辅导中心的艺术指导。

1983 年，朝阳文化艺术辅导中心成立

1986 年 3 月 26 日成立朝外街道体育协会，会员单位有：北京无线电元件十厂、北京市生产合作总社、日坛公园、北京 64 中学、武警九支队、首都儿科研究所等 10 家单位。是全朝阳区第一个成立了街道层面体育协会。陆续组建了足球、篮球、乒乓球、羽毛球、门球五支球队；培训了四支老年门球队，并被评为区“七五”之春体育活动先进单位。

社区服务指导中心（摄于 1989 年）

1989 年 8 月 20 日，社区服务指导中心成立，主要为老年人的文化体育活动提供服务。

2007 年 3 月 12 日，朝外地区成立文化协会，各社区成立分会：吉祥里社区歌咏曲艺分会、天福园社区诗书画分会、雅宝里社区民族体育分会、芳草地社区民间手工编织分会、吉庆里社区舞蹈模特分会、三丰里社区健身文体分会、体东社区奥运英语分会。社区分会每年要承办地区性文体赛事一次。

2012 年 10 月，在街道社管中心成立了街道文化服务中心，事业编，正科级，5 名工作人员。建起具有特色品质的游本昌、李玉芙等名人文化工作室，设置 24 小时自助图书馆。7 个社区建立了 200 平方米以上的文化活动站，进而形成了可满足不同层次需求的文化服务网络体系。

第二节　文体场所

戏院　隆和园戏院位于朝阳门外大街北侧的吉市口内，芳草园戏院在朝阳门外大街的南侧，即现在的芳草地地区。旧时有名的戏班三庆、四喜、瑞胜和、庆顺和等都曾在芳草园戏院和隆和园戏院演出。这些戏班既演京剧又演梆子，因此称“京梆两下锅”。戏院的演出吸引了众多的观众和商贩，茶水、扒糕、年糕、凉糕、西瓜、豆腐脑、灌肠、卤煮火烧、小豆粥等风味小吃和各类杂货应有尽有，热闹非常。后因时局动荡，逐渐衰落消失。

书茶馆　就是可以喝茶听书的茶馆，是北平民间文化传承寓教于乐的重要方式之一。解放前后，坛口市场街（民国时期改为朝阳市场）是朝外地区非常繁华的地方，民间有“二天桥”之说，有住户、店铺、货摊、小吃摊等。“义和轩”“隆和园茶馆”“马家茶馆”等是这里有名的书茶馆。

“义和轩”的面积大约 200 平方米，能容纳 200 来人，掌柜的叫张瑞，儿子叫张玉芳，从 1922 年开始，父子俩一直在坛口市场经营这家书茶馆达 30 多年。起初“义和轩”卖茶水、摆象棋，但没有酒饭、小吃。所以叫棋茶馆。茶馆成了各行手艺人作“攒儿”的社交场所，也有少数人过来单是为了下棋，棋逢对手，争斗高下。这一年，隆和园书茶馆要翻修房子，为使书茶馆不歇业、不流失“书座儿”（是对评书听众特有的称呼），书茶馆杨掌柜找到张瑞，准备借用他的棋茶馆说书，商量好借用俩月。在借用的两个月里，顾客品茗听书，一举两得，非常享受；茶馆每天客满，又落书钱、又落水钱，进账不错，可比光卖茶水强多了。从此，张瑞与说书结了缘。随改棋茶馆为书茶馆。

茶馆改为书茶馆以后，请来了当时在这个行当里有一定名望的“袁氏三杰”中的二哥袁杰英大师。袁杰英提出了要破台的要求。破台是说书的规矩，要想开书茶馆，先得请齐 12 位说书人码出一年的节目单来，6 人“说晌午”（下午 2 点至 4 点），6 人“说灯晚儿”（晚上 7 点至 10 点）。然后一众说书人在“头儿”的率领下，到待开张的书茶馆一起举行破台仪式，认门开宗。于是，张瑞四处遍访说书人，终于找来 12 位师傅来到“义和轩”举行“破台仪式”。在事先砌好的两米见方、高一尺的书台上烧香，然后斩两只活公鸡将其头置于书台上，拎鸡围着书台走一圈，将鸡血淋洒于书台各处。之后，在袁先生的带领下，说书人向摆在书台上的牌位次第磕头，祭拜说书人的祖师爷。从此，正式开张。

在书茶馆里说书，又分为“说早儿”的、“说晌午”的和“说灯晚儿”的三种。一般名角儿都是“说晌午”的和“说灯晚儿”的，而那些学徒的、刚出师的以及一些没名儿没角儿的专门“说早儿”。而“义和轩”一上来就“说晌午”和“说灯晚儿”，请的全是叫座的名角。

在书茶馆里说书，规矩是“三七下账”“头尾不下账”。所谓“三七下账”，意思就是七成收入是说书人的，另三成收入才归书茶馆掌柜。“头尾不下账”指的是，如果说书两个月，那么头一天和末尾一天打的钱都是说书人的。

也有“二八下账”的。说书人说能盛200人的地儿，如果来195人，差5个“书座儿”，当天挣的钱都归掌柜的。要是200人都来了，则说书人拿八成收入，书茶馆掌柜二成收入。张瑞就遇到过这么底气十足的师傅。

“义和轩”屋里青砖铺地，摆满了不曾上漆、露着白茬儿的长桌子、长板凳。当初破台的台子上，摆上书桌，桌前挂着一个织锦缎的绣花围子，书桌后面摆一把供说书人坐的高椅。台子后墙正中挂着一面镜子，镜子左右各挂一块一米来高的黑牌子，上面用白粉笔分别写着“说晌午”和“说灯晚儿”的姓名及所演书目。台子两侧头里各有一条板凳，那是“偏座”。台子前方的两个座，正对着说书人，是全场最好的位置，打钱的时候就从这起头。这两个“正座”，有一种说法，叫“龙虎凳”，什么时候都不能没有“票座”（不能不花钱白听）。

“书座儿”里面有老的，有少的；有穷的，有富的；有大字不识的，有饱学诗书的；有住周边的，也有大老远专奔评书来的，三教九流、五行八作，什么人都有。当年有一位北京大学教历史的姓齐的教授，一般情况都是等散书了，还留下来，跟说书人切磋评书、探究历史，甚至对评书中一个字的读音、一个词的用法、一段历史的真伪给说书人“择毛儿”(听众提意见、挑毛病，或提出疑问)。有时，在外面蹭听的“眼睛毛”也“择毛儿”，差一点都不行。所谓“眼睛毛”，就是书茶馆外边、窗根底下趴在窗台上蹭听的那群人。有的时候，“择毛儿”的挑得在理，说书人也不得不说：“我错了，我错了，下回改。”

书茶馆里一般没有“女座儿”，一条板凳人挨人，掺和一起不合时宜。除非来一家子人，带着女“书座儿”，有家人看护着可以。遇到这种情况，张瑞就会走到说书人跟前，手指在桌上敲两下，或者和说书人对个眼神，提醒说书人有女眷在场，要特别留意，别说脏话。有的书茶馆前排圈出一块地，放一张圆桌，叫“池子”（雅座），一家子带“女座儿”可以坐在“池子”里。戏馆子里也不卖“女座儿”，就“池子”里卖，一张方桌，一家子围着座，不与其他人混在一起坐。

说完一段之后，说书人将惊堂木再往书桌上这么一拍，掌柜的喊一声“头回——”，声音拔得高高的、拉得长长的，下面安安静静的，喊完之后就拿着一个笸箩从正座又叫“龙虎座”的地方开始打钱。把打钱的笸箩最先送到谁面前、怎么送到面前，看似一个小小的动作，却深谙门道。坐正座的往往是最要面子的或最有交情的人，从他们这开始打钱，起好步、带好头是一定的。不仅要开好头，还要一贯到底，“书座儿”尚未把书钱准备停当，掌柜或者伙计不宜把打钱的笸箩直杵到人家的面前去，不能带有丝毫祈求、索要甚至逼迫的意味。在“书座儿”把钱掏出来、预备好的那档口，掌柜也好、伙计也好恰当其时地把笸箩递过去，表现出来的是迎接、领受的意思，分寸拿捏得恰到好处。打钱要让“书座儿”感觉到受人尊重，待人接物细微之处透露着的是北京人的那种讲究，留给掌柜和伙计自己的则是自尊、守规矩的美名。

1919 年前后，北平成立了评书会，老评书艺人也各立门户，收徒授艺。说书行讲究拜门，不拜师是不能说书的，说书人不是想到哪里发展就到哪里发展的，在过去有这么一句话，“说书艺人不拜师，小心被人携家伙”，尤其外疆派，要想入本地这行，首先得拜师入门。

拜师，得在饭馆准备酒席，由师父把本门的人请来，徒弟给师父行跪拜礼，送个见面礼。师父按照本门的字，给徒弟另起一个名字。有的徒弟是带艺投师，有的原来什么都不会。拜完师，徒弟学徒时得照着镜子说，师父给你纠正几句那就了不得了。学徒期间，学说评书的方法，不是死读书本，而是口传心授，以听当先。说书人使的“活”，如果是从书本上得来的，不是从口头上学来的，说书人管它叫“朵子活”。“朵子活”的特点是，在舞台上说书，甩不掉书语，这种“活”不受同行人赞许。同行人重视的是“道活”，也就是一句一句听来的。

台上一分钟，台下十年功。出徒时，师父会赠给徒弟三样东西：醒木、扇子和手帕，这三样是说书人手中的道具，其中醒木又是评书艺人演出的执业许可证。醒木不是自备的，是徒弟学艺功成，在隆重的出师仪式上，师父授给徒弟的。徒弟当众接过醒木，以后才能自己独立演出。在演出过程中，开始表演时拍，醒木惊天，让观众安静，引起注意，又叫惊堂木；结束时拍，让观众悬想回味；节目当中拍，烘托气氛。说书人用的扇子就是普通的折扇，在说书过程中，它是刀，是枪，是矛，是杖，是棒，还是戟，不仅是武器，也是文人墨客手里的一支笔。 手帕就是通常一块素白手帕。表演当中，折叠起来可以代替皇上的圣旨、亲人的书信，也可以当手帕，模拟擦汗、擦眼泪，但不能真擦。

“义和轩”掌柜张瑞带着儿子，随后儿子张玉芳又辅佐着父亲经营着书茶馆生意，一直到1959年公私合营。从此“义和轩”退出了历史的舞台。

图书馆、书店 1913年京师学务局曾在朝阳门外248号设立阅书处，名为“劝学所”。1926年北平市教育局改“劝学所”为“讲演所”。1928年改名为“东郊阅书报处”。1936年9月，北平市教育局在朝外大街265号设立“第十阅书报处”。1949年下半年，市政府在朝外大街建市第九书报阅览室。1950年11月1日，市政府决定扩建为市第六文化馆。1952年改名关厢文化馆，馆址在朝外大街普济寺内，占地400余平方米，有阅览室、游艺室。游艺室先后添置幻灯机、收音机及娱乐用品。当年购置电影机，负责放映工作，后移交有关部门。此后，文化馆任务由社会教育转为以开展群众性文化活动为主，如举办职工文娱晚会、音乐培训班、科普讲座等，特别是下重点厂开展辅导活动。1954年改由东郊区主管。1955年，市文化局确定该馆为工厂区重点馆，工作人员深入机织印染厂（后更名为光华染织厂）、华北农机厂（后更名为北京内燃机厂）、总印刷厂（后更名为印刷二厂）、京棉一至三厂等单位，开展音乐、舞蹈、黑板报宣传等工作辅导。馆内举办文艺晚会、文学讲座及各种艺术训练班，组织合唱队、民乐队、舞蹈队、曲艺队等业余活动组织。当时，每天到馆学习、排练和参加各种活动的群众达500人之多。该馆在全区范围内建立了5个工人业余活动协作区，以大厂带小厂，并把文艺骨干培训放到协作区内，先后有百个工厂参加协作区活动，各协作区每周安排文艺演出、舞会、电影、报告会等。1958年，朝阳区建区伊始，朝阳区人民委员会即做出决定，由朝阳区教育局文化科（后改为区人民委员会直属科）负责筹备成立朝阳区图书馆。图书馆以原东郊区关厢文化馆为基础改建。原东郊区关厢文化馆馆址在朝外大街285号普济寺，前后院各有大殿一间，东西厢房若干间。解放后寺庙划为公产，陆续迁入不少住户，还开设有一家小型制鞋厂。前后大殿及东西两间厢房为关厢文化馆馆址。朝阳区图书馆即在此基础上改建。其中前殿一部分辟做“个人外借处”，另一部分及后殿作为“书库”，东厢房为“阅览室”，西厢房为“业务办公室”，总面积为336平方米。1958年，在关厢文化馆旧址筹建朝阳区图书馆，接管关厢、高碑店两文化馆藏书。1959年朝阳区图书馆正式开馆，干部4人，服务方式主要有个人外借、集体外借和报刊阅览等三种。1960年4季度，文化科决定将朝阳区图书馆与朝阳区文化馆合并，组织上划归文化馆党支部领导。年底馆藏图书总量为90239册。1961年2月迁出朝外大街地区，至小庄新址与区文化馆合并。这是朝阳区图书馆的前身。

1958年，市新华书店在朝外大街210号设门市部。1959年，成立市新华书店朝阳店，以发行中小学课本为主。至1965年，除保障供应中小学课本外，出售各类书籍。“文化大革命”开始，书店业务被打乱，除课本外，其他书籍发行受限制。1978 年开始书店实行开架售书。1992 年朝外大街改造时新华书店迁出。

新华书店（摄于 20 世纪 90 年代）

北京市民俗博物馆　位于朝阳门外大街 141 号，馆址设在全国重点文物保护单位——东岳庙，是北京地区唯一公办民俗类博物馆，隶属区文化委员会。1995 年 12 月，市文物局将东岳庙管理使用权移交区文化文物局。1996 年，区政府开始回收并进行修复工作。1997 年 8 月，北京东岳庙管理处暨北京民俗博物馆成立。1999 年 2 月，民俗博物馆开放。2001 年，博物馆确立“三个中心”（北京民俗文化研究中心、展示中心、活动中心）发展目标。2002 年，举办“首届北京民俗文化节”，召开“东方民俗文化学术论坛”。

2002 年，举办首届北京民俗文化节

2003 年，召开“北京地区行业祖师崇拜研讨会”；举办“中国民俗学会 20 周年纪念大会学术研讨会”。创办《北京民俗》报和《北京民俗博物馆》年刊。2004 年，博物馆提交的“老北京商业民俗保护”项目成为文化部中国民族民间文化保护工程第二批试点项目。“中国民俗学会”在博物馆挂牌成立；博物馆被评为区爱国主义教育基地。2005 年，启动“高碑店村民俗文化”田野调查活动。与中国民俗学会联合主办首届“东岳论坛”——民族国家的日历：传统节日与法定假日国际学术研讨会，开创“东岳论坛”学术品牌。2006 年 1 月 22 日，“中国民俗学会”在北京民俗博物馆挂牌。“中国民俗学会民俗博物馆专业委员会”在博物馆挂牌。“东岳庙行业祖师信仰习俗”入选首批市级非物质文化遗产名录。2007 年，主办第三届“东岳论坛”国际学术研讨会。2008 年，主办第四届“东岳论坛”；东岳庙庙会列入第二批国家级非物质文化遗产名录。2009 年，

“幡鼓齐动十三档”列入市级非物质文化遗产名录；“北京民俗数字博物馆”光盘出版；民俗博物馆被授予市爱国主义教育基地。2010年，博物馆收集藏品近万件，举办展览116次、学术会议13次，出版研究成果著作13部。1999—2015年，博物馆举办春节庙会17届、民俗文化节14届，每年举办清明、端午、中秋、重阳等传统民俗节日庆典，并推出系列体验活动。2015年11月，美国佛罗里达州安·富善·琼斯女士一行来到北京民俗博物馆，她捐赠54本英文珍贵图书，这些书出版于1912年至20世纪70年代，内容多为宗教信仰和民俗文化方面，特别是北京节日、宗教、科技、艺术等内容，如《中国炼丹术考》（1928）、《燕京岁时记》（1936）、《中国的神话和传说》（1922）、《中国妖怪》（1920）、《中国艺术》（1935）、《北京的社会调查》（1921）、《中国民俗拾遗》（1915）、《东岳庙》（1964）等。这些图书基本为她的母亲所收藏，是她在二十世纪二三十年代旅居中国，对中国的庙宇和宗教产生了极大的兴趣和爱好，回国后所撰写的。北京民俗博物馆将《东岳庙》翻译成中文并出版。此后计划将其所赠的图书逐一进行翻译，陆续出版。

工人俱乐部　1953年始建区工人文化宫，时称东郊区工人俱乐部，位于朝阳门外大街路南，占地3300平方米，建筑面积2000平方米，为全市首家区级工人俱乐部。在编的干部，职工50多名。俱乐部有电影放映队，有图书馆，还负责全区工厂企业职工文艺和体育活动的辅导，并定期组织会演和比赛。1954年举办了全区第一次职工文艺会演，吸引了86个基层单位参加。1963年在大唱革命歌曲活动中，组织了全区5万名职工参加歌咏活动。俱乐部还负责组织了职工腰鼓队、红绸舞队、管弦乐队参加历届国庆游行活动。1958年改为朝阳区工人俱乐部，俱乐部有电影放映队和甲级电影院。1966年“文化大革命”开始后，工作停顿，人员下放。70年代后期才逐步恢复。1977年后，职工文化活动再兴高潮，话剧队连续排演了大型话剧《于无声处》《枫叶红了的时候》，演出近百场，观众达10万人次。1978年，职工美术创作有16幅作品被选中，参加了全市职工美展，其中双桥农场职工任凤俊的肖像画入选全国美展。职工的戏曲社团也在不断成长，1979年建立的京剧队，演员70余人，行当齐全，为全市阵容整齐、状况良好的职工戏曲团队之一，到1993年累计演出200多场，演出剧目69个。1983年以后，全区职工文艺会演纳入全市“五月的鲜花”和区里的“金秋艺术节”，每年都根据总的主题要求，推出新节目，很多节目获得市、区奖励。1986年，区工人俱乐部更名为“朝阳区工人文化宫”，实行了主任负责制、承包制，每年区工会不再拨款，人事、财务、经营管理权自主，积极参加文化市场竞争。如电影院参加市电影公司“一线片”中标后，又积极开办了多项有偿服务，投资建设了台球、电子游艺、舞厅等娱乐设

朝阳区工人文化宫（摄于20世纪90年代）

施，组织了全国性的吉他函授和各类适应群众需求的知识讲座、培训班等。由于符合市场需求，很快取得经济和社会效益。承包3年，经济收入较承包初期猛增6.5倍，又将收入的100万元投进设备改造，形成良性循环，创收项目由7项增至14项。内部改扩建并增设了电影、舞厅、录像厅、图书馆、电子游艺厅、出租录像、吉他函授、老龄活动室，还有书法班、美术班等综合性活动为一身的娱乐场所。参加活动的职工数量由原来的每天五千人次增加到一万多人次。该区文化宫改革经验引起领导的关注和媒体的注意，1987年该文化宫被市总工会授予先进单位称号，1988年和1989年连续两次获得全国总工会授予的“全国职工文化先进单位”称号，主任杨昭安被评为北京市劳动模范、全国优秀工会干部。1993年4月1日，因朝外大街改造工程施工，朝阳区工人文化宫被拆除。截至1993年，历任主任有李守愚、梁镒、敖永泉、西嵘、高泽清、韩恩续、陶玉珍、杨昭安。

北大院与群众影剧院　北大院位于朝外大街南侧、南营房胡同北口，紧挨坛口市场街。这里解放前后文化活动也十分丰富，有说书唱戏的、打把式卖艺的，还有经营各种清真风味传统小吃的。到了年节就更加热闹。群众影剧院就在北大院的对面。起初群众影剧院是个私人经营的戏园子叫“人民游艺社”，1955年公私合营时被改建为群众影剧院。面积765平方米，座位720个，舞台深9米，有简易灯光设备，可接待中、小戏曲剧团演出。明华京剧团、风雷京剧团、联谊京剧团等艺术团体，张葆华、梁益鸣、吴素秋、姜铁林、窦兰芬等文艺名家及天津市的小盛春等艺术家在这里演出过。著名评剧表演艺术家新凤霞在这里剪过彩、唱过戏。新凤霞的精彩演出，吸引了不少城内外的戏迷。每到傍晚，群众剧院门口门庭若市人来人往。唱评剧的吴佩霞、吴艳霞姐妹俩也多次来这里演出，尤其是吴佩霞的唱腔给人们留下了深刻的印象，成为一个时期人人学唱，人人传唱的经典。朝阳评剧团常年在群众影剧院排练、演出，在剧场门口几位名演员的巨幅照片及剧照，成了这里的亮点。1978 年改为电影院，1982 年扩建了 400 平方米的前厅，座位增至 970 个，1986 年 7 月经区政府批准电影院停业，转办区艺术幼儿园和群众文化厅。

日坛公园运动场　解放以前日坛只是民间休闲健身的一个空旷场地。新中国成立以后，北京市人民政府决定将日坛辟为公园。1954 制定日坛公园规划的原则是：建成文化休闲公园，为附近居民服务。

1980 年，在日坛公园东北侧兴建了北京市第一座旱冰场。在东南角增加了一些体育器材、活动设施。有约两米高的大秋千 3 个，儿童秋千 1 个，转椅 1 个，跷跷板 2 个，爬杆 2 个，高低杠 1 副、双杠 1 副，高约 1.8 米滑梯 1 处，高约 1.3 米儿童滑梯 1 个。朝阳区团委、妇联、日坛公园在公园钟楼办起了北京市第一个婚姻介绍所。这个婚姻介绍所一直延续到 90 年代搬至元件十厂内，2000 年朝外地区拆迁，婚姻介绍所才消失了。

1992 年 4 月 12 日，日坛公园举办嘉银杯网球赛，国家领导人万里、李铁映等参加比赛。5 月 30 日，6 万多名少年儿童参加日坛公园“六一”游园活动。

1999 年以后仅保留原儿童活动区的 2 处爬杆和 1 副双杠并搬至公园南部天鹅湖畔，其余大部分拆除，又增加了许多新的电动游乐设施。原址改为老年活动区，增添了许多免费的健身器材，在网球场边上还架起了攀岩项目。2002 年日坛公园健步环道建成。

紫光影城　原址位于朝外大街 168 号，是有着五十多年历史的品牌影院，是朝阳区唯一的一家首轮放映一级影院，后迁至朝外大街 10 号蓝岛大厦西区的五至六层。1950 年 12 月，在旧荣盛轩饭堂原址扩建新声剧院，有职工 20 人。1958 年改造成新声电影院。1980 年新声电影院投资 160 万元在原址新建，1984 年竣工，改名紫光电影院。观众厅面积 1760 平方米，为原影院 4 倍。设有放映厅，有沙发靠背软椅 961 个。一层设有多功能厅。豪华电影小厅兼作海上之夜歌厅，容纳观众 100 人，设有豪华录像厅容纳 48 人和普通录像厅容纳 200 人。开业第二年增加大屏幕投影录像。1988 年紫光影院增设周末夜场电影，同时开办电子游艺厅。1989 年，紫光

紫光影院（摄于 2000 年）

影院引进美国西电立体声全套设备，同年被市批准为特轮影院。进入 90 年代，开发歌厅、豪华录像厅及变化电影厅等。1991 年，票款收入突破百万元。1995 年 8 月，与首都、大华影院一起，以 28 万元定标夺得国产新片《阳光灿烂的日子》首映权，加上上映的几部海外大片，全年收入计 700 万元。

2001 年 8 月 23 日，紫光影院从原址迁移。新址设在蓝岛西区五、六层，面积约 5000 平方米。整个影城用紫、蓝、黄色的霓虹灯装饰，格调典雅、前卫。10 个风格迥异、各具特色的影厅，使其成为中国北方电影院中拥有放映厅数量最多的影城。截至 2015 年底，仍在经营中。

歌厅　2000 年随着朝外大街改造陆续完成，“麦乐迪”“钱柜”“开心100”“华普卡拉 OK”“音乐之声”“东方金柜”等近 10 家 KTV 集中进驻朝外大街。

麦乐迪 KTV（摄于 2010 年）

钱柜 KTV（摄于 2010 年）

博纳悠唐影院　2009 年 6 月开业，位于北京市朝阳区三丰北里 2 号楼悠唐广场 B1 层。北京博纳国际影城朝阳门店（悠唐影城），位于北京市朝阳门外繁华商圈，是博纳国际影业集团在北京投资的旗舰店。影城拥有 5 个标准放映厅，1 个 IMAX 影厅、1 个豪华 VIP 厅，共 7 个厅，1186 个座位。成为朝外地区又一处重要的文化演艺场所。

文体活动站　20 世纪五六十年代朝外大街少年之家陆续建起几处活动站，有坛口斜对面永星斋饽饽铺东侧天齐庙内的少年活动站，吉市口六条东口的六条庙少年活动站，东大桥农业部宿舍内的少年活动站和日坛公园内神库的少年活动站。

1983 年，朝外街道将东光路、南营房和下三条的校外活动站合并为朝外街道办事处文化站，文化、体育一站两用，以退休工人、少年儿童、待业青年为主要服务对象，经常义务组织文化娱乐活动或开办有偿培训及节日文艺演出、各类比赛等。1988 年获朝阳区街道体育先进单位。

2000 年，在雅宝路撤市空地，兴建了全市最大的社区健身园，高标准建成了占地 1 万余平方米的雅宝路健身园。园内共分为青年活动区、中老年和儿童健身区、综合运动场、休闲娱乐 4 个区域。包括健身器材、乒乓球台、太极健足道、羽毛球场、网球场、篮球投篮区、门球场等多个运动、健身项目。荣高棠为朝外社区健身园题字，白介夫为机关题字。7 月 8 日，国家体育总局局长袁伟民和北京市副市长刘敬民，区领导蒋效愚、张厚昆、韩子荣、谢郁等参加开园典礼。袁伟民、刘敬民为该园揭牌。随着朝外地区的拆迁改造，雅宝路健身园拆除。

2000 年 10 月，民族体育园建成

雅宝路健身园（摄于 2002 年 2 月）

2011 年，街道投入近 450 万元，对街道管理中心进行了升级改造，改名为文体中心。改造出十余个功能活动室，新配备图书 35000 余册，建成三个电子阅览室，配备电脑 25 台，建造“24 小时自助图书馆”2 台；并对社区文化活动室进行硬件升级改造，实现了一个社区有一个 300 平方米的活动室和一处室外活动场所。形成了以文化中心旗舰辐射七个社区文化阵地的公共文化服务网络。

2012 年 6 月 21 日，朝外地区文体中心正式挂牌，朝外地区文体中心正式纳入“朝阳区传统文化传承基地”。

2013 年，街道积极协调日坛国际、百脑汇门前建立了 2 台 24 小时自助图书馆，实现了社区居民步行一刻钟之内就可享受优质文化服务即“一刻钟文化服务圈”。

2014 年，为了更深一步挖掘朝外地区的历史文化，让更多生活工作在朝外的人们了解这片土地的历史，提升对辖区文化认同感，街道启动文化项目——《寻找消失的痕迹》。寻找到老胡同 14 处，古街 4 处，古迹 12 处，共建立老胡同及痕迹现场地标考证介绍 30 处。

2015 年 1 月 2 日，朝外地区文化服务中心与区图书馆、悠贝亲子图书馆三方签署合作协议，实现了“社会力量参与朝外地区图书馆运营管理”。三方约定：在管理模式上，街道与区图书馆制定服务标准、考核办法，承担运维费用，民办图书馆负责日常管理及活动开展；在服务方式上，继续坚持市公共图书馆“一卡通”及通借通还服务，保证 365 天开馆，每日不低于 8 小时，开展阅读指导、专家讲座、文化沙龙等活动。

第三节　文体队伍

1987 年以后街道陆续组织了地区“文场”、“小车会”和“高跷队”。“文场”（戏剧乐队中除武场之外，管弦乐器之总称）有 20 多人参加，“小车会”（节日期间一群穿着演出服，画着油彩的大爷大妈们）有 30 多人，“高跷队”有两个，一个是南下坡的“白坟队”，一个是西草园的“小猪店队”，各有十七八人。踩高跷是民间舞蹈之一，表演时变化队形，伴以歌唱、舞蹈，是秧歌艺术的变形。“朝阳门外白坟秧歌圣会”流传久远，较有名气。1987 年重新组织起来时，队员最小的已过五旬，而“小猪店队”则培养了一批少年，两队各有特色。这几个民间艺术组织的共同特点是：扮装滑稽，边唱边舞，逗乐取笑，生动活泼，每逢年节都“走会”为群众演出。1985 年、1986 年“文场”、“小车会”和“高跷队”参加了地坛庙会。“高跷队”1989 年到北影参加电影《敦煌夜谭》的排演。1991 年 11 月 11 日组织“文场”、“小车会”和“高跷队”参加在朝外地区举办的“中日民俗表演”。1994 年组织“小车会”多人参加楼梓庄花会表演。随后，这些队伍自然解散了。

朝外南下坡、秀水河、南中街、南河沿、观音寺、杜家楼等胡同，是回族群众的聚居区，回民有喜好练武的传统，这个地区有名的练家子特别多，高跷会的群众基础十分广泛。据老辈人相传，清朝末年，在朝阳门外南侧 300 米护城河岸边上，有一座白色的坟墓，远远望去十分显眼。白坟旁有一棵老槐树，周围地势平坦环境宜人，很多青年人到这里习武健身跳舞扭秧歌，后来逐步形成了远近闻名的白坟秧歌圣会。

这支花会在京城很有名气。有百年传承，经历四代人。第一代有富长禄的巴巴（回民对爷爷的称呼）、坛口马三全的爸爸马三巴、杨宝安的巴巴杨德利等人；第二代有将保、马四虎、王禄等人；第三代有于崇福、于华、曹士芳、马兆普、蒋记二庄子、王连芳、王连贵、梁清珍等人；第四代有于崇贵、于崇禄、邓贵春、赵来顺、赵增瑞、毛文忠等人。

清末，慈禧太后过生日，在颐和园办贺寿演出，钦点白坟秧歌圣会登台表演，花会扮演的渔翁、柴翁、文扇、武扇、膏药（卖药先生）、丑、蝴蝶、大姑娘、小二哥等角色，个个精神抖擞。表演的故事情节是农民丰收了，每个人喜气洋洋，老翁推着小车，小二哥拉着绊绳，行走在田间小路上，要表演出过沟过坎的动作。其他人在后面打打闹闹，顽皮的丑角追着并挑逗美丽的大姑娘，另一个小伙子跑过来劝阻，表现出英雄救美人的场面。文扇武扇穿插表演高难度武术动作。在锣鼓点的欢快节奏中，渔翁唱起押韵的歌词。每个人物都出彩，诙谐有趣令人喜悦。慈禧太后看完这台秧歌十分高兴，传旨赏黄马褂一件，并封白坟秧歌圣会为“公益乐善”白坟圣会。受封后的白坟秧歌圣会打黄旗黄幌，“公益乐善”白坟秧歌圣会的名号，延续至今 100 多年。在北京城各档花会中，白坟秧歌圣会打黄旗黄幌，名声地位都高于蓝旗蓝幌等花会，因此在碰到别的花会时，人家都会主动礼让，让白坟秧歌圣会先行。

1987 年，朝外地区白坟秧歌圣会在龙潭公园表演

解放初期，区委书记胡楠卿专程到于俊佑家谈恢复高跷会活动的事。于俊佑和大儿子于崇福听了后表示支持政府，恢复组织起高跷会，宣传党和政府的政策。那时候，参加高跷会的人都是老街旧坊，各家生活都很贫苦，穿的都是破棉袄、破棉鞋，高跷会没有“行头”，也就是个叫花子会。虽然穷，可十区领导十分看重高跷会，动员大会参加社会主义的宣传活动，在日坛公园三道门前，进行了扭秧歌、腰鼓、高跷会等表演。

“文化大革命”前后，高跷会经历了两次重整。一次是“文化大革命”前，第六文化馆的张辉，她组织工作人员对高跷会的表演进行了录像，可惜在“文化大革命”期间被毁掉了。第二次是 20 世纪 80 年代，高跷会又重新组织起来，置办高跷、服装等物品，为群众开展表演活动。连续参加了四届龙潭杯花会走会，获得花会奖杯及走会纪念章。

1987 年，朝外地区白坟秧歌圣会在全市“龙潭杯”花会大赛上，摘取了铜奖。

1988 年 5 月 20 日，在京城民间花会泰斗隋少甫的邀请下，南下坡白坟秧歌圣会参

朝外地区白坟秧歌圣会器材文物及传承人于崇禄（摄于 2019 年）

加了妙峰山庙会（能在妙峰山演出，是当时京城对高跷队伍的高度认可）。在朝阳区文委领导的带领下，于崇福带队，于崇贵、赵来顺、曹士芳、王德忠、王德林、王连芳等 40 人，乘坐一辆大轿车，参加妙峰山花会会演。妙峰山上人声鼎沸，锣鼓喧天热闹非凡，小车会、五虎棍、旱船、开路、文场、清茶老会等各档花会，轮番上阵表演。轮到朝阳区高跷会表演，扮演膏药的演员双手响棍一磕："当、当、当"，伴奏的演员锣鼓四起，12 位角色依次出场亮相，文扇、武扇、渔婆、大姑娘、小二哥踩着锣鼓点出场，各自表演自己的绝活：蹲桩走矮子、苏秦背剑、蛟龙探海、摔岔、铁板桥、跃障碍等各显身手。随着锣鼓点有节奏的响声中，于崇贵扮演的武扇，在山门前广场台阶边上，拿了一把大顶（倒立），全场一片喝彩声；在锣鼓点的轻击声中，于崇贵亮出了绝活儿蝎子爬，只见他倒立着从高台阶上，一个台阶一个台阶地往下爬，两条腿上绑的高跷也在空中晃动，此时全场鸦雀无声。当于崇贵爬完二十多个台阶到达最底层时，全场一片喊好声，蝎子爬台阶表演成功啦。这时一位清茶老会的角儿出场，他轻踩舞步拧着旋子，给于崇贵献上一杯香茶，于崇贵接过香茶一饮而尽，擦着脸上的汗水，向全场同行和观众拱手，并高声说："献丑了"，同行和观众报以热烈的掌声喝彩声，不少人上前围着于崇贵赞不绝口。隋少甫老先生握着于崇贵的手，激动地说："三弟名不虚传啊，你年近五十还有如此之顶功，真是京城民间顶功第一人啊。"于崇福夸赞弟弟："三爷露脸了，这会（妙峰山会演）给三爷走了。"多年以后于崇贵回忆当时的情况说："表演蝎子爬时，山上的台阶是刚砌的砖，粗糙的水泥裸露着，手掌摁在上面沙粒还扎手，当我看到大伙儿个个表演卖力气，自己下决心一定要露一手让大伙看看。"蝎子爬的表演获得成功。

会规对各档武会所挑的箱笼也有严格的规定，我们现在能见到的是两挑四笼。有高矮之分，高的称"高屏"，矮的叫"矮屏"，又称钱粮。凡是走会时勾脸的会档，挑高屏，不勾脸的会档挑矮屏。走时还要打着会旗。

1989 年，白玟秧歌圣会在日坛公园表演

1990 年，白玟秧歌圣会在雅宝路表演高跷秧歌

高跷会的渔翁、柴翁、小二哥、膏药等十个角色，表演各有特色，各有绝活儿。高跷会的唱词更是好听，再配上一招一式的表演很是好看。唱词来自人民群众的日常生活，委婉动听，风趣幽默，体现了老北京传统民俗文化的本色。

高跷会的唱词合辙押韵，生活气息浓烈。

附：高跷秧歌的介绍

在众多的香会中，高跷秧歌这种表演形式的发展定型，是清代中期以后的事情。

高跷秧歌又称侠客木，也有文、武会之区分。武会以各种惊险高难动作技巧为特色，文会以表演走场，摆山子，尤以唱秧歌词为其主要内容。高跷是演员脚底下绑上三四尺高的木棍进行表演，称为踩高跷，又有走跷、踩跷、逗跷之说。高跷会的角色有严格的规定，角色分别是：

陀头：又称陀头和尚。状若行者武松，须发蓬松如猬，凶猛可畏，身着黑衣黑裤，脖子上悬挂一大串佛珠，双手持一对短木棒。有些会口的陀头额间绘“阴阳鱼”图案。此角色是整个秧歌会表演时的指挥，以其木棒击打的节奏为令。（传说是蜈蚣精，俗称“大头型”）

樵夫：着青年装束，头罩假头，戴软斗笠（草帽圈），身穿“夸衣”，腰束绲绦大带，肩扛一条扁担，腰插板斧。“堆山”时，将肩担置于俯身的陀头的肚间，表示在抬陀头。扮相为英武的章杰形象。

卖药先生：头戴红顶子官帽，身穿补子服，状若清代县官模样。手持串铃和一张膏药（贴在弓样道具上），表演时多以江湖间卖假药的虎狼医身份出现。有的会口还在其眉间画上一只龟，走场时此角色用头一伸一缩，进行表演，如同乌龟。（传说是王八精）

渔翁：手拿一根鱼竿，头戴软斗笠，身穿金黄色长袍，银白长须飘洒胸前，状若年龄高古的长者。

渔婆：身穿彩裙裾，脸敷脂粉，头戴花斗笠，项挂璎珞，臂持鱼篮。状如美丽妖艳的少妇。（传说是蛤蚌精，俗称“蛤喇簸箕精”）

公子：身着彩色长衫，下身穿彩裤，头上戴公子帽（文朱巾），手持折扇，眉间常画以仙鹤或蝴蝶图形。此角色一般称作“武扇儿”，表演时最为滑稽浪荡，多为人们讽刺为不务正业的恶少或公子哥形象。（传说是蛤蟆精）

老坐子：上身穿大襟红袄，下身穿彩裤，头戴冠箍，面色紫青，状若刁悍的泼妇，手拿羽扇。一般称作“文扇”，表演时多做公子之妻，小二哥之母。是个好吃懒做、扯闲话、讨人嫌的形象。有时也做出苦命妇人之状。（传说是鲇鱼精）

小二哥：身着花衣，彩裤，头梳成“孩儿发”，也有梳成朝天小辫（朝天锥）的，是一个手持红缨鞭、臂挎荆筐的少年形象。表演时多扮成公子与老坐子的孩子。眉宇间画一只壁虎，俗称为“小头型”（传说是蝎勒虎子精）。

打锣的共有 2 人，同样的打扮装束，身穿彩衣彩裤，头戴绒球冠，状若美妙少女。2 人各手持小锣一面，锣俗称“施子”。2 位角色名曰“打锣的”，也称“拉花的”。（传说是虾米精）

打鼓的也是两人，同样装束，都身穿黑夸衣、黑裤，头上戴遍插绒线球的高筒帽，帽俗称“马尾透风巾”。身上斜挎花鼓，两手各持一根鼓槌，上下翻飞击打，是一个十分潇洒英俊的男青年形象。

以上敲锣打鼓的 4 个角色，是秧歌会的伴奏者，他们以锣鼓点的变换来配合表演的内容。这 4 个角色又有“文锣武鼓”之别和“丑锣俊鼓”之分。秧歌会的 12 个角色一般都由青年男子装扮，只有小二哥由男少年所扮。全部角色中基本以渔翁、陀头、樵夫、打鼓的为正面角色。表演时所代表的人物均为历史上的英雄豪杰，其余的角色一般均是被人们针砭的社会生活及历史典故中的丑恶形象。

如果属于“并”字里是 10 个角色的，就要去掉渔婆和卖膏药者，也有加入青蛇、白蛇的。也有的表演以渔翁、樵夫、农夫、公子为主的，称为：渔、樵、耕、读。

总的来说，高跷会都有固定的角色、一致的名称、特定的服饰、油饰的脸谱、固定的道具。角色多为戏剧人物和传说中的山精水怪。扮相为古装人物，脸谱和戏剧人物相似。各会口的角色、服饰、表演、动作都是高度定型和一致的。

高跷表演时的伴奏比较简单，一般只用花鼓、小手锣打出节奏。其中也有许多套路；在行进表演走场击打花鼓、小锣，用于调整统一的步子和队形。

足球队　50多年前，在朝外南下坡地区活跃着“山鹰”“海燕”等几支少年足球队，他们相互进行友谊比赛。在队员中影响比大的是“山鹰队”的陈巨同。

陈巨同家住朝外秀水河胡同，胡同北和胡同南，有十几个小孩常在一起踢球。在朝阳区摔跤教练于崇福的指导下，陈巨同、于崇来（俗称小小）等人一起聚在于崇福大哥家，成立了“山鹰足球队”。比赛时统一着装：蓝色半袖背心，背心前印有“山鹰”二字。共同的兴趣和爱好，使朝外地区的孩子走到了一起。

二十世纪五六十年代的足球，和现在的足球是有区别的。那时候足球分内胆和球皮，内胆要放进球皮里。内胆有三寸长的嘴，通过这个细管打气，打好气后要把这段细管用线扎紧放到球皮内。球皮上有三寸长的口子，口子边有穿皮绳的小眼，用皮绳系紧外皮口子，足球就可以踢了。现在用的足球省事，足球上有个气针孔，插上气针打上气，足球就可以踢了，比过去方便多了。

山鹰足球队有完整的阵容。守门员是：高红喜（家住秀水河）、张宝增（家住南河沿）、霍小五（家住南中街）；后卫是：顾海友（俗称小友）、金启增（6号）、马玉华、刘巨星（俗称三扁儿）；中场是：陈巨同（俗称三全）、于崇来；左边锋是：金富起（俗称小五）；右边锋是：白广明（俗称明子）、安德禄（俗称黑子）；前锋是：洪巨潮、王振清、任振泉（俗称钱串子）。队员还有：金长怀（人称帮哥）、张文生、王春生、秦国友、安福柱（俗称安二）、陈左贵（俗称小五四儿）。队长是于崇来，副队长是金富起。教练是梁钱山，是酒仙桥电子管厂足球队队员。

山鹰足球队的小队员们，最初训练是在于崇来家门口南侧、南中街一小西墙外的空地进行的。有时也去日坛公园踢。由于日坛公园附近是使馆区，一些使馆的工作人员也常去日坛公园踢球，有时正赶上山鹰足球队队员训练，外国人主动要求友谊比赛，于崇来、洪巨潮、陈巨同等求之不得。山鹰足球队先后和波兰、捷克、朝鲜等国际友人同场踢球，赢得外国友人的好评。当时，除了山鹰足球队外，朝外南中街徐同龄、梁铁增等青少年，组织了“猎枪足球队”，朝外南营房青少年组织了“海燕足球队”，朝外其他胡同：比如朝外大街北侧下三条的青少年中喜好踢球的人也不少。山鹰足球队与猎枪足球队、海燕足球队都经常打比赛。山鹰足球队也曾和北京64中校队、北京119中校队、北京电子管厂队、北京焦化厂队、北京合成纤维厂队等比赛过。那时候，山鹰足球队很有名气。

60年代初，山鹰足球队到酒仙桥12所，观摩国家足球队与12所足球队比赛。山鹰足球队的陈巨同、任振泉、王振清、安德禄还有幸上场与国脚们同场踢球，这对十岁左右小孩来说是十分难忘的。很快小队员们从少年长成了青年，有的队员参军当兵，有的队员上山下乡。陈巨同到山西落户插队，山鹰足球队自动解散了。

足球教练史万春听说陈巨同足球踢得好，在先农坛体育场考察了陈巨同的表现，认为陈巨同是踢球的料，陈巨同和刘德利、李维霄、李维淼一样，被史教练破格招进北京足球队。1971年，陈巨同结束了山西插队生活，走上了足球专业运动员的道路。1973年全国联赛正式恢复，北京队以小组第一名的成绩进入全国前八名。第二阶段采取双循环比赛，分别在北京、天津两个赛区进行。在北京地坛进行的北京与上海队的关键一战中，陈巨同一脚定乾坤，为北京队最终夺得全国冠军立下了汗马功劳。北京队继1963年之后，

1973年，北京队获全国足球甲级联赛冠军时的合影

第二次捧得了全国联赛冠军。

1979年，陈巨同从北京队退役，走进北京电子管厂成为一名普通工人。

在这期间，朝外地区还出了几个和陈巨同一样的足球专业运动员。如：国家队的金常光，北京队的张东平，北京青年队的何广来，火车头队的梁军等。

老年京剧队　1984年老年京剧队成立，是朝外地区十分活跃的业余文艺团体，每周活动两次，制定排练计划，吸引了当地不少京剧爱好者参加。主要演出剧目有《武家

坡》《大登殿》等，每年的元旦、“三八”妇女节、金秋艺术节、重阳节、教师节等必为群众献艺，还经常参加地区文艺会演。1985 年 10 月 15 日的《北京晚报》还报道了他们的事迹。1986 年在全区会演中，他们的《钓金龟》剧目获得了二等奖。2007 年 6 月，朝外地区京剧协会成立，并多次举办京剧专场活动。

2001 年 11 月，三丰里社区京剧队汇报演出

社区文化队伍　1996 年开始，街道及各社区先后建立朝外街道舞蹈队、朝外街道诗书画协、社区手工班、社区舞蹈队、社区书画班、老年模特表演队、侨友书画社、健身操队、健身操舞队、红歌小组、诗歌朗诵组、银铃合唱队、交谊舞队、吉庆里传统秧歌队、吉庆里社区春之声合唱队、吉庆里社区舞蹈队、三丰里社区舞蹈队、三丰里社区合唱队、天福园书画小组、吉祥里社区合唱队、体东社区京剧队、体东社区书画班等文体队伍。这些群众性文体队伍在活跃社区群众文化生活的同时，也在参与众多的文体活动中展示街道及社区的精神风貌，获得众多荣誉。如吉庆里传统秧歌队获得北京市秧歌舞大赛二等奖，吉庆里社区春之声合唱队 2010 年获得社区一家亲“中外歌剧选段合唱”比赛二等奖；三丰里社区合唱队 2008 年获得韩国“国际老年人艺术节”铜奖。

侨友书画社　朝外街道侨友书画社成立于 2003 年 9 月，是朝外街道侨联在朝外街道办事处备案的一个群众组织。现有在册成员 48 人，经常参加活动人员 35 人左右，均为朝外地区退休人员，年龄最大的已过 90 岁，最小的也超过 50 岁。每周活动一次，内容为：现场习书作画，掌握基本知识，月末组织作品交流；不定期组织书画讲座；每年举办 2 ~ 4 次书画展等。书画社成员中，比较有威望的老前辈有刘士清、林福临、张中岭、阮景星、张志魁、胡润民等，其中有 6 人是中央、国家机关书法家协会

2007 年 6 月 2 日，侨友书画社开展活动

会员，13 人是朝阳区书画研究会会员。十几年来，这支队伍在朝外街道工委、街道侨联和吉庆里社区党委的直接领导下，紧紧围绕“弘扬中华传统美德；传播优秀书画艺术；携手共建文明社区；养心健康快乐自己”的办社宗旨，开展了许多有声有色的活动，成为一支活跃在朝外街道和吉庆里社区颇受欢迎的群众文化宣传队伍。

吉庆里社区侨友书画社大家彼此友善、融洽、和谐、快乐、健康，营造出了和谐温馨的社区氛围，不断提高着社区居民，特别是老年居民的生活质量。侨友书画成立之初只有 11 个人，发展到今天由小变大，有时集体学习日一座难求，这除了要归功于各级党组织重视、关心和大力扶持外，这个团队的几位带头人也做出了自己的贡献。阮景星一直是书画社负责人，他与人为善，书法、绘画篆刻都是行家，工作有计划，肯奉献，责任心强。张中岭老人也一直是书画社顾问，他德高望重，有工作经验，为人热情，个人书法作品获奖颇丰。

赵炎松作为书画社党支部书记，积极协助社区、顾问开展各项活动。秘书长孙京光年龄相对较轻，许多保障工作他都冲在前面。

多年以来书画社坚定正确的政治方向，跟党走。书画社自成立以来，凡党和国家有重大事活动，书画社都闻风而动，用书画形式进行宣传。

游本昌工作室　游本昌是国家一级演员，著名表演艺术家，一直居住在朝外街道天福园社区，他带头倡导并将高雅的话剧艺术引入社区，把爱国主义情怀通过话剧的形式，深入每个观众的心中。他是朝外地区慈善形象大使和文化志愿者。2012 年，朝外街道与游本昌老师协商成立了游本昌工作室。他志愿为地区文艺爱好者们提供表演专业的指导培训。

2012 年 11 月，游本昌工作室成立后的第一部大作《弘一法师——最后之胜利》，在朝外公演，为朝外居民开展了一次“安静的”爱国主义教育。随后，这部话剧以朝外游本昌工作室的名义，先后在中国上海、杭州、台湾，以及米兰等地演出，受到了广泛的关注与赞赏。

2013 年 7 月，游本昌工作室筹备了一场“永远跟党走　实现中国梦”的诗歌汇，游本昌的 10 名学生精心排练了 10 组诗歌节目进行爱国主义宣讲。

2014 年初，游本昌创作了儿童剧《济公办学》，先后多次在朝外街道文化中心、2014 年朝外街道网络春晚演出，得到朝外地区居民的一致好评。本剧曾被北京市文化局选送为“圆梦中国，春苗行动”北京少儿优秀题材舞台剧。

2015 年初，游本昌工作室的青年演员们在街道文化中心小剧场为地区志愿者献上了一台精彩的演出，50 多位志愿者和地区公益社会组织代表参加了活动。

在历届“春分朝阳”民俗文化节中，游本昌多次为朝外地区广大居民现场演出，赢得现场观众的热烈掌声。

李玉芙京剧工作室　李玉芙是著名京剧表演艺术家、梅兰芳弟子，一直居住在朝外街道天福园社区，他热心京剧艺术在社区传播，经常参与街道和社区各类公益演出活动，她是朝外文化志愿者。2012年，朝外街道与李玉芙老师协商成立了李玉芙京剧工作室，旨在教授更多的京剧爱好者学习京剧，弘扬国粹艺术。多年来，她活跃在朝外地区的各项文化活动中，特别是在传播京剧艺术方面做出了积极的贡献。李玉芙还带领更多的京剧爱好者走上志愿者的岗位，致力于公益事业。

2007 年 6 月成立的朝外文化协会京剧分会，李玉芙老师挂帅担任会长，她创办了京剧票友会演活动，为广大京剧爱好者提供了展示的舞台，提升唱功的同时，丰富了朝外地区的文化形式。

2011 年 6 月，朝外街道办事处在东岳庙后罩楼组织开展了主题为“京剧大家唱”的民俗文化活动，李玉芙带领广大京剧爱好者表演《状元媒》《红灯记》《空城记》《李逵探母》等经典京剧选段，引得现场观众一片叫好声。

2012 年 6 月 8 日，李玉芙（左）京剧工作室成立

2012 年 6 月，朝外街道办事处在东岳庙后罩楼组织开展了主题为“粽叶飘香、浓情相约”的京剧票友会演活动，李玉芙带领京剧爱好者走上展示的舞台，热情表演《天女散花》《红灯记》《沙家浜》《智取威虎山》等经典京剧选段，尽情抒发了对党和祖国的热爱，丰富了居民的业余文化生活，增强了居民之间的感情和交流，为朝外地区创建文明城区增添了更加欢快的和谐音符。

在历届“春分朝阳”民俗文化节中，李玉芙老师多次为朝外地区广大居民现场演出，赢得现场观众的热烈掌声。

第四节　文体活动

一、文化活动

1954年春天，以农民生产自救为题材的歌剧《纺棉花》，在区工人俱乐部演出。演员、乐手均为农民，受到市民的欢迎。1955年关厢文化馆干部辅导市交通大队演出自创相声《父女俩》。

1979年4月，在日坛公园举办全区美术作品展，展出油画、国画、版画、水粉画、宣传画共205件。

1980年，日坛公园举办春节游园庙会。15个公社花会组织参加，有高跷、地秧歌、五虎棍、小车会及民间吹打乐等，参加走会农民近千人，游园观众约8000人。

1984年9月10—21日，日坛公园举行首届金秋艺术节。全国政协副主席肖华、文化部副部长周巍峙、副市长陈昊苏参加开幕式并剪彩，贾作光、李光羲及文化部老干部合唱团、中国煤矿文工团、中国杂技团参加演出，3场共演出节目54个。在“金秋节”期间，朝外地区举办了朝外街道首届书画展，内容包括书法，绘画、摄影和手工艺品。参加人员来自朝外地区各企业事业单位，居委会和办事处机关干部、职工。他们中年龄最大的82岁，最小的17岁，参展作品107件。1986—1995年连续参展，共参展作品850幅。

1987年，朝外地区举办了“团结杯”少数民族象棋赛，有回、满两族共20多人参加了比赛。并从中选出优秀选手参加了朝阳区象棋赛，取得了第6名。在朝阳区工人文化宫举办了朝阳区“五月鲜花”文艺会演，组织机关干部参加区街道系统乒乓球比赛，各组分获前四名，男女组都有奖牌进账。组织参加日坛公园两场消夏晚会。在“金色秋天”群众艺术节中，组织参加了朝阳区业余京剧演唱比赛，分获一、二、三等奖。在工人文化宫举办的国庆京剧折子戏慰问演出活动。参加金秋节书画展，共有85件作品。9月12日至10月8日在日坛公园举行的金秋艺术节被列入首届中国艺术节系列。活动内容有民间花会表演、文艺演出、民间工艺展销、书画展销、文物摄影展览、民间体育表演等。金秋节工艺美术展览展出随形雕60件，剪纸30件，现场雕刻8件。日坛公园内设15个活动点，组织21场文艺表演，近3000名演员参加，接待游人3万余人。

1988年起在日坛公园组织消夏晚会，用多种形式表演积极向上的高雅歌舞、相声、乐器演奏、京剧清唱、小品等。同年街道乒乓球队获朝阳区乒乓球赛男团第三名，女团第三名。

1992年4月，日坛网球场举办了嘉银杯网球邀请赛。9月19日至10月4日，中国民族婚礼表演金秋游园会在日坛公园举行。朝阳区与全国文联在日坛公园合办“全国民族婚礼表演”邀请了来自云、贵、川、陕、甘、宁以及东北三省、内蒙古等地的16支民族文艺队伍，开展了大型民间花会表演、民族歌舞演出、民族工艺品展销、民族风味小吃、民族婚礼服装展示、摄影等活动。

1997年，街道举办“迎回归　颂祖国”诗歌朗诵会

1994年农历腊月二十八，在朝外大街组织迎春花会表演，三个表演区荟萃全区街道、农村和部队20档花会，600余名演员。1994年获北京市文体协会先进集体称号。

2000年5月，朝外社区中艺杯五月鲜花歌咏比赛活动

1997年7月10—14日，由中国质量检验协会、朝阳区对外文化交流协会主办，年鸿中国咨询推广有限公司协办，北京市各家展示设计有限公司共同承办的“’97日坛啤酒文化节”在日坛公园举行。啤酒节历时5天，接待约15000人次，开幕式当日参加人数近2000人。

2002年2月，首届日坛公园迎春游园庙会

1998年2月，日坛公园积极开展对外文化交流活动。外国朋友在区文化馆老师的辅导下学习绘画技巧。1999年，举办老年书画展、科普画廊、日坛公园五十周年图片展、消夏电影晚会及每周三免费放映爱国主义教育影片。1999年7月，由朝阳区对外文化交流协会，北京伊人文化艺术交流协会联合在日坛公园举办露天音乐会“喜力节拍99夏季音乐节”。来自美国、荷兰、英国、法国、比利时的6支顶尖乐队和中国3支著名乐队演奏了不同风格的乐曲。3天时间游人及观众达到26000人。2000—2001年又连续举办两届音乐节活动。

从2000年9月至2010年间，朝外街道在日坛宾馆连续多年组织包括歌咏、书法、知识竞赛、家庭趣味运动会及地区大型运动会等各种文体赛事。已成功举办“‘钱柜杯’迎国庆颂祖国千人歌咏比赛”“首儿杯”夏日文化广场文艺汇演等活动。参与单位已达百余家，参加人数达数万人次。

2004年，街道办事处成立50周年，开展“我爱朝外这片热土”征文活动，收到投稿281篇，制作征文集和《朝外巨变》纪念画册。9月23日上午，街道与区科协、区科委、区卫生局和区街办在日坛公园共同举办“迎国庆科学膳食科普文化节”活动。

盛装行进表演　2005年9月23日，北京市第八届国际旅游文化节开幕，24日，在朝外大街举行盛装游行表演，来自世界23个国家33个表演团队和全国8个省市自治区的近2500名民间表演团体，在朝外大街表演主题为“运动带来快乐”的大戏。游行队伍从朝阳门行至工体南门，全程为1.1公里。整个盛装行进表演由闻鸡起舞、运动乐趣、高跷荟萃、五彩缤纷、奔向明天5个部分组成，共有48个节目，大约进行了两个小时。北京电视台、朝阳有线电视等进行实况转播。

2002年5月，朝外地区“红星杯”五月鲜花文化节时装表演举办

2005年，第八届北京国际旅游文化节盛装行进表演举办

2005年7月13日，区纪委监察局党支部与朝外三丰里社区党委联合举办以廉政文化建设为主题的夏日文化广场演出——“让家庭成为廉政港湾”。还有区纪委表演的诗朗诵“党的礼赞”，社区合唱团、民族小学雏鹰护绿队志愿者等表演的节目。

2006年3月，在日坛公园内举办“相约日坛——品味瑞士”文化交流会。

2007年5月22日，北京民俗博物馆唱响博物馆日主题。北京民俗博物馆举办以“博物馆与青少年”为主题的图片展览，同时举办民间传统花会表演，并与民间艺术家联手，推出剪纸、拉洋片、抖空竹、面塑等工艺游艺项目。6月3日，民间社团“逸之风多元文化与教育工作室”在东岳庙举办以端午节习俗为主题的文化沙龙。

2008年10月，组织朝外舞蹈队参加朝阳区百日、百队、百歌舞蹈大赛，举办地区京剧票友会演暨朝阳区京剧票友大赛选拔赛，组队参加建区50周年纪念活动演出。奥运期间，分别组织地区花毽队、舞蹈队参加天安门广场及朝阳公园的民族活动和各国舞蹈展示。

2009 年庆祝中华人民共和国成立 60 周年，朝外学生参加了天安门盛装行进表演活动。朝外民兵队伍参加了列队行进活动。

2010 年农历大年初十，日坛公园举办“新旧寅丑展宏图，千古日月今朝阳——日坛公园太阳文化节暨朝日坛 480 周年纪念活动”。活动包括展览展示、互动游戏、歌舞表演等内容，将中国各民族、世界各国对太阳的崇拜，中国古代的祭日传统，中国历史上的太阳文化逐一进行展示。4 月 28 日组织机关干部、社区居民在日坛公园内开展“文明城区，健康家园”健身总动员——朝外街道体育六进社区百人健步走及拔河活动。参加朝阳区第四届“和谐杯”乒乓球比赛，荣获一等奖。8 月 28 日组织朝外地区舞蹈队参加朝阳区“旋舞朝阳”第四届舞蹈比赛获金奖。组织街道舞蹈队参加“朝阳区社区一家亲”举办的舞蹈比赛荣获二等奖。10 月 16 日在东岳庙举办“九九重阳节”文艺演出活动。

2012 年 12 月，朝外地区居民、社区安保志愿者、非公企业员工等观看了由知名艺术家、朝外地区文化志愿者、慈善形象大使游本昌率领团队特别制作的爱国主义话剧《弘一法师——最后之胜利》。

2013 年 1 月，由朝外街道发起的网络春晚——“你能上春晚”征集活动。活动采取节目预选、精品拍摄、网络投票、汇报演出的形式，以百姓与网络、媒体与大众的双向互动模式开展，经网络投票选出 48 组精彩节目登上了街道蛇年春晚。中国日报网、《北京日报》、《北京晚报》、《京华时报》、新浪网、人民网、千龙网、赛迪网、扬子晚报网等十余家媒体报道了朝外街道的网络春晚，在社会上产生了较大影响。截至 2015 年，已经连续举办了三届。5 月 26 日，参加朝阳区“和谐杯”乒乓球比赛，荣获一等奖。7 月 28 日，市民委组织的“民族团结杯”第七届民族健身操舞大赛中，朝外街道民族舞蹈队荣获金奖。

2013 年 8 月，朝外街道开启首届雅宝文化巡演季，辖区内的多家企业纷纷参与，与地区居民一起，献上精彩的文艺表演。本届巡演以“凝聚力量筑梦雅宝”为主题，旨在通过文艺演出等系列文化活动加强非公企业和社区居民之间的沟通与交流。演出的成员是以辖区企业的党员职工为主体，展示非公经济党组织活动成果的同时，也进一步密切了辖区居民与企业之间的关系。活动中，辖区企业北京天伦医院还为社区居民赠送了关爱卡。

2015 年 4 月 22 日，海峡两岸联合在北京民俗博物馆举办“北京第一届两岸妈祖巡安庆典——纪念妈祖诞辰 1054 周年”文化活动。东岳书院执行院长关三多，北京民俗博物馆馆长曹彦生，以及来自台湾的全球粥会世界总会名誉总会长、台湾中华将军教授书画院名誉院长丁之发，全球粥会世界总会会长、台湾海峡两岸和谐文化交流促进会会长、妈祖俗信文化研究中心名誉主任陆炳文，中华妈祖文化交流协会常务副会长林国良，北京妈祖粥会会长郑玉水参加。庆典结束后，举行妈祖巡安驻跸安座仪式、莆仙戏公演、妈祖巡安回銮等活动。4 月 26 日，妈祖像返回东岳庙海神殿。6 月 7 日，东岳书院文化研讨系列之华香文化论坛在北京民俗博物馆举办。来自北京大学、中国社会科学院、北京中医药大学、中国书画艺术研究院、中国佛学院的专家、学者、高僧等 70 余人参加论坛。知名学者、北京大学哲学系教授楼宇烈，中国社科院研究员马西沙，宁夏社会科学院研究员马平，中国社会科学院研究员嘉木扬·凯朝，北京中国医药大学研究员李良松等分别从香与民间宗教、香与医药文化、香品在中国古代的用途、香道用品的考证、香文化与古琴、香与礼制、香与中华饮食等进行交流。9 月 29 日，天福园社区与文化部离退休服务中心共同举办庆祝中华人民共和国成立 66 周年诗歌朗诵演唱会。国家话剧院表演艺术家游本昌等 13 位演员登台演出，文化部离退休服务中心主任白永新和社区居民近 150 人观看演出。

2015 年 2 月 4 日，朝外地区第三届网络春晚优秀节目展在办事处二层大厅正式拉开帷幕。本届网络春晚本着“精彩来自民间”的宗旨，广泛向辖区居民征集节目，共征集了 57 个节目，经统一录制后在街道网站进行展播，其中 25 个节目进入网络投票环节。评委与居民的网络评选后，最终排名前 13 位的节目登上了网络春晚的舞台与观众见面。

2015 年 2 月，朝外街道举办第三届网络春晚节目展演活动

二、体育活动

1956 年，一些太极拳、摔跤爱好者自发在日坛公园锻炼，形成太极拳、摔跤运动站，吸引周边群众就近活动。

1974 年地区小学在体育方面也进展较快，在全区的各项比赛活动中，乒乓球获男子团体第二名，获男子单打第一名，小足球、小篮球均获第四名，游泳获第二名。各个学校小型宣传队还奔赴工厂、农村、部队、街道为工农兵区演出。

1976 年始，区体委、区工会先后在日坛公园建太极拳辅导站、长跑队等，吸引了朝外地区诸多老年人参加活动。

1986 年为贯彻全国全民健身计划，街道开展了体育四项达标活动，大家积极选项，按规定标准检测了自己的体能，完成了包括机关干部、地区居民和单位职工在内的 500 人的体质测定任务，推动了地区全民体育健身活动的开展。同年朝外街道第一届运动会举行，参加人数 250 人，设比赛项目：乒乓球、长跑、短跑、铅球、跳高、跳远、运球等项目。1988 年第二届运动会参加人数 300 人，设 14 个比赛项目；1989 年第三届运动会参加人数 300 人，设 9 个比赛项目。1990 年 9 月，第十一届亚洲运动会在工人体育场举行，朝外街道领导和群众一起参加了在朝外大街举办的“亚运之星”火炬传递活动。

1991 年第四届运动会参加人数 398 人，设 20 个比赛项目；1992 年第五届运动会参加人数 373 人，设 17 个比赛项目。1994 年第六届运动会参加人数 400 人，设 34 个比赛项目。

1993 年 6 月 27 日，日坛公园网球场举办了国泰置地——保光杯友谊邀请赛。通过两届赛事提高了日坛公园的知名度。

1999 年 8 月 15 日，区园林局“日坛公园首届晨练汇演”在公园南门广场举行。近 200 名经常到日坛公园晨练的游人分别演练了传统和现代的群众体育健身项目，其中包

1990 年 9 月，在朝外大街举办“亚运之光”火炬传递活动

2001 年 4 月，“朝外杯”北京市首届民族式摔跤邀请赛举办

2002 年 7 月，日坛公园、朝外社区第三届晨练汇演举办

括太极拳（剑）、木兰扇（剑）、老年迪斯科、保健操、交谊舞、踢花毽、广播体操、跆拳道等。参加汇演的演员中老年人占绝大多数。

2000年9月，朝外街道在日坛宾馆举办“日坛宾馆”杯乒乓球比赛。2001—2010年，连续多年组织由辖区社会单位冠名资助的专题杯赛，内容包括广播操、保龄球、乒乓球、围棋、象棋、踢踏舞、拔河家庭趣味运动会及地区大型运动会等各种体育赛事。

截至2015年，已成功举办“‘昆泰杯’社区运动会”“‘中国人寿杯’保龄球比赛”“‘中国工艺杯’踢踏舞比赛”“‘吉利大厦’杯棋类比赛”，参与单位已达百余家，参加人数达数万人次。其中，地区大型运动会，最多参加人数达4500余人。

摔跤在中国有着非常悠久的历史，数千年前，它不仅是军事训练的手段之一，还是表演节目之一。朝外地区是汉、回、满等民族聚集区，又有南营房、北营房等清代长期驻军，习武是朝外居民爱好之一。摔跤不仅在赛场上颇有人气，在民间也广受欢迎。

从清朝初期至末年，中国跤术有了极大提高和升华，善扑营丰富了中国跤术的文化内涵。朝外地区的最后一批善扑营扑户有：张八、姚秀、夏五巴、搬腿禄、崇二爷等。跤坛名家姚氏三雄、陈三巴、景二伯、邓四巴等前辈都是朝外地区的知名人士。

清王朝灭亡后善扑营自动解体，扑户们为了生存有的撂地摔跤卖艺，有的开馆传技，有不少人改行。这就使摔跤运动与大众更近了。当时在北京东四、西四、东单、西单、日坛、月坛、地安门等，都有“跤窝子”（摔跤场）。

1927年，中央国术馆举行的国考将摔跤列为正式科目，使一大批摔跤武术专家涌现出来。30年代的“老十三太保”，应运而生。他们又经过多年的磨炼，跤技有了长足的进步，形成了一些独特的武术绝技，并不断培养人才进行传承。清末，二等布库“神跤”张八（张敬武）的徒弟金宝生集中在朝外地区培养出又一代弟子，即当时轰动京城的“新十三太保”：徐文会、于崇福、曹增云、黑荣、朱文明、管朝禄、邢德福、赵增瑞、王文勇、许金龙、张玉祥、张铁春、毛文瑞。于崇福、王文永两位师傅又培养教授了韩铁良等，使朝外地区摔跤运动得以继续传承。

韩铁良，1940年出生，家住朝外盛管胡同16号。他从小喜欢练武术，8岁开始练大红拳、小红拳，每天天不亮，就到日坛公园练武。韩铁良曾追随昔日摔跤名家金宝生先生的二弟子、朝阳区摔跤教练于崇福系统学习摔跤技术。1958年，韩铁良在北京25中上学时，参加东城区中国式摔跤比赛，连续两年荣获轻量级第一名。1960年，经于崇福介绍，师从金宝生的九弟子王文永，在朝阳区摔跤比赛中获轻量级第一名。1958—1964年，他参加了历年的北京市中国式摔跤锦标赛、北京市第一届运动会、北京市第五届工人运动会摔跤比赛，均取得次轻量级第三名。

清末朝外地区摔跤训练的器材，中间用一根木棍连接

1960 年，朝外南下坡青少年摔跤队合影

1970年以后，他从事中国式摔跤比赛的裁判工作，1980年获得国家一级裁判员资格。1997 年 12 月 25—27 日，在北京地坛体育馆举办“中国首届中国式摔跤国际邀请赛”，韩铁良被特聘为裁判员。

七十多岁的韩铁良，经常去日坛公园锻炼腿脚，威风不减。他有空还去武警部队指导搏击、摔跤。偶尔也上区、乡文化庙会讲解演示国家非物质文化遗产——中国式摔跤的风采，仍然关注关心着中国的摔跤事业，传播着中国式摔跤的文化。

朝外地区曾经有好几处跤场：南下坡的于崇福家、黑荣家、脱四伯家门口，秀水河副食店对面、黑永宽家门口，北大院的赵四、赵文仲跤场等，这些跤场都有一些小伙伴在练跤。其中比较有名的有两处，一处是在南下坡于崇福家门口；另一处是秀水河副食店对面黑永宽家门口。解放初期秀水河由明沟改建为暗管，被填平了，胡同宽了，不仅居民出行方便，也为健身提供了场所。于崇福家门口的跤场不大，直径四五米，呈圆形。是专门找的黄土堆积夯实的，比地面略高一两寸。在于家门口东边，有一个二米深的大坑，坑上面支着木架子，两根四五米长的绳子拴着一块七八公斤重的大石头。供学生练习使用。当时，国家体委把中国式摔跤列为全国竞赛项目，并规定每年举行一次单项锦标赛，使摔跤走上有组织、有领导、有计划发展的道路。二十世纪五六十年代，还有许多居民在此练习，培养出了一些国家队员或教练。改革开放以后，部分队员陆续回城，仍有少部分热爱摔跤的人士，每逢周末在日坛公园、工人体育场南门等地自发地进行一些交流活动，但规模大不如前，三五成群，最多十来人，以强身健体为主。

第十五章

医疗卫生

YILIAO WEISHENG

旧时的朝阳门外地区，看病主要是游医，以中医为主，普通百姓看病非常困难，人的平均寿命不到 40 岁，健康环境也非常差。直到 1922 年，医学教育家、中国近代妇幼卫生事业创始人杨崇瑞在朝阳门外设立孕妇检查所，创建辖区第一所真正意义上的医疗机构。新中国成立后，党和政府十分关注人民的身体健康，先后建立起人民的医疗机构和卫生组织，承担起维护公共卫生，基本实现病有所医，各级政府承担起保障人民健康的责任。到 2015 年朝外有朝外社区卫生服务中心、雅宝路社区卫生服务站、吉祥里社区卫生服务站、天福园社区卫生服务站、雅宝里社区卫生服务站、芳草地社区卫生服务站等。辖区居民实现人人有社保，个个有医疗保障。

第一节 医疗机构

新中国成立初期朝外地区有挂牌医生 16 人，西医有孙星伍、陈考伯、双国荣、倪虎、李华育等 5 人，中医有郭洪林、张和会、马元凯、杨明德、张士清、吴爱光、李培质、赵一鹤、宋兰田、姜大夫、毕大夫等 11 人。

1922 年，医学教育家、中国近代妇幼卫生事业创始人杨崇瑞在协和医院进修，在妇产科做医师工作。针对当时新生儿的破伤风死亡率和产妇产褥热的死亡率高，得不到及时医治的实际情况，杨崇瑞便致力于预防产妇产褥热和新生儿破伤风的研究，利用医院临床之暇，在朝阳门外设立孕妇检查所，兼办社会服务，医治患者，服务大众，开展预防，这是辖区第一所真正意义上的医疗机构。

1936 年，主持京津政务的宋哲元将军在北平成立东西南北四所平民医院，解决贫困市民的看病问题。东郊平民医院即设在辖区朝阳门外的日坛具服殿正殿及东西配殿。

1937 年，“北平东郊平民医院”更名为“东郊卫生事务所”，依然作为社会慈善福利性医院，为贫苦市民看病减免药费和治疗处置费。1956 年 4 月迁离辖区。

1957 年 12 月，随着区红十字会的成立，街道成立红十字医疗卫生站（简称红医站）。其成员经过培训后，随时为突发病人进行应急救护处理并帮助转送医院救治，为慢性病行动不便患者进行量血压、测体温、针灸、注射、敷药等一般性医疗服务，接受地段门诊部、医院处方委托的就近注射和家庭病床服务。红医站是公办的社会福利事业，为群众有偿服务，取之于民，用之于民，以站养站的卫生医疗机构。是街道红十字会为人民服务的医疗实体。

街道红医站平均每年就诊 1000 ～ 3000 人次，选择药价低，疗效可靠，国产药为主，以社会效益为第一要务。

1963 年，红医站在 3 个机关门诊部配合下，各项卫生救助工作取得较大成绩。三村红医站和王亚清、唐俊清被评为全国先进集体和个人。

20 世纪 70 年代，地区红医站因地制宜，增设一批服务设施，先后开办“三站两代一所”。其间，兴办起元老胡同头条、吉市口六条、元老胡同下三条、神路街、芳草地、秀水河、朝外二条、市场街等 8 个红医站，有医务人员 14 名。1980 年，红医站发展到 11 个。1988 年以后，随着朝外大街道路拓宽和危旧房拆迁，陆续撤掉 4 个红医站。

1958 年，成立日坛医院、东郊联合诊所、西医联合诊所、朝外大街联合诊所、东便门联合诊所、东郊联合妇幼保健站等医疗机构。

1959年1月，辖区在东郊联合诊所、西医联合诊所、朝外大街联合诊所、东便门联合诊所、东郊联合妇幼保健站的基础上成立“关厢联合诊所”，国家按地段人口下拨的保健经费，用于诊所运营。

1967年，关厢诊所集资20万元，在东大桥西南角建成2000多平方米三层门诊楼，改称为关厢医院。

20世纪70年代，街道发动居民因地制宜增设一批卫生防疫服务设施，开办“三站两代一所”。陆续办起元老胡同头条、吉市口六条、元老胡同下三条、神路街、芳草地、秀水河、朝外二条、市场街等8个红医站，有医务人员14名。到80年已发展到11个红医站。1988年以后，随着朝外大街道路拓宽和危旧房拆迁，陆续撤掉7个红医站，到1995年本地区有4个红医站，它们是芳草地西街卫生站（红医站）、芳草地南卫生站（红医站）、三丰南巷卫生站（红医站）、工体西里卫生站（红医站），共有医生4人。据统计红医站年病床数达（包括家庭病床）61000张，医治病人数为9500人。红医站在社会宣传、防疫保健、救护培训、医院咨询和地区儿童、中小学生计划免疫、义务为孤老户、军烈属进行义务体检都发挥重要作用。1971年8月，成立区机关幼儿园卫生室。

1983年，辖区医学情报研究所进行改编整制，成立医学信息研究所，进行医学信息研究与情报调研、卫生政策与管理研究、医学信息分析评价、生物信息学、卫生信息化等领域开展大量的研究和决策咨询服务。日坛医院更名为中国医学科学院肿瘤医院肿瘤研究所，并迁离辖区。

朝阳妇幼保健院（摄于1984年）

1984年，在日坛医院的原址上成立首都儿科研究所附属儿童医院。

1993年5月8日，关厢医院新院在工人体育场南路6号落成，并更名为“北京市朝阳中医医院”，试运营。1994年5月8日，北京市朝阳区中医医院正式运营。

1996年，建立司法部机关服务局医务室，为司法部机关干部提供卫生服务。1998年，建立雅宝路社区卫生服务站。2000 年，辖区建成 160 平方米的老年活动中心和残疾人康复指导站；社区医院为 8000 余户居民进行疾病普查，建立健康档案。

2001 年，建立朝外社区卫生服务中心，改进社区医院门诊，增加周六服务时间。在芳草地、吉祥里、吉庆里增设社区医疗服务站；为社区制作 15 个计生宣传橱窗，举办 5 期计生保健知识培训班，组织 100 余名育龄妇女进行妇科防癌检查。

2002 年 4 月，成立吉祥里社区卫生服务站。首都医科大学在辖区开设口腔门诊部。2004 年，爱雅仕在辖区建立常青藤口腔诊所。辖区依托市政府 143 号折子工程在朝外街道的试点，着力改善社区卫生服务站条件 3 处。

2005 年，街道投资 11.5 万元，改扩建芳草地、吉祥里社区卫生服务站。开办健康教育医学讲座、举办地区人口与计生健康知识竞赛、开展争创全国社区卫生服务示范区活动，两次代表朝阳区接受创建全国卫生示范区专家组的检查，获得好评；街道投入 8 万余元，建成北京市首家社保医疗保险报销大厅，面向地区的 5000 余名各类退休人员，开展大额医疗费报销服务，受到辖区百姓的欢迎。

2008 年，成立天福园、吉庆里、雅宝里社区卫生服务站。2009 年，成立中国石油化工集团公司机关服务中心朝阳门医务室，为集团公司机关职工提供卫生服务。

到 2015 年朝外有朝外社区卫生服务中心、雅宝路社区卫生服务站、吉祥里社区卫生服务站、天福园社区卫生服务站、雅宝里社区卫生服务站、芳草地社区卫生服务站等。社区卫生服务站是按照国家医改规划而设立的非营利性基层医疗卫生服务机构，以健康为中心、家庭为单位、社区为半径、需求为导向的服务宗旨。服务站建立集预防保健、全科医疗、妇幼保健、康复治疗、健康教育、计划免疫、计划生育指导为主的“六位一体”的连续性、综合性、低成本、高效率、方便群众的卫生服务体系。可以承担尿常规、血常规、血糖测定和心电图仪、B 超等检查手段。提供常见病、多发病的诊治、危重病人的现场救治及转诊，家庭病床及相关的各项服务。预防传染病、儿童计划免疫、慢性病防治和监控等。承担儿童保健、妇女保健、老年人保健、残疾人保健，设立健康信息管理档案。

截至 2015 年底，辖区共有 20 家医疗机构。

2015 年朝外街道辖区卫生机构一览表

表 15-1

序号	单位名称	建立时间	登记注册类型	规模（级别）
1	北京市朝阳区人民政府机关幼儿园卫生室	1971 年 8 月	公立	无
2	首都儿科研究所附属儿童医院	1984 年	公立	三甲

续表 15-1

序号	单位名称	建立时间	登记注册类型	规模（级别）
3	首都医科大学朝阳东区口腔门诊部	1992 年	民营非营利	无
4	北京市朝阳区中医医院	1994 年 5 月	公立	二级甲
5	司法部机关服务局医务室	1996 年	公立	无
6	朝外街道雅宝路社区卫生服务站	1998 年	公立	无
7	朝外社区卫生服务中心	2001 年 2 月	公立	无
8	朝外街道芳草地社区卫生服务站	2002 年	公立	无
9	朝外街道吉祥里社区卫生服务站	2002 年 4 月	公立	无
10	北京惠美佳口腔门诊部	2003 年 5 月	私营	无
11	北京皓远口腔诊所	2003 年 7 月	私营	无
12	常青藤口腔诊所（爱雅仕）	2004 年	私营	无
13	北京东大肛肠医院	2005 年 7 月	私营	无
14	北京佳汇眼科门诊部	2005 年 12 月	私营	无
15	北京天伦不孕不育医院	2005 年	私营	一级
16	朝外街道天福园社区卫生服务站	2008 年 1 月	公立	无
17	北京合众齿科诊所管理有限公司朝外口腔门诊部	2008 年 8 月	私营	无
18	中国石油化工集团公司机关服务中心朝阳门医务室	2009 年	公立	无
19	朝外街道雅宝里社区卫生服务站	2009 年	公立	无
20	北京百瑞口腔门诊部有限公司	2010 年 1 月	私营	无

辖区主要医疗机构

首都儿科研究所附属儿童医院位于日坛公园西门对面，1984 年成立。成立时有万元以上设备 125 台，编制床 400 张，设有内科、外科、传染科、五官科等 21 个临床科室，7 个医技科室。附属医院拥有呼吸道疾病专家张梓荆研究员、心血管疾病专家李家宜研究员、小儿外科专家叶蓁蓁教授、小儿哮喘防治专家陈育智教授、呼吸衰竭治疗专家董声焕研究员、医学基

首都儿科研究所（摄于 2010 年）

础病毒科专家王之梁研究员、微循环学科带头人张叔伦研究员、生化免疫学专家孙国贤研究员，还有一批在国外取得突出成就的中青年专家。1994 年成为北京医科大学教学医院，同年被授予“爱婴医院”称号。截至 2015 年 12 月，附属儿童医院为三级甲等医院、国家和北京市住院医师规范化培训基地，400 张床位。设有 26 个临床科室，6 个医技科室。年门诊量 210 余万人次，年出院病人近 3 万人次，住院手术病人 1 万余人次。

北京市朝阳中医医院（关厢医院）位于朝外工体南路 6 号。1951 年 7 月，以刘树田为首的 12 名老中医在朝阳门外大街建立了东郊联合诊所；1958 年 6 月，根据《北京市联合机构组织管理办法》《北京市中医开业管理暂行办法》文件精神，由东郊中医联合诊所、一元堂药店、朝外妇幼保健所、东便门联合诊所、朝外大街西医联合诊所及市场街的几名个体开业诊所，在朝阳门外大街吉市口 48 号建立了关厢联合医院，后经朝阳区卫生局党委批准成立了医院管委会，租用房屋 310 平方米，职工约 50 人，为集体所有制单位。1967 年，职工自筹资金，在东大桥路口西南角盖起了三层门诊楼，面积约为 500 平方米，职工增至 81 人。至此，医院有了集体的固定资产，统一管理，集中就诊。1992 年 10 月，根据北京市中医管理局京中医〔1992〕37 号文件，北京市朝阳区关厢医院更名为北京市朝阳中医医院，开设病床 110 张。1992 年 12 月，中医医院因新建蓝岛大厦整体拆迁重新建设，1993 年 5 月，位于工体南路 6 号的中医医院新楼建设完工，面积约 5000 平方米，职工 205 人。1996 年 9 月，根据京编办〔1996〕153 号文件，同意北京市朝阳中医医院由集体所有制转为全民所有制事业单位，为朝阳区卫生局所属相当正处级全民所有制事业单位，核定人员编制 370 名，处级领导职数 2 正 3 副。1997 年，医院经北京市中医局考核评为二级甲等中医医院。2000 年 6 月，在朝阳区卫生局党委领导下，以“技术合作、优势互补、资源共享、利益分成、共同发展”为原则，在全市率先实行医院集团化管理，由于利益分配等问题，2002 年该集团解散。2006 年 12 月，根据卫生局《关于在二级医院独立设置社区卫生服务中心的函》，经朝阳区机构编制委员会朝编办〔2006〕41 号文件批准，同意将朝阳区中医医院承担的社区卫生服务职能划出，独立设置北京市朝阳区朝

北京市朝阳中医医院（摄于 2002 年）

外社区卫生服务中心，实行院办院管的收支两条线形式管理，机构规格相当正科级，人员编制30名，其中领导职数设1正2副。按照编制随事走的原则，相应核减中医医院编制30名，调整后区中医医院人员编制325名。2007年8月，经朝编办批准，同意给朝外社区卫生服务中心增加编制36名，所需编制从中医医院调剂。调整后，朝外社区卫生服务中心人员编制66名，区中医医院人员编制289名，其领导职数均不变。2008年5月，朝阳中医医院病房楼投入使用，病床增加到150张，面积达到11500平方米，职工225人，外聘职工66人。截至2015年12月，医院门诊设有内科、骨伤科、针灸科、口腔科、按摩科、妇科、皮科、外科、耳鼻喉科、眼科，病房设有内一科、内二科、针灸科、骨伤科、肿瘤科五个病区，利用传统医学优势和X线电子计算机断层扫描装置（CT）、呼吸机、心电图机、遥控心电监护仪、电动洗胃机、中心供氧装置、除颤器、紫外线杀菌灯、HOLTTER、24小时动态血压监测仪、彩超、脑电图仪、生化分析仪、化学发光免疫分析系统、X光机及各种电子内镜治疗多发病、常见病及各种疑难病。年门诊总量近40万人次，总建筑面积12700平方米，有病床220张，有在职职工309人，其中医药护技人员256人。

北京天伦医院（北京天伦不孕不育医院） 位于北京朝阳区朝阳门南大街12号，2005年成立，是民办营利性医院，集医疗、临床、预防、康复、保健于一体的备孕、助孕、怀孕、生育为主的专科医院。截至2015年12月，有享受国务院特殊津贴专家3人，获卫生部、国家级科技成果奖者6人，获市级科技奖项者9人，国际知名专家3人。医院建有男科实验室、层流净化手术室，有美国进口贝克曼免疫分析仪、德国LIAISON索林免疫分析仪、德国德尔格（Drager）麻醉机、数字化动态造影机、彩色多普勒超声仪、科华卓越生化分析仪、ABX全自动血细胞分析仪、TCT沉降式制片染色机、日本奥林巴斯宫腹腔镜等微创等治疗仪器。多囊卵巢综合征多维疗法、腹腔镜下多囊卵巢打孔术、梗阻性无精症显微外科吻合术、宫腹腔镜联合输卵管介入复通术、习惯性流产四维疗法、显微镜下睾丸取精术等获国际先进医疗技术。截至2015年12月底，医院有10个科室，50个床位，4～5台大型设备，148名医务工作者。

第二节　卫生防疫

1911 年，清王朝覆亡，靠吃皇粮的满族旗人失去收入来源，生活逐渐步入贫困，加之内城贫民在房租地价不断上涨的情况下，被迫迁居城门以外的边缘地带。人力车夫、乞丐、犯罪分子、失业者等逐步迁入朝阳门外拥挤居住。这里垃圾遍地、污水横流，是旧北京典型聚集的贫民窟，特别是东森里（史称为“红灯区”）是失足妇女聚集的地方，这里没有医疗设施和服务。

1950 年，落实卫生部《种痘暂行办法》，组织辖区居民进行接种，预防水痘工作。冬季，辖区麻疹流行，发病率约 1.7%，街道在辖区居民稠密地方组织开展大搞卫生进行防治，没有出现死亡病例。

1953 年，在辖区神路街建立妇幼保健站，为妇女儿童提供医疗卫生服务。为儿童发放“宝塔糖”和“山道年”，预防肠道蛔虫和钩虫病发生。当时，在朝外大街路南坛口市场的“虫子铺”专门从事“宝塔糖”和“山道年”的销售和服务，积极为地区防治肠道传染病做贡献。

1954 年，落实卫生部《接种卡介苗暂行办法》，组织辖区居民进行卡介苗接种。1957 年，落实《卡介苗接种工作方案》，组织辖区免疫对象按免疫程序进行四种疫苗（BCG、OPV、DPT、MV）适时接种。

1959 年，成立关厢联合诊所后，联合诊所承担起卫生防疫工作。孙星伍、双国荣、郭洪林、张和会、马元凯、吴爱光、赵一鹤、宋兰田等一边到联合诊所工作，一边兼做卫生防疫工作。在辖区逐步推广使用儿童预防接种卡片。

1963 年，贯彻落实《预防接种工作实施办法》，在辖区正式开展计划免疫工作。20 世纪 80—90 年代，明确卫生防疫工作的具体内容，包含疾病预防控制、卫生监督检测、预防技术咨询与服务、基层防疫人员培训和卫生健康教育的业务技术指导，流行病防治、计划免疫、消杀灭、慢性病防治、结核病防治、性病防治、寄生虫病防治、食品卫生、环境卫生、劳动卫生、放射卫生、学校卫生、健康教育、卫生检验、预防医学等内容，街道与卫生防疫部门配合。

2000 年，街道坚持人人享有卫生保健原则，对社区内 6 万人口进行预防接种、妇幼保健及重点人群健康维护。举办大型宣传活动 9 次，2674 人参加，下发宣传材料 15430 份，悬挂横幅、编写板报 52 次。培训医疗知识 660 人次，接受义诊 9104 人，医治病人 70164 人。

2003 年，“非典”疫情发生之后，街道将社区作为社会防控阻击病毒斗争的最前沿，迅速建立“非典”防控工作领导小组和街道、社区、社会单位联动的战时应急机制。利用多种形式宣传“非典”防治知识，通报疫情形势，增强群众主动防范意识，形成“人人是哨兵，户户是堡垒，楼院是阵地”的群防群控抗非格局。组织力量对社区、社会单位消毒、服药、测温、整理卫生等连续不断的拉网式检查，果断对存有病毒传播隐患的公共场所进行封闭处理。先后成功地对 61 名密切接触者和 4 名治愈出院患者，分别实施居家隔离观察，有效地阻断病毒的传播途径，控制疫情。

朝外街道防“非典”消毒车（摄于 2003 年 4 月）

2003 年 4 月，朝阳区中医医院举行阻击“非典”签名仪式

2004 年，街道组织协调社会力量，进行防控“禽流感”阻击战。通过广泛宣传，信息互动，缜密布防，反复消毒，移杀散养，定期禁飞，实现辖区禽流感 0 发生，确保辖区人民生命安全和社会稳定。联合朝阳中医院实施卫生专干进社区，在 4 个社区开办健康教育大课堂，加强对社区的公共卫生宣传，健康教育以及生殖保健、慢性病防治干预指导，在街道社区形成预防、医疗、保健、康复、教育、计生指导的“六位一体”卫生服务体系。在人口学校举办“关爱女性”系列专题知识讲座。在讲座宣传的基础上，将专家请到办事处，为地区机关、社区干部、无业、离下岗人员、计生宣传员、协会会员、流动人口中的育龄妇女近 200 人进行乳腺普查。针对禽流感在部分省市滋生蔓延态势，街道果断决策，广泛发动社会力量，展开全力阻击禽流感的人民战争。相关科室与社区通力合作、密切协同，加大宣传力度、监控重点部位、反复消毒免疫、移杀散养禽类、签订禁飞协议、耐心说服教育。

2005 年，街道在区疾病控制中心健康教育所共同协作下，先后 3 次针对社区居民、功能单位职工的医疗需求、健康需求、患病情况进行调查，共做调查问卷982份。为辖区卫生防疫提供确实数据。

2005年，南下坡清真寺举办纪念“法图麦”健康义诊

2006年，街道坚持“以科普知识提高人，以健康知识影响人，以生育知识教育人”为主要内容的宣传教育工作。进一步完善街道社区层面的防控体系和卫生工作网络，增强公共事件应急处置的能力，有效地控制疾病发生、发展。卫生专干与社区居委会加强沟通，真正把预防、医疗、保健、康复、健康教育工作落到实处。在艾滋病宣传进校园活动中，聘请朝阳区疾病预防控制中心的万大夫，为体育场路中学的同学们讲授以“珍爱生命　远离艾滋”为主题的通俗易懂的宣传教育课，130多名师生在听讲座的同时，还共同观看《艾滋病离我们有多远？》的幻灯片，发放预防“艾滋病”宣传知识手册130余份。年内共举办健康大课堂9次，受教育达700余人次，开展健康义诊咨询8次，服务人数达1500余人，发放各类健康宣传知识读本10000份。街道与天伦不孕不育医院共同举办庆“三八”送健康为百姓办实事活动，组织下岗育龄妇女到医院接受妇科彩超检查、宫颈刮片、心电图、血糖等多项检查，妇科专家针对妇女生殖健康、保健进行现场咨询。

2007年，街道邀请社区卫生中心医院的薛院长为办事处机关干部、地区宣传员、协会会员、计生专干等千余人进行系列健康知识讲座，预防慢性病与心理生理健康知识。

2008年，街道成立重大动物疫病防疫领导小组，街道工委书记、办事处主任任组长。街道副职及朝外派出所所长、朝外社区卫生中心主任任副组长，14个部门的负责人为成员。下设办公室，办公室设在街道公共卫生部，具体负责动物防疫工作的组织与协调，建立目标责任制，层层分解任务，层层签订“三种责任书”（重大办与街道、街道与社区委员会、社区委员会与社区居民之间）。制定下发朝外地区突发重大动物疫病应急预案，将防疫责任落实到各个部门和辖区居民，保证防疫工作横向到边，纵向到底，不留空地，不存死角。

2009年，街道按照区委、区政府关于防控甲型H1N1流感的指示精神和要求，将防控工作作为街道工作的重中之重，千方百计落实领导责任、引导责任、报告责任、防控责任。在辖区范围内开展“全天候、无空白、无盲区”的值班巡逻，确保疫情信息情况及时、规范地上传和下达，并实行“零”报告制度，确保信息畅通。组织7个社区卫生专干进行甲型H1N1流感知识培训，办事处出资5000元组织社区开展知识问答活动。街道先后投资2244.5元及时购买并向各社区发放体温计100支、一次性口罩172个、一次性手套150个，以及消毒液80瓶、香皂34块、药皂84块、肥皂盒8个等物品，电子体温计4台，确保各社区防控物资到位，为全面落实防控责任打下良好基础。街道工委利用《朝外时讯》社区宣传栏、板报、橱窗等平台，张贴宣传画50张，发放预防甲型H1N1流感宣传折页2500份、预防甲型H1N1流感知识答卷5000份，居民甲型H1N1流感防控须知10000份，发放给宾馆甲型H1N1流感防控温馨提示300份，归国人员居家健康温馨提示300份，远离流感宣传折页20000份等宣传材料。

2010年，街道落实食品安全法，把食品安全与地区的安全稳定结合起来，加强与卫生监督所、综治、城管队等相关部门的联合，强化监督机制，加强两节、两会以及国庆、中秋期间的食品安全检查，充分发挥食品网格的监督作用，对纳入食品网格的单位、餐馆、宾馆、饭店发现的问题及时督促整改，做到及时处理，按时结案，不留死角。与食品卫生监督所联系对辖区的十多个工地负责人进行食品安全法和食品安全知识培训，发放食品安全知识手册和宣传图画，保证施工单位的食品饮食安全。

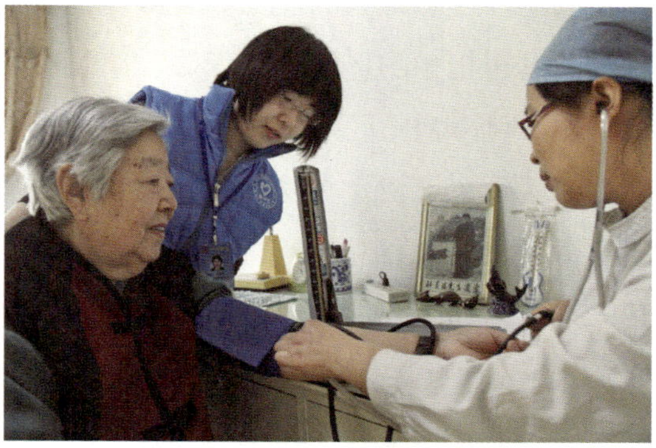
2010年，志愿者为地区老人测量血压

2012年，街道落实区重大办下发《2012年动物防疫工作计划》，联合区动物防疫执法人员对辖区出售动物产品的超市、菜市场进行2次联合执法检疫检查。对三丰里社区菜站非法屠宰活禽行为进行查抄。组织各社区动物防疫员，每月对出售动物产品的超市、菜市场进行检查12次，利用包片包楼的有利条件，深入居民区、企事业单位、部队、外地人租住地等告知820户居民预防禽流感知识，部署宣传栏6期，悬挂横幅2幅，发放《致居民的一封信》760份，《怎样预防禽流感》《狂犬病的预防及被动物咬伤后的处理方法》等防疫知识材料840册，向辖区46户养鸽户发放消毒药品。在辖区居民楼张贴狂犬病疫苗注射温馨提示，引导居民对注射狂犬病疫苗预防狂犬病的认识，居民饲养的484只家犬，注射疫苗484只，注册犬免疫率达到100%，实现入户率、告知率、覆盖面三个100%。3月23日和“6·26”禁毒日，与综治办、公安等部门在辖区开展“远离毒品，珍爱生命”“拒绝毒品构建和谐社会”为主题的禁毒宣传活动，活动共向群众发放《预防艾滋病健康你我他》《预防艾滋病宣传教育知识读本》《进城打工警惕艾滋》等宣传资料1300余份，发放安全套450余盒，摆放展板8块，营造良好的禁毒社会环境。开展“健康生活拒绝艾滋”为主题的艾滋病防治进社区宣传月活动，通过黑板报、设立宣传点发放宣传品、举办讲座等形式向群众宣传艾滋病防治知识。组织卫生、计生专干分别到辖区的发廊、理发店、洗浴室、“六小门店”等场所发放宣传资料和安全套。在辖区12个点安装安全套自取机，在宾馆、发廊、影院、市场、商场、企业、机关等设立安全套发放点28个。街道定期为发放点补充药具。全年共发放安全套约30万只，对艾滋病的传染起到积极预防作用。

2013年，街道严禁市场活禽交易、严禁禽类放养，防控H7N9禽流感。为预防艾滋病，街道坚持每月到辖区14个公共服务场所发放安全套，共发放安全套13000余只，宣传材料760余册，实现辖区艾滋病宣传全覆盖。犬狂病疫苗注射率达100%，未发生犬伤人致死事件。开展埃博拉、麻疹防控应急防控，实行24小时值班值守、每日情况汇总、紧急情况及时上报。年内共举办健康大讲堂13场，受众居民达1200余人次。

2013年10月，朝外街道天福园社区为居民普及用药小常识

2015年，卫生防疫卫生工作坚持对辖区居民负责的态度，依法行政，确保辖区不出现重大疫情。年初联合区动物防疫执法人员对辖区出售动物产品的超市、菜市场进行联合执法检疫检查。组织各社区动物防疫员，每月对出售动物产品的超市、菜市场进行检查，确保让居民吃上放心肉。组织机关、社区人员学习《北京市动物防疫条例》，开

展知识问答；利用橙房子志愿者岗亭进行街面宣传2次，发放宣传单页400余份。根据区“9·3”阅兵期间禁飞鸽子紧急工作要求，对辖区鸽子数进行细致核实，发放禁飞通告，与养殖户签订禁飞责任书，并落实具体人员，在禁飞期间对每个养鸽户进行一人一户盯守负责，实现阅兵期间朝外地区无鸽子放飞情况。街道联合地区卫生服务中心，为慢性病人提供健康治疗知识，进行健康促进活动，宣传健康理念，配合市、区疾病防控中心在“高血压日”“糖尿病日”“结核病日”“计划免疫日”“男性健康日”等开展宣传工作，全年共举办各种讲座10余场，义诊咨询6次。6月份充分利用黑板报、橱窗、横幅等形式开展健康宣传活动，对辖区居民开展健康信息抽样调查工作，对从业人员进行艾滋病快检，共完成269人抽检工作，有力地促进辖区艾滋病防治工作的全面开展。

第三节　爱国卫生运动

新中国成立前，朝外地区既是无业贫民的居住地，也是城内垃圾的倾倒地，这里垃圾乱倒，无人收集清除，私人晒粪场遍布朝阳门外一带，无人管理，仅朝外下四条、下五条、北营房、杜家楼、芳草地等就有200余处晒粪场，粪干堆积如山。关厢附近17座公厕，全都是粪道式厕所，均为死坑厕所。有的用土坯砌成，有的用破席围挡，构筑十分简陋，而且只是有人取粪，无人保洁清扫，厕所污秽不堪，常常是屎尿横溢，举目皆然。马路上故有“无风三尺土，下雨满街泥”之谚。朝阳城门外更是坟茔遍地，孩尸曝弃，一片凄凉景象，卫生环境十分恶劣。

北平和平解放后，党和政府十分重视卫生工作。本着“人民城市人民建，人民城市人民管”的基本方针，投入人力、物力对环境卫生进行整治，使朝外地区的环境卫生面貌发生巨大变化。

1949年3—6月、1949年11月、1951年3月先后三次动员全市人民进行大规模清洁卫生运动，街道发动群众投入清扫街巷，清理填埋积存的垃圾，取缔关厢一带私人晒粪场200余处，整修道路，疏浚沟渠，开展消灭“四害”（蚊、蝇、鼠、蚤），讲卫生、移风易俗的群众性爱国卫生运动。街政府、居委会设立专职文教卫生委员，承担起贯彻国家有关市容环境、卫生等法规、法章职责。卫生委员会对楼（门）院内的堆物堆料、死角积极调动本居委会全体清洁员清理或与市容所联系搞大型的突击劳动。落实对清洁人员日检查、月评比制度，发现问题及时解决，把问题消灭在萌芽状态。开展大规模的清洁卫生运动，使辖区环境逐步达到路面、路牙、便道清洁，树坑、垫板、电汽车站、雨水口、巷口、安全岛干净，果皮箱经常擦拭保持整洁，大街小巷，家家户户达到了清新整洁。

1953 年 3 月 1 日，经市人民政府批准，从东单区清洁队调给东郊区部分人员，组建 23 人的东郊区清洁队。清扫管理朝外大街一带干线街道卫生，办公地点在辖区朝外大街 159 号。人工清扫保洁做到“三洁、六净、二不准、一保持”（三洁为路面、路牙、便道清洁；六净为树坑、垫板、电汽车站、雨水口、巷口、安全岛干净；二不准为不准往雨水口内扫土，不准乱倒扫街土；一保持为保持果皮箱经常擦拭整洁），中型以上街道（一般指通行公共电汽车和大型汽车的马路）俗称广路和使馆区的街道均由专业队伍清扫。

1955 年，辖区共有小土车 8 辆，清洁工人采取拉着一辆两轮小土车，手持铃铛，走街串巷，摇铃倒土。1956 年，卫生工作中心是开展爱国卫生运动，大搞环境卫生，家家户户室内要做到面面光。清运垃圾陆续改用汽车拉运。1958 年，全部淘汰人力小土车，开始设立垃圾站，居民每天将垃圾在路灯亮后倒入地撮垃圾站，由清洁队进行收运，做到日产日清。

1963 年，朝外大街街道人民公社党委重视爱国卫生工作，健全卫生组织，建立卫生制度。每个居民委员会有卫生主任，每个组有卫生组长，每个院有卫生负责人，环境卫生有清洁员分段包扫，院内轮流值日，平时小组每天检查一次，居民委员会每周检查一次，每隔一周互相检查一次，夏天小组每天检查 2 ～ 3 次，居民委员会两天一小查，一周一大查。全年辖区共发动群众 318 次 5000 多人次参与环境卫生大突击（居民委员会组织的小突击不算在内），清除垃圾 350 卡车，平垫大型坑洼 12 处，用推土机推平了大面积炉灰渣土八处，使管界的环境卫生面貌基本得到改善。三佛寺、元老胡同北口等死角地区，由三不管变为专人负责。采取“大会贯、小会谈，有会插一脚”的方法，广泛向群众进行除“四害”的宣传，打扫室内、院内卫生，维护公共卫生，已成为大多数居民的日常习惯。厕所、平房卫生本着“四无二有”，楼房本着“二无”（无蚊、无蝇）的标准要求进行管理，辖区楼房平房厕所 75% 达到卫生要求。

1973 年，街道在工体南路设第一个吊链式自动升降垃圾台。

1974 年，街道开始对重点马路和使馆区的街道进行夜间冲刷作业，对路面进行彻底冲洗，第一清洁车辆场负责冲水，区清扫队负责清除积水，场、队配合共同完成马路冲刷任务。

1978 年，街道以秀水河为重点，组织群众大搞环境卫生，消灭八养，认真清理街巷堆物堆料，绝大多数家庭，重视卫生工作，树立爱清洁讲卫生新风尚，八养基本已消灭，街道整洁，卫生面貌大改观，被评为区级卫生先进单位。

1979 年，街道党委发动居民大搞环境卫生，带领城建卫生人员走遍大街地区 108 个单位，从调查研究入手，摸清垃圾站、厕所、污水口 1113 处，制定方案，开展整治，彻底改变了幸福巷、雅宝路、市场街、吉市口一带无风三尺土，下雨满街泥的状态。其间，涌现出街道市容卫生积极分子 217 名，区卫生先进个人 47 人，区卫生先进集体 23 个，1 个单位被评为北京市红旗单位。

1980 年，街道大力开展爱国卫生运动。围绕恢复首都无蝇城荣誉做贡献这个目标开展各项活动，大中小学生广泛宣传春挖一只蛹胜似夏灭万只蝇的意义，仅一个月时间就动员 3706 人次，挖蛹 24 万多只。居委会发动群众设置捕蝇笼，扑打消灭蚊蝇。城建科全体人员深入居委会，走家串户说服动员，全地区 2444 个院设捕蝇笼 2239 个。采取定人员、定人统计、定期汇报的方法，灭蝇 898901 只，受到有关部门通报表扬。在卫生街巷和卫生之家评选活动中，评出地区先进单位 24 个、先进个人 102 人，区卫生先进单位 22 个、先进个人 68 人。

1982 年 7 月，街道根据市、区政府决定，设立市容卫生民警，街道配备 10 名市容卫生民警，负责辖区市容卫生检查监督工作。开展不准随地吐痰，不准堆放物料，不准乱摆摊点，不准乱扔果皮废纸等（简称“四不准”）活动。

1983 年，街道落实北京市“门前三包”责任制管理办法，将一般街巷和楼区甬道的卫生改由街道办事处保洁员清扫，干路两侧人行便道由沿街所在单位清扫。街巷、楼院的卫生主要由各居（家）委员会负责，按月向所辖区居民收卫生费，雇专人清扫保洁。年内，根据市区决定，撤销市容民警建制及其领导机构，市容卫生民警大部分转入公安部门，少数转任市容监察员，在落实机构人员中，1984 年朝阳区为街道分配了 5 名市容监察员。

1985 年，街道围绕“爱卫”“环卫”两个杯的竞赛，开展以“一约三法”为主要内容的爱国卫生运动，设立卫生流动奖杯，全年按百分标准自查互查三次，进行评比，每个居委会还自定一条街、10 个院和 20 户为卫生样板，组织群众学习，做到远有样板、近有典型，经过年终评比，清洁院达 70%，卫生巷达 95%，清洁户和卫生之家达到 92.3%。全年被评为区级卫生先进单位 25 个，市级卫生先进单位 3 个。

1986 年 3 月 1 日，北京市“门前三包”（包卫生，包绿化，包社会秩序）责任制管理办法正式执行。街道以落实“门前三包”和“两禁”规定为重点，进行“双杯赛”，开展市容卫生工作。95 个中央单位、市、区驻地，244 个联社企业、局处下属单位全部实行门前三包。

1988 年，街道根据区环保局指示，在城建科设立 1 名环境管理干部，加强对水、气、噪声的监督检查。市容城管监督工作从建科独立出来，成立市容所。年内，芳草地西巷垃圾楼（地区第一个垃圾楼）投入使用。全地区300个公厕全部改为水冲式三类以上公厕，并实行分类统计和管理，其中归区环卫局三队负责的是212个，归朝外大街房管所负责的46个，其他归单位（社会）自管。

1990年，街道在迎亚运清运垃圾渣土活动中，在全区率先完成清理积存垃圾渣土任务。建立起朝外二条，武装部、下四条三个垃圾楼，在全区第一个实现垃圾集装化。建立起新的道路清扫机制，每年开春至冬季上冻前（每年4月16日至11月10日）每天晚上11时至早晨4时，对重点路段用水车冲刷。

1991年，街道爱国卫生工作以创建基本无蝇地区为轴心，以食品卫生为重点的工作方法，得到何鲁丽副市长的肯定。在全国、市、区历次检查中取得好成绩，创建无蝇地区工作被评为全市第二名，全年爱国卫生工作评比地区被评为市级先进地区。

1992年，街道响应市、区提出的创建无蝇城号召，率先提出街道开展创建基本无蝇地区活动。荣获朝阳区卫生优胜杯第一名。农贸市场管理获得朝阳区金银杯竞赛银杯奖，雅宝路服装市场获市级卫生先进集体。在群众性的灭鼠灭蟑活动中，接受市、区各级领导和有关部门检查二十余次，代表朝阳区接受全国和市爱委会的检查，获得基本无蝇地区和市级卫生红旗单位的光荣称号。

1994年，辖区随着危旧房改造，户厕彻底消失。环卫局三队老工人刘吉林是环卫局最后一名背粪工正式退休。截至当年年底辖区有公厕94座，其中三类以上13座，收费公厕2座。重点对芳草地西街、工体东路、吉市口等地区的整治，清理堆物堆料630处，拆除大小棚圈236个，清理卫生死角172处，清理垃圾500余吨，清刷广告招贴510条，清理阳台平台1200处，处理污水外溢126处。

1997年1月，街道工委书记韩子荣（右一）、办事处主任田锦秈（左一）参加“清洁日”义务活动

1995年，朝外市容所隶属关系进一步明确，业务上受区市容办领导，行政关系在办事处。街道设立爱国卫生宣传站56个，参加单位达500多个。

1997年，市容所组织地区居委会主任和清洁员卫生突击清理120人次，清除卫生死角 180 处，清理垃圾、渣土、堆物堆料 210 车。清除残标 18000 张。综治办清理卫生死角 216 处，清运垃圾、渣土 3432 吨、清理乱堆物料 4091 处，清除残标 1380 张。

2003 年，街道开展“清净家园、创建健康社区”主题活动，针对楼道堆物堆料和庭院暴露垃圾等久拖不决的老大难问题，开展群众性爱国卫生运动，使问题彻底解决，优化了居住环境。

2007 年 3 月，街道开展爱国卫生运动

2007 年，实施朝外大街、东二环、工体南路等 8 条重点大街、80000 平方米的白色污染治理工程。对 7 个社区更换分类垃圾桶 179 个。2009 年，辖区有 6 个单位 3 名个人荣获北京市爱国卫生先进单位、先进个人。卫生先进单位是：北京市朝阳区机关后勤服务中心、北京市朝阳区人民政府朝外街道办事处、北京市国家安全局三局、北京民俗博物馆、北京昆泰嘉华房地产开发有限公司酒店分公司、重庆陶然居风味饮食文化有限公司北京分公司。

2010 年，推进“垃圾减量、垃圾分类”工作。据统计，以垃圾楼末端处理完后的覆盖四至范围，给天福园、三丰里、雅宝里 3 个社区 7597 户，总人口数 39206 人，发放垃圾桶 15194 个，为社区配备公用桶 176 个，申请区管委配备运输垃圾电动车 13 辆。

2011 年，全年召开垃圾分类工作动员、宣传、培训活动 30 余次，聘用 24 名二次分拣人员，安排 77 名垃圾分类志愿者，规范建设 66 个垃圾分类桶站，统一护栏和标识，促进垃圾分类工作开展。

2012 年，街道把创建卫生应急示范区作为全区爱国卫生的一项重要任务，坚持一把手负责制，按“五个一”（一个卫生应急管理组织、一个专人管理、一套卫生应急管理预案、一套工作记录、做好一个调查问卷组织）要求完成创建档案整理和开展工作。

2013 年，街道落实朝阳区公共卫生安全委员会下发的《关于进一步推进朝阳区公共卫生安全社区建设实施意见》和《北京市朝阳区公共卫生安全社区建设工作方案》，将公共卫生安全社区建设与街道、社区的其他安全工作相融合，成立由街道主管主任任组长的街道公共卫生安全社区建设工作领导小组，强化责任，明确任务，制定《朝阳区朝外街道处置突发公共卫生事件应急预案》《朝外街道社区公共卫生应急专职人员工作职责》等制度，开展各种公共卫生安全宣传活动 6 次，街道、社区、卫生服务中心举办公共卫生安全讲座 18 次，宣传教育讲座内容包括健康教育、传染病预防、安全用药、饮食卫生、自救互救、减灾防灾等内容，以增强居民公共卫生安全防范意识。

2014 年，街道规范“门前三包”标识，管片队员严格遵守“责任包干分片”制度，严查管辖区内“门前三包”责任单位履职情况，宣传告知“门前三包”法律。

2015 年初，联合区动物防疫执法人员对辖区出售动物产品的超市、菜市场进行联合执法检疫检查。

第四节　红十字会

朝外地区的红十字组织正式组建时间比较晚，其前身为街道居民委员会红十字救助组，主要为居民做一些简单的医疗救护工作。

1989 年 7 月 20 日，朝外地区红十字会成立

1989 年，成立地区红十字会，建立地区卫生中心站，配备管理大夫，组建 4 支急护队，每队 10 ～ 12 人，举办四大技术培训班（止血、包扎、骨折固定、心肺复苏）。建立会员登记制度，使红十字会组织走上制度化、规范化轨道。红十字会为地区 1000 余名 0 ～ 4 岁儿童提供强化免疫服务，为中小学生提供计划免疫服务，在地区防病、治病，提高人民健康水平等工作中发挥重要作用，获得群众好评和市、区红十字会的高度肯定，1989—1993 年连续获得市级红十字工作先进证书。

1994 年初，红十字会与办事处联合开展“手拉手、献爱心”活动，得到地区居民的积极响应。9 月，根据朝阳区红十字会第五届四次常务理事会决定在全区范围内以各地区红十字会为主，在自愿的基础上开展募捐工作，用于社会救助。朝外地区共有 51 个单位捐款 30508.90 元，获区级红十字工作先进单位证书。

1995 年，辖区建立起 4 个红十字卫生站（芳草地西街卫生站、芳草地南卫生站、三丰南巷卫生站、工体西里卫生站），配备 4 名医生在站值班。截至当年底，红十字卫生站共建立病床（包括家庭病床）61000 张，医治病人 9500 人次，获市级红十字工作先进单位证书。

2000 年，按照世界卫生组织提出“人人享有卫生保健”的目标，对社区 6 万人进行预防接种，进行妇幼保健及重点人群的健康护理，建立健全社区计划免疫领导机构，负责监督检查组织免疫实施工作。

2000 年，朝外地区开展献血活动

2005 年，在“博爱在京城”大型募捐工作，辖区共募集捐款 67473.74 元。与区红十字会一起在日坛公园举办“同在一片蓝天下”博爱助学活动，共收到捐款 3 万余元。全年收到各类捐款 109324.90 元。

2006 年，街道继续开展“博爱在京城、博爱在朝阳”大型募捐活动，共募集捐款 66334.50 元。全年救助慰问特困户 25 户次，资助特困学生 10 人。

2010 年，街道贯彻《中华人民共和国红十字会法》，弘扬“人道、博爱、奉献”的红十字精神，组织志愿者开展主题宣传服务、送温暖活动。邀请 11 名自救互救专家和医生，为驻区武警部队进行自救互救技能培训，565 名志愿者参加培训。

2012 年，街道组织无偿献血，7 个社区 92 人进行无偿献血。根据区红十字会的统一安排，在辖区开展自救互救知识培训，210 余名居民及流动人员参加培训，基本掌握人工呼吸、伤口包扎、伤员搬运等自救互救技能，达到预期效果。

2013 年，街道红十字会在“博爱在京城、博爱在朝阳”募捐活动中，将募捐与“同心家园”建设相结合，共募捐善款 50585 元，为地区 1 位大病少儿申请救助款 1 万元，为 10 户因病致困家庭发放春节慰问金共 1 万元。投入资金 3 万元，为地区近 60 户失独家庭免费提供量身定制体检，为 1 名乳腺癌患者和 1 名肝癌患者申请救助金。为云南鲁甸地震灾区募集善款 20501.5 元。

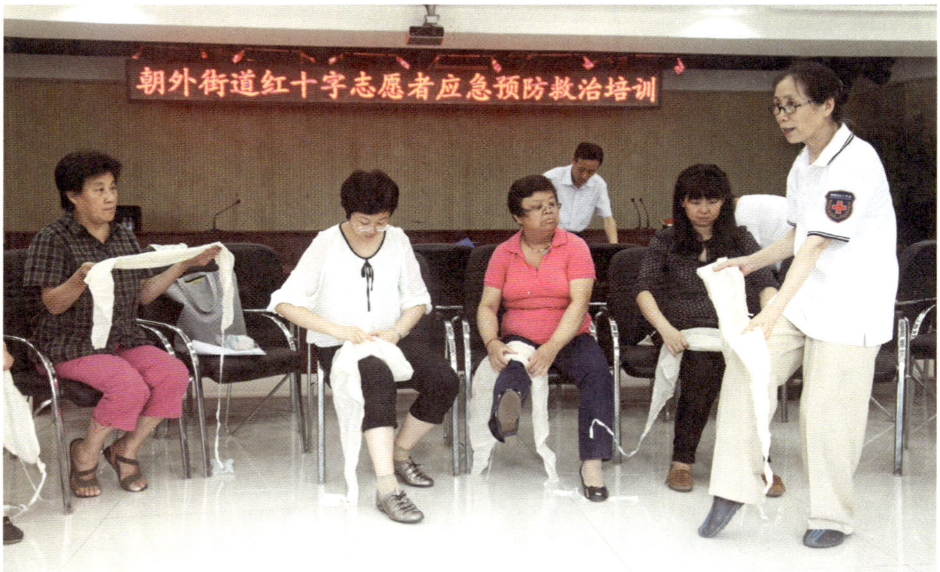

2013 年 7 月 4 日，朝外街道红十字志愿者开展应急预防救治培训

2015 年，街道充分利用“5・8”世界红十字日、“5・12”防灾减灾日、“6・14”世界献血日等纪念日，在“橙房子”、日坛公园和各个社区宣传红十字精神，提高红十字会的社会影响力，让更多的人知晓、了解红十字会。开展“博爱在京城、博爱在朝阳”募捐活动，共募捐善款 53675 元；开展为尼泊尔地震中国西藏灾区募捐活动，共募集善款 4360 元。完善地区自救互救体系的建设，开展地区百人应急救护培训工作，100 余名志愿者、居民参加取证培训。

第十六章

民风习俗

MINFENG XISU

民风习俗是特定社会文化区域内历代人们共同遵守的行为模式，有“百里不同风，千里不同俗”之说，北京地区的民风习俗大体相差不多，风俗习惯基本相同，这是历史文化长期积淀凝聚形成的、在潜移默化地不断完善且慢慢渗入社会生活的过程，是人类社会到一定阶段的产物。其中，节日习俗最具特点。春节为一年之始，万象更新，主要活动是在除夕夜吃年夜饭、祭祀和守岁等；元宵节吃元宵、观花灯；清明节祭扫祖坟、踏青游春；端午节吃粽子、赛龙舟等活动；中秋节全家团圆赏月、吃月饼；重阳节登高、赏菊、饮酒等；冬至吃饺子、祭天祭祖。许多民俗节庆，既包括生产方面，也包括生活方面；既有饮食文化，也有礼仪文化，还有朴素神奇的科学思想。朝外地区还有一些与当地所处的特殊位置相关的民风习俗，尤其是东岳庙位于此地，由此带来与之相适应、相伴随的习俗，特点尤为突出，历史影响久远别具一格。加之此地的菱角坑、朝阳门外的古道，也为朝外增添了别样的历史风韵。

第一节　岁时节俗

一、元旦烧香东岳庙

一般人家初一早上吃过饺子以后，往往会派家中一人去东岳庙烧香。明刘侗《帝京景物略》云：正月元旦，烧香东岳庙，赛放炮仗，纸且寸。

而且烧香一般讲究烧头香。晚清俞樾《茶香室丛钞》记载了一件事：宋代有个叫韩元英的人，与东岳大帝私交甚好，大帝常常降临其家。后来，大帝突然疏远了他，不去韩家了。韩元英不解其故，就选了一个心腹仆人，让他赶赴山东泰安岱庙，燃香祷告。韩元英嘱咐他，东岳大帝只受人间的头炉香。每天天将亮，庙中道士烧的就是头炉香。你只要跟在他们的后面烧香就可以了，如果迟缓片刻，大帝早已飚驭登山，无论祈祷什么也听不到了。于是这个仆人快马加鞭地出发了。到达岱庙的时候，已经是夜半时分。仆人就在天贶殿门前的通天鼓下坐等殿门打开。但是由于旅途劳顿，他不知不觉地睡着了，没有听到道士烧香的动静，错过了头炉香，大约一个月后，韩元英就去世了。

正月初一是岁、时、月之始，加之传说影响，烧头香风俗日盛。每年初一一早，庙门还没打开，等着抢烧头炉香的人已经挤在门外，队伍要排到东四牌楼。人们进香后，还要在山门外放炮仗，本为敬神，后演变成东岳庙前“赛放炮仗”。

二、东岳大帝出巡

元代时，相传农历三月二十八是东岳大帝生辰，每逢这日，东岳庙要举行盛大的出巡仪式。城市士庶官员往往携眷前往东岳庙拜香，一路上四处都是买卖，如花果、饼食、酒饭、香纸填塞街道，是一场盛会。明清以后，北京人保持了这一习俗。明《帝京景物略》卷二载：“三月二十八日诞辰，都人陈鼓乐、旌帜、楼阁、亭彩，导仁圣帝游。帝之游所经，妇女满楼，士商满坊肆，行者满路，骈观之。”清《帝京岁时纪胜》对此也有记载。其时，民间自发组织香会、善会，民间百戏等纷纷前来随驾巡游，香客和游客在巡游队伍之后。巡游路线为出庙门后往东南方向行进，最后在日坛东边的广场上将“钱粮幡”纸扎的銮驾执事等焚烧。巡游所经之地，家家门前设香案，老少跪地“接驾”，叩请大帝赐福。礼成后，善男信女前往东岳庙中洗疾、打金钱眼、拴娃娃等。

三、中和节

农历二月初一，即古代“中和节”。据说此节源于唐代，至清末民国初此节随遗俗。

太阳糕是中和节的典型节令食品，是每个家庭必请的供，即使手头拮据也总要请几块太阳糕应个景，以图吉利，祈求吉祥。许多老北京人都清晰地记得小时候每逢中和节这天，天不亮时京城沿街就响起了吆喝声："太阳糕哎，太阳糕！"关于太阳糕的制法，清末富察敦崇《燕京岁时记》有记："二月初一日，市人以米面团成小饼，五枚一层，上贯以寸余小鸡，谓之太阳糕。都人祭日者，买而供之，三五具不等。"太阳糕一般使用和好的糯米粉垒放成多层，层与层之间撒上黑糖，再加些青红丝等，上面用红曲水印昂首三足鸡星君（金鸡）像，或在上面用模具压出"金乌圆光"代表太阳神。太阳糕五块为一碗，顶端还插有一只寸余高的面捏小鸡，十分喜气，很受市民欢迎。北京的糕点铺元宵节后便开始制作太阳糕，一些小贩亦自制太阳糕，提前两三天开始出售，于是"供佛的太阳糕啊"叫卖声在大街小巷中随处可闻。

太阳糕上的鸡是三足鸡，也就是太阳的象征。据北京的老人讲，"太阳糕"就是"太阳高"的意思。因二月仲春，节气近于春分，日影一天比一天高，气候日趋暖和，祈祷太阳星君日日高起。清朝内廷在这天也用太阳糕在慈宁宫花园内祭祀太阳星君，不过内廷所用的太阳糕并非购自蒸锅铺，而是御膳房特制的。

20 世纪 40 年代以来，市面上卖太阳糕者已不多见，一般人家不再祭祀太阳星君，少数祭祀者，仅用黑糖（红糖）烙饼作为供品而已。在每年的朝外"春分朝阳"民俗文化节时，主办方将春分皇家祭日与中和民间祭日的习俗加以融合，特别设计了发放太阳糕的环节。

此外，在"春分朝阳"文化节时，还设立"竖蛋"的游戏。"春分到，蛋儿俏"，这是一句流传很广的俗语。选择一个光滑匀称的新鲜鸡蛋，最好是刚生下四五天的，只要心静、轻手轻脚，就会在桌子上把它竖起来。

四、熙游避灾

明清两代，北京人讲究端午出游，目的在于避灾。除了天坛、金鱼池、二闸、高梁桥、满井、草桥、积水潭等地外，朝外地区的人们就近喜去的地方还有菱角坑。每逢夏日，绿柳成荫，荷香阵阵，蝉鸣树梢，为消夏胜地。每到端午，这里成为人们的常游之地。一些商贩在此搭棚列肆，售卖应节食品，加之说书、唱曲等民间曲艺表演，更添热闹繁华。

五、祭马王

朝阳门自古为运粮要道，祭马王是车马行的要事。祭马王的日子是农历六月二十三，都城内外骡马车夫都要祭马王。这一日若租车，车价较之平日要贵上数倍，车夫称为“乞福钱”，祭祀时用全羊。骡马车夫也多到东岳庙的马王殿拜祀。

六、中元节

农历七月十五为中元节，佛教徒谓此日为目连救母日，于是日举行盛大的盂兰盆会，放河灯，烧法船，以百味五果置盆中，供养十方僧众，并于此日设道场祭悼亡魂，所以中元节也称“鬼节”。道教宫观如白云观、地安门火神庙、朝外大街东岳庙等，午前有庆贺中原赦罪地官清虚大帝诞辰的仪式，有“祈福吉祥道场”和诸多斋醮法事。作为道教正一派宫观，东岳庙于是日高搭法台，云集道众清流，修建“青玄资度斋坛”，奉演《萨祖铁罐炼度金科》，焚化普度功德表。超度本庙“前羽后化霞灵等众”以及“寒林会上九种十类，四生六道一切孤魂等众”。东岳庙加开庙会一日，商贩云集，以售卖莲花灯、大荷叶、大棵香蒿以及奠亡祭祖所用之冥品香烛等。

第二节　宗教习俗

一、宗教传播

道教与东岳庙影响　元代初年，道教在北京发展达到鼎盛。坐落于朝外大街的北京东岳庙始建于元延祐六年（1319），主祀泰山神东岳大帝及其众神体系。在明清两代，北京东岳庙是国家祀典之所，也是道教正一派在华北地区最大的庙宇，所奉神圣极为庞杂，其道士掌祈祷符咒之术，尤易为民间接受。自元代建庙伊始，这里是北京地区民众的信仰集大成之所。北京东岳庙为国家级重点文物保护单位，延续至今的东岳庙庙会是北京地区历史最为悠久的庙会之一，而且已被列入国家级非物质文化遗产名录。20 世纪末，北京东岳庙被辟为北京民俗博物馆，旨在发挥东岳庙文物古建和历史文化的独有优势，传播和传承优秀传统文化。

过去，东岳庙作为城市信仰空间的重要载体，给城市居民提供了宗教情感与世俗愿望的表达机会。东岳庙由“大生”的德性，渐生发出了求福、求财、求子、求姻缘、求官禄等多种需求。人们在庙宇里表达各种利益诉求，调解社会秩序，化解道德困境。

除了教义教规对教徒信众的影响外，道教对朝外地区乃至北京社会生活的影响主要体现在庙会和宗教节日上，比如上元节、中元节、岳帝生日等。最重要的是东岳庙庙会。北京东岳庙庙会雏形于元、形成于明、鼎盛于清，是北京历史上最早的庙会之一。到明清时期，北京东岳庙庙会继续发展，形成了集信仰、集市、娱乐于一身的多内涵型庙会。

史料记载历史上北京东岳庙庙会会期是东岳大帝神诞日的三月中下旬（农历三月十五到三月二十八）、农历大年初一至十五、每月朔望。庙会期间，人们祭祀东岳大帝、炳灵公、三茅君、七十六司等东岳神系众神，还专门组织了掸尘会、庆司会、散司会、白纸神帐会等善会来表达敬神之意。此外，还敬奉各种民间吉祥神，祈福禳灾、求子嗣、祛病痛、求吉祥平安，表达各种祈愿诉求。这期间自然也免不了各种祈福活动，如摸铜骡祈求健康平安，买簪花带福还家，在月老殿拴红线企盼美好姻缘等等，都寄托了人们在庙会期间对于未来美好生活的良好祈愿。

庙会期间，各地民间香会云集于此，文会为庙会和香客提供各种义务服务，有掸尘会、净炉会、献花会、供粥会、献盐会、施茶会、放生会等，名目繁多，花样不少。武会献艺，酬神娱人。有秧歌、少林、五虎、开路、太狮少狮、高跷、杠子、小车、中幡等。香会一般以行业或居住地为单位组建，组织严密，分工明确，各负其责，规范周全，行善助善。

东岳庙西院供奉有木工行、钟表行、骡马业等各行祖师，各行业也往往于庙会期间举办行业活动，以壮大声势。

明清以来，东岳庙庙会逐渐演变成庙市，并且日益兴盛。20 世纪 90 年代至今，北京东岳庙以“东岳庙春节文化庙会”和“北京民俗文化节”为主题，恢复举办了中断多年的庙会活动，东岳庙庙会增加了越来越丰富的文化性内容，成为传统文化展示的特色空间，已被列入国家级非物质文化遗产。

东岳大帝是泰山神，主管人间一切生死祸福。泰山神作为泰山的化身，是上天与人间沟通的神圣使者，是历代帝王受命于天，治理天下的保护神，因此成为民间宗教信仰之一。北京东岳庙主祀泰山神东岳大帝，历来香火旺盛，尤以每年农历三月二十八为大帝诞辰日为最。历史上每逢这日都有盛大仪式和庙会。

碧霞元君是道教女神，据传为东岳大帝之女，宋真宗封她为“天仙玉女碧霞元君”。道教认为她受玉帝之命，洞察人间善恶。北京从明代开始供祀元君，庙称“娘娘庙”或“天仙庵”。农历四月十八日是元君诞辰日，从初一至十八，市民前往元君庙进香，祈愿酬愿。朝外曾有建于明代的天仙庵，现已无存。

玄武神又称“真武帝君”，与青龙、朱雀、白虎合称“四方之神”。据传说，朱元璋统一天下时，玄武神曾临阵呵护，因此明代建立后建真武庙，历朝皇帝都崇奉不怠。朝外曾有建于明代的真武庙，现已无存。

财神是道教中重要的神祇，保佑人们求财如意。朝外地区有名的财神殿是北京东岳庙内的阜财殿，供奉有文财神比干和武财神赵公明，还有统帅招宝天尊、纳珍天尊、招财使者、利市仙官四位财神，是全国各宫观中供奉财神最多的殿宇之一。每逢春节正月初五，香火尤其旺盛。

佛教寺庙影响　元代以后，北京佛教发展成为北京地区与儒、道二教相比肩的第三大文化。明清以后，佛教尤其是藏传佛教得到了进一步的发展。历史上，朝外地区的佛教寺庙较多，既有慈尊寺、海会寺等汉传佛教寺庙，也有净住寺、三佛寺等藏传佛教寺庙。由于历史原因，这些佛教寺庙基本无存。当时，大量兴建的佛教寺庙不仅教徒众多，而且对社会生活影响广泛，主要体现在庙会和宗教节日上。比如，腊八（腊月初八）本来是佛教节日，元代已成为北京民间普遍欢庆的节日，家家户户这天要煮腊八粥。春节期间，老北京人有供佛堂的习惯。农历七月的盂兰盆会，百姓们要放河灯、烧法船，以百味五果置盆中，供养僧众等。对于佛教神祇观音，京城百姓普遍崇敬。民间每有灾难、疾病，百姓常去观音庵烧香祈祷。历史上朝外地区曾有观音寺，后无存。

伊斯兰教与清真寺影响　元代伊斯兰教在大都得到进一步发展，大都成为伊斯兰教的活动中心，各地兴建大量清真寺。明、清以后，伊斯兰教在北京继续发展，但由于教义原因，流传只限制在回族、维吾尔族等少数民族之间。

元代时，回民大量涌入北京。明代时，北京回民依然人数众多。今天的朝阳区是北京回民人口较多的一个区，主要集中在朝阳门外关厢、南中街、上坡、下坡等处，以及很多的回族乡镇，如常营、管庄、杨闸、西会、万子营、康营等。

中国穆斯林有“围寺而居”的传统。据说过去朝阳门外有7座清真寺，但从资料所知，除南上坡清真寺、南下坡清真寺、水门关清真女寺、敖孤堂清真寺和杜家楼清真寺5座能叫上名外，其余2座清真寺的名字难以得知。回族信奉伊斯兰教，遵从伊斯兰教教义规范。日常重要的宗教仪式是念、礼、斋、课、朝五功。教徒每年重要的三大宗教节日是圣纪节、开斋节和宰牲节。清真寺是穆斯林举行礼拜、宗教功课、举办宗教教育和宣教等活动的中心场所。

二、诸神崇拜

北京民间诸神极多，朝外地区也不例外，且与北京其他地区信仰相似。

关帝　关帝即三国时期蜀国大将关羽。关羽一生忠义仁勇，为佛、儒、道三门所崇信和共尊之神。佛教尊称“僧伽蓝摩菩萨”，守护净土；儒教尊称“武圣人”，与“文圣”孔子并列；道教尊称“关圣帝君”。民间也尊其为“武圣人”“关圣帝君”“武财神”。对关羽的尊崇从隋唐开始，至清代达到极盛。不论是官方还是民间，对他的祭祀

日益隆重，关帝庙随处可见。尤其是每逢农历六月二十四日关帝诞辰日，人们会进香祭祀，举办庙会，庆祝祈福，求财求吉，十分隆重。朝外地区曾有建于明、清两代的关帝庙，庙内常常是香火不断。后庙宇逐渐败落，现已无存。

土地爷　土地爷是管理地面的神，即古代的社神。北京处处有土地庙，供奉土地爷，求土地爷保一方平安。朝外地区曾有土地庙、土地祠等，土地神的形象大都衣着朴实，平易近人，慈祥可亲，多为须发全白的老者。一般土地庙中，除塑土地神外，尚塑其配偶，俗称“土地奶奶”，与土地神共受香火供奉，没有特殊职司。人们祭祀有的是祝愿五谷丰登六畜兴旺，家丁平安。也有平时外出做事，也要祭土地求平安。有客人来，也要恳请神灵保佑外乡来客平安无事。土地神虽然官职不大，但管事不少，辖区内凡婚丧嫁娶、天灾人祸、鸡鸣狗盗都是其分内之事。而且土地神慈眉善目，与人较为亲近，所以人们喜欢向他吐露心声，向他祈愿。旧时生下孩子的第一件事是提着酒到土地庙“报户口”。至于村中发生瘟疫之灾、虎狼之患，也要祈求土地消灾除患。发生盗窃之事、斗讼之争，也要祈求土地指点迷津、主持公道。

行业诸神　行业祖师崇拜历史悠久。明清时期，不仅“三百六十行，无祖不确立”，而且大量的行业都举行有组织的祭祀神祇活动。北京东岳庙是民间行业组织聚会的活动空间，以行业祭祀及管理活动为主要表现形式，以增强行业凝聚力和认同行业规范为主要精神取向。清代，京城内外众多行业组织的行会纷纷将祖师供奉在北京东岳庙献供祭祀。康熙五十八年（1719），木工行业在东岳庙西跨院建造了最早的行业神殿宇。此后，京师许多行业立碑及建殿、重修以及相关的习俗活动持续不断。其中在东岳庙西院奉祀的行业祖师种类最多、殿宇最全，包括：建筑业供奉的鲁班，医药行业供奉的药王，牲畜蓄养业供奉的马王爷，商业等诸多行业供奉的关帝，出海渔民供奉的海神妈祖，钟表行供奉的显化真君，管理粮仓的官兵和粮商米贩们供奉的仓神，厨行供奉的灶神、书商文具业等供奉的文昌帝君、戏曲行供奉的喜神等。其中鲁班信仰是北京地区仅存的建筑行业信仰历史遗存，鲁祖之殿和鲁祖圣殿两座祖师庙宇是自律、自尊、自强、自信、自警等行业规范体现的重要载体。

第三节　庙会风俗

旧时北京东岳庙除每月朔望（初一、十五）的例行庙会外，每年还有两个特定的开庙时段：正月庙会从初一至十五连续半月，三月庙会是东岳大帝诞辰期间举行长达半月的庙会（三月朔日至二十八日开庙办会，后改为三月十五日起至二十八日结束）。元代熊梦祥撰《析津志》云："每岁自三月起，烧香者不绝。"庙会期间，香客、信众从各地云集而来，尤以二十八日当天最为热闹，进香还愿者如过江之鲫。庙内外设有小吃、杂耍、套圈、商铺、花鸟虫鱼等摊贩，引得善男信女摩肩接踵，过往行人络绎不绝，遂成闹市。

东岳庙几百年来香火繁盛，形成了影响深远的东岳信仰，并演化出了多姿多彩的民间风俗。

摸铜骡子　老北京有三摸：东岳庙摸铜特祛病，潭柘寺摸石鱼求富，白云观摸石猴求灵。在东岳庙文昌殿前，曾立有文昌帝君的铜特和玉马。有人说玉马不是瓷制，而是用香面子做的。白马为千里之驹，可保佑官员士子仕途平坦，因此往往白马前面多是官员祭拜。白马受官家的香火，铜特则受百姓的青睐。铜特是一匹酷似骡非骡的铜兽，长着驴面、骡身、马耳、牛蹄，蹄子中间有道缝是分瓣的，高三尺许，民间更愿意叫它铜骡子。

打金钱眼　每年的庙会期间，福道东侧的康熙御碑楼旁都会搭建"打金钱眼"的福舍。游客们换取铜板后，朝那里投掷金币，祈求"福在眼前"，乐此不疲。

浴盆洗目　祭祀之事，最为洁净。东西太子殿两侧原设有东、西浴堂，两座浴堂内各有一个大石盆，每个石盆都能够盛水数十石。相传，这两座石盆乃是东岳大帝与帝后的浴盆。帝后使用浴盆里的水，则为圣水。遇有眼疾的人，用盆中的水会立即好转，故到此洗目的人络绎不绝。东岳庙内此项风俗已历经数百年，清代石盆后来换为木盆，直径六尺。民国时期，朝外大街西口的一家酱菜园看上两个木盆，拿回去做酱菜，木盆遭到破坏，再未修复，此风俗也就中止了。

舍粥济民　过去寺庙门口常有舍粥善举，而东岳庙的米粥却是在北京城内外大有名气。康熙十九年（1680），京城发生大饥荒，朝廷下令各地街巷都要设立粥棚，接济四面八方进入北京的饥民。东岳庙山门外附近本是过去京城粮食的集散地，自然搭建了一座规模不小的粥棚。当时官拜都察院左御史的高尔位受命监察各处粥棚状况，特意在东岳庙西廊借宿两个月之久。灾情平息后，高尔位亲撰碑文，纪念此事的前因后果。从此，东岳庙舍粥成为当地有名的习俗。

1950 年 6 月 14 日，朝阳门外辅华合记矿药厂发生爆炸，引燃了地下室 4 吨雷管及库房存放的炸药，导致了新中国成立以来最大的爆炸事故。九天宫与十八狱庙顿时夷为平地，而腊八传粥的风俗也成了记忆。

舍豆结缘　“舍豆结缘”之俗源起于明，盛行于清代。每逢东岳庙开庙日，京城的善会在庙中张棚施茶，施豆人将青豆黄豆一粒粒地从箩中拣出，每取一粒，呼神宝号一声。还要将取好的豆子煮熟，白水煮豆，毕竟缺乏滋味。讲究的人还要用大料、花椒各式香料。煮好的豆子需要拌上盐豉，还可以放入切碎的胡萝卜丁和烫过的香椿芽。处理好的豆子先要放到神龛前礼神，随后放到东岳庙门前供香客随意取食。种瓜得瓜，种豆得豆，舍豆结缘，正是善因善果，追求福报。如果婚后妇女不容于公婆，婢妾不容于主母，都会自责是前世没有舍豆，今生没能落得个好人缘。而人们在礼神逛庙的时候，大可与香会会众共同获得“结善缘”的心理满足，一边舍豆者高喊“结缘啦”，一边香客作揖道一声“您虔诚”，算得上是老北京的一道风景。

岱庙小吃　康乾盛世，物阜民丰，东岳庙会往往呈现出一派繁荣气象。每年三月二十八日东岳大帝诞辰，百货云集，人头攒动。东岳庙的道士们不忌荤腥，甚至自制了许多名菜，如烧笋鹅、凉饼、糯米糌粑供香客们品尝。东岳庙与皇宫渊源很深，这几道菜在明朝皇宫中就已出现，宫中名菜如何流传到城外寺庙，不得而知。北京百姓好吃羊肉，尤其是天寒时节，烧羊肉在北京至少有三百多年历史，东岳庙的烧羊肉先要吊汤煮肉，再下油锅煎炸，清代诗人歌咏此物：“煨羊肥嫩数京中，酱用清汤色煮红，日午烧来焦且烂，喜无膻味腻喉咙。”东岳庙做烧羊肉有一秘诀，那就是使用宫中的苏造酱，顾名思义为苏州一带的秘制酱料。羊肉味道鲜美，人称“赛螃蟹”，宫中太监为尝此等美味，多千方百计要到东岳庙当差，就为到时可以连吃带拿。

东岳庙的蜜供也很有名，大家都说可治痢疾，红色的治疗红痢，白色的治疗白痢。蜜供其面经过油炸，香酥入口，还不黏牙。北京还有专门供皇室使用的蜜供局。五个蜜供码在一起，称为一堂。每次蜜供码得如同一座小山，大的两三尺高，小的一尺左右，只有岱宗宝殿的蜜供高达八尺，为京城之最，只引得围观小孩口水直流。

东岳庙的糕点与香茶，同样颇受民众追捧。北京建城历史悠久，生活污水长期下渗，导致地下水污染，所以苦井多，甜井少。而东岳庙的井水清冽甘甜，水好茶也香，许多香客喜欢到东岳庙与住持饮茶论道。

借寿孝亲　长生久视，是人们的美好愿望。每年庙会，就会有络绎不绝的香客到东岳庙内的长寿司前祈求长寿，香客们用长寿面盘成寿桃的形状供奉长寿司神。可是人们常说人的寿数原本都是预先设定好了的，中国文化以孝为先，子女若希望父母长命百岁，则要向神明借寿，用自己的阳寿接续父母的生命。子女需要写好表文，愿减己之寿命，以延病者之年，在黄纸上写上祈求者的姓名住址，还有愿借若干年于某人。如果病者转危为安，还要到庙里上香还愿。

挂五彩线　“千里姻缘一线牵”，民间传说中月下老人是专管男女婚姻的神。只要被月老牵了红线，无论“仇敌之怨，贵贱悬隔，天涯从宦，吴楚异乡”命中注定的男女终究会结成夫妻。

疙瘩佛　在东岳庙正院西厢有个宿业疾病司，中左首有一神像，人们称为“疙瘩佛”。神像身上贴满了各种膏药。如果病患者身上某处得了脓疮，便可以在神像前磕头上香，然后取神像上同样位置的膏药贴在自己身上。不过揭下神像身上的膏药后，还需要重新贴上一块，方便后面的人取用。因此神像身上的膏药，不论何时都取之不尽。如果病患者身体痊愈，则需要向神像进献寻常百姓最常见的咸菜——腌芥头。为什么以腌芥头供奉疙瘩佛？大概因为腌芥头俗称“水疙瘩”，而人生疮称为长疙瘩，二者同音所以有此联系。

神路抬圣像　故宫中轴线的路，叫“御路”，是专供皇帝出行使用的。京城东边有一条“神路”，是专供东岳大帝出行时使用的。久而久之，就有了“神路街”的称呼。神路街位于朝阳门外路南。为何要叫神路街呢？这跟朝外大街路北的东岳庙有关。过去每年农历三月二十八日，相传是东岳大帝的生日，这一天，善男信女们穿红挂绿，先将齐化门外净水泼街，打扫神道。然后将庙里一个木雕的大帝坐像抬出来，象征着东岳大帝亲临街巷，降福惩恶。走一趟是好不热闹！届时由香客抬着载有东岳圣像的八抬大轿，前有旌旗鼓乐导引。

马王殿唱戏　清代东岳庙最为隆重的行业祭祀，当数鲁班殿与马王殿。东岳庙的马王殿，供奉的是水草马明王爷即马神，民间传说“马王爷有三只眼”。古代出行必须依靠马匹，如此马王爷就成了马匹蓄养及交通出行的保护神。北京城内原有马王庙数十座。东岳庙内的马神殿是较为重要的一座。殿里的马王神像红面多须，三目四臂，手持各式兵器，尤其是两把宝剑在胸前交叉，身后立一白马。清代每年六月二十三是马王爷的寿辰，上至负责皇帝出行的太仆寺，官府的兵马司、官马司，下至民间的马行、驴行、车行以及住宅马号都要到东岳庙祭祀马王爷。祭祀场面十分隆重，香众有朝阳门内东西牌楼骡市众善弟子、东四牌楼马市众善弟子。通过保留下来的乾隆十三年《重修马王殿碑》，可知当时祭祀马王的商铺共有五十余家，足见京城骡马行业的繁荣和马王信仰的昌盛。大家还会请来戏班唱戏，还要进献牲畜。只是马王在教，不享黑牲，即马王爷不吃猪肉，祭品需要用全羊一口。清末，随着交通工具的改善和提高，汽车、火车的普遍应用，马匹、马车的重要性逐步降低。

放生敬神　阴历三月二十八，是东岳大帝的生日，东岳庙会有隆重的庙会，“放生”庆典是全国各地东岳庙会的重头戏。由于北京东岳庙没有放生池，所以香客放生的主要是将鸟儿放飞。庆典中，会专找一名儿童，扮作孙悟空的样子，手捧装有小鸟的蟠桃形盒。吉时已到，四下鞭炮齐鸣，小孩将鸟儿放飞，其他信众同时将小鸟放飞，场面十分壮观。同时，放生老会的人举着旗子，在东岳庙里里外外，专遇那提笼架鸟的，上前作揖，把鸟儿放飞。若养鸟人执意不肯放生，有时会演变成一场意想不到的事患。

戴福还家　正月初一一大早，就有献花会敲锣打鼓，浩浩荡荡来到东岳庙，有各色鲜花将庙前的牌楼装扮一番，然后进庙烧香礼神，拜完后出庙，从牌楼上取下一朵花戴在头上。回家的路上遇到行人，便拱手作揖，道声“戴福还家”以示问候。献花会多由花市的商贩组成，他们到东岳庙，除了拜神，还挑着纸花、绒花在庙里支个摊位，售予众香客。这样一来，其他人也能将福“带回家了”。所以逛庙会的妇人，不论年龄大小，都喜欢买枝花戴在头上。样式也极多，有金鱼的，有蝙蝠的，有聚宝盆的，有石榴的，总之图的都是一个“福”字。花上面还贴着金片，阳光下闪烁不定，煞是好看。

走福路、挂福牌、画福布、拴福条、绕福树，千百年的传统民俗，积淀成为影响深远的福文化。古人对于福的理解较为具体。《尚书·洪范》载：“五福：一曰寿，二曰富，三曰康宁，四曰攸好德，五曰考终命。”而现代人们对于福理解更为广泛，福文化已成为现代东岳庙的一大特色。走出瞻岱门，直通岱岳殿的一条御道，是东岳庙的一条主道，相传为东岳大帝下临的必经之路。福路两旁印有不同祈福内容的红板，如“人寿年丰”“金榜题名”“子孙成材”“出入平安”“心想事成”。每位从福路经过的人都可根据自身需求，在相应福路红板上写下自己的新年愿望，以求能通达神灵。

“请福牌”也是东岳庙节日活动的重要内容。福牌分为八种心愿，即心想事成、事业发达、人寿年丰、出入平安、年年有馀、子孙成才、金榜题名、财源广进。福牌为一对，祈愿者需要在其中一块上写下自己的姓名和吉祥话，然后悬挂于庙区，另一块则带回家，寓意为祈福迎祥，带福还家。

东岳庙春节文化庙上香客在挂福牌（摄于2014年2月）

庙内工字廊的东侧设有十二生肖的福布桶，每个生肖都有各自的福布桶，信众和游客可以根据自己的生年属相或流年属相写下自己的夙愿。不少人不仅在福布上写下自己的心愿，还在福布上表达对亲人的感恩之情或美好祝愿，表达了祝福老人健康长寿、儿童学业有成的美好愿望。

祈福请愿的方式除了请福牌、画福布外，庙方还提供写有“祈福保泰信士”的福条，人们可将自己的愿望写在上面，拴在庙内各神殿内或神树前，以求神灵保佑。东岳庙内还有一棵寿槐“福树”，据说这棵寿槐比东岳庙还大一百岁，距今已达八百余年，历经沧桑。北京有句老话：“千年的松，万年的柏，不如东岳庙的老槐摆一摆。”传说摸一摸大槐树、绕着寿槐走三圈就能身体健康，所以才有了绕福树一说。许多人在树上面挂自家老人的名字，希望家里老人和这棵老槐树一样长寿。

第四节 春分节庆

2007 年 3 月，朝外街道为挖掘地区文化资源，提升地区文化活动水平，依托社会管理中心及所属地区文化协会，在北京文史馆馆员赵书的指导和各界人士的精心策划下，于 3 月 21 日在日坛公园举办了“春日照大地，和谐送人间——春分”首届民俗文化节。活动由朝阳区朝外街道办事处、朝阳区朝外地区文化协会、日坛公园、北京民俗博物馆联合举办。文化节上，朝外地区的群众文艺团队奉献了精彩的演出，舞龙、踢花毽、抖空竹等具有浓郁民俗特点的项目也一一再现，著名表演艺术家石维坚先生朗诵了专门为“春分朝阳”文化活动创作的《太阳赋》，并把活动推向高潮。同时，太阳糕作为老北京人祭祀太阳的贡品，也是春分的应节食品，在文化节上首次得以恢复，初次亮相的太阳糕，受到市民的欢迎。

从 2007 年开始到 2015 年共举办了九届“春分朝阳”活动，每年都有不同的主题。2008 年“春分朝阳”第二届民俗文化节的主题是“春的祝福、永恒的太阳、祈福奥运、共建和谐”。意在表达朝外地区广大居民在北京奥运之年参与奥运、奉献奥运、决战奥运、决胜奥运的心声。文化节上还首次揭彩了“春分朝阳”的标识——三足金乌，引入了春分游戏“竖鸡蛋”“春分到，蛋儿俏”，春分竖鸡蛋的民俗，就如同元宵节品元宵一样深入人心。在日坛西甬道还增添了捏泥人、剪纸、毛猴等民间手工工艺的展示，极大地丰富了民俗文化的内涵。

2009 年“春分朝阳”第三届民俗文化节的主题是“民俗与国庆”。民间工艺展示是本届文化节的一大亮点，很多民俗大家的罕世绝活都在这里亮相。包括民间可动性的表演艺术，如特技风筝，皮影戏等绝活、绝技，还有京剧专场演出等；民间静态性的艺术展示，有张俊显的面塑、于光军的脸谱等 20 家。

2009 年，春分朝阳第三届民俗文化节

2010年“春分朝阳”第四届民俗文化节的主题是“创文明城区、做文明市民”。围绕“我们的节日”主题活动，赋予了文化节更深层次的精神主题。同时在活动现场开展“文明朝阳花正开，有我参与更鲜艳”签名活动，千余名社会各界人士积极参与，为创建工作助威造势。

2011年“春分朝阳”第五届民俗文化节暨朝阳传媒2011幸福传递社区行活动成功举行。由区文委首次复原清代日坛祭日典仪。整场祭祀典仪根据清乾隆年间文献记载，分为卤簿仪仗、乐舞和祭坛礼仪三部分，从祭祀音乐、舞蹈、礼仪表演到服装、乐器、道具制作都最大限度地仿照了清乾隆年间文献记载。朝阳传媒2011“幸福传递社区行”活动，通过开展“过福门、敲福鼓、观福意、五谷添福、走福路”等活动让人们积极参与，使此次文化节更增添了新的含义，让人们在春天播种希望，用阳光的温暖拥抱未来和希望。

2012年“春分朝阳”第六届民俗文化节的主题是“春阳共享、温暖社区”，以“一台、一坛、两街、两区”为整体架构，首次加入“春食街”，老百姓在三天的时间内，将“好吃的、好玩的、好看的”尽收眼底，享受春意。此次盛会再次上演清代日坛祭祀典仪，典礼过程中还对仪式内涵、祭器看点、日坛各个建筑用途以及祭拜者分工等都进行了详细讲解，让市民感受到的是一次“真人秀”的礼仪文化讲座。

2013年“春分朝阳”第七届民俗文化节的主题是“民俗与文化、民生与科技、民族与共享”。春分前后，适逢我国哈萨克族等民族的传统节日纳吾热孜节，街道专门邀请了来自新疆伊犁哈萨克自治州歌舞团的朋友们，在3月22日闭幕式上，他们特别创作的《春分，纳吾热孜在北京》作为闭幕式的开场舞，表达了少数民族同胞欢庆节日，汇聚首都的喜悦心情。盛会还首次引入环保概念，以“英力集团推出的能源产品房车”为主题搭建了一个生态小镇，以宣传绿色能源的生活理念，普及光伏知识。同时，还展示了小型能源生活用品，号召普通百姓从身边小事做起，宣扬节能减排、低碳生活的绿色理念。

2014年“春分朝阳”第八届民俗文化节的主题是“百姓参与、共享春分”。设立了反映朝外地区文化魅力和百姓精神风貌的核心区域，并准备了一台以“公益”为主题的慈善文艺演出。本次文化节再次演示了明清两代在春分祭日的传统，在保留历届太阳赋朗诵、吃太阳糕、竖鸡蛋等经典项目之外，还增加了太阳糕展卖、老百姓“跳蚤市场”、环保公益项目展示等诸多更为丰富的内容，传递社区邻里文化、传递环保理念、倡导公益风尚，为传统节日注入新的内涵，同时活动又邀请了来自哈萨克族的同胞们参加此次盛会，载歌载舞，欢度节日。

2015 年“春分朝阳”第九届民俗文化节的主题是“春分与非遗”。在春分当天，邀请有过此节习俗的国际和民族友人参加盛会，载歌载舞，共话春分。本次文化节深度挖掘地区传统民俗，包括非遗项目（彩塑“兔儿爷”、毛猴和风筝等制作）体验、民俗手工艺（剪窗花、捏面人）制作、传统民俗食品（太阳糕、老北京风俗小吃）展销，还邀请国家级非遗聚元号弓箭制作技艺传承人现场展示讲解，与游人互动。

2007 年，举办朝外街道三丰里社区首届“邻里节”暨民族小吃展示活动，旨在为增强民族团结，邻里守望搭建平台。截至 2015 年已经成功举办了八届。三丰里社区与外交部、司法部、市民委、中粮集团、悠唐大厦等 20 余家共建单位和社区 600 余名居民参加活动。此活动已经成为朝外街道的品牌系列活动延续下来。

第十七章

人物传录

RENWU ZHUANLU

朝阳门外地区历史悠久，人才辈出。无数仁人志士在这块土地上书写了可歌可泣的篇章。在风云变幻的历史长河中，有献身于信仰追求，留下历史古迹并为百姓福祉而奔波的道长；有兴办教育、医学，服务大众的中外人士，也有在此居住而献身于域外的革命者，他们是为国捐躯的革命烈士；他们为国家建设、首都发展、地区安全稳定做出重大贡献，他们为区域经济建设、社会发展、地区稳定呕心沥血、无私奉献。

第一节　革命烈士[①]

汤曙红　汉族，1915年1月出生于江苏灌南县汤沟大队。1937年1月参加革命，1939年1月在抗日战争中牺牲于江苏灌南汤沟街。原为八路军陇海南进支队第三团团长。

张　臣　汉族，1908年1月出生于河北省。1924年参加革命，1940年1月在抗日战争中牺牲于河北白洋淀。

宋晓农　1916年2月出生于河北省定兴县。1938年初参加革命，1938年入党，1940年4月5日在抗日战争中牺牲于山西盂县车轮村。原为晋察冀第二军分区26团1营2连指导员。

李庆余　汉族，1912年6月出生于北京市平谷区。1940年参加革命，1943年在抗日战争中牺牲于北京市密云韩各庄村。原为八路军老十三团连长。

刘　臣　汉族，1913年1月出生于河北省遵化县。1932年参加革命，1944年12月在抗日战争中牺牲于遵化县五里桥。原为华北军区游击队指导员。

蔡长法　汉族，1910年3月出生于山东费县薛庄。1947年5月在费城战斗中牺牲。原为蒙山县担架队民工。

徐海珊　汉族，1910年7月出生于湖北省红安。1928年参加革命，1928年4月入党，1948年10月在解放战争中牺牲于山东济南战役。原为华东野战军十三队三十七师政委。

刘生波　汉族，1914年出生于江西瑞金。1930年参加革命，1933年入党，1950年在革命工作中牺牲。原为第四野战军第二高炮师正师级。

杨立君　回族，1930年3月出生于北京。1948年参加工作，1951年1月在抗美援朝战争中失踪。原为四十六军一三八师四一四团三机连连长。

杨仲伦　汉族，1915年2月出生于四川省成都市浦江县。1949年12月参加革命，1953年1月18日在抗美援朝战争中牺牲于朝鲜。原为志愿军工兵4团机械连战士。

张宏奇　汉族，1925年1月出生于河北省邯郸市魏县。1942年入党，1967年5月16日在山西省岢岚县执行公务时牺牲。原为中国人民解放军63710部队政治部主任。

张树田　汉族，1922年2月出生于河北省晋县。1938年参加革命，1938年1月入党，

① 本节收录的革命烈士以牺牲时间排序。

1982 年 7 月 29 日在执行外交任务中牺牲于莫桑比克马普托。原为中国驻莫桑比克马普托大使馆主任。

第二节　人物传略

张留孙（1248—1322）　字师汉，信州贵溪（今江西贵溪）人。少时入贵溪境内龙虎山为道士，系龙虎山三十六代天师张宗演弟子。元至元十三年（1276）随天师到大都（今北京）觐见世祖忽必烈，遂留侍阙下。世祖赐号天师，张决意推辞，乃改号上卿，赐尚方宝剑。并在大都、上都（今内蒙古正蓝旗境内）各建一座崇真宫，由他掌管祭祈之事。至元十五年（1278），被授予玄教宗师衔号，赐银印。张常侍世祖左右，论及治世之道，主张黄老之学。大德年间，加号玄教大宗师、知集贤院道教事，且追封其三代为魏国公。延祐六年（1319），张出资购地在大都齐化门外兴建东岳庙。历事五帝，大得诸帝宠信。天历二年（1329），追赠张为道祖神德真君。玄教一宗因其而兴盛。

吴全节（1264—1346）　字成季，饶州安仁（今江西余江）人，13 岁入龙虎山学道。元至元二十四年（1287）随张留孙至大都，觐见忽必烈。至元三十一年（1294），成宗继皇帝位，召见后即受宠信，随成宗往返于大都或上都。大德十一年（1307），被授予“玄教嗣教”衔号，赐银印，秩二品。张留孙逝世后，“制授特进、上卿、玄教大宗师、崇文弘道玄德真人、总摄江淮荆襄等处道教、知集贤院道教事”。继张留孙营建东岳庙。久居京城，喜与士大夫交往，且能倾心廉正，赈穷周急。

华明馨（1841—1921）　清末民国初时东岳庙住持。他任住持期间，先后发生戊戌变法、义和团运动、八国联军入侵、张勋复辟等历史事件，对东岳庙冲击很大。为保障建筑不遭破坏，庙里事务不受干扰，他凭借他的宗教地位和社会威望，临危从容，善于应变，经常周旋于军队、官府和绅商之间，为保全东岳庙耗费不少心血。八国联军侵入北京时，强行进驻东岳庙的德、法、日三国军队在庙内肆掠。指挥官法国人萨震德扬言齐化门没好人，决定屠杀当地居民。华劝阻说：“如果说有杀了你们的人的人，衡情度理，你们一来他们早就走了。希望你们多行善事，不要枪杀无辜。”接着，对萨讲述东岳庙神仙显圣惩恶故事。萨未敢对当地居民下手。八国联军走后，朝阳门、东直门、东便门三关厢百姓联名给华送去一块黑底金字大匾，中间刻“大德曰生”四字。华明馨坚辞不受。他为人正直，办事公道，执行道规很严，深得庙里道士敬仰爱戴。

清水安三（1891—1987）　日本滋贺县人。是鲁迅早年的朋友，和李大钊交往甚密。

1921年5月，他用一个慈善机构给他的300元钱和为灾童做棉服节省下的250元，租用北京朝阳门外碑楼胡同8号一所民房作校舍办学，学校名为崇贞女子工读学校。清水安三挨家挨户动员朝阳门外失学儿童入学，不收学杂费，学生用的书籍、文具均由校方提供。学生每天上午读书，下午手工挑补工艺劳动。清水安三靠向中外人士及团体募捐和售卖学生们的手工艺品维持学校开支，并不断发展，陆续购得30多亩地，于1931年建新校舍。最初建西瓦房3间、灰房1间、北瓦房9间。1931年4月，学校迁入新校舍。因募捐屡次间断，工艺品出售困难，建筑工程时有停顿。经三次努力，包括一座礼堂、一幢二层教学楼、一个风雨操场、一座图书馆共168间房的崇贞学园于1936年3月告竣。学校发展到小学6个班377人、中学3个班68人。清水安三晚年梦牵魂系昔日崇贞学园（今陈经纶中学），在他书写的汉字条幅中，均加盖“朝阳门外”“清水安三”印章。

司孟熙（1898—1978） 北京市人。1950年在辖区参与组织东郊中医联合诊所。1958年联合诊所与朝外关厢联合医院合并，司孟熙任副院长兼任中医部主任。他根据自己多年的工作经验，用七味白天术散加平胃散治疗慢性腹泻，用温经汤治疗更年期综合征，用麻杏石甘汤加味治疗小儿脑炎都具有特定的疗效。1959年被评为朝阳区文教卫生积极分子。1960年被评为北京市劳动模范。是朝阳区第四、五、六届人民代表大会代表。

张仁甫（1902—1965） 曾用名张瑞义，回族，今河北省大厂回族自治县北务村人。14岁随父学习中医，1944年来京行医。1950年在辖区参与组织东郊联合诊所。1957年当选为东单区人大代表。1958年进入关厢医院，任中医外科医师，擅长中医外科常见病诊治。通过几十年的临床实践，研制出松香膏、五毒膏及内服中草药治疗乳痈（乳腺炎）、乳癖、瘰疬（淋巴结核）、痔疮等。是第二届朝阳区政协委员。

杜冠武（1905—1988） 北京市人，回族。1949年8月参加工作，任朝阳门外秀水河合作社主任时，妥善处理一起民族纠纷。1952—1958年，任关厢联社副主任，东郊区副区长。1953年任关厢联社副主任时，帮助解决南中街二小教师集体宿舍问题。1954年，朝外关厢部分机关、学校、商业等系统回民职工无处就餐，在他督促下迅速成立回民职工食堂。1958年，任朝阳区卫生局负责人、副局长。为朝阳区第一至五届政协副主席。粉碎林彪、江青反革命集团后，任北京市伊斯兰教协会副主任。1988年离休。是北京市第一届、第三届、第四届、第五届人民代表大会代表。

陈宏涛（1911—2001） 河北定县人。他是朝阳区第一位地下党支部书记，也是朝外街道政府第一任街长兼党支部书记。17岁到北平打零工，后经人介绍为人赶了9年大车。1937年“七七”事变后，他回到家乡参加抗战。1938年担任农会改善部长。

1939 年加入抗日自卫队并担任班长，带领队员出色完成了多次破坏敌人交通和联络信号等作战任务。1940 年加入中国共产党，并担任本村抗联主任。1942 年冬，他曾因带领群众 300 余人，破坏敌人公路 40 余里，受到分区嘉奖。1942 年，经晋察冀城工部培训，他被组织派遣进京，从事地下工作。1945 年 9 月，朝阳区第一个地下党支部在朝外文兴煤厂成立，他任支部书记。1949 年 10 月，他担任朝外市场街政府街长。1951 年 8 月，朝阳门关厢街、市场街、神路街合并为朝阳街政府，他任街长兼党支部书记。1954 年 4 月任朝阳街（后改为朝外大街）办事处主任兼党支部书记。1959 年 4 月，朝外大街、神路街、市场街、东便门、幸福村 5 个办事处合并为一个朝外大街办事处后，他任副主任，曾先后 4 次受到上级政府表彰。1983 年 5 月离休。

胡丹茂（1919—1984） 曾用名石东，湖南人。1932 年参加红军，1934 年加入中国共产党。在长征期间，先后担任卫生员和卫生协理员，途中被评为模范卫生员。由于长途跋涉，身体严重冻伤，左脚小趾被冻掉，后被定为二级甲等残废军人。1939 年在延安大生产时被评为模范。1941—1949 年，任华北联合大学校医、九分区司令部医生，冀中分区司令部卫生所所长。1950 年 10 月至 1953 年 11 月，在交通部卫生处任科长。1954—1958 年 12 月，任辖区日坛医院办公室主任。1958 年 12 月至 1982 年 4 月，任朝阳区防疫站站长、朝阳区卫生局副局长。

沈正德（1921—2008） 女，江苏太仓人，1941 年毕业于北京女子师范学院体育系。新中国成立后，1950 年 9 月参加工作，1951 年 8 月始历任女四中、朝阳中学、陈经纶中学体育教师，特级教师。还是国家级田径裁判员、北京市田径协会副主席、北京市教育学会体育研究会副理事长。1985 年加入中国共产党。曾获全国体育传统项目学校先进工作者。1987 年 11 月，获国际奥委会田径联合会授予的“国际田联荣誉奖章”。1993 年 2 月退休。

第三节　先进人物名录

朝外地区获得全国荣誉先进个人名录表

表 17-1

年份	荣誉名称	姓名
1959	全国三八红旗手	庄子梅（女）
1960	全国三八红旗手	张莲芳（女）
1960	全国劳动模范	张惠芬（女）

续表 17-1

年份	荣誉名称	姓名
1960	全国先进个人	王亚清 唐俊清
1978	全国三八红旗手	吴 军（女）
1983	全国三八红旗手	吴 军（女）
1984	全国优秀班主任、金质奖章	王长宏（女）
1989	全国优秀教师、优秀教师奖章	刘玉裘（女）
1991	全国民族体育先进工作者	关槐秀
1998	全国优秀教师	梁建新（女）
2000	全国内贸系统劳动模范	鲍淑萍（女）
2002	全国商业服务明星	李 新
2003	全国“百城万店创品牌”先进个人	李 新
2005	全国先进工作者	王 苹（女）

朝外地区获得北京市级荣誉先进个人名录表

表 17-2

年份	荣誉名称	获奖人员
1952	北京市教育系统劳动模范	郭淑兰（女）
1955	北京市劳动模范	李士珍（女）
1956	北京市特级教师	张惠芬（女）
1956	北京市社会主义建设青年积极分子	李士珍（女）
1956	北京市劳动模范	张彬儒（女）
1958	北京市先进工作者	张莲芳（女）
1959	北京市劳动模范	李士华（女）
1959	北京市先进工作者	关槐秀（女）
1959	北京市工业、交通运输、基本建设、财贸方面社会主义建设先进工作者	庄子梅（女） 张庆海 白宝泉 铁 铃 脱广连
1959	北京市教育和文化、卫生、体育等方面社会主义建设先进工作者	王道香（女） 吕宝仁 刘 炽（女） 时子勤 张启厚 张振华（女） 张彬儒（女） 陈芷琪（女） 范继荣（女） 常秀峰 袁子荣（女） 商宗英（女）
1960	北京市劳动模范	陈淑华（女） 杨淑珍（女） 张振华（女） 王淑巧（女）
1960	北京市三八红旗手	张惠芬（女）
1964	北京市劳动模范	王敬贤（女）
1979	北京市新长征突击手	赵康红（女）
1981	北京市劳动模范	王亚仙（女） 沈正德（女）
1983	市总社级“双文明”建设先进个人	段文荣 景朝文 朱秀兰
1984	北京市劳动模范	刘品一 贺长惠（女）
1984	北京市三八红旗手标兵	贺长惠（女）

续表 17-2

年份	荣誉名称	获奖人员
1985	北京市劳动模范	刘品一
1986	北京市普教系统先进工作者	王长宏（女）
1988	北京市普教系统先进工作者	王长宏（女）
1988	北京市劳动模范	王长宏（女）
1989	北京市爱国卫生先进工作者	刘　勤
1990	北京市三八红旗手	王长宏（女）
1991	北京市三八红旗手	朱秀英（女）
1992	北京市居委会工作先进个人	李玉生　刘敏卿
1994	北京传统项目学校先进工作者	张家民
1995	北京市劳动模范	张　静（女）
1996	首都精神文明建设奖	李贵保
1997	北京市优秀教师	梁建新（女）
1998	首都劳动奖章	梁建新（女）
1999	首都国庆 50 周年群众游行筹备和组织工作中荣立一等功	关槐秀
1999	北京市商业服务明星	李　新
2000	北京市劳动模范	李　新　李贵保
2000	北京市先进工作者	王瑞林
2001	市级经济技术创新工程标兵	李　新
2002	首都劳动奖章	黄　豪
2005	北京市劳动模范	梁顺利
2005	北京市劳动模范	田锦和
2005	北京市先进工作者	张德庆　高　萍（女） 梁建新（女）
2006	首都精神文明建设奖	张德庆
2006	北京市红领巾教育奖章	苏国华
2006	北京市优秀教师、“巾帼之星”	王　苹
2006	首都劳动奖章	张桂红
2007	首都劳动奖章	马　超
2008	首都劳动奖章	尹秀峰
2009	北京市爱国卫生先进个人	王长林　孙培革　王立杰
2009	首都“迎国庆讲文明树新风”活动先进个人	尹秀峰
2013-2014	首都精神文明建设奖	高　辉

附录

FULU

集体荣誉

朝外地区获全国荣誉一览表

附表 1

获奖单位名称	荣誉名称	获奖年份	颁奖部门
红医站	全国先进集体	1963	—
朝外大街派出所	全国文明单位	2005	中央文明办
朝外街道办事处	全国社区服务优秀项目奖	2007	中国社会工作协会社区服务工作委员会
朝外街道办事处	中国城市管理进步奖	2008	中国城市论坛组委会
朝外街道办事处	“流动人口结核病健康教育策略和措施的研究”极限调查优异，研究项目先进奖	2008	中国疾病预防控制中心健康教育所、区疾病预防控制中心
体东社区	监测工作先进单位	2010	中国疾病预防控制中心控烟办公室
朝外街道办事处	全国安全社区	2011	国家安全生产监督管理总局、中国职业安全健康协会
朝外街道办事处	中国履行世界卫生组织《烟草控制框架公约》监测试点中，被授予监测工作先进单位	2011	中国疾病预防控制中心控烟办公室、北京市疾病预防控制中心

朝外地区获北京荣誉一览表

附表 2

获奖单位名称	荣誉称号	获奖年份	颁奖部门
朝外利通沙发靠垫门市部	市总社级“双文明”建设先进集体	1983	—
朝外街道办事处	北京市文明单位	1984	—
北京市燕都刺绣厂	北京市文明建设单位	1989	—
北京外交人员服务局	首都共建文明居民区先进单位	1992	—
芳草地南居委会	首都文明单位	1992	—
芳草地南居民区	首都文明居民区	1992	—
芳草地南居委会	北京市先进居委会	1992	—
西草园居委会	北京市先进居委会	1992	—
朝外街道办事处	北京市文明单位	2001	—
朝外街道办事处	北京市文明单位	2002	—
朝外大街派出所	首都文明单位	2004	—
芳草地社区	北京市节水型小区	2007	北京市水务局
朝外街道办事处	2007 年度首都文明街道	2007	首都精神文明建设委员会
朝外街道办事处	中华人民共和国第八届少数民族传统体育运动会北京市代表团优秀组	2007	市民族事务委员会、市体育局

续附表 2

获奖单位名称	荣誉称号	获奖年份	颁奖部门
朝外街道办事处	北京市第二届“民族团结杯”群众健身操舞大赛 B 组金奖	2007	市民族文化交流中心、市社会体育管理中心
朝外街道办事处	朝外街道办事处荣获北京奥运会残奥会先进集体	2008	北京市委、市政府、奥组委
朝外街道办事处	荣获首都民族团结进步先进集体	2008	北京市委、市政府
朝外街道办事处	首都军警“迎奥运联片共建”活动先进单位	2008	首都精神文明建设委员会办公室、首都军警民共建工作指导小组
朝外街道办事处	北京市文明单位	2008	—
朝外街道办事处	首都文明街道	2008	—
朝外街道办事处	北京市爱国卫生先进单位	2009	—
朝外街道办事处	荣获 2007—2008 年度北京市群众体育先进集体	2009	北京市体育局、市人力资源和社会保障局
朝外街道办事处	2008 年度首都文明街道	2009	首都精神文明建设委员会
吉祥里社区 体东社区	2009 年度首都文明社区	2010	首都精神文明建设委员会
朝外街道办事处劳动科	2010 年开展“劳动用工规范一条街工程”工作	2011	北京市人力资源和社会保障局
朝外街道办事处	北京市双拥模范街道	2011	北京市政府
朝外街道办事处	北京市敬老爱老为老服务示范单位	2011	北京市政府
朝外街道办事处	在 2010 年度北京市无偿献血工作中做出突出贡献	2011	北京市献血办
三丰里社区联合团支部	2013 年度“北京市五四红旗团支部”	2013	共青团北京市委员会

朝外街道艺文一览表

附表 3

序号	著述名称	朝代	作者
1	元成宗加张留孙大宗师诰命	元朝	成宗铁穆耳
2	大元特进上卿玄教大宗师饶国吴公全节哀诗二十二韵	元朝	廼　贤
3	京城东岳庙落成诗简吴宗师	元朝	贡　奎
4	春游	元朝	萨都剌
5	寄简吴宗师	元朝	倪道原
6	加张宗师开府神命	元朝	仁宗爱育黎拔力八达
7	加张留孙勋号诰命	元朝	仁宗爱育黎拔力八达
8	授吴全节总摄真人诰命	元朝	成宗铁穆耳
9	吴全节特进上卿玄教大宗师	元朝	袁　桷
10	无题	元朝	果啰洛易
11	朝日坛	明朝	吴伟业
12	恭祝敕封妙正真人诰授通议大夫朗斋娄先生七十荣寿诗并序	清朝	雍　泰

续附表 3

序号	著述名称	朝代	作者
13	东岳庙	清朝	韩又黎
14	游东郊・蝶恋花	清朝	孙茂枝
15	北京东岳庙科仪抄本——天地疏	清朝	—
16	北京东岳庙科仪抄本——三元疏	清朝	—
17	北京东岳庙科仪抄本——文昌疏	清朝	—
18	北京东岳庙科仪抄本——玄帝疏	清朝	—
19	北京东岳庙科仪抄本——东岳疏	清朝	—
20	北京东岳庙科仪抄本——礼斗疏	清朝	—
21	北京东岳庙科仪抄本——关帝疏	清朝	—
22	北京东岳庙科仪抄本——药王疏	清朝	—
23	北京东岳庙科仪抄本——禳灾疏	清朝	—
24	北京东岳庙科仪抄本——见患顺星疏	清朝	—
25	北京东岳庙科仪抄本——人亡漂在疏	清朝	—
26	北京东岳庙科仪抄本——谢土疏	清朝	—
27	长句奉祝妙正真人三臣娄先生七十寿	清朝	爱新觉罗・允礼
28	东岳庙像（元）刘元塑	清朝	陈廷敬
29	乾隆二十八年御制仲春东岳庙瞻礼作	清朝	乾隆帝
30	东岳庙	清朝	查嗣瑮
31	谒东岳行宫	清朝	劳宗茂
32	乾隆三十九年御制仲春朝日坛礼成述事	清朝	乾隆帝
33	朝日坛陪祀	清朝	劳之辨
34	扈从东郊朝日	清朝	马世奇
35	颂张宗师七律二首	民国	—
36	燕都续咏・刘蓝塑	民国	徐国枢

辖区驻华外交机构一览表

附表 4

序号	驻华外交机构名称	地址
1	朝鲜民主主义人民共和国驻华大使馆	日坛北路
2	科威特国驻华大使馆	光华路 23 号
3	巴西联邦共和国驻华大使馆	光华路 27 号
4	布隆迪共和国驻华大使馆	光华路 25 号
5	希腊共和国驻华大使馆	光华路 19 号
6	白俄罗斯共和国驻华大使馆	日坛东一街 1 号
7	圭亚那合作共和国驻华大使馆	秀水东街 1 号
8	罗马尼亚社会主义共和国驻华大使馆	日坛东二街 2 号
9	印度共和国驻华大使馆	日坛东路 1 号

续附表 4

序号	驻华外交机构名称	地址
10	大不列颠及北爱尔兰联合王国驻华大使馆	光华路 11 号
11	泰王国驻华大使馆	光华路 40 号
12	新西兰驻华使馆签证处	日坛东二街 1 号
13	美利坚合众国驻华使馆大使官邸	光华路 17 号

辖区党政机关办公机构一览表

附表 5

序号	党政机关名称	地址
1	中华人民共和国外交部	朝阳门南大街 2 号
2	中华人民共和国司法部	朝阳门南大街 10 号
3	中国民主建国会中央委员会	吉祥里 208 号
4	中共北京市朝阳区委员会	神路街 33 号
5	北京市朝阳区人民政府	神路街 33 号

辖区主要社会机构一览表

附表 6

序号	社会机构名称	地址
1	在京中央和国家机关住房交易办公室	朝阳门外大街甲 10 号
2	中央人民政府驻香港特别行政区联络办公室北京联络部	吉祥里 101 号
3	北京市两岸经济科技文化交流协会	吉祥里 102 号楼 128 室
4	农业部优质农产品开发服务中心	朝阳门外大街 223 号
5	中国医学科学院医学信息研究所	雅宝路 3 号
6	北京市人民政府外事办公室国际交流中心	外交部南街 8 号京华豪园 B 座 202 室
7	北京市城市生产服务合作总社	雅宝路 7 号国星大厦西北
8	中国粮油食品进出口（集团）有限公司	朝阳门南大街 8 号
9	中国认证认可协会（简称 CCAA）	朝阳门外大街甲 10 号中认大厦
10	中国信息安全认证中心（ISCCC）	朝阳门外大街甲 10 号中认大厦
11	北京国际经济贸易法律服务中心	朝阳门外大街 22 号楼泛利大厦 307、308 室
12	世界休闲组织中国分会	雅宝路 10 号楼
13	中国旅游协会休闲度假分会	雅宝路 10 号楼
14	中国医药卫生事业发展基金会	雅宝路 12 号
15	中国医学科学院卫生政策与管理研究中心	雅宝路 3 号
16	世界卫生组织卫生医学信息合作中心	雅宝路 3 号

主要参考文献

[1] 北京市朝阳区地方志编纂委员会编：《北京市朝阳区志》，北京出版社，2007 年。

[2] 北京市朝阳区地方志编纂委员会编：《北京市朝阳区志（1996—2010）》，线装书局，2018 年。

[3] 北京市朝阳区统计局编：《北京市朝阳区国民经济统计资料（1987—2000）》。

[4] 北京市朝阳区统计局编：《北京市朝阳区统计年鉴（2001—2016）》。

[5] 政协北京市朝阳区委员会文史委员会编：《朝阳文史资料选编》。

[6] 中共北京市委党史研究室、中共朝阳区委党史资料征集办公室编：《朝阳建设史》，北京出版社，2006 年。

[7] 中共北京市委党史研究室、中共北京市朝阳区委党史工作办公室编：《中共北京市朝阳区历史》，中共党史出版社，2014 年。

[8] 中共北京市朝阳区委党史办编：《北京市朝阳区改革开放 30 年》，中央文献出版社，2008 年。

[9] 中共北京市朝阳区委组织部、中共北京市朝阳区委党史办公室编：《中国共产党北京市朝阳区基层组织史资料（1949—2010）街道卷》，中共党史出版社，2011 年。

[10] 中共朝阳区委党史资料征集办公室、北京市朝阳区总工会编：《朝阳英模 · 名录篇》，2005 年。

[11] 朝阳区地名志编纂委员会编：《北京市朝阳区地名志》，北京出版社，1993 年。

[12] 中共北京市朝阳区委党史资料征集办公室编：《朝阳区改革开放纪实（1978—2003）· 城市管理篇》，2006 年。

[13] 朝阳区人民政府编：《北京市朝阳区地名录》，2000 年。

［14］北京市地方志编纂委员会编：《北京志·文物卷·文物志》，北京出版社，2006年。

［15］北京市朝阳区文化委员会编：《朝阳文物志》，文物出版社，2014年。

［16］北京市社会科学院编：《今日北京》，燕山出版社，1989年。

［17］北京市地方志编纂委员会办公室编：《志说北京——修志人眼中的北京》，文化艺术出版社，2012年。

［18］中共北京市朝阳区委组织部、中共北京市朝阳区委党史办公室、北京市朝阳区档案局（馆）编：《中国共产党北京市组织史资料（朝阳卷）（1987—2010）》，中央文献出版社，2011年。

后 记

《北京市朝阳区地方志事业发展规划（2011—2020 年）》实施后，朝外街道工委、办事处领导高度重视《北京市朝阳区朝外街道志》（以下简称《朝外街道志》）编修工作，2017 年 10 月，在朝外街道工委书记董会生的推动下，主动申请并经朝阳区地方志办公室和朝阳区档案局局长王春清同意，正式纳入朝阳区第一批街道志书编纂工作试点单位。

为了更好地开展街道志工作，街道专门为修志人员配备了办公室和电脑等办公设备。同时，街道成立了《朝外街道志》编修工作委员会，工委书记董会生任组长，郭根亮任办公室主任，北京市志办原副主任谭烈飞担任《朝外街道志》总纂，成员由北京民俗博物馆领导、街道各科室工作人员、街道返聘人员和北京方志斋文化传播有限公司等组成。《朝外街道志》率先在朝阳区采取了创新的修志模式，集合了自建队伍编纂型、专家全程指导型、服务外包型这三种修志模式的综合型。

2017 年 10 月，《朝外街道志》编修工作正式启动。10 月 19 日，举办《朝外街道志》启动研讨会。会上，朝外街道工委原副书记郭根亮介绍了朝外街道基本情况及工作设想，朝阳区档案局区志业务科科长王源介绍全区修志情况，承编单位介绍了公司情况和《朝外街道志》执笔人情况，北京民俗博物馆馆长曹彦生作为执笔人代表介绍了街道志文化部类的编修设想，朝阳区档案局副局长、区志办副主任王维成介绍了修志经验，谭烈飞就《朝外街道志》编纂提出指导意见。11 月 28 日，举办《朝外街道志》编纂工作培训会，由谭烈飞进行授课，街道 14 个科室内勤及受邀请单位的 30 余名人员参加培训。

《朝外街道志》编纂工作启动后，为全面、系统、真实、准确地反映朝外地区自然、政治、经济、文化和社会的历史与现状，特别是朝外街道自 1954 年成立至 2015 年长达 60 多年的发展变化，街道工委、办事处动员机关各科室、社区以及辖区相关社会单位，广泛征集、深入挖掘入志资料。编辑人员查阅了北京市档案馆、朝阳区档案局、东城区档案馆、朝外街道档案室的档案资料，翻阅了北京市方志馆、国家图书馆、首都图书馆等地情资料书籍，摘录整理朝外街道志相关资料。2018 年 12 月，志书主体资料收集工作基本完成，进入街道志编纂阶段。志书编纂环节包括资料梳理、试写初稿、分纂和总纂。其间，编辑人员采取走访、座谈、调研、开展口述历史等形式，对入志资料进行多轮补充和完善。以召开座谈会、研讨会等形式，邀请熟悉街道历史的老领导、老同志、知情人等对街道志篇目及入志资料进行反复论证、补充和核实。据不完全统计，共查阅文书档案上万卷，复印整理档案 5000 余卷（件），查阅相关报刊、书籍数百种，收集图照 5000 余张，走访知情人 100 余人次，开展口述历史 50 余人次。

2020 年 12 月形成街道志初稿，并交给朝阳区地方志办公室和北京市地方志办公室原副主任谭烈飞初审。根据初审意见，编辑人员对街道志篇目和内容进一步修改，2021 年 5 月形成复审稿。邀请北京市地方志专家王铁鹏、王国庆和区地方志办领导审读志稿。8 月，在街道召开《朝外街道志》审稿会。会后，根据街道领导和专家的评审意见，编辑人员对街道志再次进行了修改，至 2021 年 12 月形成终审稿，交给出版社进入出版环节。《朝外街道志》前配有地图和前插彩页，正文由 17 章 76 节以及概述和大事记组成，总字数约 50 万。全书收录图照 300 余幅。经济和精神文明建设等内容由郭根亮编纂，风俗、艺文和古代名人等内容由曹彦生编纂，基本街情、党政群团和军事等内容由武晋栋编纂，文物和民俗生活等内容由田莉莉编纂，政法建设、教育、医疗和现代人物等内容由蔡广培编纂，民生保障和社区服务等内容由王晓静编纂，城市建设等内容由王晓强编纂，文化体育等内容由铁冉编纂。

在《朝外街道志》编纂过程中，得到了区档案馆、区地方志办公室以及街道老干部相关科室、各社区和辖区社会单位的大力支持，在此一并感谢。因编纂时间和编纂水平有限，志书难免存在资料缺失或内容错漏等情况，希望广大读者赐教、指正。

编　者

2023 年 6 月